[MIRROR]
理想国译丛
070

想象另一种可能

理想国
imaginist

理想国译丛序

"如果没有翻译,"批评家乔治·斯坦纳(George Steiner)曾写道,"我们无异于住在彼此沉默、言语不通的省份。"而作家安东尼·伯吉斯(Anthony Burgess)回应说:"翻译不仅仅是言词之事,它让整个文化变得可以理解。"

这两句话或许比任何复杂的阐述都更清晰地定义了理想国译丛的初衷。

自从严复与林琴南缔造中国近代翻译传统以来,译介就被两种趋势支配。

它是开放的,中国必须向外部学习;它又有某种封闭性,被一种强烈的功利主义所影响。严复期望赫伯特·斯宾塞、孟德斯鸠的思想能帮助中国获得富强之道,林琴南则希望茶花女的故事能改变国人的情感世界。他人的思想与故事,必须以我们期待的视角来呈现。

在很大程度上,这套译丛仍延续着这个传统。此刻的中国与一个世纪前不同,但她仍面临诸多崭新的挑战。我们迫切需要他人的经验来帮助我们应对难题,保持思想的开放性是面对复杂与高速变化的时代的唯一方案。但更重要的是,我们希望保持一种非功利的兴趣:对世界的丰富性、复杂性本身充满兴趣,真诚地渴望理解他人的经验。

理想国译丛主编

梁文道　刘瑜　熊培云　许知远

[美] 罗伯特·沃尔 著　曾小楚 译

1914年一代：
第一次世界大战与
"迷惘一代"的诞生

Robert Wohl

The Generation of 1914

民主与建设出版社
·北京·

© 民主与建设出版社，2024

图书在版编目（CIP）数据

1914 年一代：第一次世界大战与"迷惘一代"的诞生 /（美）罗伯特·沃尔（Robert Wohl）著；曾小楚译. 北京：民主与建设出版社，2025. 1. -- ISBN 978-7-5139-4814-2

Ⅰ. K504

中国国家版本馆 CIP 数据核字第 2024GA8039 号

THE GENERATION OF 1914
by Robert Wohl
Copyright © 1979 by the President and Fellows of Harvard College
Published by arrangement with Harvard University Press
through Bardon-Chinese Media Agency
Simplified Chinese translation copyright © 2025
by Beijing Imaginist Time Culture Co., Ltd.
ALL RIGHTS RESERVED

北京市版权局著作权合同登记号 图字：01-2024-6627

1914 年一代：第一次世界大战与"迷惘一代"的诞生
1914 NIAN YIDAI DI-YI CI SHIJIE DAZHAN YU MIWANG YIDAI DE DANSHENG

著　　者	［美］罗伯特·沃尔
译　　者	曾小楚
责任编辑	王　颂
特约编辑	徐晓雨
装帧设计	陆智昌
内文制作	陈基胜
出版发行	民主与建设出版社有限责任公司
电　　话	（010）59417749　59419778
社　　址	北京市朝阳区宏泰东街远洋万和南区伍号公馆 4 层
邮　　编	100102
印　　刷	山东临沂新华印刷物流集团有限责任公司
版　　次	2025 年 1 月第 1 版
印　　次	2025 年 1 月第 1 次印刷
开　　本	635 毫米 ×965 毫米　1/16
印　　张	28
字　　数	376 千字
书　　号	ISBN 978-7-5139-4814-2
定　　价	108.00 元

注：如有印、装质量问题，请与出版社联系。

献给布丽吉塔，
她见证了本书的诞生。

致 谢

　　如果把那些帮助过我的人一一列出，并公平客观地说明他们对此书的影响，那无疑将是我过去十年的生活写照。虽然这件事对我有很大的诱惑力，但最好还是留待以后再做。但是，有时我欠人家的情太多，以至于不写出来既剥夺了我的乐趣，又使读者少了许多理解此书的有益线索。尤金·安德森（Eugene Anderson）很早便向我灌输了一个思想，即这本书不应该写成传记罗列的形式。每次我想以这种方式组织材料时，我都会记起他说的话。欧仁·韦伯（Eugen Weber）见证了这本书的形成，他读了许多草稿，知道何时应该鼓励我，何时又应该直言不讳地告诉我我已经偏离了正轨。原稿的风格、形式和内容全都得益于他那些直率而及时的建议；如果他喜欢这本书，我将会很开心。巴黎政治学院（Ecole des Sciences Politiques）已故的让·图沙尔（Jean Touchard）和雷内·雷蒙（René Remond）在一个雨天的下午帮我梳理法国的材料。他们让我注意"蒙泰朗现象"（le phenomène Montherlant）；读者将会发现他们的建议使我获益匪浅。冈纳·缪达尔（Gunnar Myrdal）安排了一次重要的会面，并和我分享了他自己对代际问题的思考。我们的意见有分歧；但是这些分歧对后来我的方法形成却至关重要。奥斯瓦尔德爵士（Sir Oswald）和黛安娜·莫斯利夫人（Lady Diana Mosley）和我进行了几次长谈，并为我写了宝贵的介绍信，使我得以追踪德里厄·拉罗谢勒（Drieu la Rochelle, 1893）留下的痕迹。吕西安·迪迪耶（Lucienne Didier）向我描述了她所认识的德里厄·拉罗谢勒，并使我得以认识后者的两位密友，让·伯尼埃（Jean Bernier）和加斯顿·贝热里（Gaston Bergery）。后来，贝特朗·德·茹弗内尔（Bertrand de Jouvenel）、阿尔弗雷德·法布雷斯（Alfred Fabre-Luce）和菲利普·巴雷斯（Philippe Barrès, 1863）花时间为我介绍了德里厄成长和生活的法国。利奥·瓦利安尼（Leo Valiani）、皮耶罗·梅洛格拉尼（Piero Melograni）和伦佐·德费利切（Renzo de Felice）为我提供了有关意大利材料的重要线索。为了回答我有关《声音》（La Voce）时期的问题，朱塞佩·普雷佐利尼（Giuseppe Prezzolini）放弃了复活节星期天下午在卢加诺（Lugano）的休假。康索埃萝和胡安·希尔（Consuelo and Juan Gil）夫妇为我安排了西班牙的采访；索莱达·奥尔特加（Soledad Ortega）使我得以查阅奥尔特加档案馆的重要信件，并提供了非常舒适的阅读环境；对于如何理解奥尔特加徜徉其中的那个理性世界，胡立安·玛利亚斯（Julián Marías）、路易斯·阿朗古伦（Luis Aranguren）和佩德罗·莱恩·恩特拉戈（Pedro Laín Entralgo）提出了许多宝贵的建议。我要感谢所有这些人的耐心和热情款待。

我的研究助理凯茜·弗拉纳根－霍夫曼（Kathy Flanagan-Hoffman）和巴里·席尔瓦（Barry Silver）不仅深入挖掘了那些最深奥的材料，还按照自己的诠释，向我提出了他们的有趣见解。海登·怀特（Haydan White）在关键时刻阅读了手稿，他使我意识到我在写一个时代的思想史，而我当时仍以为自己在研究社会模型的

致 谢

改良问题。在他的影响下，我越来越意识到代际文学结构上的连贯性。劳罗·马丁内斯（Lauro Martines）看完初稿后，发现我完全漏掉了一样东西：也就是说，我在努力揭开一堆聚集在"1914年一代"这个标签下的思想和形象的神秘面纱。他要我想一想，为什么会有这些神话，它们的创造者是谁，这些神话和当时的政治有什么联系。在写最后一稿的时候，我总是会想起他说的这几个问题。维克多·沃尔芬斯泰因（Victor Wolfenstein）对我的作品有着惊人的理解力，并总在必要的时候和我讨论。我的许多观点是在回答他的问题或者异议时诞生的。安妮·克里格（Annie Kriegel）和往常一样，是巴黎绝佳的东道主，除此以外，她还为我提供了源源不断的研究线索和见解。要是没有詹姆斯·L. 梅尔斯（James L. Mairs）、里卡多·斯克里瓦诺（Riccardo Scrivano）、何塞·阿丰索·桑切斯（José Alfonso Sánchez）、沃夫冈·贝克（Wolfgang Beck）、威廉·海因茨（Wilhelm Heinz）、彼得罗·奥莫代奥（Pietro Omodeo）、葆拉·蒙蒂（Paola Monti）、伊夫·热拉尔（Yves Gérard）和杰弗里·凯恩斯爵士（Sir Geoffrey Keynes）的慷慨帮忙，我的《1914年一代》的照片资料将不会这么齐全。

那些花时间阅读了全部或者部分手稿的朋友和熟人，他们的批评使我获益良多。J. G. 贝尔（J. G. Bell）、伊丽莎白·西夫顿（Elisabeth Sifton）和唐纳德·拉姆（Donald Lamm）阅读了《1914年一代》的早期版本，并提出了很好的修改意见。好心的泰得·博加奇（Ted Bogacz）阅读了英国那一章，并和我分享了他对英国的"一战"诗人及其创作背景的渊博知识。维特多利亚·奥莫代奥（Vittoria Omodeo）向我提供了一张她父亲的照片，这本书中介绍了她父亲那本描写大战*（Great War）期间意大利士兵生活的书，她

---

* 大战：指第一次世界大战。下同。——译注（如无特别说明，本书脚注均为译注）

对这些文字逐句进行评论，提出了很多有价值的意见。彼得·戈德曼（Peter Goldman）对手稿提出了只有朋友之间才有的那种一针见血的批评，他的批评使我重新思考了自己的推理方式。为了使手稿变成铅字，哈佛大学出版社（Harvard University Press）的卡米尔·史密斯（Camille Smith）不辞辛劳地工作。尽管难以用一句话概括，但她的贡献是巨大的。至于我的编辑艾达·迪·佩斯·唐纳德（Aida Di Pace Donald），我欠她的情比她知道的还要多。她踩着稳健的步伐，优雅地穿行在鼓励和批评之间的狭窄小径上。所有的作者都应该和我一样，幸运地找到合适的编辑。最后，我要感谢我的妻子布丽吉塔（Brigitta），她从未丧失对本书的信心，并对它的正确性和重要性深信不疑，正是由于她的这个信念，这本书才得以在最恶劣的环境下生存下来。现在看来，她希望阅读终稿的心愿，似乎是这个本可能永无休止的课题完结的唯一原因。

目 录

序　言　寻找迷惘的一代 003

第一章　法国：当代青年 009
第二章　德国：年轻一代的使命 067
第三章　英国：迷惘的青年军团 131
第四章　西班牙：我们时代的主题 191
第五章　意大利：青年！青年！ 247
第六章　两个世界之间的漫游者 313

注　释 359
图片及引文出处 411
索　引 413

前所未有的大胆,前所未有的浪费。
年轻的血液,高贵的血液,
红润的脸颊和美好的躯体;

前所未有的坚毅

前所未有的坦率,
过去从未有过的幻灭
歇斯底里,战壕中的忏悔,
死者肚子里发出的笑声。

无数的人死去,
其中包括那些最优秀的,
为了一只牙齿已经掉光的老狗,
为了一个满目疮痍的文明……

埃兹拉·庞德(Ezra Pound),1920

序言
寻找迷惘的一代[*]

>……现在想想
>历史有许多巧妙的通道，
>精心设计的走廊
>和问题，它们窃窃私语的野心
>欺骗了我们，
>它们的狂妄自大支配着我们。
>
>T. S. 艾略特（T. S. Eliot），1922

1914年一代——闭上眼睛，你的脑海会出现许多图像：学生成群结队地奔赴战场，步枪上插着鲜花，嘴里哼着爱国歌曲，他们太

---

[*] The lost generation，迷惘的一代，又译为"失落的一代"，是美国文学评论家格特鲁德·斯坦因对"一战"到"二战"期间美国一类作家的总称。这类作家感到迷惘或失落是因为这一代人的传统价值观不再适合战后的世界，但又找不到新的生活准则。在欧洲，这一代青年人也表现出类似的特点。在历史学范畴，the lost generation 又译为"战死的精英一代"，因这一代中大批青年精英在"一战"中阵亡而得名。——编注

年轻也太天真，毫不怀疑前方有什么血腥的死亡之旅在等待他们；战壕里的士兵，他们扭曲的笑容和逃避的眼神显示出他们与死亡离得有多近；20世纪20年代的享乐主义者，他们嘴角叼着香烟，直视的目光和桀骜的脸庞写满了反叛与绝望；人海中崭露头角的共产主义者，已经成为他们声称引导的那场运动的阶下囚；嘴唇紧闭、姿势僵硬，对人对己均冷酷无情的法西斯主义者；愤怒的反战分子；对战壕的壮观念念不忘的退伍军人；还没结婚便已成为寡妇的韶华已逝的女子；"为了一只牙齿已经掉光的老狗，为了一个满目疮痍的文明"而被架上刀俎，惨遭毁灭的迷惘的一代。[1]

在我们对20世纪初的印象中，这些图像占据着特殊的位置。它们点缀了我们的记忆，并不知不觉地爬上我们那些最优秀的书籍。它们是我们观察两次世界大战之间那段时期的棱镜。电影、小说、诗歌、自传、歌曲、纪念品把这些图像永远地印在了我们的大脑最深处。谁能忘记雷马克（Remarque）笔下那些年轻士兵的哀叹：无论生死，他们的世界都永远地消失了；海明威（Hemingway）笔下的杰克·巴恩斯把自己永远不可能回去的男人回忆都沉浸在了酒精之中；或者是那个向一切告别，并且为了马略卡岛（Majorca）的世俗快乐而抛弃了衰落的英国的罗伯特·格雷夫斯（Robert Graves）？

可是，尽管有着无法抗拒的魔力，尽管极大地影响了我们的想象力，尽管盘踞在我们的意识深处，但这些图像的状态却是变动的。它们像死去士兵的灵魂一样，徘徊在一片介于文学和传奇之间的无人地带。有的自相矛盾，有的则与历史学家所了解的不一致。人们全都对"代"是什么感到困惑。如果有人问"1914年一代"这个短语的意思，并坚持要你给个定义，我们中有多少人能将这些图像压缩成一幅和历史有关的完整图画，就像现在我写的这样？我们中有多少人能从一个个作家的名字，从与命运有关的模糊概念，从对伤亡名单（很长）和战争影响（很大）的笼统回忆中，得出对这些人生活的时代以及他们在其中扮演的角色的令人满意的解释？说到这里，我们中又有多少人能有把握地说所谓的"1914年一代"到底指的是什么？事实上，人们忍不住会说，如果战争一代是"迷惘的"一代，那是因为他们没有历史；他们的历史之所以找不到，那是因为被神话掩盖了。[2]

我写这本书的目的是将1914年一代从虚幻的神话中拯救出来，让他们回归真正的历史。这件事看起来非常值得去冒险一试。1914年一代的历史也许可以出其不意地阐明大战的起源及其对参战者的影响。它有可能帮我们理解那些关键的事态发展，例如悲观和绝望情绪的蔓延、自由主义和人道主义价值观的衰落、共产主义和法西斯运动的兴起，以及1914年至1945年间欧洲最进步的国家突然爆发的狂热行为。你甚至可能希望这本书提供一个全面看待这一时期的新视角——或者至少可以更深入地了解当时的各种冲突和利害关系。

可是这种历史该怎么写？书中的主角是谁？在对代际理论做了一番研究之后，我发现，现有的代际模型中，没有一个可以涵盖"1914年一代"这个名词及其同义词在20世纪初的欧洲话语中令人费解的各种用法。理论家们当然力求前后一致；但是关于1914年一代最突出的一点，似乎是这个词所指的那个社会群体的不确定性。为了公正地对待这些复杂材料，我花了一段时间寻找合适的解决方法。我选择的方法是放弃理论和词汇前后一致的标准，努力找出20世纪初欧洲人所说的"1914年一代"的含义。毕竟，1914年一代是个概念。干脆就这么处理，设法找出人们使用这个概念时的方式和语境，它所指代的人或群体，它在使用过程中出现的变化，人们（以及哪些人）离不开这个概念的原因，以及它背后隐藏的利益——和政治思想。[3]

当我意识到最重要的代际理论本身就是1910年至1933年这段时间的产物时，这一方法显得更加合适。我们可以很公正地假设这些理论受到了1914年一代的影响——如果不是启发的话。同样非常可能的是，这些理论身上带有某些来源于它们诞生环境的扭曲成分。我们可以把这些扭曲的地方曝光，然后尽可能地用社会现实去验证理论，这样就可以把理论中包含的对1914年一代的洞见解救出来。一旦有理论和历史事实不符的地方（我觉得一定会出现这种情况），我将寻找产生分歧的原因。这些扭曲的因素一定有助于我们理解1914年一代的历史——或者说我是这么认为的。

我所设想的这种研究，无法局限于一个欧洲国家，因为1914年一代这个概念暗含着超越国界的经历、感情和命运的统一；因为不同国家的经历揭示了代际现象的不同方面；也因为代际理论诞生于不同的国家和不同的民族视角。另外，出于同样的原因，1914年一代的故事只能从国家这个角度来讲述，否则各个国家的不同经历将会埋藏在虚假的普遍性之中。因此，我决定在讲完一系列国家之后，再对1914年一代进行归纳。所以，这本书以国家为结构，讲述的范围是欧洲，使用的方式是比较。从头至尾我都努力和奥尔特加一样牢记，研究欧洲历史的奥秘在于"*Eadem sed aliter*：东西一样，只是方式不同"。[4]

我的素材来自当代人对1914年一代的看法和观念，但是看法的范围被尽可能扩大。我仔细地阅读了小说、诗歌、回忆录、自传、哲学小品、社会学论文、大学讲义、私人信件、个人笔记、报纸文章、政治演讲、谈话录音——事实上，包括任何可能有助于理解代际现象的资料。如有可能，我会采访书中出现的人物——或者和他们这段时间的密友交谈。我发现不同国家的人表达的方式也不尽相同。在处理代际问题时，德国人更有可能写出成熟的社会理论，而英国人则写诗、写小说、写回忆录和信，对他们这代人的命运进行评论。法国人倾向于给属于同一时代的一群作家画肖像，意大利人则擅长分析1914年一代的政治思想。在西班牙，奥尔特加最重要的代际理论是在公共讨论和大学演讲时提出的，它们的目标是听众而不是读者。不同的章节反映了这些差别。但重点仍是一样。我在每个例子中寻找认知方面的成就，只为了认识和理解一个社会现象，而这个社会现象是当时最显著的特征之一。

因此，本书的论点都是按国别和局势，某种程度上还是按时间顺序展开的。法国排在最前面，因为就在大战爆发的前几年，1914年一代首次在法国高调亮相，这件事为人们所津津乐道；因为弗朗索瓦·芒特雷（François Mentré，1877）关于20世纪代际理论的第一次重要声明即是对此事的直接回应；还因为后来的代际理论家都非常重视法国发生的事。紧接着是德国，因为那里是代际理论下一次大爆发的发生地，当时大战已经结束了15年，情况已经发生了根本的变化。我接着把重点转向了英国，我将努力重现当时的历史，同时解释有关"迷惘的一代"的传奇故事为什么会经久不衰。接下来一章的背景是西班牙，主题是何塞·奥尔特加·伊·加塞特（José Ortega y Gasset）的一系列尝试，他努力想在自己有关人类生存的哲学框架内，也在各国乃至整个欧洲政治文化危机的背景下，建立一套全面的代际理论。接下来是意大利，我描绘了安东尼奥·葛兰西（Antonio Gramsci，1891）对代际现象的重要看法形成的背景，并试着展示如何用他的观点对奥尔特加的方法进行必要的纠正。最后一章是对以上种种论点的汇总，同时将讨论的背景扩大到整个欧洲，并给出我自己对1914年一代的看法。

自始至终，我的目的都是深入探索诗歌和政治意象以及社会理论方面的命题，从而发现激发作者创作灵感的生活经历。这使本书具有传记合集的特点。但我一点也不想展示这群生于19世纪末的欧洲人的阶层多样性。我讲述的，是那些自认为或者被别人认为属于1914年一代且在某种程度上成为时代典范的人的故事。因为显而易见的原因，这些人往往是出身于社会中层的男性，而且他们的主要活动便是写作。本书的许多篇幅都在描写他们的直觉、感触和思想。本书研究了他们个人和集体的心理状态，以及为了使之成为改造国家生活的基础，有些人所做的种种努力。我将很乐意看到本书能表现20世纪初欧洲知识分子的政治观。书中讨论的一些人现在备受推崇，另外一些人则受到鄙视。因此我必须明确地表明自己的观点，那就是本书既没有英雄也没有恶棍。只有承认和过去的距离，我们才有可能重新认识它。理解1914年一代的关键，是承认他们的世界和我们的很不一样。早期现代思想的探索者，精明的吕西安·费弗尔（Lucien Febvre）曾经说过，历史学家不是知者，而是探求者。本书讲述的正是关于这类探索，关于寻找隐藏在迷惘一代的神话背后的真相的故事。[5]

第一章
法国：当代青年

> 我们是被献祭的一代。
>
> ——亨利·马西斯（Henri Massis），1914

历史意义上的"代"不是天生的，而是被造就出来的。它是人们思考社会并试图对其进行改造的工具。但这些都是些什么人呢？在20世纪初的欧洲，代际主义者*几乎都是生活在大城市的文学知识分子。作为一小群精英团体的成员，他们清醒地意识到自己的独特性，并为自己智力上的优势感到自豪。令这些作家或者准作家担忧的，是文化的衰落和活力的日渐消失；驱使他们走到一起的，是那种新建一套价值观并把正在衰退的那套取而代之的渴望；促使他们行动起来的，是那种认为自己代表了未来的坚定信念；令他们感到恐慌的，是他们与他们希望领导的群众之间的不太确定的关系。

---

* 我将用"代际主义者"（generationalists）这个词来称呼那些倾向于使用代际概念的人，而用"代际主义"（generationalism）这个词来指那些与代际思考有关的现象。——原注

不管他们称自己是表现派、未来派，还是费边主义者，他们都觉得自己首先是"当代青年"。[1]

正是在这些知识分子团体中，我们将发现"1914年一代"最初的痕迹，没有什么地方比法国更清楚的了，因为就在大战爆发前的几年，那里出现了一股疾风骤雨式的对新一代青年"奇迹"的调查。书籍大量出版，各种文章出现在有影响力的评论杂志上，报纸的舆论调查结集出版后广受好评。在这些报纸的调查中引发讨论最多的，也是据说把新一代法国人推上历史舞台，同时又赋予了它属性和轮廓的，是1912年为巴黎的日报《舆论报》（L'Opinion）所做并于第二年出版的题为《当代青年》（Les Jeunes Gens d'aujourd'hui）的调查。

《当代青年》的作者用了一个古典的笔名——"阿伽同"（Agathon），苏格拉底的弟子，"在战争中表现英勇"——掩盖了两名年轻的法国知识分子，亨利·马西斯（1886）和阿尔弗雷德·德·塔尔德（Alfred de Tarde，1880）。*德·塔尔德是著名社会学家加布里埃尔·塔尔德（Gabriel Tarde）的儿子。直到1904年去世，加布里埃尔·塔尔德一直担任法兰西学院（College of France）的现代哲学教授。加布里埃尔·塔尔德是社会心理学的先驱，人们之所以记得他，主要是因为他对法国家庭崩溃的担忧，以及他对埃米尔·涂尔干（Emile Durkheim）集体心态观念的驳斥，这是一种与代际观念有密切联系的思想。马西斯比阿尔弗雷德·德·塔尔德年轻，也更早熟，而他的职业生涯也注定比后者更长也更辉煌。将他放在1914年以前的法国知识分子生活中进行恰当的分析，你也许会说他既不是亨利·柏格森（Henri Bergson）那样的创造型思想家，也不是保罗·克洛岱尔（Paul Claudel）那样的诗人，更不是夏

---

* 名字后面括号中的年份为该人物的出生年份。——原注

第一章 法国：当代青年　　011

尔·莫拉斯（Charles Maurras）那样的政治记者——三位都是他敬仰的作家——而是一个难以掩饰自己成为青年领导和精神领袖雄心的有抱负的文人。马西斯一度非常崇拜世纪之交的法国文坛宗师阿纳托尔·法朗士（Anatole France），但他后来转向了莫里斯·巴雷斯（Maurice Barrès），在巴雷斯那重要而倾向共和的民族主义的启发下，马西斯写了一本小书，在书中，他承认自己在知识上对巴雷斯感恩不尽，并认为这名"青年领袖"和自称的"活力教授"（professor of energy）是"我们当中最优秀的人"。[2]

1912 年，一场反对"新索邦"*教授的运动取得了辉煌的成果，马西斯和德·塔尔德在这场运动中脱颖而出，他们指责教授们使法国文化"日耳曼化"，把传统学科替换成日耳曼社会学（Teutonic sociology）和其他毫无意义的学问。在这场针对法国学术界巨头——其中包括历史学家夏尔·薛纽伯（Charles Seignobos）、阿方斯·奥拉尔（Alphonse Aulard）、埃内斯特·拉维斯（Ernest Lavisse）、文学评论家古斯塔夫·朗松（Gustave Lanson）和斐迪南·布吕诺（Ferdinand Brunot），以及社会学家埃米尔·涂尔干，他们全都是各自学科的奠基人，我们今天依然尊敬他们，并且仍在拜读他们的著作——的运动中，第三共和国的意识形态及其教育机构的目标一直存在争议。阿伽同指出，这些教授未能完成他们教育和塑造本国青年的使命。他们未能给自己的学生提供理想或者未能使学生对国家的未来充满信心；他们同样未教会这些学生欣赏自己的文化遗产，在马西斯和德·塔尔德看来，这需要掌握希腊文和拉丁文，同时对法国的经典作品有所了解。相反，为了培养一批具有民主思想的世界精英，学术巨头们把自己的学生变成了记录员、目录学家和学术

---

* 索邦大学（Sorbonne University）又称巴黎大学，是世界上最古老的大学之一。1793 年，索邦大学遭到解散，1896 年重建，所以文中称"新索邦"。

工匠（intellectual technicians）。他们以文学批评之名，干的却是玷污本国文化英雄之事，而不是教学生们以本国文化英雄为荣。马西斯和德·塔尔德被那个碰巧在课堂上讲帕斯卡（Pascal）的文学教授激怒了，当时他高兴地宣称"这次我们把他逮了个正着"。到1911年底，巴黎的知识分子纷纷表态，其中学院和大学的大部分人支持阿伽同，左派则为索邦的事业呐喊助威。辩论甚至被提交到了参议院讨论，一名议员曾含沙射影地说，阿伽同的运动对"那种认为智慧是女神，勒南*是先知的信念"，无异于当头一棒。[3]

运动刚爆发，对"当代青年"的观点和生活方式的调查便顺理成章地开始了。在马西斯和德·塔尔德看来，索邦大学的教授们已经输了，因为他们没有办法或者说不愿满足那些涌进他们课堂的二十几岁年轻人的精神需求，这些年轻人希望寻找信仰，但是现代学问的肤浅却使他们感到十分痛苦。正如一名年轻人写信对阿伽同所说的，"在一个渴望找到一些和生活有关的信念的年纪，在一个视老师为精神权威，希望他们能帮助我们寻找自我的时期，我们发现了什么？一个没有把智力需要考虑在内的空洞学科，一种学究式的物质主义，一种堕落和退化的可疑的研究模式。他们教的每一样东西都在迫使我们要么做个迟钝的奴隶，要么疯狂起来反抗"。[4]

这些年轻人与众不同的特点给马西斯留下了深刻的印象；他们和他们的所谓老师以及导师之间的差别不是程度或者年龄上的，而是类型上的。他们似乎拥有自己的面貌，并且正朝着共同的方向走去。马西斯认为，正在发生的一切无异于"一次性格的转变"、一次物种的变异。马西斯一度打算写本小说，以说明他们的心路历程，

---

* 欧内斯特·勒南（Ernest Renan, 1823—1892），法国语言学家、哲学家和历史学家，以对早期基督教的研究和有关民族主义的政论而著名。

第一章　法国：当代青年

并以一首行动和命运的"自信之歌"（song of confidence）作为结尾。但是他的想象力平平，在辩论上倒是有些天赋，而那种渴望接触更多民众的想法则促使他选择了报纸调查这种形式。反索邦运动取得了巨大的成功。问卷调查风靡一时。为什么不让阿伽同再次活跃，向公众展示一个1912年一代的复杂形象呢？要知道有了调查记录（从而可以说是科学）的加持，这个形象将变得更加令人信服，影响力也将大增。马西斯找到了德·塔尔德，跟他说了几个自己认为具有新思想的朋友，并给他看了年轻人写的几篇评论文章。为了确定这些想法的普及程度，他们俩同意对巴黎的学生进行一次调查，他们把调查对象的年龄设定在18岁到25岁之间，地点是优秀的预科学校、大学各院系和高等专业院校。[5]

　　这两个人的第二次合作从一开始就非常困难。刚过而立之年的德·塔尔德对马西斯口中的年轻人充满了好奇和同情，但同时也不无怀疑。在他这个反对宗教、坚定拥护共和政体和对社会学规律笃信不移的人看来，这些年轻人作为研究对象，他们说的每一句话都必须经过认真核实。他怀疑这名年轻的合作伙伴正在用问卷调查的形式写自传，他猜得没错。简而言之，德·塔尔德需要被说服，而证据却并不总是唾手可得。不到25岁的马西斯则认为自己和这些新青年一样；他自己正经历一场精神危机，这场危机将导致他改信天主教；他对共和国产生了深深的怀疑；而且与严格性和准确性相比，他更担心的是，他们对这些青年的刻画是否入木三分。毕竟，他不是一名有远大志向的社会心理学家；他的抱负不在大学，也没有"国家博士学位"（state doctorate）。巴雷斯才是他的榜样，而不是涂尔干和老塔尔德。马西斯希望影响而不是评估舆论，德·塔尔德的超然态度惹恼了他。奇怪的是，他们的合作并没有破裂，他们用事实检验马西斯的总体印象，同时征求来信，收集老师的证词，还把那些"代表性"团体的代言人逼到墙角，给他们念阿纳托尔·法朗士、勒南和巴雷斯的作品摘录，从而记下他们的反应。尽管存在无数分歧，他们的合作却没有中断，这是因为马西斯和德·塔尔德有着一个共同的心愿——看到法国的复兴，看到它恢复昔日的辉煌——还因为他们收集到的绝大部分资料似乎证实了他们最初的观点，那就是有些东西已经变了，新一代的青年和以前相比确实很不一样。[6]

毫无疑问：法国青年跟以前相比有很大的不同，毕竟，他们中有更多的人在读大学。[7]但是阿伽同的调查给人一个深刻印象，那就是一群年轻人（马西斯和德·塔尔德所说的"jeunes gens"）不仅同声同气，连价值观也一模一样。马西斯和德·塔尔德首先把当代青年和1885年一代做对比。他们说，1885年那代人悲观，自我怀疑，道德上软弱无力，过于理智和内省，把相对主义奉为圭臬，无法积极行动，没有信仰，满脑子都是颓废的思想，甘愿接受失败和国家的衰落。所有这些特征汇聚成了一种非常有害的半吊子作风。"半吊子作风，"阿伽同写道，"是旺盛的精力（bundle of energy）松懈后的心不在焉；是无法选择，或者更确切地说，是缺爱的缘故。"但是，1912年的这代年轻人已经"驱逐了自我怀疑"，而且他们都是热爱运动的人。和书本比起来，飞机、汽车和足球更吸引他们。他们已经准备好，甚至热切地希望献上自己的生命，如果这么做能使国家复兴并摆脱德国人的钳制的话，从这个意义上说，他们是一群爱国者。他们已经厌倦了相对论，他们渴望绝对，他们赞成天主教，因为天主教给了他们渴望的信仰和约束，还为他们提供了一致行动的基础。他们对意识形态不感兴趣，在政治上很务实。和长辈们相比，他们读的书不多，去过的地方却不少；他们的品行更加纯洁；年纪轻轻就已经结婚，很早就肩负起经济和家庭责任，而且他们更有可能生育孩子。他们通常对现在的共和政体怀有敌意，这很大程度上是因为他们厌恶那些代表人物的品行。他们不是"法兰西行动"*的追随者,这是因为他们对制度改革持怀疑态度,他们认为"法兰西行动"所主张的君主制有悖于他们对政治现实的理解,纯粹是"知识分子的白日梦"(an intellectual chimera)。被他们景仰和视为导师的法国知识分子是夏尔·莫拉斯、亨利·柏格森、夏尔·贝玑(Charles Péguy)和乔治·索雷尔(Georges Sorel)。尤其重要的一点是,他们是组织者和行动者,他们按照一套自己设置的内在准则生活,同时又在等待时机,使他们的国家接受新的政治规则。"在所有问题上,他们的鲜明特征都是创建秩序和等级,就像他们的长辈只会制造混乱和废墟一样。"[8]

身兼小说家和议员的莫里斯·巴雷斯是阿伽同分析的关键人物。巴雷斯是阿伽同所说的"被献祭的一代"——1885年一代——的成员。巴雷斯年轻时自觉吸收了许多相对主义的渣滓,这是他们的老师埃内斯特·勒南和伊波利特·丹纳(Hippolyte Taine,1828)传授给他们这一代的。他知道生命中既有兴奋又有绝望,但却没有伟大和绝对的真理,也没有什么可以依附的东西,除了感觉的机械跳动,以及对作为复杂、连续和矛盾化身的自我存在的崇拜。巴雷斯年轻时秉承的信条是"尽量感受,尽量分析"——搜罗一切经验,然后用智慧对之进行处理。他的个性和不参加任何团体——他称他们为"野人"——的独特气质,是彻底而不可逆转的。但是巴雷斯却逃过了虚无主义的陷阱,重新建立了自我的统一。他克服了颓废和放纵,牢牢掌控着自己的生活。巴雷斯在自己的小说和散文中,把这一从梦境到现实的转变描绘得如此优美而具有讽刺性,他的一生因此成为后世追随他的青年仿效的对象。因为巴雷斯成功地通过折磨人的自我分析,重新发现了集体主义,这既肯定了国家是一个

---

* 法兰西行动(Action française):法国一个鼓吹君主制的极右翼政党,成立于1899年。

人可能了解的终极现实，也是对传统的承诺，这种承诺体现在对国土和死去的先辈们的尊敬上，尤其是洛林（Lorraine）地区和那里死去的人。这些价值观——或者更确切地说，这种对宿命论、对法国宿命论、对出生在洛林的宿命论的认可——给了巴雷斯行动的热情，使他从思想和观点的沉重枷锁中解放出来，在他的心目中，思想和观点的真实性一直不如感觉和情绪。正如阿伽同所理解的，巴雷斯的一生给我们的教训就是，选择和承诺是对抗"半吊子作风"的解药。

所有这些听起来都和文学有关，从某个重要的方面来说确实如此：马西斯正用代际思想这把大锤毁掉前辈们的名声，从而开始自己的文学生涯。于是，我们似乎看到了一个永恒的文学代际战争，文学卫士变更的例子。"1885年一代"都是些什么人呢？就是那几名组织松散、价值观非常模糊且与马西斯相左的作家？确实如此。但是，如果不是亲身体验和亲眼看见了自己最亲密的朋友经历的变化和危机，马西斯不会把1885年一代和1912年一代的对比描绘得如此鲜明，也不会如此自信地宣布新一代即将到来，这也是真的。阿伽同的问卷调查也许是个文艺表演，但是却很符合亨利·马西斯的现实生活：把他从19世纪末法国知识分子的精神泥潭中拯救出来。

还在索邦大学读书时，马西斯就经常造访阿纳托尔·法朗士，后者善意而风趣的怀疑论让他感到既激动又困惑不已。按照马西斯自己的说法，20岁时他开始从这种关系中走出来，当时的他"心烦意乱，心跳很快，却又两手空空"。正是在这个时候（1905年），马西斯找到了巴雷斯，并把自己的第一篇文章拿给他看，这是一篇温和的短评，题目是《左拉是如何创作小说的》（"Comment Zola composait ses romans"）。当时声誉正隆的巴雷斯不仅鼓励马西斯，还安排出版了马西斯的第二部作品，一本以他的哲学老师阿兰

（Alain）为原型的讽刺作品。1907年，巴雷斯把马西斯介绍给了自己的外甥夏尔·德芒热（Charles Demange），这是一名对文学和政治有抱负也有追求资本的优雅青年。马西斯立刻被德芒热的才华、教养和娴雅的风度所吸引。德芒热天性敏感而容易激动，他完全按照自己的喜怒哀乐生活，同时决意回避可能降低自己身份的情况。马西斯对德芒热一见如故，而德芒热对马西斯似乎也是如此。两年后德芒热在外省一个旅馆里拔枪自尽。他为什么要这么做？他的文学和政治事业看起来前途无量；他拥有成功所需要的金钱、风度、魅力、智慧和人脉——一句话，他拥有一切，除了生的欲望。德芒热自杀表面上的原因是失恋。但是巴雷斯和马西斯不这么看。他们认为罪魁祸首是他的虚无主义和对自我的过度追求。他们认为德芒热是"半吊子作风"发展到了病态的一个例子；他旺盛的精力垮下来了；他的力量和天赋找不到目标，没有组织纪律；他是早期的巴雷斯，但是却没有和巴雷斯一样，在法国和洛林那里找到救赎的根源。马西斯的看法无疑是：德芒热死于过度敏感和思想的过于丰富。"他对人生实在太着急了，他身上的这种狂热有点可怕。他有着非常敏感的神经，但他滥用了它们。"简而言之，这名影响巨大且前途无量的优秀青年，成了"自我崇拜"的牺牲品。他对生活的分析和感受远远超过了生活本身。[9]

德芒热是一个反面例子，验证了马西斯最担心的相对论思想的恶劣影响，和德芒热相反，埃内斯特·普西夏里（Ernest Psichari，1883）则是正面例子的代表，他积极、克己、自制而禁欲，阿伽同把他和1885年一代最优秀的人做对比。1906年，马西斯见到了普西夏里。他立刻被对方孩子般的坦率目光、活力四射的形象和朴素自然的态度所折服。"第一次见面他就完全向你敞开心扉。"换言之，普西夏里和德芒热截然不同。他富于行动力，而不只是嘴上说得好听。他身上没有那股子"习气"（façon）——那种世纪末心态所欣赏而我们今天却觉得陌生的复杂而虚伪的态度。但是普西夏里并非一直都很自信，他的精神和身体也不是一直都表现得这么健康。[10]

普西夏里和德芒热一样，出身于法国文坛精英的圈子。他的父亲让·普西夏里（Jean Psichari）是著名诗人，并且是法国高等研究实践学院（Ecole Pratique des Hautes Etudes）的希腊哲学教授。他的母亲诺埃米（Noémi）是埃内斯特·勒南的女儿，埃内斯特·勒南是有争议的《耶稣生平》（Vie de Jésus）一书的作者，也是共和主义智慧活生生的化身。在19世纪末的法国，只要提到勒南的名字，立刻令人联想到学术成就、反宗教和一种嘲讽性的、享乐的相对主义，这种相对主义以取笑人类思想和行为的矛盾为乐，并对绝对真理（不管是宗教上的抑或仅仅是道德上的）的建立不抱任何希望。勒南在1876年写道："我们依靠影子的影子生活。我们后面的人将靠什么生活？"

普西夏里正是成长在这样一个周围都是一流学者和政治精英的环境下，并对文化和政治有了自己的看法。当时，名人子孙和普通人之间互相隔绝的风气比现在更甚，他们受到的教育也使他们更可能遇到和自己相似的年轻人。中学时，普西夏里遇到了第三共和国的另一位显要人物儒勒·法弗尔（Jules Favre）的孙子雅克·马利丹（Jacques Maritain, 1882），两人迅速成为好友。当时正值世纪交替之时，普西夏里和长自己一岁的马利丹一样，对他们的自由主义、共和主义和高级知识分子环境怀有满腔热情。普西夏里是德雷福斯（Dreyfus）*的热心支持者；他在家庭的餐桌上见到了仰慕已久

---

* 德雷福斯事件：1894年法国陆军参谋部的犹太籍军官德雷福斯被诬陷犯有叛国罪，被革职并判处终身流放，法国右翼势力趁机掀起反犹浪潮。德雷福斯事件在法国引起很大争论，直到1906年法国最高法院才重新审理此案，并宣布德雷福斯无罪。

的饶勒斯（Jaurès）*；他倾向于饶勒斯式的广义人道社会主义；而且为了提高民众的文化水平，普西夏里每个星期天都到"民众大学"去给他们上课，目的是有朝一日他们也可以达到自己这样的思想高度。[11]

但是，自由主义思想并不能把普西夏里从精神危机中解救出来，当时许多年轻的知识分子精神上正饱受折磨。普西夏里和德芒热一样，生活上是个花花公子，同时又为了写出充满柔情、软弱、讽刺和激情的文字而煞费苦心；而且他也和德芒热一样，有过自杀的念头。1903年，普西夏里曾试图结束自己的生命，当时他绝望地爱了20年的马利丹的妹妹和别人结婚了。自杀未遂之后，普西夏里离家出走，在巴黎的街头流浪，他试图用饥饿和体力劳动的痛苦来麻醉自己。至少有一段时间，除了模模糊糊的文学梦和投身于某种有价值的事业这个理想以外，他还尝到了一个没有任何理由活下去的身无分文的流浪汉的痛苦滋味。他是花花公子和民粹主义者的合体，一个有行动力却不知道自己的理想在哪儿的人。

要是在十年前，普西夏里可能会成为一名无政府主义者或是社会主义者；但是在1905年，他选择了另外一条路，虽然考虑到他的成长环境，这条路的激进程度并不亚于另外两条。为了摆脱生活的纷扰，普西夏里参加了军队。参军的效果是如此之好，以至于一年后他再次入伍，并转到了殖民地炮兵部队，对于父祖均是以反军国主义著称的大学教授的子孙来说，这个选择实在有些奇怪，甚至令人非常震惊。1906年，已经晋升为军士长的普西夏里第一次来到非洲，他花了18个月时间到法国占领的刚果地区考察。这次的经历是压倒性的，既令人愉快，也改变了他的一生。普西夏里逃离了巴黎的谎言和丑陋，猜疑和讽刺，大腹便便和空洞的讲话。普西夏

---

* 让·饶勒斯（Jean Jaurès，1859—1914），法国前众议院议员，《人道报》（L'Humanité）创办者，法国社会主义领导人物之一，提倡社会民主主义与和平主义，曾预言第一次世界大战的发生，于1914年遇刺身亡。

里想不惜一切代价摆脱一个充斥着屈从和过量常识的世界。在非洲他遇见了当地人，他们使他想起，在被"堕落的恶习"侵蚀了意志力并夺走力量之前，欧洲人应该也和他们一样，是一群没有文明负担的人。非洲对普西夏里来说是一次伟大的冒险、一次伟大的旅行和一次原始朴素的情感教育。提起在那里为殖民地军队服役的经历，他写道，"使我们变得更好；它提升了我们，使我们在灵魂的紧张，在梦想和行动的融合和统一中超越了自己"。普西夏里在非洲认识了一帮"死亡骑士"并对他们怀有深深的敬意，这些士兵和旅行者自愿放弃祖国舒适和安全的环境，冒着可能默默无闻地死于一群茫然无知的陌生人之中的危险，来到这里。在和这些人接触的过程中，普西夏里认为自己悟到了"生命的真谛"，因为"这些稍纵即逝的身影足以使流动的宇宙定格为一幅高贵豪迈的美景"。回到巴黎后，普西夏里可以大声宣布自己"征服了一种信仰"，并把自己的梦想擢升到"毋庸置疑和在相对论之上"的地位。[12]

1909年，已经是陆军少尉的普西夏里第二次到非洲去，这次他的目的地是毛里塔尼亚。在沙漠的三年时间里，普西夏里和穆斯林有了近距离接触，他开始思考权力和宗教的关系。他逐渐相信军队和教会之间必然存在某种联系。士兵和神父一样，必须忠心耿耿。你不可能接受了军队的管辖，却不接受所有权威的管辖，不管这种管辖是否和上帝有关。一旦臣服于一个上帝，那么你将不可避免地臣服于其他上帝。普西夏里认为，有什么比融合了祈祷文的战争更美丽，更使人接近上帝的呢？亲身接触过伊斯兰世界的人之后，这名年轻的军官开始思考文明和作为文明基础的宗教传统之间的关系。他开始把天主教视为一种宣扬牺牲的宗教，因为天主教对殉道者和十字军士兵的评价要比对潜修者和贤人高。普西夏里认为通过和摩尔人接触，他重新发现了自己的祖国，一个隐藏于谎言和懒惰之下的纯洁而有信仰的法国，前者"他当初离开时（可能永远也不再回来），曾经狠狠诅咒过"。[13]

但是，普西夏里和他的朋友马利丹不一样，他不是个容易找到信仰的人。普西夏里向往了很久才成功找到自己的信仰。他是个不相信天主教教条的天主教徒，他的立场就是这么奇怪。"我是一个没有信仰的天主教徒，如果可以这么说的话。"1912年6月，普西夏里从非洲给马利丹写的信中说。这种自相矛盾的说法必将导致他不是皈依某种宗教，就是承认自己无力获得信仰，二者必居其一。对于苦于没有信仰的普西夏里而言，结果不言自明。1913年，普西夏里从毛里塔尼亚回到法国后不久，便皈依了天主教，并且在马利丹及其妻子哈伊萨（Raïssa）的指点下接受了圣餐。身为近代怀疑论的代表人物埃内斯特·勒南之孙，普西夏里回归至法国最古老的两个组织：军队和教会。[14]

德芒热的死，对马西斯的情绪和自信心打击很大，自从遇到了普西夏里，对后者的崇拜使他重新振作起来。这是一个摆脱了思想的混乱、成功为自己赢得了信仰的年轻人。而且，不久马西斯便发现普西夏里不是一个人。普西夏里在休假期间把他介绍给了马利丹和夏尔·贝玑，后者是《半月刊》（Cahiers de la Quinzaine）的编辑和共和制文化的无情批判者。马利丹当时已经是著名的托马斯主义学者（Thomist scholar），而且观点和柏格森的相左，他精神上的平静和对哲学思想的精通令马西斯钦佩不已。在马利丹身上，马西斯看到了一个可以在索邦学者们的研究领域和他们对抗并碾压他们的天主教徒，这个人不仅知道各种理论的出处，而且比他们吃得更透。马利丹和普西夏里一样倾向于君主制，而且受夏尔·莫拉斯的影响很深，他认为莫拉斯是法国最杰出的政治思想家。已经三十好几的贝玑，精力却异常充沛，而且总是能激发年轻人的热情，贝玑放弃了年轻时信仰的社会主义，回归了传统，他号召巴黎的知识分子振作起来，重新团结在他的爱国主义纲领和已经摈弃了教条的天主教信仰周围。他的杂志并不仅仅是一份评论性杂志；还是所有那些像他一样对法国的现实不满，希望它做出改变的牛虻*的聚集地。

同样大约在这个时期，马西斯遇到了柏格森的外甥亨利·弗兰克（Henri Franck，1889）。在马西斯看来，弗兰克是年轻一代中现实和反迂腐的代表。虽然弗兰克的学术成就和诗歌天赋已经获得大家的认可，但是他担心太多的文明会破坏自己的思想。他渴望和"现实"接触，他认为"现实"就是军旅生活，这实在有些出人意料。弗兰克在写给朋友的信中表示，他已经受够了"理论的统治"，并承认自己迫不及待地想当兵。"一整年都在奔跑，在走路，都背着沉重的包袱，并'和普通人一起开怀大笑'，啊！这将是多么美好的体验，多么健康的生活！"

不幸的是，弗兰克的体质太差，无法把自己的"理论"付诸实践。1912 年他死于肺结核，此时距离他完成巴黎高等师范学院（Ecole Normale supérieure）的学业并没有过去多久。但是，在退出人生舞台之前，弗兰克已经在马西斯的生命中起着重要作用，并在《当代青年》一书中留下了自己的印记。弗兰克是一名狂热的爱国者，他认为自由世界的未来取决于法国的东部边界，因此，和德国人来一场决战在所难免。"而且越早越好。有英俊傲慢的英国人和优秀的意大利人相助，我们一定能打败那些粗鄙的野蛮人，如果输了，那我们还不如死了算了。"弗兰克同样鼓励马西斯思考代际问题；事实上，弗兰克极高的天赋似乎就在于把那些有类似倾向的年轻人聚集起来，然后向他们展示他们自己。"从一双隐藏在长长的睫毛下的清澈而深邃的眼睛里，我们看到了自己那张起死回生的脸：他启发了我们所有人。"通过这位很有亲和力的经理人，马西

---

* 牛虻：意为"讨人厌的人"。

斯认识了雅克·里维埃（Jacques Rivière，1885），一名很有抱负的文学评论家和未来《新法兰西评论》（Nouvelle Revue Française）的共同主编。1918年后马西斯和里维埃将成为死敌；但是在1912年，他们对巴雷斯和过去那股神经衰弱式的纨绔作风有着共同的激情，对国家、军队、教会也有了新的敬意，而且同样相信年轻一代已经摆脱了世纪末的悲观和麻木。里维埃在1913年写道："我们对生活的新鲜感已被重新唤醒。"[15]

马西斯、普西夏里、马利丹、弗兰克和里维埃全都知道世纪末的非道德主义*危机。他们全都凝视过巴雷斯的那个可怕深渊。他们全都被那种导致夏尔·德芒热举枪自尽的不断蔓延的绝望情绪所困扰。他们全都被强烈的生活所吸引，同时又感到害怕，因为这意味着他们将不得不放弃稳定的自我，屈服于分散的经验和自相矛盾的激情与感情。1905年里维埃警告他的朋友阿兰-富尼耶（Alain-Fournier）说，不能像评论其他书一样评论巴雷斯的小说《在野人眼前》（Sous l'oeil des Barbares）。这本书是巴雷斯内心生活的写照；在经历了一番自我和真实的强烈挣扎之后，巴雷斯把它变成了小说。[16]

正如我们看到的，马西斯也是这么想的。然而《当代青年》一书的重点放在了世纪末心态的超越上。马西斯和德·塔尔德认为，新一代"和上一代，即便是其中的最优秀者"的区别在于，前者是从巴雷斯停下的地方开始的。巴雷斯及其门徒们努力抗争过、质疑过并最终接受的价值观，新一代人全都认为是理所当然的，无须再作讨论。他们轻轻松松便掌握了巴雷斯的价值观，而无须忍受后者在追求这些价值观时所忍受的极大痛苦。他们生来便知道传统的价值，以及光有思想而没有行动的可笑。他们的爱国信仰非常平静，

---

* 指无视、排斥道德观或认为道德观不重要的信条或态度。——编注

他们的天主教信仰既深沉又简单；他们的品行既严厉又古板；他们在政治上非常现实，同时又反对一切意识形态。"这些特点从我们积累的观察中显现出来，就跟同一家人的画像叠在一起会形成一张共同的脸庞一样：它们构成了新一代青年的肖像。"马西斯后来又补充说，1912年一代最重要的特点是"务实"，这种"精神健康"的状态使他们与"悲观、无力以及道德混乱的上一代"截然不同。"这种希望法国继续存在的强烈愿望有力地提醒着青年精英应该回归现实。几个时期过去，青年人已经开始审视自己的良知，并开始偷偷地修正自己的价值观……他们清醒地认识到爱国的必要性，为此他们已经暗中准备接受道德、知识、文学和政治领域的一系列平行真理……我们现在做的，正是为了让更多人知道他们的优秀品质，并受到感染。"[17]

1912年到1914年，专门介绍阿伽同调查的文章有几十篇之多。这个话题不可避免地出现在每一份巴黎的重要报纸和评论性杂志上，那些举足轻重的人物对法国青年这个新生事物展开了讨论。"这段时间在巴黎应该看什么？"在伦敦有人这么问一名法国记者。"那里的年轻人。"这个人轻飘飘地回答说，但他的话却不无道理。小说家们认为有必要在情节中加入这个主题，并让老一代和新一代来一场命中注定的相遇。1911年至1912年，罗曼·罗兰（Romain Rolland, 1866）在写作长篇小说《约翰·克利斯朵夫》（Jean-Christophe）的最后一部分时，引入了年轻一代的一名代表，他对这个生于1893年的青年的描述是"充满了生之乐趣，肤浅，是所有扫兴鬼的敌人，热爱享乐和剧烈的运动，容易被当时的花言巧语所骗，身上有无穷的精力而又懒得思考，因此他们的思想偏向于法兰西行动、民族主义者、保皇派和帝制派的残暴理论"。罗兰把这些态度和特质与约翰·克利斯朵夫那浪漫的理想主义、唯美主义、政治上的激进主义、国际人道主义，以及自由的精神做对比，后者惊恐地看到新生代更渴望的是行动，而不是理解；是占有，而不是追求真相。从1912年这个有利时刻审视自己作品的罗兰认为，自己通过讲述约翰·克利斯朵夫的故事，描绘了"一代行将消失的人的悲剧"。罗杰·马丁·杜·加尔（Roger Martin du Gard, 1881）在《让·巴洛瓦》（Jean Barois）中同样非常重视当代青年，这本小说出版于1913年。书中的主人公是德雷福斯的支持者，他想调查"新青年"的看法，结果却被两名巴黎高等师范学院的学生冷冷地告知，他那一代人都是"既没有决心也没有行动力的做白日梦者"，他们的无政府主义的价值观现在必须让位了。巴洛瓦既恼怒又气馁，但他不愿承认自己毕生为理性和社会正义奋斗的努力已经付之东流，于是他自我安慰说，年轻一代只是暂时从一个极端走向另一个极端，就像大海的短暂退潮一样，进步的潮流终将再次把我们带往一个更美好、更自由、更公正的社会。"请稍等片刻：海水终将再次涨起！"[18]

虽然阿伽同对"1885年一代"的描绘使许多法国知识分子感到不悦，虽然有人批评年轻的1912年一代轻视知识分子、追求名利、注重实用、崇尚体育以及军国主义，但却很少有人对阿伽同的概括提出异议。难怪马西斯会把这份调查报告视为自己文学和道德上的最高成就，并在一部又一部的回忆录中提到这部作品。法国的文坛巨匠们已经把他视为年轻一代的代言人。在犹豫片刻之后，巴雷斯终于承认，年轻的1912年一代似乎已经摒弃了他自己那一代深受其扰的有害的负面情绪。他们克服了虚无主义，就像健康的身体战胜了疾病一样。"年轻一代正冉冉升起，"他在日记中吐露自己的心声，"并大声宣告说他们是我们国家最好的一代。法国青年万岁！"当被问到这个问题时，柏格森也承认新一代的年轻人确实是个"奇迹"，他还说，从他这个思想和精神专家的角度来看，已经发生的一切不亚于性情的突变，是很少发生却又非常神秘的大事件。早期反对相对主义和虚无主义，并被阿伽同认为是1885年一代的代表人物的保罗·布尔热（Paul Bourget, 1852）欣喜地说道，"新生代"已经出现，"天空再次镶满璀璨的群星"，这些年轻人"重新肯定了古代法国的哲学和宗教传统的重要性"。法国的文学民意调查机构的主席埃米尔·法盖（Émile Faguet, 1847）勉强承认了这种现象的真实性，同时又难掩怒火地补充说，阿伽同扭曲和低估了老一辈的成就，而对文学青年又过于关注。"阿伽同认识的这些年轻人纯洁，充满了高尚的情感，他们热情、勇敢，热爱生活且非常自信，他们对祖国忠心耿耿；所有这些都使我们感到高兴，并使我们在行将退出舞台之际感到不那么悲哀。但是，天啊，他们一点也不谦虚！"[19]

阿伽同调查报告的一个中心思想便是接受对德战争的必要性，以及武器对杰出青年的巨大吸引力。马西斯和德·塔尔德说，战争已经不再意味着恐惧或者痛苦；人们在"暗暗期待"它的发生。为了支持这一论点，他们引用了一名夸夸其谈的学生所说的话，那名学生在附上了自己的研究证据之后说："只有通过军营生活和炮火的考验，我们体内蕴藏的法国人力量才能膨胀至最大。"[20]许多学生可能正是这么想的。然而1914年8月战争的第一波影响来临时，法国的兵力非但没有增加，反而因为可耻的战败而威胁到法兰西民族的生存，大批的法国男儿命丧疆场。马西斯的圈子伤亡尤其惨重。夏尔·贝玑在开战的头几个星期就倒下了，当时一枚子弹射穿了他的头。他死于8月21日，被子弹射中了太阳穴，当时他试图用火炮阻止德国人的进攻无果，正沿着一条宽阔的马路撤退。据报道，里维埃的年轻的小说家朋友阿兰-富尼耶在9月22日的行动中失踪。里维埃自己被俘，并在战争的剩余时间里一直被关押在德国人的营地。随着伤亡名单直线上升，政府也在一个惊恐之夜匆忙转往波尔多（Bordeaux），平民百姓人心惶惶。但是法国军队在马恩河（Marne）顶住了德军的进攻，英国军队匆忙赶赴比利时边境，前线稳定下来，曾经惊险刺激的运动战进入胶着状态，变成了沉闷而且似乎没完没了的阵地战。

我们记得1914年8月的军队总动员，我们忘记了思想上的动员。这次战争对欧洲文明的破坏之大，完全不亚于另外一次[*]。每个地方的欧洲知识分子都在自我军事化，他们抛弃了自己的平民价值观，就像志愿兵脱下平民服装，拿起文化战争的武器，准备为自己国家的行动辩护一样。代际思想是许多转为军事用途的和平时期的概念之一。马西斯已经被征召入伍，但是还没有参加战斗，他很快便把年轻的1912年一代和拯救祖国、使其免受德国人统治的军队联系起来。他在1914年9月的某个星期日写道："很少有一代人和他们一样，以这种克己和谦卑的感觉开始自己人生；这正是我们中的一人曾经说过的那句话的确切含义：'我们是被献祭的一代。'"马西斯接着说道，如果读者在这句话中品出了一丝后悔或者自怜的含义，那将大错特错。说1912年这代人是被献祭的一代，意思是说他们从一开始便欣然接受了这种命中注定的牺牲：他们已经用自己的学识和意志为一件大事做好了准备，他们知道自己将沦为被人利用的工具，但是他们的国家将获得新生。马西斯把这段话念给一位年轻的作家朋友听，后者不久将在战斗中牺牲，（根据马西斯的描述）这位朋友听后只是颤抖地说，"我们在这次战争中所做的一切，将伴随我们的一生"。[21]

这种思想受到称许，这种形象受到赞美，描绘1914年这一代青年的文学作品何其多，他们的慷慨赴死和成功抵御德国人的进攻（即使没有打败对方），为他们暂时赢得了史诗般的英雄地位。战争期间，巴雷斯把自己的全部精力都用在了歌颂这一神圣的事业上；他成了记录1914年一代的作家和诗人。但是就在公众普遍接受被

---

[*] 指第二次世界大战。

献祭的一代这个看法时，事情却起了微妙的变化；或者更确切地说，不知不觉中出现了一种不确定性，使得从1914年起关于战争一代的争论变得混乱起来。马西斯和德·塔尔德研究的只是一小部分人。他们的调查面向的是1887—1894年间出生，在巴黎的优秀学校读书或者刚毕业的年轻人。因此他们描绘的，最多也只是一个国家4000万青年中的几千名幸运儿而已。但是驻守战壕的法国军队由不同的年龄层组成，他们的出生年份从1870年到1900年不等，更不要说有些超龄人士为了参军而谎报年龄了。这些人有着共同的经历、命运、冒险旅程和精神创伤——他们反抗的不是一个青年，一套理想，或者同个年龄段的父亲、指引者和老师。没错，他们学会了一起生活，一起受苦，一起喝酒，一起抱怨，甚至一起死去；但是他们外观上的相似之处只有身上的那套军装和脸上的泥浆与恐惧，而且，一旦回来，他们的行为方式将因各自的政见、出生地和社会地位的不同而变得迥异。没有关系。他们的身份已经确定。1914年之后，法国的知识分子将按照马西斯的指引，既用"1914年一代"来指年龄和感觉相仿的一小群作家，也会用它来指参加过那次战争的全部法国人。

被献祭的一代的形象，就这样诞生于战前十年的思想运动及法国各界为了把德国人阻止在马恩河而展开的总动员之中，这是一个由不同年龄、阶层和观点的人——青年和中年，商人和农民，城里人和乡下人，保皇派和无政府主义者——组成的团体，他们在年龄、经历和心态上都被归于同一类人。极少有人记得，可能就连马西斯自己也忘了，"被献祭的一代"这个词最先是阿伽同用来形容1885年一代的。

直到20多年后，马西斯才开始重新审视自己塑造的当代青年形象，即便那时，他对待这项工作的态度也像是画家在润饰一幅自已创作的虽有瑕疵但注定名垂青史的伟大作品一样。[22] 然而，与此同时，20世纪前20年法国的代际文学已经引发了一种截然不同的探索，以求代际思想获得学术上的尊重和理论上的严密性。1920年，弗朗索瓦·芒特雷出版了一本献给"新一代青年"的书，名为《社会之代》（Les Générations sociales）。芒特雷这本书构思于1914年之前，而且（正如献词所显示的）深受文化复兴运动的影响，阿伽同的调查正是发生在这样的背景下。但是战后芒特雷在写作此书时，也觉得有必要把这种囊括了大多数人的新的代际理念考虑进去，这些人年龄不同，背景不同，但是为了同一个目标而奋斗的共同经历却把他们紧密联系在一起。结果，正如芒特雷自己所承认的，矛盾始终得不到解决，头绪繁多且混乱不堪。[23]

作为一名忠于阿尔弗雷德·埃斯皮纳斯（Alfred Espinas）和埃米尔·涂尔干思想的社会学家，芒特雷对代际问题的思考就像人们试图理解知识创新和社会变化的机制一样。芒特雷身为哲学家，又对"新索邦"的学者们把知识简化为知识史的努力深表同情，但是代际思想一直存在于19世纪人们的想象之中这个事实依然给他留下了深刻印象。因此在书的开头，他对"前科学"的代际理论做了一番调查。在简要论述了柏拉图、奥古斯特·孔德（Auguste Comte）、约翰·斯图尔特·穆勒（John Stuart Mill）、安东尼·库尔诺（Antoine Cournot）和涂尔干对这一问题的看法之后，芒特雷又详细介绍了法国人贾斯汀·德罗梅尔（Justin Dromel）、意大利人朱塞佩·法拉利（Giuseppe Ferrari）和奥地利人奥托卡尔·洛伦茨（Ottokar Lorenz）的复杂理论，对于后面的三名学者，芒特雷的读者和今天的我们一样陌生。德罗梅尔和法拉利均试过用代际思想解释19世纪法国发生的一系列变革。他们认为，当一代人取代另一代人时，政治变革就会发生。德罗梅尔认为这种情况每15年发生一次，他的意大利同行则认为这种情况每30年发生一次。但是两人一致认为,政治观点取决于人类生活的结构,而且两人都相信一代人有着同样的思想和行为。洛伦茨看待这个问题的角度则有所不同。身为系谱学家和统计学家的洛伦茨认为,可以通过统计父子间年龄的差异,系统地证实代际的存在,以及历史大循环的运行。芒特雷对这些理论均持批判态度,但他却从中汲取了一个思想,那就是可以用代际的概念来解释进步的原理。进步难道不就是人口不断更新和"真理、美好和正义的火炬"代代相传的结果吗?如果能用科学的方法加以证明,那么进步将不再是一个抽象的概念和信仰,相反,它将会变成一个社会现实。芒特雷决心对这一很有前途的假设进行验证。[24]

一开始,芒特雷便仔细区分了家族之代(familial generations)和社会之代(social generations),以及同龄人和同时代人之间的差异。他指出,社会之代不能等同于家族中父、子、孙的交替更迭,因为每天都有新的后代出生。人口的更迭是连续不断的。社会之代也不能被认为是任何一个时间段社会上所有人的统称,而这正是词典编纂者埃米尔·利特雷(Emile Littré)那本权威字典给出的解释。事实上,社会之代的全部观点以及这一概念之所以实用,原因在于同时代人可以被分成不同的年龄组。把社会分为不同的年龄组,是因为积极而有创造力的成年人每30年便全部更换一次。人员的变化带来了认知的变化。在丹纳和历史学家甫斯特尔·德·库朗日(Fustel de Coulange)的启发下,芒特雷坚持认为历史应该研究人类思想和信仰的变化。因此,他坚决否认社会之代是由政治演化、科学突破、技术创新、哲学洞见或教育制度决定的。社会之代是思想转变的产物,是"安静的脑力劳动,催生了人类活动的新理想"。思想的转变定期发生在青少年和青年人的身上。理智在对抗中产生,而这种对抗的原因归根结底在于父子之间的斗争。年轻一代遵守着儿童反抗父母这一令人费解而又亘古不变的规律,他们反抗父辈的教导，同时根据自己的经验建立起一套新的价值观、一套层级结构和一群新的榜样。"代"因此只能"从观点和愿望，从心理和道德层面"进行解释。社会中的一代人并非划分时间的依据，而是一种"精神上的统一体"。它是"一种感受和理解人生的新方式"，"一个崭新的精神环境"，"一种在人群中体现出来且持续一段时间的集体精神状态"。[25]

芒特雷和19世纪的代际理论家一样（他的研究以他们为基础，他的许多想法也来源于他们），他认为代的更替有着固定的规律，并从他认为一个人的社会影响力达到最大所需的时间判断，每一代持续的时间为30年。他简单地思考了涂尔干的建议之后便将其排除，涂尔干认为，由于传统的薄弱，大城市中密集的人口将会增加年轻人和他们父辈之间的矛盾，从而加速"代"的形成。"一个世纪从未有超过三代男性；但是现在他们似乎被分成了两段、三段，或者四段，因为年轻人迫不及待地想成为大家议论的话题，他们很容易便侵犯长辈的权利！"因此，代际更迭的明显加速只是个幻觉；通过安排人类生活，使他们的社会和生物"繁殖力"重叠，大自然便可确保每30年出现一代新人。[26]

虽然芒特雷相信生活结构决定了社会中每一代人的长度基本相同，但他却强调，不应该把"代"的形成看成是稳定、有规律和不断的循环。在社会中一代人出现的过程中，有些年份会比其他年份更值得注意。灵感总是一阵阵喷发的；代际发展的图表都是由山峰、深谷和斜坡组成。社会上的每一代人都有自己的导师、英雄和拥护者，他们往往聚集在某个关键的年份前后出生。其他年份在当时的人眼里则是"被献祭"和"乏味的"，在这些年份中诞生的是离经叛道者、下一代的先驱者，以及上一代的落伍者。不连续性是代际问题的常态，连续性才是异常情况。在跨越代际的人之间，斗争更加激烈，因此有时也更加显而易见。[27]

伟人们聚在一起，通过共同的风格和话题产生联系，这给芒特雷留下了深刻印象。事实上，他认为一个思想流派**就是**社会中的一代人。然而伟人是社会需求的反映，他们只有通过合作者和仰慕者才能发挥作用。"伟大的作品，"芒特雷强调，"是由同时代的一群人创造的。"作为一名专门研究认知革命的代际历史学家，芒特雷别无选择，只能成为精英论者。他应当承认，从历史的观点来看，许多人根本不值得关注：当你只是芸芸众生中的一员时，你必须学会如何让自己默默无闻。芒特雷哀叹道，"大部分人在伟大的人类大合唱中根本就没有出声，他们只是盛大的历史化装舞会的背景"。[28]

芒特雷认为每个时期都有一代人占据着优势地位，他们反映了整个民族这段时间的信仰和愿望。他说，这代人就像一支军队，其中聚集了能拿起武器的各色人等。军队中既有将军也有士兵，既有军官也有军士，既有留了胡子的退伍军人也有刚刚入伍的新兵，几乎涵盖了所有的年龄层。"正是从这黑压压的人群中，有几个人头冒了出来，被同一个命运所裹挟的这一大群人，虽不是严格意义上的同龄人，但是却有着同样的冲动、同样的抱负和希望。"[29]

每个世纪都包含三代这样占优势地位的人。历史学家应该用什么方法找出他们并画出他们的界线呢？他应该使用什么工具？芒特雷在这点上丝毫没有犹豫。考虑到历史语言学尚处于起步阶段，文学因此为我们提供了研究认知变化最全面的视角。这么说并不是因为文学**决定了**社会的发展；而是因为和其他形式的活动或者"系列"（series）相比，文学更准确地表达和反映了群体生活的全部风貌。它"忠实地反映了人的精神变化和各种深沉难解的偏好"。每一本书都是"群体心理的一个片段，是普遍心态的表现；人们之所以爱读书是因为书符合他们的期望"。文学——以及整个智力系列——就像一个家庭；彼此之间因为对立而得到发展。它们受到系谱学的约束。因此，从一个时期的文学来看，代际之间的流动就显得异常清楚。[30]

生于1877年的芒特雷在一个迷信社会事实的环境中长大，他是个真正的实证主义者，因此会为代际思想的不够精确感到不安。例如，他承认，无法绝对准确地计算出社会中一代人持续的时间。他还承认，很难在一代人和另一代人之间画一条严格的时间界线。他认为，代际顺序的概念和性质，是另一个可能引发错误和争议的棘手问题。然而，虽然有这些理论上的障碍，芒特雷对代际思想的实用性还是很有信心，因为它符合常识，也是每个人的实际经历。"当一个人在谈到他那代人时，他使用了一个虽然并没有指明年代却非常清晰的表达方式。他指的是那些年纪与他差不多的同学和朋友，那些和他同时长大且有着相同的经历和变化的人。同一代人因共同的出发时间、信仰和愿望而团结在一起。"[31]

芒特雷还从另外的角度为自己辩护，他说，和历史学家使用的许多其他方法相比，代际思想的精确度并不低。随着了解的深入，人们对代际思想的实用性的怀疑自然会慢慢消失。代际观念是个很好的构想，可以成为一个极其宝贵的"有效假设"（working hypothesis），在芒特雷看来，这个用来解释历史的辅助工具，重要性一点也不低。有了这条线的牵引，历史学家便能从纷繁复杂的史料中，更全面地了解某个伟人、他作品的影响、他名气的高低，甚至于整个系列史，例如科学史和哲学史，"只要你手头有足够丰富和详细的资料"。[32]

芒特雷的书得到的评价并不高。索邦大学有学生以此书作为自己的博士论文题目，却受到了研究历史方法的权威专家夏尔·薛纽伯的粗暴对待。结果，芒特雷的这本书未能完成写作的初衷进入历史学家们的视野。它也没能受到那些虽非教授却有着高度影响力的学者的青睐,这些人决定了巴黎文坛的品味,而且拥有使一个默默无闻的人瞬间成名的力量。阿尔贝·蒂博代(Albert Thibaudet)在为《新法兰西评论》写《社会之代》一书的书评时,赞扬了芒特雷的正直、慎重和智慧,接着他说,芒特雷的著作不过是未来某本书的前言而已,那本书的作者将愿意用柏格森的观点来看待"这个美丽的问题",认为"代"是生命活力的表现。芒特雷这本书基本上被忽视了。这不难理解。《社会之代》在20世纪头30年出现在法国学者面前,但几乎没有阐明代际主义现象。相反,它反映了科学假设地位的提升,在马西斯和德·塔尔德等文艺知识分子当中,这种假设正非常流行。[33]

最明显的一个问题是,芒特雷的理论和它本来准备解释的事实不符。任何想通过芒特雷这本书来了解战后法国代际更迭的人都会感到失望和困惑。只需看一眼20世纪20年代法国出现的一些代际文学著作,我们就会明白为什么。请记住,马西斯一开始把他这一代等同于1890年左右出生的那批人,后来又改为那些参加过战争的人。这和芒特雷认为新一代出现于1910年至1914年之间的构想基本符合。然而战争刚过去没多久,人们就意识到,不能把参战者都视为一代人,1910年这一代——如果存在这么一代的话——已经被后来者超过了。在参加战争并且活下来的法国知识分子中,有两个年龄组的人特别显眼,从而使"战争一代"这个概念变得暧昧不清,假如不是毫无意义的话。[34]

第一个年龄组由马西斯这样的作家组成,战争爆发时他们已经受到认可或者正开始受到认可。战争期间他们年过三十,已经不再年轻;尤其是到了战后,年轻人的确切含义,是指那些因为年纪太小而无法参加战斗的人。1914年8月,与马西斯年龄相仿的人响应爱国的号召,冒着生命危险走上战场。他们中有许多人战死疆场。但是那些活着回来的人,都把战场上获得的勋章骄傲地别在衣服上。

他们已经不再是有美好未来的人,也不是占据着优势地位的人:他们好不容易活了下来,他们做到了。他们中的大多数人参加过1916年的凡尔登战役(Battle of Verdun)。他们知道战争很恐怖,但他们认为这次战争是正义的,因为他们相信只有这样,才能使德国人那令人忍无可忍的威胁彻底消失,整个青年时期,这种威胁都压在他们心上。战争期间他们也和其他人一样,抱怨过糟糕的伙食和领导的无能,并一致认为,两者的差劲程度不相上下。但是该死的,他们赢了!现在他们回家来领取自己的"战利品",并憧憬着美好的生活,不久他们便开始抱怨,他们的女人和工作都被那些和他们年龄相仿的逃兵或者是无耻的青少年给抢走了,那些青少年因为年纪太小而没有参军,却趁他们不在顶替了他们的位置。"向死者脱帽致敬"是20世纪20年代经常听到的一句口号。抛开辞令不谈,这句话的意思很简单,就是把生还者的位置和权力给他们,这是对他们战场上艰苦付出应有的补偿。"战争一代"的第一群人中口才最好的有亨利·巴比塞(Henri Barbusse, 1873)、乔治·杜哈曼(Georges Duhamel, 1884)、儒勒·罗曼(Jules Romain, 1885)、罗兰·多热莱斯(Roland Dorgelès, 1886)和莫里斯·热纳瓦(Maurice Genevoix, 1890);但是在抓住生还者的心态和表现他们的强烈不满方面,没有人比安德烈·拉芒代(André Lamandé, 1886)做得更好,拉芒代在他的畅销小说《十字架上的狮子》(*Les Lions en croix*)一书中,夸张地把这些生还者描写成刻板生活和湮没无闻的牺牲品:"可怜的人,狮子的灵魂被钉在了冷漠、嘲讽和健忘的三重十字架上。"[35]

"战争一代"的第二群人由年轻的学者组成,他们大部分生于19世纪90年代,一考完试(有些没能通过)就直接上了前线,他们回来时,觉得短暂的营地和战壕生活既可恨又好笑,还有些让人怀念。这场战争在他们眼里,不是一次已经准备好的舍生取义,而是他们正迈向成年时,一个突然打在头上的霹雳,或者是一场天崩地裂般的地震。他们悲叹自己逝去的青春,抱怨日常生活的平庸和没有可以要求归还的职位,因为战争爆发时他们尚未开始工作。他们中有许多人没有经历过 1914 年 8 月的高歌猛进;他们是在凡尔登战役之后才来到前线的,当时的红裤子已经换成了蓝灰色,爱国口号成了讥笑或唾弃的对象,进攻是可怕的,除了苦中作乐的黑色幽默外,唯一受到珍视的,就是那种屠宰场中的同志情谊了,因为所有人都可能会死,不是今天就是明天。他们怀着矛盾的心情回忆这场战争,就像想起自己的初恋女友一样,他们无法把自己遭受的痛苦和青春年少的美好回忆(他们至今仍不时感受到其温暖)区分开来。他们痛恨自己的领导,那抱怨的语气常常令听者以为他们就要起来造反,其实他们只是有些愤愤不平;他们把这个世界分为参战国和非参战国,而不是各个不同的国家;他们梦想着攻击那些靠吸食他们的血而活下来的肥胖市民;他们谁也不信,除了他们自己、他们的同志(大部分已经死了)和战争带给他们的那些说不清道不明的深刻见解。他们已经失去了对语言、艺术和制度的信任,他们经常威胁要烧毁全部桥梁,摧毁文化,并把社会炸到天上去。虚无主义是他们最自然的态度,而不是爱国主义。尊敬长者不是他们的长处。一旦回到家,这些年轻的士兵知识分子做的第一件事,就是把阿纳托尔·法朗士和莫里斯·巴雷斯送上法庭,让他们接受"反文化罪"的审判,意思是这两人对年轻人犯了罪。安德烈·布勒东(André Breton, 1896)、路易·阿拉贡(Louis Aragon, 1897)和菲利普·苏波(Philippe Soupault, 1898)都属于这一类年轻人。达达主义(Dadaism)和早期的超现实主义(Surrealism)都表现了这种心态的某些特质。[36]

作为研究代际差别的行家,马西斯很快注意到认知方面的变化。马西斯写道,战争结束没多久,我们就意识到,一个只比我们小几岁的年轻一代已经到来，我们的历史对他们来说是一片空白。"仿佛我们从未取得胜利。在激励我们战斗的所有价值观遭到否定之后，看着这个追求虚无缥缈的世界，我们立刻觉得好奇，是否我们的同志都白死了，是否我们自己并不属于另一个世界，那个一直留在我们心中的世界。"到了1935年，马西斯得出结论，他们这一代——他现在已经把他们的核心从1910年推到了1905年——是"保存"的一代。他们曾尝试着修改和保存某些价值观——国家、宗教、纪律——而这些束缚，正是（否定一切的）下一代想努力摆脱的。[37]

马西斯后来写道，正是在见到了只比自己年轻十岁的战斗英雄亨利·德·蒙泰朗（Henry de Montherlant，1896）之后，他才第一次意识到，"我已经是另一个时代的人"。而在20世纪20年代初书籍和报纸、杂志读者的心目中，战争一代青年最重要的代表，正是蒙泰朗。那些熟悉蒙泰朗的作品，尤其是他的小说和戏剧的人可能觉得难以理解，为什么《少女们》（*Les Jeunes Filles*）和《波尔-洛亚尔》（*Port-Royal*）的作者会是某个社会团体（更不要说他那一代人）的典型代表。在20世纪的伟大法国作家中，蒙泰朗是最出色的圈外人。他的整个一生似乎都在逆潮流而行。出身高贵且在信仰天主教的中产阶级家庭和世俗共和国长大的蒙泰朗，很早便决定将"一生全部献给自己的思想和灵魂"。那些远离时代喧嚣、致力于追求自身完美的古罗马哲人和天主教圣徒便是——而且一直都是——他仿效的对象。[38]

然而在环境的干扰下，蒙泰朗和战争以及参加战争的年轻一代产生了共鸣。战争爆发时，蒙泰朗还是个年仅18岁的学生，正在学校学习法律，他的成绩不怎么样，对学习也没什么热情。母亲病重使他未能参军，战争的第一年他都泡在国家图书馆简陋的阅览室里，充实自己的古典文学知识，同时做着自己的文学梦。1915年8月母亲死后，蒙泰朗立刻申请入伍，结果却因心脏不好而遭到拒绝。

直到第二年9月，他才设法通过了军队的测试，即使在那时，也只有在祖母的干预下，他才得以成功分配到前线的一个步兵团服役。此时，由于凡尔登发生的惨重伤亡，人们已经在质疑制造这场屠杀的双方领导人的心智是否正常（更不要说是否有人性）了。这个世界似乎非常荒唐，死亡几乎是板上钉钉的事，官方给出的战争理由完全是为了掩盖某些更深层和更基本的东西而想出来的诈术。在这种恐怖的地方，除了不可推卸和令人绝望的任务以外，很难赋予服兵役其他的意义，而且蒙泰朗从未有过爱国主义的教育背景。蒙泰朗的家人都是保守分子，他们认为1914年8月法国军队的节节败退，正是上天对罪孽深重的共和国的惩罚。蒙泰朗参军时，支持他的既不是幻想也不是爱国主义信仰。对他来说，这场战争是他自愿选择的宿命，他怀着塑造自己性格和净化自己灵魂的想法跳进了这个火坑。1918年蒙泰朗受了重伤，而且因为在作战中表现英勇而受到表扬，他与死神并肩生活了两年。这次经历成了他思想成形的催化剂。和许多幸存者一样，蒙泰朗认为自己有责任为死去的同胞做证，使他们留在人们的记忆中。1919年复员后，蒙泰朗的祖母为他找了一份委员会秘书的工作，这个委员会设立的目的是为凡尔登战场上最惨烈的杜奥蒙堡（Fort Douaumont）战役的死难者建一座葬尸堂。正是在担任这个职位期间，在法国阵亡士兵官方代表这个身份的掩饰下，蒙泰朗出版了他最初的几部小说和散文集。[39]

　　为什么马西斯和蒙泰朗在一起时会感到不安和觉得自己完全过时呢？答案不言而喻。蒙泰朗是一名现实主义者，对真实的追求使他来到虚无主义的边缘，这名年轻人完全没有快乐的热情、不变的信仰和那种使马西斯及其朋友们产生牺牲精神的社会责任感。蒙泰朗笔下的主人公为国家的事业奋不顾身，同时又认为这桩事业是不正义的。他在服役时，心里很清楚一切都是徒劳，但他很享受那种随心所欲、自由支配自己生命的感觉。他尊敬天主教，但又不厌其烦地表示他不相信上帝。而且他是一名受"无可救药的欲望"驱动的坚定的享乐主义者，为了满足自己的欲望，他可以献上自己的一生。自然界没有什么——不管多么粗暴或残忍——是蒙泰朗接受不了的。他是一名勇敢无畏的斗牛士、一名运动健儿、一名有伤疤证明其英勇的士兵，他有一种任何人都难以撼动的优越感。他也毫不掩饰对那些不了解也从未享受过实战乐趣的人的嘲讽之情。他是一名悲观主义者，不相信任何价值观，而且以人生的冲突和矛盾为乐，尤其是他自己的。最重要的是，他是和平世界的流亡者，对他来说，战争不是实现国家复兴的必经之路，而是他一直向往的一种更加深沉、更加真实，也更加紧张的生活方式。蒙泰朗"喜欢前线的生活，他喜欢在旷野中洗澡，以及那种心智和感情完全归零的状态"。他认为这个世界永远会有战争，因为这个世界永远会有"以爱之名发动战争"的20岁男孩。马西斯笔下的年轻人走上战场时，背包里装满了价值观和希望；而蒙泰朗回来时，他的背包却是空的，而且他毫不掩饰自己轻装上阵这件事。蒙泰朗笔下的主人公面临的挑战是如何才能尽兴地过好自己的一生——就好像他们相信自己的服役真的有用一样。"虚无骑士"，蒙泰朗在他最著名的散文集中给自己取了这个名字——这个词就像普西夏里笔下的"死亡骑士"的弟弟，但显得更加冷酷无情。[40]

蒙泰朗对战争一代这个概念持保留态度，并且曾经警告过不要滥用这个词。比他大三岁的皮埃尔·德里厄·拉罗谢勒则不这么认为，两人同为战后涌现的法国文坛巨星。从战场归来的德里厄决心为自己的朋友做证，"为那些年轻人，那些参加过战斗的人，那些死在战场的人。我们还没有把我们最后的话说出来。不止一个人会死在我们前面"。[41] 1912年德里厄在一流的巴黎政治学院（Ecole des Sciences Politiques）就读，可能马西斯和德·塔尔德调查的那些学生中就有他。如果真是这样的话，那德里厄的回答本该使他们对当时年轻人的描述做出重大的修改。德里厄非但没有冷静的爱国主义信仰，还对自己的同胞缺乏信心，法国的软弱和外交上受到的屈辱令他痛苦万分，他梦想着移居美国或者澳大利亚，在那里他可以和统治世界的北欧人一样，成为一名冒险家。没错，他曾经疯狂地想成为一名运动员，因为团队运动唤起了英国人的思考，造就了一批批脸颊红润的男童，以及突飞猛进的军事实力。然而锻炼身体和学橄榄球的努力失败了，他整个人无法挽救地颓丧下去。他还是原来那个有梦想的人，但是和在运动场上相比，他觉得待在咖啡馆或者客厅（后来是在女人的闺房）里更加舒适。战争爆发时，用他自己的话说，他是"一名抽泣的资产阶级，既害怕又悲观"。和阿伽同描述的那些具有惊人活力的运动健将相比，这名年轻的知识分子更接近19世纪80年代出生的巴雷斯，满腹经纶的同时，又有自毁的倾向。[42]

战争意味着一个自我实现的时刻。它以一个"绝妙惊喜"的姿态出现在德里厄面前，并暂时扭转了他的失败感和衰弱感。1914年8月，德里厄已经拿起武器，一想到要过三年沉闷乏味的军队生活，他就感到痛苦。他实在无法相信欧洲的政治家们会让战争发生。"我曾和朋友们打赌，如果部队开拔，就给他们买三瓶香槟酒。"继而发生了那个令所有其他人相形见绌的伟大经历。1914年8月，德里厄在沙勒罗瓦（Charleroi）参加白刃战时，发现自己体内蕴藏着前所未知的巨大勇气。他趴在旷野上一动不动，周围布满了尸体，然后他突然意识到自己站了起来，而且正带领队伍向前冲。他感到自己体内有股生命力突然喷涌而出，一阵狂喜之后，他随即意识到，自己整个青少年时期一直寻找却始终没有找到的那个人出现了。"这个突然出现的人是谁？一个领袖。他不仅是个人，还是个领袖。他不仅知道怎么屈服于强敌，还知道怎么攻城略地。"从此以后，德里厄将一直相信生与死的统一。他在那个狂喜的瞬间发现，生命是一条"河"。他不能要求过上充实的生活，同时又不接受自我毁灭这个想法。[43]

德里厄喜欢战争和战争中获得的勋章。他以前从未这么自由过，而且他非常欣赏士兵之间的同志情谊——特别是那些和他来自同一阶级的人，他们都决心在死前开心一把。然而就连战争也变成了一个模糊的经历。因为在发现勇气的同时，德里厄也从西线战场上看到了恐惧和战争的残忍无情。1916年凡尔登的一次炸弹大爆炸，把他吓得裤子都湿了，他一辈子都忘不了那声恐怖的叫喊——"在士兵们残忍的沉默中间，那是我的理智在叫喊。"[44]

德里厄把自己的战争经历写成了一本薄薄的诗集，题名为《询问》（Interrogation），并于1917年出版了这本书的限量版。德里厄的风格和语言受到保罗·克洛岱尔和未来派颂诗的启发，他讴歌战争，但是没有掩盖战争的恐怖。德里厄热烈地说，战争彻底完成了身体的恢复（这种恢复由体育运动开启）。战争调和了梦想和行动。战争使资产阶级和平民百姓有了接触。最重要的是，战争使人们有可能回归悲惨的生活。不要要求我们后悔，或者否定这场战争，德里厄警告说："如果你尊敬**爱**的话，那么请不要侮辱战争。"诗中没有宣扬虚假的爱国主义或者坚忍的毅力。德里厄承认："那天在凡尔登，我是哭得最厉害的一个。"但是沙勒罗瓦战役之后，德里厄的生活却不可避免地与毁灭的孪生兄弟——死亡——交织在一起。"一切新鲜的事物都是美好的，一旦不新鲜，也就不健康了。人类只有不断地自我更新才能延续下去，所用的手段便是每隔几年便杀死一批老人。"也许《询问》一书最引人注目的一点，便是德里厄声称要为那些和他年纪相仿且同属一个阶级的年轻士兵代言——他后来把这些人称为在苍穹之下，在枪林弹雨中打了一场精彩比赛的英雄。德里厄写道，那些参加过这场战争的年轻人，已经被战争改变了。他们内心发生了一场觉醒和革命。是时候让他们"发出自己的喊声",现在轮到"老人们"闭嘴了。那些没有上过战场的人应该小心这些回家的勇士。"因为这些人此时此刻正因为他们强壮的体力而受着战争的折磨。明天他们就会回来。不过他们会把内心的恐惧和绝望留在那片土地,那个其他人没有去过的地方,因为作为最强大的人,他们注定要经受苦难。一旦摆脱了这些负担,他们将会为自己感到自豪,并且将变得异常凶猛。当和平来临时,惶恐不安的时代却不会过去。"[45]

然而,停战协议签订不久,德里厄对自己和自己这一代人却开始有了新的疑问。他和其他年轻的退伍军人一样,觉得这些勇士已经"停止了反抗",任由自己被和平时期法国悲惨而平庸的日常生活所吞噬。德里厄在20世纪20年代写的短篇故事和小说自虐般残忍地记录了这些年轻士兵漫无目的的生活,他们和他一样,刚刚"接受了战争的喝彩",然而回来后却发现,就在他们参战期间,生活不知为何,已经偏离了原来的轨道。德里厄叹息说,这些人是"因受到蛊惑而迷路的可怜孩子"。他们无法逃离战争的记忆,也不知道自己到底能否逃离它那"神秘的梦境"。停战协议的签订令他们措手不及,他们不得不匆忙准备和平,就像他们的长辈匆忙准备战争一样。可是对他们来说,重建工作却有些力不从心:他们没有受过真正的教育,也没有健全的价值观。于是他们开始自甘堕落。他们在沙龙、餐馆、酒吧和鸦片馆里打发时间。他们尝试鸡奸,出于无聊和猎奇的心理而和彼此的女人睡觉。他们没有孩子,他们的不生育使守卫边疆的法国男子人数锐减,而这是法国再次崛起所必需的。他们的生活一派疯狂,但他们混乱生活背后的现实却是"令人沮丧的静止,无所事事的思考和毫无结果的期待"。他们四处旅行,但是却背囊空空。哪里都能看到他们的身影,但他们却不属于任何地方。他们一直都是"局外人"。他们被突如其来的新自由压垮了。他们中最明智的那个人已经逃走,因为"寂静的森林扼杀了他对未知世界的哀悼，一个正把他周围的男人和女人击垮的混合着欲望、必然和苦难的未知世界"。[46]

虽然年轻的战争一代的代言人（例如蒙泰朗和德里厄）迅速批判了战友们的投降，并用痛苦和自残般的笔触描绘了他们失败的平民生活，但他们却难以相信这些战士曾经"受到的最高赞美"都是徒劳。他们在等待那个时刻的到来，届时他们这一代将再次崛起，并获得他们应有的位置。在此期间，他们将忍受日常生活的折磨，这种平庸的生活降临到他们头上，就像一阵"背叛的灰色小雨"浇在他们"如火的热情"上一样。他们抱怨说，和平协议的签订和那些统治法国的"烂学者"的回归，已经足以控制他们和浇灭他们心头的热情。"但是，我们偶尔会突然有股冲动想放松一下，用我们现在无力的拳头击打空气，吐口水。看着天空飞过的云朵，饱受烦恼的我们多么渴望回到过去。一种奇怪的心神不宁使我们变得麻木，这是一种未说出口的渴望，我们想拥抱未知的世界，奔向遥远的土地，并且像过去一样，用暴露于严酷的自然环境的方式来惩罚我们可怜的身体，因为它们一直昏昏欲睡。"他们的代言人说，无论这些人现在在做什么，他们都无法也不会忘记自己曾经是什么样的人。与此同时，像蒙泰朗和德里厄·拉罗谢勒这类执拗的作家则使人们永远记住了他们的伟大，并从他们的怀旧、愤怒和生活方式中，创造出不朽的文学作品。[47]

整个20世纪20年代，这些年轻的勇士经常成为人们讨论的话题。无数描写战争的作品出版了。一小群人努力想把退伍军人的行动转化为更新和变革共和制的基础，但并不是很成功。马塞尔·比卡尔（Marcel Bucard，1895）说："这些退伍军人想在和平时期扮演他们过去在战场上扮演的角色：冲在最前！"[48]

但是1925年已经年届30岁的这些人——蒙泰朗们、德里厄们、布勒东们——很快将被一群更年轻的人挤到一边并被他们赶超，这些年轻人同样认为自己和战争有密切联系。这一代人由年轻的作家组成，他们全部生于1900年前后，刚好错过了战争。他们已经接受了死亡的命运，因此当战争结束、和平降临、预想中的毁灭没有发生时，他们感到惊讶而不知所措，但是他们很快发现，在这个幻想破灭的世界，有生活和事业在前方等着他们。很少有法国的文学年龄组像这些聪明而又痛苦的年轻人一样，如此无情地，或者说，如此投入而着迷地分析自己。自传体的散文是必需的，而且越早写越有可能受到欢迎。许多年轻作家显然认为，除了自己的经历和对稳定自我的追求之外，没有什么好写的。然而从这篇论文的角度出发，有一点值得我们注意，那就是他们的集体自我分析倾向。即使在描写私人和高度个体化的经历时，这一年龄组的作家也可以很自然地从第一人称单数"我"转为复数"我们"，而不觉得有任何困难。年轻的天主教哲学家亨利·丹尼尔-罗普斯（Henri Daniel-Rops）详细分析了他们的观点，即人们通过这种模糊的意识聚集在一起，共同面对命运，并承担自己在人生道路上的责任。"没有不合群这回事：那些看起来不合群的人，实际上是后面一群人的先行者。人类历史似乎是跳跃着前进的。"[49]

这些战后把马西斯甩在后面的人，对他们这一代的特点却有不同看法。身为《新法兰西评论》编辑之一的马塞尔·阿尔朗（Marcel Arland, 1899）是一名很有前途的文学评论家，他提到了一种新的"世纪病"（mal du siècle）。阿尔朗在自己的小传《黑暗的路》（La Route obscure）中，描写了一个精神饱受折磨的年轻人，他迷失了方向，对自己的身份也不确定，因此他并非仅仅感到不快乐，而是缺乏对幸福的渴望："我一直拼命地想找个目标，我一直在等待自己要等的东西，我一直在渴望自己想要的东西。"他哀叹道。对于自己这一代中最具代表性的那些人到底能否克服他们的危机，阿尔朗表示怀疑。他们成长的环境使他们不得不去摧毁旧世界，并与之决裂；战后几年的情况使他们不可能获得任何他们可能相信的价值观。然而他们又急不可耐地想充分体验生活。阿尔朗担心，他们的消极态度和享受人生的强烈愿望，很可能把他们引向孤注一掷的冒险行为，并使他们沦为各种教条主义的牺牲品。丹尼尔-罗普斯和阿尔朗一样，认为战后一代最显著的特点是他们的不安和焦虑。但他着重强调了他们的精神追求中那种强烈和几乎不顾一切的本质。丹尼尔-罗普斯说，现在的年轻人都是哈姆雷特。你可以从他们犹犹豫豫的行动，对自己永不满足的好奇心、对绝对权威的欣赏和他们的宗教冲动上，把他们和他们的长辈区分开来，宗教冲动可能导致他们深情地献身于一种现有的宗教（例如丹尼尔-罗普斯自己），或者是被某种宗教的替代品所吸引，例如共产主义。政治记者让·吕歇尔（Jean Luchaire，1901）则得出了一个几乎完全相反的结论。在他看来，年轻一代首先是现实的。战争是一所"真相学堂"，战后几年的醒悟清除了他们青少年时期浪漫的感伤主义。如果现在的年轻人不愿轻易许诺，那是因为他们拒绝接受一般的意识形态、社会传说和神秘故事。但是如果他们能起作用的话他们会采取行动。安德烈·马尔罗（André Malraux，1901）则认为，行动的效果未必对这些战后才开始领悟人生的年轻人有着决定性影响。他们将行动起来，抵御自己精神上的空虚和对死亡的恐惧。"这些热情洋溢的年轻人将走向何方？他们令人不可思议地武装起来反抗自己，摆脱了所谓伟大的庸俗虚荣，实际上是在蔑视一种他们不知如何融入其中的生活。"[50]

所有进行自我分析的战后一代均认为自己拥有独一无二的经历，他们对战前的价值观一致表示怀疑，对新变化均持开放态度，而他们和退伍军人之间的关系，则非常疏远。他们认为，他们经历的独特性缘于他们成长期间没有父亲和老师的约束。尚处于青少年时期的他们已经被迫承担起成年人的责任,而战时社会的各种诱惑也向他们打开了大门,在那里,钱不是问题,女人们渴望男人的陪伴。他们说,他们对习俗和意识形态的怀疑和他们不管结果如何也要直视世界的决心,正是他们的理想幻灭的产物,他们的幻灭始于第一次看透满嘴谎言的爱国宣传,而协约国未能实现和平以及改革者改革失败带来的沉重打击则无异于雪上加霜。他们解释说,他们对退伍军人的矛盾心理也是幻想破灭的结果。战争期间长大的他们一直很崇拜这些穿蓝灰色军装的人,视他们为英雄,但是他们发现,这些回来的人都很幼稚,他们不够严肃,价值观又过时得可怕。而且,他们对这些退伍军人的轻浮和缺乏纪律感到震惊——或声称如此:这些退伍军人对死亡的过度关注令人反感,他们无力促成大范围的社会变革则令人失望,他们对战争的念念不忘令人厌倦。对于这些人经历了一场伟大的冒险这种说法,战后一代完全同意;他们甚至愿意承认这些人可能有些冷酷的智慧可以传授给自己。但是随着时间的流逝,他们开始怀疑,这些满身伤痕、一脸憔悴的士兵,是否真的具备指导他们参加未来战斗的能力,因为他们显然已经疲惫不堪,显然更愿意回忆过去,而不是提出新的思想。丹尼尔-罗普斯在评论一群退伍军人做出的"年轻人希望我们给他们指明方向"的声明时,质问情况是否真的如此,他自己随即毫不犹豫地回答说:"对他们是真的,对我们则不是。"他说,这两个年龄组之间有一道鸿沟,即使最真挚的感情也难以逾越。而且有意思的是,在提到"战争一代"时,丹尼尔-罗普斯及其同龄人几乎总是会加上一个表示复数的字母 s,变成"战争各代",仿佛在提醒这些士兵,他们也受到了战争的影响。[51]

整个 20 世纪 20 年代末和 30 年代初,归来的退伍军人及其弟弟之间的矛盾,是文学作品常见的主题。有责任心、有原则的退伍军人和他们早熟的后辈形成了鲜明的对比,后者肆意践踏他人的生活，同时也是骚乱的始作俑者。[52]为什么战后的年轻人会对虚无和无目的的反抗思想如此倾心呢？让·普雷沃（Jean Prévost, 1901）和安德烈·夏默森（André Chamson, 1900）在他们20年代末出版的代际回忆录中试图回答这一问题。普雷沃在他的《十八岁》(*Dix-Huitième Année*)一书中，认为战争狂热是他反抗的原因。普雷沃说，他们教会我们，只有一件事是值得尊敬的，那就是战斗。我们接受了我们比不上那些参战者并且我们的余生会一直仰慕他们这一事实。我们鄙视平民，对老人、教师、女人或者我们自己也没有好感，因为这些人全都没有上过前线的赫赫声威。我们看不到一丝服从权威的理由，因为只有那些参战者才值得我们尊敬，而后方的宣传者（例如巴雷斯）编造的参战者神话中，并没有包括服从的美德。我们学会了欣赏那些休假的飞行员，他们辱骂警察并把汽车开上人行道取乐。我们成长时没有受到公共精神的熏陶，因为我们已经习惯了被动地等待前线传来我们得救的消息，那里是主宰我们命运的地方。战争结束时，我们以为一切都将改变。我们将会快乐起来；我们将变得像美国人一样严肃；我们将变得慷慨大方；士兵们将会回来，他们将治愈我们的懒惰并成为我们的榜样。然而，普雷沃说，他那代人发现什么都没有改变。而当政府违背自己的承诺时，年轻人都记住了，并发誓要进行报复。"这就是我们当时和后来反叛的原因，我们没有其他的纲领，除了侮辱那些欺骗我们的人，我们没有其他的要求，除了讨一个我们不配得到的公道。"他们的反叛是"孩子式的反叛，目击者的反叛"。目击者的意思是，他们亲眼见证了誓言的破灭和梦想的破碎。[53]

普雷沃的主题是"和平令勇气崇拜变成了革命冲动"。他暗示自己的经历大体上可以代表他这一代人。安德烈·夏默森则努力想写得更为具体。他决心讲出他这一代中一部分人的命运，即那些在"1919年革命"期间被左翼思想所吸引的年轻知识分子（例如普雷沃和他自己）。夏默森将自己的激进主义倾向归咎于战争导致的代际传递的中断。他指出，自己和自己的同龄人都是在没有长兄的教导下成长起来的。他们 20 岁时，没有一个人来约束他们那种目无法纪的倾向。如果这些倾向带有反叛和毁灭的性质，那是因为他同其他和他一样的人已经用参战者所没有的方式，消化吸收了这场战争。参战者至少心中还珍藏着一幅幅战前的和平图景，以对抗包围着他们的死亡图景；相比之下，夏默森这一代人则没有任何阅历和牢固的价值观帮他们抵御战争的不良影响。夏默森说，像他这样的年轻知识分子，往往会觉得战争是末日的到来和文明的终结。他们希望世界在得到净化后获得重生；他们欢迎经济紧缩和英雄时代的到来，届时旧世界的种种享受将被抛弃，生活将暂时变得贫困。1919 年的罢工和劳工争端，以及法国社会党的极端化似乎符合他们的期望。他们参加社会主义运动并变成马克思主义者。然而他们后来醒过来时发现，除了革命行动的外衣变了，一切都没有改变。人还是那些人，机构还是那些机构，组织还是那些组织。可是在此过程中，年轻人自己却变了。他们已经摆脱了死亡的恐惧和毁灭的威胁。他们已经学会了欣赏传统的价值观，他们已经喜欢上了这些永远不变的生命形式。夏默森认为，青春期的危机，可能导致对整个文明的质疑。夏默森说，在摆脱革命迷信的过程中，他和其他像他这样的人同时也摆脱了对年轻人自己的迷信。他们最后都变成了成年人，头上不再笼罩着年轻时的死亡阴影。[54]

在承认自己的目的只是描述这一代中部分人的经历这一点上，安德烈·夏默森比 20 世纪 20 年代的大多数代际主义者都要诚实；然而即使这部分人在 1919—1920 年的事件中也是反应不一。在社会主义革命失败的影响下，夏默森不再迷信青年，并重新接受了自己国家永恒不变的价值观，而他的同龄人让·吕歇尔却构造了一个末日变革的神话，并巧妙地利用年轻人对长辈的敌意，将之化为自己的政治优势。吕歇尔的父亲和祖父都是大学教授,战争期间他是在佛罗伦萨度过的,他父亲当时是"国际学术合作研究所"(Institute of International Intellectual Cooperation)的负责人,这是一个促进法国和意大利之间文化和政治交流的机构。吕歇尔是个异常早熟的青年,很早便对政治表现出强烈的爱好,他的一心一意,以及说服其他人支持和资助自己计划的能力令父亲惊讶不已。没有稳定收入但文笔流畅的吕歇尔选择了投身新闻行业,这对于一个想从政的青年来说是很自然的选择。他的第一批文章是战前发表的。为了支持法国的行动,同时鼓励意大利人站在"拉丁姐妹"*一边,战争期间他在意大利成立了"拉丁青年联盟"(Latin League of Youth)。战争的结果令他大失所望,1919年他返回法国并结了婚。孩子一个接一个地出生。为了养家糊口,同时也为了实现自己的政治抱负,吕歇尔给无数的巴黎报纸写稿,包括《晨报》(Le Matin)、《小巴黎人报》(Le Petit Parisien)、《新欧洲报》(L'Europe Nouvelle)、《自由人报》(L'Homme Libre)和《意志报》(La Volonté)。吕歇尔认识了那些把政府资金发放给媒体的人,有传言称他与外交部部长阿里斯蒂德·白里安(Aristide Briand)的关系非常好,他们俩都是国际联盟(League of Nations)的热心拥护者。[55]

  1927年,吕歇尔创办了新的评论杂志《我们的时代:新一代评论》(Notre Temps: La Revue des nouvelles générations)。大家普遍认为是白里安动用了政府资金,这份杂志才得以发行,因为吕歇尔极力支持白里安的法德和解政策。担任杂志编辑和为杂志写稿的人包括盖·克鲁泽(Guy Crouzet)、丹尼尔—罗普斯和贝特朗·德·茹弗内尔(Bertrand de Jouvenel)。《我们的时代》杂志呼吁所有属于

---

* 拉丁姐妹:指法国,因法国和意大利同为拉丁语系国家。

"年轻一代"的人团结起来，夺取和改造激进党。年轻一代指的是思想形成于战后或者战争期间的那些人。吕歇尔首先认为，"在那些受传统和神秘主义影响至深的过去者和那些不允许自己被战前的价值观、思想和政见所左右的后来者之间"，横亘着一条不可逾越的鸿沟。吕歇尔认为，年轻人都是相对论者、联想论者、技术论者和不合常规者，他们知道自己的使命是做好准备，迎接新世界的诞生。《我们的时代》这份杂志的核心思想是，年轻人必须避免妥协和与长辈结盟，以免分散自己的力量。年轻一代的成员们必须知道自己等待的是什么。与此同时，他们还应该避免从资本主义和社会民主主义之间的冲突这个角度去看待政治生活，因为这是个陷阱。吕歇尔执意认为，保守的安德烈·塔迪厄（André Tardieu）和老派的左倾激进分子爱德华·达拉第（Edouard Daladier）（两人都是战争的幸存者）之间的斗争，并不是**他们俩**之间的斗争。[56]

《我们的时代》在对待战争幸存者这个问题上确实非常草率。"我们可以在1919年相信，退伍军人将使我们的生活焕然一新，"1930年克鲁泽写道，"我们准备把他们当成领导和领路人。到了1930年一切已经太迟。除了'战争是我们的父母'这个［德国作家］恩斯特·格莱泽（Ernst Glaeser）下的完美定义，我们无法再接受其他的观点。我们没有否认他们付出了残酷的代价，但我们自己走在了他们前面。"克鲁泽发表在《我们的时代》上的一篇文章引用了另一位"新一代"年轻人说的更加刺耳的话："我们可能有这样那样的缺点，但我们永远不会为那些取胜后又抛弃和平的人承担这个可怕责任。"记者皮埃尔·多米尼克（Pierre Dominique）对此进行反驳，并随即对代际观念的有效性做了一番讨论。多米尼克曾经是20世纪20年代著名的代际主义者，但有趣的是，他此时秉持的观点却完全相反，他否认代际的存在；而《我们的时代》杂志却坚持认为，代际观是历史学的基本概念，对于理解法国政治力量的平衡也至关重要。"我们对1930年一代有信心。"盖·克鲁泽反驳道。吕歇尔补充说，法国的真正斗争是"年轻人"（jeunes équipes）和那些战前即已定型的40至60岁的中老年人之间的斗争。克鲁泽承认多米尼克说得没错，没有一场运动是"纯粹的"代际运动。但是确实存在那种"总体而言"体现了一代人"倾向"的运动，其他代的人可能也或多或少有这些倾向。克鲁泽说，问题不在于画一道严格的代际界线（一旦超过，同一代人之间的联盟将不复存在），而在于坚持认为最有可能成为年轻人的，是那些1918年之后才长成的人。[57]

吕歇尔和他那一代盟友的结果并不好。早在1930年5月，吕歇尔黯然宣布"激进主义在年轻人中"已经死去。他说，年轻人自愿上了达拉第的当，随后又犯了一个更加严重的错误，把自己的发展纲领与社会主义理论混为一谈。吕歇尔预测，那些没有向社会主义屈服的年轻激进分子将继续存在，一旦进入政治斗争，法国的"现实主义年轻人"将会团结在他们周围。[58]

考虑到吕歇尔自己的政治生涯，这番预测真是令人毛骨悚然。直到1934年他还是一名国际主义者、反战主义者和坚定的反法西斯主义者。在那关键的一年里，他和其他许多人一样，开始改变自己的政治信仰。观察家们怀疑他吸毒和包养高级情妇。除了家里的四个孩子，传闻他在外面还有一个家，甚至不止一个。1935年《我们的时代》的运营遇到了困难，因为新总理杜梅格（Doumergue）砍掉了他们的拨款。德国青年领导人奥托·阿贝茨（Otto Abetz）娶了吕歇尔的女秘书并成了吕歇尔的密友，通过这层关系，吕歇尔很快又获得了充足的经费。他的法德合作理念逐渐转变为支持纳粹分子。1940年法国战败后，吕歇尔做了维希政府的高官，一手掌握着法国北部地区的新闻舆论。他不加选择地用自己的笔杆子为德国人服务，后来他被指控与盖世太保合作追捕抵抗者。解放后的法国人对他没什么好感，他被判有罪，并于1946年被处死。

两次世界大战期间代际政治最坚定和最有野心的支持者的一生,就这么结束了。

36　　战后几代法国人,并没有像芒特雷过去所说的那样行事,也没有像他预测的那样行事。我们发现,他们并不像一支大军缓慢地走过30年的光阴,而是细分成三代——更像是三支游击队——他们与大部队之间有一种尚未确定的模糊关系。看看证据吧。首先是阿伽同所欢呼的战前获得重生那些人,马西斯和普西夏里是他们的代表;其次是1920—1925年间的年轻战士,蒙泰朗和德里厄·拉罗谢勒是他们中的扛大旗者;接着紧随其后的,是1927—1930年间的让·吕歇尔、马塞尔·阿尔朗和亨利·丹尼尔-罗普斯这些焦虑的勇士,他们坚持认为只有他们自己才是年轻人和更年轻一代的代言人。这几代人之间的区别在于他们和战争的关系各有不同。第一代人在它的威胁下长大,并时刻准备着参加战斗;第二代人像飓风中的叶子一样被卷入战争,他们别无选择,只好屈服,并从自己的经历中尽可能地吸取教训;第三代人没能参加战争,但激情以及随后的幻灭和混乱永远是他们的特征。

　　因此,图案是参差和不规则的。我们看到,在整整15年的时间里出现了三代人,他们均大声公布了自己的计划。这三代人的命运都和第一次世界大战息息相关。三代人之间的间隔如此之小,以至于他们完全可能同时出现在一个家庭里。最终这三代人都无法符合芒特雷的理论,就像灰姑娘那几个讨厌的姐姐穿不了她的水晶鞋一样。除非我们假设这三代人全是战争一代的组成部分,但我们又如何解释他们觉得自己非常独特这件事呢?也许涂尔干的看法是对的,在现代社会结构各种因素的作用下,代际之间的间隔正在缩小?或许也可能芒特雷的代际理论是错的?我们来仔细研究一下这第二种可能性。

芒特雷认为一代人意味着一种生活态度、认知上的细微差别和一种集体心态。最后这个观点和涂尔干的"集体表象"很相似，不仅富有启发性，而且非常有前途。[59]但是芒特雷接下来却说每一代人都在理想、运动和思想流派中表达自己，这使得他的理论变得无法使用，可信度也大大降低。他后来又说一个世纪有三个这样的流派或者运动，这进一步削弱了他论据的力量。芒特雷的主张暗示着一代人均团结在一套统一的原则周围。难以理解芒特雷这么聪明和信奉实证观察的人，会提出这么一个完全与事实不符且有着明显冲突的理论。在思想、理论和参加运动方面，1914年之前和之后的法国青年均不是铁板一块。

亨利·马西斯自己就是法国文化和政治生活多样性和分歧的最佳例子。马西斯梦想着让他那代人都接受一个共同的行动纲领，不久他就和全部朋友都闹翻了，这些人正是1912年一代的典型代表。亨利·弗兰克反对针对索邦大学教授的攻击，为了反驳阿伽同的指控，他甚至起草了一封信回复。普西夏里谴责《当代青年》的反智主义，并祈祷上帝让法国青年远离实用主义和阿伽同笔下的年轻人所渴望的"深刻生活"。里维埃与需要信仰安慰的普西夏里和马西斯不一样，他一直都忠于早期的巴雷斯，与固定的特征和接受国家和民族这类宿命论相比，他认为真诚和自我心理实验更为重要。1924年，里维埃觉得自己有必要公开斥责马西斯是"一名知识宪兵"，不仅自己无法成长，还不愿让其他人成长。即便是让马西斯重新找回天主教信仰的雅克·马利丹，也在20世纪20年代法兰西行动遭梵蒂冈谴责期间和他决裂了。1930年，马西斯觉得自己孤单一人，已经被所有人遗弃。1912年，他可是他那代的代表人物——虽然只是其中一部分，即那些对第三共和国失去信心并朝着法兰西行动的方向发展的资产阶级和保守青年的代表。[60]

芒特雷的错误在于试图在理论或运动中寻找凝聚一代人的力

量。马西斯和德·塔尔德也差不多，他们在《当代青年》的序言中写道，一代人"意味着共同的特征、牢固的关系和一份秘密协定，一个内部每个人均与其他人同进退的整体"。因此他们有着共同的风貌、共同的纽带意识和共同的行为模式。[61] 这种方法有个好处，就是把讨论从思想领域移到了情感和行为模式的相似性上。然而，马西斯和德·塔尔德还是和芒特雷一样，都是从因果链的错误一端入手去解决问题。让阿伽同笔下的那些年轻人缔结"秘密协定"的，并不是某种理论或者思想，而是他们的社会地位和他们在历史潮流中的位置。他们全都是精英教育体制的产物，他们全都是法国文化、世代积累的财富和社会领导职位的"继承人"，他们有着巴雷斯所说的"众多偏见、自己的词汇和鄙视的对象"。[62] 他们读同样的书，接受同样的老师指导，有着同样的抱负和前程，对法国的衰落同样忧心忡忡。把他们和他们的长辈区分开来，并使他们紧密联系在一起的，是一种预感，他们预感到一场迅猛且不可撤销的变革即将到来，而自己将会是这场变革的受益者——也可能是受害者。之所以会有这种变革即将到来、自己将成为变革的监督者的预感，一方面是因为团体运动的推广，以及汽车、飞机等新式交通工具的发明实在是非常鼓舞人心；另一方面则是因为对德战争已经迫在眉睫，而战争一旦爆发，他们将不得不上场杀敌这一普遍共识。这两个因素——科技和生活方式的重大改变，以及对一场具有划时代意义的战争的期待——使 1912 年一代坚信，他们的人生将和以前的人很不一样。参战的经历更是证实了他们的推测。他们成年后生活的那个世界将比他们成长的那个世界运转得更快，也更危险。[63]

芒特雷提出的理论还有更严重的问题。作为一名受过专业训练和有抱负的社会学家，芒特雷忙于系统地阐述代际理论，从而导致他有生之年很少关注代际形成的条件。他对自己眼皮底下发生的事视而不见（或者他根本就没注意到），结果得出了一个不可动摇的结论，那就是，不管表面迹象如何，每 30 年左右都会出现一代人，因为 30 年是一个人正常的社会活跃期。忽略意识因素而去追寻潜在的社会法则，可能在芒特雷求学的"新索邦"看来是一种很好的科学方法。然而这种方法实在很糟糕，因而不可避免地产生了糟糕的社会学。芒特雷决心把"代"看成是人类社会无论何时何地均存在的一个不变的永恒特征，这使他无法领悟到：首先，"代"是思考社会和人在社会中的位置的一种方式；其次，由于当时事态的发展（战争是其中一个引人注目的例子），这种思考社会的方式变得越来越流行；最后，代际思想正被用来调动人们的积极性，为文化和政治目的服务。简而言之，芒特雷把塑造和改造社会现实的尝试当成了社会现实本身。作为一名实践型的代际主义者，马西斯则显得更为明智。马西斯后来承认，他和德·塔尔德希望《当代青年》一书可以使法国青年看到"自己的形象，从而在行动、付出，以及带着力量和自豪感生活时，能更加清楚背后的原因"。他们的根本目的，"是集合这些力量，形成一个联盟，同时唤起一种肯定、创造和重建的精神，一个新的法国将从这里诞生"。因此，阿伽同的调查已经是一种文化政治行为，而不是客观报道的成果，马西斯当时是知道这一点的。[64]

芒特雷认为一代人是在反抗上一代人的过程中兴起并逐渐成形的。他遗憾地写道，社会的首要法则，就是遗忘。儿子背弃父亲。背叛是社会成员为发展付出的代价。这个理论听起来很有道理，而受弗洛伊德学说影响至深的我们则发现，这个理论很容易接受，或许可以说太好接受了。在某些情况下，它无疑是现实的反映。但是，如果把马西斯及其接班人的代际理论著作理解为对过去的反叛，则会产生严重的误导。因为恰恰相反，这些代际宣言最突出的一个特点，就是它们形式和内容上的连贯性，这使得它们听起来像是同一主题的不同变奏。马西斯和德·塔尔德着手描绘年轻一代的心态时，他们前面已经摆着一个现成的模型。巴尔扎克（Balzac）、德·缪塞（de Musset）和圣－伯夫（Saint-Beuve）全都描绘过一代人的肖像。后来，19世纪80年代中期，保罗·布尔热成功利用一桩丑闻，对1850年一代做了一番极为出色的整体分析，并以此奠定了自己的文学地位。1911年，维克多·吉罗（Victor Giraud）在他那本广受好评的《时光大师》（Les Maîtres de l'heure）中，同样尝试着分析布尔热那一代。[65]

但是19世纪末法国最重要同时也是对马西斯及其接班人影响最大的代际主义者，却是巴雷斯。19世纪80年代，巴雷斯有意识地去接近代际客户群，并在优秀青年中培养了一批追随者。他那本最有名的、出版于1897年的小说《离开本根的人》（Les Deracinés）即采取了描绘代际肖像的形式。巴雷斯知道并巧妙运用了"我们"这个代词特有的模糊含义，他声讨上一代，和年轻人交谈，并代表他们发言。巴雷斯以无可辩驳的语气宣称，没有人能真正得到上一代人的理解，他还用"被献祭""失败""迷惘"这些字眼来形容自己这一代，他还说，他们有一个重要而独特的使命需要完成。此外，巴雷斯还重新发现了民族的重要性，他对信仰和传统等级制度的作用有了新的认识，并对议会制共和国物质至上的腐朽价值观提出了批判。[66]

两个主题之间的联系并不是巧合。代际思想源于一种与过去脱节的断裂感。那些为此感到痛苦并认为必须设法纠正这种现象的人有两个选择：他们可以加快脚步，奔向新世界，也可以回到旧世界。不管是哪一种，都难以给现在的年轻人——也就是说，年轻一代——下一个明确的定义。他们的使命只能是给后来人铺路。因此，一旦目前这一代开始认为自己属于同一代人，他们的代言人就会用"独特""迷惘""被献祭"，以及"肩负着特殊的历史使命"这样的字眼来描述他们。[67]

"独特""迷惘""献祭""使命"这些字眼,在阿伽同的调查中全部可以找到,在其后出现的代际文章中,也或多或少可以找到。事实上,可以毫不夸张地说,1912年马西斯和德·塔尔德做问卷调查时,代际描写和争论已经上升成为一个文学流派;而且,和所有的文学流派一样,代际宣言也有自己的规则、结构和主题。它的规则之一,便是假设每一代人都可以精简为代表他们的少数几名作家,这条规则很少有明确的说明,因为大家都认为理所当然。我们已经知道,芒特雷认为一代人的外表忠实地反映在了文学知识分子的作品当中。马西斯和德·塔尔德也是从这种奇怪的假设开始的。没错,他们在那本书的序言里说,如果对工厂、郊区和田里的年轻人做一番调查,结果可能会与他们在《当代青年》一书中所呈现的不一样。"但是数量上占绝对优势的,事实证明往往不太重要,他们的价值甚至可能带有欺骗性,因为一种学说被民众广泛接受的时候,就是它开始在哲学界消亡的时候;它目前的胜利告诉我们,它无法掌控未来。"如果一个人想了解未来,他不应该去找平民百姓,而应该求助于"那些具有创新精神的优秀分子,他们就像面团里面的酵母一样,对杂乱无章的群众有着巨大的影响力。从长远来看,正是这种知识分子的信念主导着公民精神,并进而影响了政治、风俗和艺术"。马西斯和德·塔尔德赞同埃米尔·法盖对同时代的青年调查后得出的结论,他们引述后者的话说,其余的法国资产阶级青年落在了"哲学和文学青年"的后面。言外之意是这些资产阶级分子也许有朝一日能够迎头赶上。"杂乱无章的群众"中剩下的那些社会群体也许将永远被排除在历史之外。[68]

难以找到比这种表述更为直接的文学霸权主义了。实际的情况是,1912年,法国的"哲学和文学"青年与他们自己国家的社会现实脱节得厉害,简直可以说到了危险的地步。他们中最敏感的那些人承认,梦想和可行性行动之间那条看似无法逾越的鸿沟令他们感到痛苦。只有在法国以外的地方（最好是在殖民地），普西夏里这样的年轻资产阶级知识分子才能找到"现实"。然而，使《当代青年》从法盖和吉罗这些早期代际主义者的作品中脱颖而出的很重要的一点，是马西斯和德·塔尔德把调查的重点从作家转向了青年。他们意识到青年已成为国家生活中的一个自主性因素，可能还是决定性因素。虽然身为杰出人士，他们却努力想影响和引导大众青年，这些人的数量远远超过了在1888年聆听巴雷斯演讲的那几千名"青年领袖"。也许直觉告诉他们，青年是一个数量正在不断增加，实力和声望也在不断提高的社会群体。[69]

战争作为所有人必须面对的考验和重任，加剧了这种代际观念扩大化的趋势，而马西斯和德·塔尔德正是这一潮流的发起者。在1914年的紧急情况下，马西斯甚至把年轻一代的概念扩大到了整个军队，不久芒特雷也借用了这个类比——即使仅仅是为了强调同一代人中战地指挥官和众多普通士兵之间的区别，后者对思想的生成令人遗憾地没有起到任何作用。战争结束后，为了激起一代人的政治意识，一系列退伍军人运动开展了；而让·吕歇尔的《我们的时代》和贝特朗·德·茹弗内尔的《青年的奋斗》(*La Lutte des Jeunes*)等杂志则试图左右广大青年的思想，获得他们的支持，但是没有成功。尽管如此，两次世界大战之间法国的大部分代际文学作品还是固守着布尔热、巴雷斯和吉罗所创立的传统。1923年，马塞尔·阿尔朗写道，一代人可以简化为四五名代表他们的作家。这个观点听起来如此正常，以至于文学界几乎没有人想到去反驳它。这解释了为什么芒特雷的书出版以后，法国人对代际现象的分析大部分只讲到文学品味和风格上的变化。法国的历史学家和社会学家对这个概念依然很警惕，准确地说，因为这个概念曾经被精英文学界挪用过，而后者正是他们努力想划清界限的对象。[70]

因此，到了20世纪30年代，法国代际文学创作的地位已经得到提升，成为一种文学流派，和新奇的描写相比，这种文学流派的主题连贯性往往给人留下更深的印象。具有讽刺意味的是，强调代际经历的不连续性，正是这个流派在操作手法上一以贯之的原则。20 世纪 20 年代曾在巴黎生活过的海明威可能也有这种迹象，因为他在自传《流动的盛宴》（*A Moveable Feast*）中曾不耐烦地说，他的观点和格特鲁德·斯坦因*的正好相反，"每一代人都会感到迷失，过去会，以后也会"。[71] 他本可以再加上一句：每一代人都是某个著名人物的牺牲品，都被历史或者命运赋予了一个特殊使命。然而除非符合某种需要，否则新的文学流派不会出现，更加不会得到公众的认可。代际描写和代际争论在 20 世纪初的欧洲符合了哪种或者哪些需要呢？答案有很多个。

---

* 格特鲁德·斯坦因：美国文学家，长期住在巴黎，曾指导过海明威写作。

莫里斯·巴雷斯。保罗·纳达尔（Paul Nadar）摄于 1916 年

我们在发现巴雷斯的那一天，也发现了自我。

——亨利·马西斯，1909

亨利·马西斯

一个聪明、犀利而又有些孱弱的人,喜欢充当别人的老师,其实他自己才最需要老师。

——雅克·里维埃对亨利·马西斯的评价,1924

上行从左至右：身着制服的雅克·里维埃，法国军人、作家埃内斯特·普西夏里。下行从左至右：1910年前后的阿兰-富尼耶，1905年雅克·布里斯（Jacques Briss）绘制的亨利·弗兰克画像

我们对生活的新鲜感已被重新唤醒。

——雅克·里维埃，1913

亨利·德·蒙泰朗。亨利·曼努埃尔（Henri Manuel）拍摄

明知问题无解，却勇敢地去追求答案；尽自己的职责，同时笑着面对自己服务的对象；让自己受铁的纪律约束，看不到尽头，也没有任何益处；写作，同时深深地相信自己写的东西毫不重要；体验、了解和忍耐，同时牢记正确无用这个令人痛苦的事实……

——亨利·德·蒙泰朗，1929

皮埃尔·德里厄·拉罗谢勒

我们一直都是，尤其是战争结束后，我们将成为……您梦寐以求的样子。

——皮埃尔·德里厄·拉罗谢勒
写给安德烈·苏亚雷斯（André Suarez）的信，1917

上图：1929年的马塞尔·阿尔朗。下行从左至右：1946年被告席上的让·吕歇尔，1930年前后的让·普雷沃

成长在一个充满血腥和仇恨的迷失的欧洲，周围全是精神错乱或者受惊的人，我们的年轻人能找到什么方向、什么支持？

——马塞尔·阿尔朗，1926

第二章

德国：年轻一代的使命

> 复兴将通过青年实现，否则根本就不会有复兴！
>
> ——约纳斯·莱塞（Jonas Lesser），1932

1914年一代的问题不可避免地与青年的问题纠缠在一起，因此讨论一个必然意味着讨论另一个。德国的情况尤为如此。和"代"一样，"青年"这个词的含义非常模糊。整个19世纪，这个词在德国主要被用来指人生的一个阶段。这个阶段被德国的知识分子赋予了一系列含义和大量的情感共鸣，这在其他欧洲国家是没有的。青年意味着诗歌、纯洁、友谊、灵感、狂飙突进，对"蓝色花"*的无尽追求，为实现终极目标而努力奋斗，对整体而不是局部的追求，以及早早地（从而也是洁净无染地）死去。就连相对谨慎和有科学头脑的学者如爱德华·斯普朗格（Eduard Spranger，1882），在描述青年的心理时，也陷入了一种怀旧抒情的气氛，认为青年的

---

* "蓝色花"：德国天才作家诺瓦利斯塑造的梦幻形象，是德国浪漫主义艺术理想的最高象征。

关键特征在于精神性（Geistigkeit）、冲劲（Lebensdrang）、性欲（Erotik）、憧憬（Sehnsucht）和"无法挣脱的孤独的束缚"（unendlich verschlossenen Einsamkeit）。[1]

斯普朗格的书出版于1925年。但是，在那之前，"青年"（Jugend）一词早就有了其他含义。它不仅指人生的一个阶段，还指因年纪相仿、观点相同而团结在一起的一群人。换言之，"青年"已经成了"一代人"的同义词。德语的结构为这种演变提供了便利。"青年"一词可以和"代"以及"团体"结合，形成"青年一代"（Jugendgeneration）和"青年团体"（Jugengemeinschaft）这类复合词，而这些在法语或英语中毫无意义的新词，表现了存在一群年轻人，他们不仅代表着一个年龄段，还代表着全新的、完全不同的群体类别，又差不多可以和"年轻一代"、"新一代"、"下一代"、"青少年一代"和"新新人类"这一系列相关的短语交换着使用。[2]

语言上的这一创新和"青年运动"（Youth Movement）的出现有着密切联系，后者在1913年前的20年里，已经发展成一个拥有25,000名会员的松散组织。"青年运动"创立的初衷是让大城市里的中产阶级青年到乡间去和大自然亲密接触，但是它很快就超越了一个休闲俱乐部的限制和功能，并且最终在思想上甚至政治上对1914年以前的德国人生活产生了影响。"青年运动"的领导人宣布，青年拥有他们自己的王国、他们自己的老师、他们自己的组织形式、他们自己的服装、他们自己的音乐、他们自己的习惯，以及他们自己的价值观。当然，理论上，"青年王国"是一个中性概念，它仅仅表达了年轻人希望无忧无虑地享受自己的青春，这可能正是1914年之前"漂鸟"运动*的大部分成员对这个词的理解。但是主导运动

---

* "漂鸟"运动（Wandervogel，复数为Wandervögel）是最早和最有影响力的一个青年组织的名字，但是这个词通常被用来指整个青年运动，本章将遵循这一用法。——原注

并为其确定基调的少数人却清楚地表明，他们的目标是为德国的成年人提供另一套价值观。1913年10月，在卡塞尔（Kassel）附近的迈斯讷山（Meissner Mountain）举行了一场青年运动集会，集会的召集令有着很强的煽动性，它说德国青年不想再"依附于老一辈，与公共生活相隔绝，继续沦为被动的角色"。"他们希望不受传统戒律的影响，独立塑造自己的人生。他们在努力追求一种符合自己年纪的生活方式，不过，这也使他们有可能认真地对待自己和自己的行为，并让自己作为一个特殊因素融入整体的文化之中。"[3]

这类宣言与青年优于老年，年老意味着罪恶，青年人有责任和老年人抗争并取而代之这些看法之间只隔着一小步。如果一些青年运动的领导人很轻易就迈出了这一步——的确，并非所有人都这么做——那是因为他们吸收了19世纪最后十年那些持不同政见者对威廉时代*的文化和社会做出的批判。青年运动非但没有如一些支持者所说的，创造出一种独特的新文化，反而变成了一些乱七八糟的想法的避难所，这些乱七八糟的想法德语称之为"生命哲学"（Lebensphilosophie），其核心价值为生命力，其终极标准为"生命之需"。在发现这个世界"冷酷"、"静止"、"荒芜"且"没有灵魂"之后，青年运动的领导人转向了那些探讨文化复兴的哲学家。这个思想运动（尼采是其中最为人所知的一个，但算不上最典型的代表）的一个主要宗旨，就是认为必须重振欧洲人特别是德国人的生活。1890年出版的畅销书《教育家伦勃朗》（Rembrandt als Erzieher）的作者尤利乌斯·朗贝（Julius Langbehn）一再向德国青年灌输，要他们起来反抗父辈，复兴德国文化。"真理，"他说，"站在他们一边。"19世纪90年代，民族复兴的另一位预言人亚瑟·穆勒·范

---

* 威廉时代：又称威廉二世时代，指1890—1918年俾斯麦辞去宰相后威廉二世统治德国的时代。

登布鲁克（Arthur Moeller van den Bruck）也坚持认为，民族"需要换血，需要儿子起来反对父亲，需要年轻人替代老年人"。即使马克斯·韦伯（Max Weber）这位推动德国人朝科学和进步方向发展的举世公认的代表，也提出要进行民族复兴——他的方法是通过帝国的扩张。"解除那道悬在我们头上的诅咒是没有用的——这是大时代留下的创伤——除非我们能成为另一种人：一个更伟大时代的先驱。"这些通过注入年轻人的美德而重振德国人生活的呼吁和迈斯讷山集会的召集令有着异曲同工之妙，因为后者直接说道，青年运动希望在德国人的精神生活中引入年轻人对人类最高使命的热情和对高尚生活的坚定信仰，以此来实现复兴德国的宏伟目标。为了避免年轻人对德意志帝国的伟大成就在看法上有任何误解，召集令的作者又补充说，德国人迫切需要的仅仅是一场"精神复兴"。[4]

这一时期的文学作品中，代际冲突的主题同样很常见。19世纪90年代，弗兰克·魏德金（Frank Wedekind）和海因里希·曼（Heinrich Mann）由于反对老一辈压迫年轻人，尤其是发生在教育系统的恃强凌弱现象，而为自己赢得了广泛的文学声誉；战前的这段时间，表现主义艺术家（Expressionists）通过描写儿子弑父（他们显然热衷于此），使这场运动达到了新的高度。1914年，表现主义剧作家瓦尔特·哈森克勒费尔（Walter Hasenclever）公开宣布，人类"向上"追求"最强活力"和"最大自由"的目标，就是通过父子之间的斗争来实现的。从1910年到20世纪20年代末这段时间，代际言论的暴力程度逐渐升级。阿诺特·布龙（Arnolt Bronnen）的剧作《青年的诞生》（Die Geburt der Jugend,《弑父》[Vatermord] 的续集）即描写了一群到处流浪的青年男女，他们骑马从老人身上飞奔而过，把他们碾得粉碎，并大声喊自己就是上帝。如果认为这些关于青春叛逆的描写毫无意义，或者仅仅认为它们是为了改革粗暴的家庭和教育体系愤而提出的轻率要求，那么就大错特错了。罗伊·帕斯卡（Roy Pascal）指出，1880年后德国文学的独特之处，并不在于青年及其烦恼这一主题的突出地位——虽然这个题材自狂飙突进运动后便很常见——而在于文学作品"有时笨拙地扩大到对老一辈的、对社会成就和顺从的伦理，尤其是传统的性伦理的攻击；也就是说，父子冲突在更大和更普遍的问题上具有重要意义，因此它获得了一个象征性地位，而不仅仅是一个社会心理学事实"。[5]

因此，到了1914年，青年已成为一种象征。但是什么象征呢？如果我们留心一下弗朗茨·普费姆费尔特（Franz Pfemfert, 1879）的演变过程，就能找到这个问题的答案，弗朗茨·普费姆费尔特是极具影响力的表现主义周刊《行动》（*Die Aktion*）的编辑和发行人。在职业生涯的初期，普费姆费尔特是一名对德国社会和政治进行评论的左翼评论家。他抨击落后的德国文化、胆小的德国资产阶级、主张改革的德国社会民主党、奉行严厉而危险的军国主义政策的德国外交部、专制的德国学校、缺乏政治意识的德国大学生、使用欺诈手段的德国媒体——总之，战前几年被他那双锐利的眼睛扫过的任何事情。他想把德国人从"昏睡"中摇醒，"彻底改变"他们的"思想"。1912年末，普费姆费尔特偶然发现了年轻人。他立刻开始把德国政府描绘成"徒劳地摸索着，希望获得拯救和自保的迷惘一代"。普费姆费尔特警告读者不要对政党抱任何希望。他愤慨地写道，德国的社会主义者和资产阶级一样保守。他把希望放在未来的青年上——一群心怀天下、致力于实现精神价值的革命青年。1912年12月，普费姆费尔特自信地预测说，这群新青年很快就会出现。他一边等待，一边尽量让这些新青年快点到来。《行动》周刊开始越来越多地刊登有关代际冲突、学校、两性关系、家庭和精神分析的文章，这本杂志被认为是孩子们反抗父母压迫的一个有力武器。普费姆费尔特发行了（可能还从财政上给予支持）一份面向高中生的月刊《起点》(Der Anfang)，号召他们起来打一场新的文化战(Kulturkampf)，"青年的文化战"[*]。1913 年，当"漂鸟"运动的成员在迈斯讷山举行集会时，普费姆费尔特的心情非常激动。他说，这是一场德国青年摆脱"罪恶的垂死世界"、获得自由的斗争。年轻人避免和党派纠缠在一起的做法是对的，不管是左翼还是右翼。"不要日常政治意义上的那种'激进'，也不要'民族主义'。要有朝气！为了争取年轻的权利而与狭隘僵化的世界作斗争！"在普费姆费尔特的字典里，朝气显然意味着摒弃当时主导德国的"轻浮一代"价值观。青年——以及青年一代的思想——已经被赋予一种政治价值，并且已经开始成为社会和文化全面革新的象征。[6]

　　我们很容易把青年运动和表现主义理解为年轻人常见的对父母的仇恨在文化上的映射。1913 年，普费姆费尔特刊登了格哈德·科恩菲尔德(Gerhard Kornfeld, 1888)的一篇文章，文中说，代际之间的冲突是"最残酷和最致命"的一场斗争。科恩菲尔德显然不知道精神分析学，他把代际冲突解释为"父母一辈在爱、感恩和恭顺方面对子女的过分要求"。"大部分人，"他沮丧地说，"仍然不知道怎样做个年轻人，怎样保持朝气蓬勃的状态。"科恩菲尔德愤怒的言语之下，无疑隐藏着一个他亲身体会到的事实。中欧家庭是中欧国家的一面镜子：严苛、专制、暴虐，对纪律和服从的要求极高，对天性则迅速压制。奥地利共产主义者恩斯特·费舍尔(Ernst Fischer)记得自己 15 岁时，曾经用一支左轮手枪威胁过自己的军官父亲。马克斯·韦伯对父亲的反抗和这种反抗给他造成的痛苦，已经为人们所熟知。我们很容易理解为什么青年运动和表现主义的主要目标都是获得自由，就好像中欧社会为俄狄浦斯情结(Oedipus complex)理论的发现和提出创造了必要条件一点也不令人惊讶一

---

[*]《起点》1913 年 5 月刊。文化战曾是一场俾斯麦迫害德国天主教徒的运动。——原注

样。暴虐的家长式统治是中欧人生活的真实写照。[7]

然而，这么多的德国中产阶级青年起来挑衅他们的父亲和老师，主要原因却不是他们内心深处某种无意识的原始弑父冲动，而是因为他们对这种自己不得已生活于其中的社会秩序感到强烈不满。1871年俾斯麦创建的德意志帝国已经摇摇欲坠。帝国拥有充足的军事和工业实力，但是内部的紧张局势却得不到缓和，到处可见潜在的社会矛盾——就像一个饱受慢性消化不良折磨的巨人一样。对爱国主义的崇拜，对财富的追求，以及华丽的伪装，已经掩盖不了隐藏在帝国表象之下的社会分裂和政治纷争。在当时的旁观者看来，文学和艺术似乎都被一些二流人物把持着，和统一前各个小邦国层出不穷的创造性天才比起来，这些人简直不值一提。每个人嘴上都对国家的统一说好，但是却没有人能确定，在多样化和快速增长的人口中，社会的归属感有多强。在加入这个新国家（不管自愿与否）的220万波兰人、8万丹麦人、6万立陶宛人和150万阿尔萨斯-洛林地区的居民当中，这种归属感显然很弱。而由于政治上实行非代议制，俾斯麦又推行强硬的社会和宗教政策，南部地区的天主教徒和工人的归属感也强不了多少。[8]

工业化给德国带来了令人不安的影响，这个问题更是令人揪心。在30年的时间里，德国已经成为欧洲最强的工业国。这本身是件好事，它意味着德国能够拥有一支现代化的海军；德国可以在世界政治舞台上扮演一个重要角色；德国可以在长期被英法独占的帝国利润中分得自己的一杯羹。但是当你思考这个政权的时候，你怎么可能不想起浮士德（Faust）和梅菲斯特（Mephistopheles）达成的那个可怕的协议呢？*问题在于德国只有在不是德国的情况下才能变

---

* 在歌德的长诗《浮士德》中，浮士德和魔鬼梅菲斯特订了一份契约，答应把自己死后的灵魂出卖给梅菲斯特，换得对方24年的服侍。

得强大——或者说，在那些一说到德国，就会联想起中世纪的城镇、顺从的农民和工匠，以及贝多芬的《第六交响曲》第一乐章的人看来是如此。这些人认为工业化是一把双刃剑，已经开始阻断他们的道路。他们开始认识到，工业化把人们从平静的乡村赶到冷漠的大城市，增加了工人的数量，因此也增加了潜在的社会民主党人的数量。它纵容无良的投机商进行肆无忌惮的金融活动。它使每个人都处于经济危机的威胁之下，后者可能把他们赖以立足的物质和精神财富一并卷走。这一切什么时候会结束，德国人的精神能否经受住日益高涨的物质主义、现代主义和世界主义的考验？

来自社会中层的青年对这些问题尤其敏感，这些问题和国家的未来折磨着他们。青年运动的巨大吸引力在于给了他们一个机会，使他们从痛苦的现实和威廉时代的德国那些无法解决的困境中解脱出来，去到一个充满田园风光和侠义精神的青年世界，在那里，他们可以不受打扰地做他们的文化复兴之梦。当他们在风景宜人的乡间旅行，在熊熊燃烧的篝火旁边跳舞，唱着民歌，弹着吉他，朗诵尼采的《查拉斯图拉》*（Zarathustra）和斯特凡·格奥尔格（Stefan George）的诗时，他们可以忘记城里的沥青和沉闷的工人，同时为自己在远足小组中实现了真正的民族团结（Volksgemeinschaft）而感到高兴。他们相信自己已经摆脱了成人世界的谎言和虚伪，并且认为自己正在为一个更加美好的新德国铺设地基。道德纯洁和精神成长是他们的目标，只要他们把自己隔绝于成人世界之外，他们就已经实现了这个目标。因此，难怪他们能虚心地听取青年运动以外的人，例如教育改革家古斯塔夫·维内肯（Gustav Wyneken）和出版商欧根·迪德里希斯（Eugen Diederichs）提出的意见，维内肯和迪德里希斯告诉他们，他们是"新一代"的代表，他们的内心深

---

* 指尼采的《查拉斯图拉如是说》，下同。

处正在发生一场革命,以扭转夸张的理性主义和无灵魂时代的自满和得意。1914年之前和之后的人相比,更容易相信精神能克服问题,以及内心的纯洁能消弭社会的纷争和分歧。[9]

总之,威廉时代的德国年轻人被许多人(包括年轻人和老年人)认为是文化复兴的原动力。然而,鉴于当时的社会和政治情况,这个想法只不过是一厢情愿,是年轻人由于无法接受他们的时代而幻想出来的东西。1913年,似乎没有理由相信德国人的生活会有任何大的变化,更加没有理由相信如果变化确实发生,中产阶级青年会是受益者。德国政府控制着影响政治和经济的全部手段,他们最大的对手是有着庞大组织的社会民主党所代表的德国工人阶级。德国的中产阶级选择了思想革新而不是实际的党派政治,这似乎妨碍了他们的成功。战争为他们提供了走出这种困境的一个方法。通过削弱德国政府的力量,使其领导人和组织机构蒙羞,一场彻底的结构性改革随即成为可能,甚至无法避免。在战争的剧烈动荡中,德国政府像劣质的楼房一样崩塌了。政治和社会结构的崩溃给了中产阶级青年一个夺取国家领导权的机会。然而,为了获得这个机会,需要付出极大的代价,因为中产阶级青年必须先去打这场德国政府向欧洲大陆发动的战争。那些回来的人注定将和去时很不一样。

战争的第一个结果是稳住了摇摇欲坠的德意志帝国,德国人陶醉在一种过去的社会分歧已经不复存在的假象中。没有一个社会团体像中产阶级青年一样,如此毫无保留地愿意为这场战争付出。招兵的官员被志愿参军的学生团团围住。也没有一个社会团体和他们一样,心甘情愿为了德国战死沙场。1914年10月,一支主要由学生和青年运动的前成员组成的志愿军突袭了佛兰德(Flanders)的一处要塞,结果损失惨重。他们被称为"朗格马克的英雄"(heroes of Langemarck),据说他们死时不仅不害怕,还唱起了爱国歌曲。他们很快成为青年一代的象征,这些人活泼、严肃、对社会不满，同时还愿意无条件地，几乎可以说轻松随意地，为拯救同胞而献出自己的生命。"佛兰德发生的一切，"鲁道夫·宾定（Rudolf Binding）后来用可以理解的夸张语言写道，"在世界史上是空前绝后的。"确实，青年运动的成员损失惨重，到了令人震惊的程度。15,000名"漂鸟"运动的成员中，只有三分之一活着回来。[10]

我们可以从瓦尔特·弗莱克斯（Walter Flex，1887）回忆朋友恩斯特·武尔歇（Ernst Wurche）的畅销书《两个世界之间的游荡者》（Der Wanderer zwischen beiden Welten）中，一窥这些年轻人参战的原因和心理。弗莱克斯的父亲是一名极为爱国的中学老师，弗莱克斯早在1905年就决心描写那些为国家利益而牺牲的人的悲剧故事。年轻的弗莱克斯认为，个体的生命，只有在充当"整部机器"的轮子时才有意义。1910年至1914年，弗莱克斯在俾斯麦家当家庭教师。在闲暇时间里，他继续追求自己的文学事业，不过并不是很成功。弗莱克斯和当时的许多年轻人一样，强烈谴责左右两派政党对国家的利益漠不关心。"我只看到两股巨大的经济利益，农业和工业，打着保守主义和自由主义的旗号在交战，同时用爱国或民主这些字眼激起民众的理想主义并为自己谋利。"社会民主党的选民人数增长很快，已经到了危险的程度，这使弗莱克斯相信，德国实行普选将是一件非常荒谬的事，可能还是个无法挽回的错误。只有一场由外部威胁或者外族入侵造成的民族危机，才能把德国这个民族从国际主义的极度泛滥和民族情感的极度匮乏中拯救出来。"我们需要一种强硬而无情的民族主义理想，那就是为每一次牺牲做好准备。按照惯例，只有敌人才能把德国人的这股热情激发出来！"两年半后德国参战时，弗莱克斯很快意识到，这是一个摆脱政党政治的泥沼、振兴民族使命感的机会。由于右手臂的肌腱长期发炎，弗莱克斯被免去了义务兵役，1914年8月，在全民爱国热情高涨的气氛中，弗莱克斯自愿到前线去，他通过测试，成了一名现役军人。

当时的标准肯定不是很高。弗莱克斯上大学时,右手连一把决斗用的佩剑都提不起来。现在他的右手臂得扛一把步枪,还必须抡得动一把铲子和铁镐。[11]

接下来六个月,弗莱克斯都在凡尔登附近的战壕里躲炮弹、筑要塞,干一名普通士兵应该干的体力活。这可能是这位民族共同体的预言家长这么大第一次发现自己和真正的民众面对面、肩并肩。1915年春,弗莱克斯遇到了恩斯特·武尔歇,当时他们被选中,和其他的学生志愿兵一起到波森(Posen)参加一个军官训练班。当他们沿着那条逐渐远离前线的坡道行进时,弗莱克斯被身旁这个年轻人独特的举止所打动,不久他们成了好朋友。"这名身穿破旧的灰色大衣、身材颀长的英俊青年爬山时的样子像极了一名朝圣者,他那双浅灰色的眼睛闪闪发亮,充满了对明确目标的渴望,他就像是从天上来到人间的查拉斯图拉,或者歌德笔下的流浪者。"后来这两名中尉一起在东线(Eastern Front)服役,1915年8月,武尔歇在侦察敌情时不幸牺牲。武尔歇的死使弗莱克斯悲痛不已,他相信,武尔歇是把德国从政党谎言和自私的经济利益中拯救出来的未来领袖的理想原型,因此他决定为他树立一座文学丰碑,使他永远活在这个民族的意识之中。一开始弗莱克斯想以武尔歇和父母通信的方式来写这部作品,同时附上自己的解释和评论;但是在出版社的说服下,他改变了主意,决定把那些追忆朋友的高度理想化的文字单独出版。结果,1917年,一本薄薄的小册子出版了,在不到两年的时间里,这本书印了39次,一共卖出了25万本之多。[12]

战前的武尔歇是"漂鸟"运动的成员。他对"漂鸟"运动有着深厚的感情,甚至把自己当中尉的一部分工资寄给其他成员,以便他们能继续远足,而且即使在前线他也一期不落地阅读"漂鸟"的杂志。虽然自己不是青年运动的成员,但是弗莱克斯相信,"漂鸟"的经历对武尔歇独特性格的形成有着重要作用。在弗莱克斯看来,武尔歇就是"漂鸟"口号的活化身：保持纯洁，并变得成熟（rein bleiben und reif werden）。他想，这就是"未来德国"需要的精神。现在的读者在阅读弗莱克斯的作品时，可能会发现武尔歇的困惑要多于成熟。作为一名带着尼采的《查拉斯图拉》、歌德的诗集和《新约全书》走上战场的神学院学生，武尔歇对那些解释上帝之道的广义的哲学概论有着浓厚的兴趣，同时他身上还有一股友好活泼的兄弟情谊，以及对武士血溅沙场的向往。武尔歇最大的愿望就是参加攻打敌军阵地的战斗，至于自己能否活下来，则是个次要问题。弗莱克斯说，这一态度正是使他凌驾于其他军官和同僚之上的原因。他似乎无惧危险，而且已将生死置之度外。弗莱克斯认为，武尔歇在炮火面前之所以能神情自若，原因在于他相信战争是一场道德考验，是民族和个人证明自己、克服自己弱点的一个难得机会。从这个角度来看，参战是一项难得的殊荣，它使参战者比普通人更接近上帝和他的奥秘。"除了要求它向我们展示它自己，我们对生活别无所求；没有人有资格要求更多。生活给了我们比其他人更多的东西；那么，就让我们静心等待，看它是否也要求我们付出更多！"而且，死亡是无法否认的，因为正是因为有了死亡，生命才能永远保持年轻。"对于非常敏感的人来说，"武尔歇告诉弗莱克斯，"死是最伟大的体验。"[13]

武尔歇不是一名普通的爱国者。他不喜欢德国政府和媒体描绘战争的方式。相比歌颂德国士兵的无私奉献和超常的英雄主义那种陈词滥调，他更喜欢描绘他们的忠于职守，他们对上级的绝对服从和他们对民族事业的一片赤诚之心。武尔歇甚至心甘情愿地设想了德国在战争中覆亡的可能性，因为上帝创造的一切事物，包括国家，都是稍纵即逝的。最重要的是精神的成长。弗莱克斯的看法与此类似。他毫不关心国家的目标，对德国领土的扩张也一点不感兴趣，他相信，通过展示与敌人相比的道德优势，战争给个人提供了一个为国家的进步贡献自己力量的机会。个体的"我"必须奉献给"汝"的更高理想。弗莱克斯和武尔歇的观点一致，认为无论成败，这一解释都能成立。我们从 1928 年菲利普·维特科普（Philipp Witkop）出版的书信集中可以看出，战争的头两年这种观点在德国的学生志愿兵中非常普遍。他们之所以愿意牺牲自己，那是因为他们相信通过战争、杀戮和牺牲，可以有力地促进自己国家道德水平的提升和人类的进步。正如一名年轻的志愿兵所说的："我们在为自己的民族打仗，我们溅洒自己的鲜血，只希望那些活下来的人值得我们如此牺牲。对我来说，这是一场为了理想的斗争，我们的理想是一个没有丑陋和虚伪，纯洁、真实而高尚的德国。我们怀着这样的希望去打仗，即使打输了，可能也好过战胜后发现，那只不过是一场表面的胜利，内里的灵魂丝毫没有被触动。"[14]

这种对战争的理解和德国领导人发动战争的动机没有一点关系，和他们兼并领土的野心也没有任何关系。而那种认为经过战争的磨难，人的品格将得到提升的想法也是不切实际的。因此，许多德国中产阶级志愿兵走上战场时的道德观，已经隐藏着潜在的巨大幻灭。当面对着真实的战争，像物资一样把自己的精力消耗殆尽，像古代的穴居者一样孤独地生活，周围都是丑陋的现象，无法接触平民的世界，没有任何打胜仗的可能时，志愿兵们便很容易起来反对那些当权者，后者残忍地把他们推入这场战争，让他们受着这些他们越来越怀疑是无谓的牺牲的折磨。从小就习惯了借用理想的名义使用暴力的他们，可能会因此而断定，应该把愤怒和子弹对准那些让他们受尽折磨的人。

1916 年夏秋，德军对凡尔登久攻不下，又在索姆河（Somme）战役中遭受了沉重打击，之后的 1916 年底和 1917 年初，德军中持上述观点的人越来越多。我们可以在弗里茨·冯·温鲁（Fritz von Unruh, 1885）的表现主义小说《牺牲的仪式》（*Opfergang*）中找到这些观点,这本小说写于1916年凡尔登战役期间,是应德国总参谋部(German General Staff)的要求写的,但随后又因为书中的革命色彩而遭到封禁。[15]

温鲁的父亲是一名普鲁士将军,这个尚武的家族可以一直追溯到查理曼(Charlemagne)时代,温鲁上军校时和王储奥斯卡(Crown Prince Oscar)是同窗,后来又在宫中当皇帝的侍从。温鲁从小便被教导应该尊重和欣赏父亲的尚武精神,但是在军校上学期间他发现自己真正的天赋是诗歌和戏剧。在威廉时代的德国,作家和军官这两种职业是不太可能重叠的。军官不应该拿自己的军事荣誉到舞台上冒险,同时去迎合庸俗大众不断变化的口味。1912年父亲去世,温鲁从军队请了病假,专心从事写作。尽管他1914年之前的戏剧都表达了一种渴望战争和为国捐躯的浪漫思想,但是这些剧作同时也表明,他把战争看成了个人改造和摆脱令人窒息的无聊生活的一个机会,这种生活一眼即可看出是指当时的德意志帝国。温鲁的思想似乎和同时代的表现主义作家格奥尔·海姆(Georg Heym, 1887)很接近,后者1911年曾在日记中写道:"这个平庸的时代,肤浅的热情令我感到窒息。因为我需要大量的情感才能快乐。"[16]

战争为温鲁提供了他所追求的情感激荡。战争还给他带来了内在的转变和他此后将为之不懈奋斗的写作事业。1914年8月,温鲁不顾母亲的反对自愿参加了军队,并了解了战争前几个月德国骑兵的作战情况。一次在比利时执行侦察任务时,温鲁被子弹射中,从马背上跌了下来,身上的军装和财物均被洗劫一空,只能躺着等死。许多年后他描绘了这次的经历。"我在熹微的晨光中第一次苏醒过来。我环顾四周,发现自己正躺在一名法国猎兵的尸体上……突然,我像被人掐住了喉咙一样感到一阵恶心……这时太阳光穿透了重重迷雾,照射进来……我伸开双臂迎接它。在这个神圣的时刻,我突

第二章　德国：年轻一代的使命

然明智地意识到……战争中那种由来已久的所谓'懦弱'……其实意味着对生活开始有了新的热情。而那种准备战死沙场的由来已久的所谓'勇敢'，其实才是真正的懦弱。"到了1914年10月，温鲁得出结论，艺术家不能当兵，因为杀人是罪恶的，而且真正的战争并非发生在法国人和德国人之间，而是发生在所有国家的士兵和那些把他们送去杀人和被人杀的统治者之间。温鲁正是怀着这种热情而坚定的信念，开始回忆凡尔登战役的。[17]

《牺牲的仪式》和《两个世界之间的游荡者》之间有许多相似之处，前者同样强调了德国士兵的理想主义，同样肯定了死亡的创新功能和由阵亡将士所组成的"神圣同盟"（holy communion）的存在；它同样对领土扩张的战争意图漠不关心；而且同样强调了战争的道德价值。温鲁的小说和弗莱克斯的著作不同的地方，同时也是它被封禁的原因，在于它认为前线的士兵将得到一种启示，而这种启示可能会彻底改变老百姓的生活。"要是我们把此刻的光亮*带回去，带回那个灯光如豆的家里会怎么样。"一名排长向自己的上尉如此建议。上尉满腹狐疑地回答说："他们会把我们赶走，然后千方百计地贬低一切，使得这股来自可怖沟壑的启蒙之光在疲惫和厌恶的磨损下逐渐变暗，直至完全消失。"然而这名名为克莱门斯（Clemens）的排长听后却没有气馁：

> 那些构筑壁垒的弟兄们在哪儿？我没看到他们！死亡把他们从我们身边夺走了。那些后方的囚犯解除了镣铐，沉醉在狱友预言的幻想中来到这里。那些坐在宝座上的人，现在正脸色苍白、浑身发抖地坐在电话机旁等我们的消息。我们是最重要的因素。主动权在我们手里！再也没有人能俘获我们的心！青

---

* 光亮：比喻他们受到的启发。

春在我们心中！躺在我们身后的都是老人！我看到净化我们心灵的火焰正在熊熊燃烧，它吞噬了一切日常事物，而普通的手指根本触碰不到它！[18]

不管风格多么独特，这段话传达的意思还是很清楚。《牺牲的仪式》认为，青春、理想主义和前线战士共同遭受的苦难，可以联合起来，形成一种精神净化剂，使后方德国人的生活脱胎换骨。努力为凡尔登战役的惨烈状况寻找原因的温鲁，本能地将战前的代际观、青年人的思想、青年运动和表现主义中出现的文化复兴理念，以及前线的经历和士兵的兄弟情谊融为一体。道德纯洁和道德败坏之间的差异，是青年运动的核心和弗莱克斯在描写武尔歇时重点刻画的内容，温鲁现在把它解释为前方生活和后方生活之间的分裂。温鲁把文化复兴的希望寄托在堑壕战的幸存者身上。这些被命运和冷血的统治者推进大屠杀的泥潭的前线战士，注定将永远与死去的战友结成神圣同盟，有一天，他们将会回来，给德国老百姓的黑暗生活带去启蒙之光，因为，后者的道德水准依然无法与他们这些浴血奋战的士兵比肩。"你认为那些牺牲的年轻人是白死的吗？"在《牺牲的仪式》中，排长克莱门斯问自己的上尉。

这些聪明的灵魂是为了占领新领土而流血的吗？你难道察觉不出我们是在神圣同盟中战斗吗？是为了打造一种精神和民族上真正的手足之情而战斗吗？我们才不关心什么堡垒和领土呢。如果世界变得腐朽、堕落，如果腐败侵蚀了灵魂，那么就让它烧个精光吧！我想成为第一个朝这堆结核菌扔火把的人！身体，将再次变成精神的庙宇！假如凡尔登是个预兆，那么从今以后，就让它的每寸土地都铺满武器吧！去他的服从和尊敬！因为我预感到强大的一代［Geschlecht］即将来临！现在每个人的感觉都和我一样。现在一切都还静悄悄，但是有一天堤坝将再也阻挡不了！想笑就笑吧，审判日正在临近。啊，你们这些地球上的人，除非我们是为了你们的精神之光而战——否则所有这些弹药都是白费！……挡我们路的，注定将要倒霉！[19]

前线一代及其肩负的解放使命这一概念，增强了左翼社会党人的理论基础。1917年到1920年的情况可能确实如此。温鲁自己转向了左翼，并成为魏玛共和国（Weimar Republic）的积极支持者。他的剧作《后代》（*Das Geschlecht*）和《广场》（*Platz*）继续表达了对新起点和彻底改造德国人生活的渴望。战后几年，恩斯特·托勒尔（Ernst Toller, 1893）同样把这种对精神复兴的渴望转化为强有力的表现主义戏剧，瓦尔特·格罗皮乌斯（Walter Gropius, 1883）则把它融进了自己那些漂亮的建筑之中。早期的共产主义政党能够对其中的部分情绪进行引导，将其转化为反对保守的社会党领袖的斗争；事实上，德国的共产主义政党和西方其他的共产主义政党一样，其缔造者大都是参加过"一战"，或者政治信仰被"一战"塑造过的那些人。[20]

然而，虽然含有明显的左翼意味，前线一代这个概念却从未得到左翼政党的有效利用。相反，它成了德国右翼激进分子重要的思想和组织武器。这是因为，以共同经历为基础的代际同盟概念和对左翼政党来说非常重要的、以经济利益为基础的阶级同盟概念之间，存在绝对矛盾——因为民族主义传统与从战争灰烬中诞生的人民阵线神话重合；更重要的是，那些出于背景和经历的原因最为支持年轻一代及其使命神话的人，也是最反对在左翼的主持下进行变革的人。

1918年11月战争结束时，有成千上万名低级军官临时获得了晋升，以填补正规军官队伍中因伤亡而造成的空缺。这些年轻人大多来自中产阶级或者中下层阶级。战争给他们打上了深刻的烙印，他们认为平民背叛和抛弃了他们，他们怀着怨恨的心情回到家乡，结果却发现自己的祖国正处于革命和社会动荡之中。他们彷徨、痛苦、愤怒、饥饿，而由于《凡尔赛条约》(Treaty of Versailles)对德国军队的限制，当兵也没有什么前途，这些人很快找到各种机会施展他们在前线学到的破坏本领。1919—1920 年，为了镇压革命，恢复国内的秩序，"自由军团"(Freikorps)应魏玛政府的要求而成立，军团的领导者正是他们。后来，他们在东线抗击波兰人，参与暗杀共和国[*]官员的行动，1923 年法国军队占领莱茵兰[†]（Rhineland）时，他们组织了抵抗法国人的行动。有些人和恩斯特·罗姆（Ernst Röhm）一样，参加了希特勒的国家社会主义党[‡]（National Socialist party），并成为纳粹武装的积极分子。其他人则和弗朗茨·泽尔特（Franz Seldte）和阿图尔·马伦（Arthur Mahraun）一样，成立了致力于保持前线神秘感的退伍军人协会和"战斗联盟"（*Kampfbünde*）。1923 年希特勒企图推翻魏玛共和国而发动啤酒馆政变（Beer Hall Putsch）时，这些人大部分站在希特勒一边。迄今为止他们的共同纲领，就是摧毁共和国，重新树立政府的权威，废除《凡尔赛条约》，同时铲除那些挑起社会冲突、破坏民族团结的人。他们的组织神话，是前线经验所带来的创造性和革命性力量。他们在壕沟里知道了"命运是什么，人是什么，生命是什么，生和死之间距离多么短"，他们相信他们，也只有他们，才能结束国内的对抗状态，才能赋予这个看似荒谬的时代真正的意义。泽尔特是老兵组织"钢盔团"（Stahlhelm）的首领，他在讲述他们短期目标时，那种直截了当的态度，实在是很有代表性。"我

---

[*] 指"一战"后复国的波兰共和国。
[†] 莱茵兰：历史地名，又称"莱茵河左岸地带"，位于德国莱茵河的中游。
[‡] 即纳粹党。

们必须争取让我们这些前线士兵支持的人上台执政——他们将要求我们彻底打败那些可恶的革命分子，把他们的脑袋按进屎里，让他们被自己的大便呛死。"[21]

恩斯特·云格尔（Ernst Jünger，1895）是这些人的先驱，也是他们价值观的最佳代表，他是一名异常英勇的战士，也是一名有着超群想象力的作家，战后几年，他将自己的战争经历和德国新浪漫主义（German Neoromanticism）思想糅成了一部高度个人化和有着广泛影响力的作品。云格尔的父亲是一名成功的药剂师和商人，拥有几家药房，同时投资化肥生意，云格尔在汉诺威（Hanover）附近的中世纪房子、汉萨同盟*的辉煌过去和父亲提供的资产阶级舒适生活中长大。云格尔从少年时代起便爱做白日梦，他相信生命是一场冒险，大多数人所说的现实是一道屏障，只有穿过这道屏障，才能解开万物的秘密。酷爱读书的云格尔在读了《堂吉诃德》(*Don Quijote*)、《鲁滨逊漂流记》(*Robinson Crusoe*) 和《一千零一夜》(*Arabian Nights*) 之后，有了"无家可归"之感，父母和自己阶级那种有条不紊的狭隘世界令他感到窒息。"漂鸟"运动组织的徒步旅行给了他一个逃离家庭、学校和城市的机会。然而，对这名独立而任性的少年来说，有组织的远足活动很快就失去了吸引力。梦想着四处漂泊的云格尔决定离开欧洲，到热带地区去探险。非洲最深处、最隐秘、疾病最盛行的地区就是他魂牵梦萦和最渴望去的地方，因为只有在这些地球上尚未被探索过的角落，才有可能摆脱文明社会的种种约束，过上一种富有男子气概的、英雄般的自由生活。17岁那年，云格尔带着一本非洲旅行指南、一张特里尔（Trier）市的地图、一个夏洛克·福尔摩斯（Sherlock Holmes）那样的烟斗和一

---

* 汉萨同盟：北欧沿海各商业城市为维护自身利益而结成的经济同盟，同盟从中世纪一直维持到17世纪。

支手枪，跑去凡尔登参加了外籍军团（Foreign Legion）。他的父亲出手干预了这件事，并在德国外交部的帮忙下，把这个任性的儿子弄回了汉诺威；但非洲一直都是他心中"幸福的允诺"，就像"从沉睡静谧的古老城市"传来的遥远铃声一样，云格尔决定，一旦考完试，拿到证书，就立刻启程，奔赴他心中的理想之地。[22]

云格尔一次又一次地发现，生活完全容不得半点计划或安排。他找到了自己孜孜以求的"危险大胆的举动"和"伟大孤独的冒险"，没错，只不过不是在非洲——而是在佛兰德和法国东北部的田野上。云格尔和弗莱克斯一样，将会永远记住1914年8月这个神圣时刻。他觉得一直在压迫自己的那堵资本主义厚墙突然倒塌了，平常让位给了非常，整个民族都沉浸在为伟大理想而战的骑士幻想中。"经历过那些日子的人，"他后来伤感地写道，"……都知道生命的意义。"动员令发布后，他主动参军，并被著名的汉诺威第73燧发枪兵团（73rd Fusilier regiment of Hanover）招入麾下。经过简单的训练，匆匆接受了中学文凭之后，1914年12月27日，云格尔开赴前线，雨点般洒落的玫瑰花瓣和离别的"神圣眼泪"使他在醺醺然的同时，又感到震撼。他满脑子都想着浪漫的风景、华美的制服、晨光中闪亮的旗帜、马的嘶鸣、进攻的号角，以及沾有垂死英雄鲜血的鲜花。他想，没有比这更美好的死亡了；最重要的是不必待在家里，是当其他人都出发去实现自己的权力和荣耀之梦时，可以和他们在一起。那年他19岁。导致这场战争的国家利益和外交纠纷对他来说毫无意义。[23]

接下来的三年半时间里，云格尔参加了西线最惨烈的几场战斗，一开始是作为一名普通士兵，接着是作为掌旗官和队长，后来是作为中尉和连长。1916年7月，人数和武器均占优势的英军希望在索姆河给德军致命一击时，云格尔正在索姆河；1917年，为了夺回被英军最初突破后占领的阵地，云格尔率军突袭了康布雷（Cambrai）

和帕斯尚尔（Passchendaele）；1918年3月德军大举进攻时，他就在第一拨进攻的士兵中间；1918年7—8月德军撤退期间他一直坚守在前线，当时的德军已经失去了任何获胜的希望，只剩下一股股被困在战壕中的德军，孤独地抵挡协约国一波又一波的攻势。云格尔经历的这场战争没有任何的美丽或者浪漫之处。他看到身边的人被炸成碎片。他看到和自己故乡一样古老的法国和比利时小镇被夷为废墟。他学会了在夜里察觉出尸体腐烂散发的恶臭。他被自己所杀的人纠缠不休。他觉得自己变得冷酷无情，对死去战友的回忆也渐渐淡化。他知道自己的士兵经常杀死战俘，也知道他们经常抢劫虽已死去但尚有体温的战友身上的财物。他负伤14次，其中至少有一次是被自己人误伤的。他身上有20处疤痕，脑海中还有数不清的伤疤，它们一直在提醒着他，他曾在前线服役过。然而，直到最后筋疲力尽时，云格尔也未曾失去对战争的热忱。即使在自己所属的精锐部队，云格尔的不顾个人安危和对堑壕战的热情也是远近闻名的。他是获得德国最高荣誉——功勋勋章（Pour le Mérite）的14名"一战"步兵中尉之一。战争结束时，云格尔正在汉诺威疗伤，当时他正准备重返前线。

像云格尔这样喜欢幻想和自由的人，能在第一次世界大战德意志帝国的军队中实现自己的梦想，这似乎有些奇怪。一个对习俗和自满情绪唯恐避之不及，对父母和老师所代表的等级制度和规章纪律表示怀疑的人，怎么可能心甘情愿地在西线那工厂式的大屠杀面前投降呢？这个矛盾是真实存在的，云格尔出版的那些战争日记中有大量的资料证明，他很清楚自己的无政府主义倾向和自己所处环境之间的矛盾。[24] 但是，如果从他的战争经历来看，这种矛盾——对理解云格尔后来的观点至关重要——却正在减弱，正如他那本著名的《在枪林弹雨中》（*In Stahlgewittern*）所再现的那样。非洲吸引云格尔的是危险、死亡和不受欧洲文明准则约束的男性阳刚之气。

在西线的战场上，他离这三点都非常近。云格尔和恩斯特·武尔歇一样，认为死亡是最大的冒险，作为一名思想比较偏激的学生，云格尔觉得有必要目睹人的死亡，如果可能的话，自己也死掉或者几乎死掉。战争为他提供了一个难得的机会，使他得以每天都徘徊在生死的边缘，而且至少有一次，他感觉自己已经跨越了那条界线，虽然只是一瞬间。就这样，冒险者贪婪的好奇心战胜了文明人的恐惧，也减弱了审美家的反感。

而且，作为连长和突击队队长，云格尔在很大程度上成功避开了纪律的约束。他视死如归的勇气为他赢得了一定程度的自由。随着战争的继续和军中士气的低落，云格尔在那些受尽战争之苦、单纯靠勇气撑着的人中间，显得越来越突出。虽然书中不乏对普通士兵的同情，但是《在枪林弹雨中》这本书所赞美的，却是那些"战壕领袖，他们有着坚毅的面孔，近乎鲁莽的勇气，敏锐而嗜血的神经，坚忍的性格和敏捷的身手，只是从来没有人提到过他们"。"强烈的杀敌欲望使我两脚如飞"，"愤怒使我流下酸楚的泪水"，云格尔知道自己的勇气已经超越了对痛苦和死亡的恐惧，此时对敌军战壕不时发起的突袭和进攻把他从理想（他自己堂吉诃德式的英雄主义幻想）的全面破灭中拯救出来，并使他在战争结束时形容自己是"一名流寇，一名长矛断了许多根、幻想早已湮没于嘲笑声中的流浪骑士"。[25]

重组后的德军人数大大缩减，但是云格尔在战争中的神勇表现，使他得以继续留在军队里，很少有非职业军官获得这种优厚待遇。云格尔在军中又待了五年，这使他避免了像战后的许多朋友和同时代的人一样，过上那种乱七八糟的半违法生活。但是，这名热爱堑壕战并喜欢感受其滋味的嗜血的年轻骑士，注定不是当职业军人的料。和平时期当兵既费时，又无聊。分配给他的两项任务，维护法律和秩序免遭愚蠢的平民暴动破坏，或者是编写步兵手册，都没有任何冒险可言。与此同时，云格尔发现自己有写作天赋。整个20世纪20年代，《在枪林弹雨中》都卖得极好。而且，暂且不论云格尔对自己服务的共和国政府缺乏热情，战后最初几年里他最关心的，也是继续自己的学业和研究他感兴趣的动植物学，然而军队的工作却占用了他太多时间。因此，1923年，云格尔离开了德国国防军（Reichswehr），到莱比锡大学师从杜里舒*（Hans Driesch）学习动物学。1925年云格尔结婚了，他没有拿到学位便中断学业，成为一名全职作家，靠政府发给功勋勋章获得者的抚恤金和写作的收入为生。[26]

云格尔直到那时才涉足政治。为了寻找行动的基础，同时也因为在其他人的劝导下，认为自己的文章能发挥作用，云格尔同意给"钢盔团"办的一份报纸特刊定期投稿，这份报纸的读者主要是那些思想激进的年轻退伍军人。接下来四年，云格尔写了几十篇文章。到了1929年，他已经确立了自己作为尚存的前线一代的主要代言人的地位。他这一时期的文学成就大部分缘于这层关系。云格尔认为自己的经历为他那一代人所独有，是时代这个主题的一个变奏，但也只是人类的一个"特殊类型"，和它所属的"人类大家庭"没有本质上的区别。然而在退伍军人分为左右两派的魏玛德国（Weimar Germany）时代，云格尔对自己作品的态度也显得非常模棱两可。云格尔说自己是在为一批视战争为"万物之父"的人代言；然而他一而再再而三地使用表示平等的"我们"这个词，这一令人困惑的表象之下，隐藏着云格尔的专制主义思想，他认为自己能读懂时代的奥秘，而且正因为他的普通人身份，他才获得了指导其他人行动的权利。云格尔对共和国的态度和他1918年指挥军队时简直一模一样——既愤怒又傲慢。正如打仗时的冷静和军事才能为他

---

* 杜里舒：德国哲学家和生物学家，1921年被莱比锡大学聘为教授。

赢得了下属和同僚的尊敬一样，云格尔此时坚定的信念和冷淡的文风为他赢得了大批读者，这些人正在寻找一位可以带领他们对抗魏玛共和国的知识分子。[27]

云格尔20世纪20年代的文章详细解释了战争给他留下的经验教训。这些经验教训揭示了弗莱克斯、武尔歇和温鲁的思想在剥去宗教约束和文明道德的伪装之后，还剩下什么。云格尔在《战争是一种内在体验》(*Der Krieg als inneres Erlebnis*) 中写道，人是地球上"最危险、最嗜血，同时也是最在意结果的一种生物"。人类就像一片史前的原始森林，从雾气弥漫的黑暗深处突然传来受害者的哭叫声，那是他们被偷偷走近的猛兽从巢里掳走时发出的哀号。生存意味着杀戮。人类、动物和无生命的大自然之间没有什么区别。人类永远无法打败战争，因为跟战争相比，人类太弱小了；而如果人类试图躲避战争的魔爪，则注定会非常不幸，因为正是在战争中，人类才能彻底实现自己的梦想。云格尔问：有什么比战士更神圣呢？人类之间的相遇和交流，有什么比战场上两个民族的交战更动人和更紧张呢？战争是一所"巨大的学校"，和那些学问精深的书籍相比，生命在战士的厮杀中表现得更加深刻和淋漓尽致。实际上，云格尔的一个重要思想便是认为战争并非像许多反战主义者很可能认为的那样，代表着倒退或者西方历史上的野蛮插曲；战争不是人类不幸的根源，而是人类永恒不变的本性的一种体现，同时也是未来给我们的一点启示。战争是一种创造性的力量，它塑造了人类及其所处的时代。没有死亡和牺牲，新的价值观将不可能出现，持续的进步需要牺牲品。西方文明已经受到自满和安逸的威胁，知识被分得过细。"于是，那个所有生物赖以运转的秘密摆锤，那道世界赖以运转的令人费解的理性原则，摆到了另外一边，并试图通过拳头的力量和引发一场可怕的大爆炸，将［资本主义世界］这座僵化的砖石建筑炸出一条通往新道路的缝隙来。而一代人就像大海中的一道波浪,他们说战争荒唐且毫无意义,那是因为他们在山崩地裂时遭受了灭顶之灾。"[28]

尽管云格尔对堑壕战士有诸多理想化的描述,又一再强调士气和战斗精神比人数和装备更重要,但他也意识到是群众和军用物资打赢了这场战争。德国士兵之所以被打败,是因为规模最大的军队和工厂都在协约国那一边。然而,云格尔和弗莱克斯以及武尔歇的看法一样,认为在那些目光长远的人看来,战争的结果并不重要。相反,和胜利相比,战败可以使人们牢记战争的教训。因为除了深深的失望之外,德国士兵还有一个宝贵的发现:他开始了解和崇拜这个国家。他开始意识到"我"微不足道,而他所属的"我们"才是最重要的。他把自己从旧的自由主义价值观中解放出来,并开始憧憬一种新的悲剧性生活。这名"新人"将永远不再满足于19世纪的价值观。他在战争中实现了自己的价值,同时明白了"宇宙的动力在于矛盾、战争和骚乱"这个道理。领土和作战目的只是让人们赴死的必要符号。战争是一场永恒的宗教仪式,里面的每个年轻人都在努力追求道德上的完美。在这场仪式举行期间,死亡是无关紧要的。那些死去的人把外表不完美的德国留在了身后,自己则栖身于那个深邃而真实存在的"永恒德国",成为"我们感情、行动和思想的源泉"。每一代人都从上一代人身上汲取营养,什么也没有失去。一代代人就像珊瑚礁一样,没有无数已经腐烂的珊瑚虫遗体提供的营养,新一代的珊瑚虫将无法存活。云格尔肯定地说:"人是一个载体,是一艘不断变幻的大船,里面装着前人做过、想过和体验过的每一件事。"[29]

这,云格尔说,就是战争给我们留下的最深刻教训。没有一个人是白白牺牲的。英国人、法国人和德国人全都在为了一个共同的目标努力:一种新的生活方式。没错,云格尔承认,只有一小部分士兵明白这个道理,但起作用的是精英分子而不是普通大众。时代精神（Zeitgeist）总是由少数知道如何回应时代需要的优秀人士缔造的。云格尔说，这个时代的精英，无疑是那些参加过堑壕战的士兵——不是那些仅仅熬过了战争的士兵，而是那些因为热爱打仗而参加战争的突击队员或者流寇。这些"死亡魔术师"，这些"炸药和焰火大师"，这些"高贵的猛兽"，代表了一个新的人种。他们是世界上战斗力最强的人，他们的身体、智慧、意志和感觉已经彻底融为一体。现在他们散布在各个党派、退伍军人协会和"战斗联盟"中间。云格尔号召他们团结起来，听从命运的安排，努力摧毁魏玛共和国。这样一来，由"地、火两大元素"*组成的新秩序才有可能诞生。[30]

许多退伍军人都有此体会。德国各地的退伍军人聚会都在谈论云格尔的观点，或者说他的不同观点。然而，到了1929年，退伍军人中的那些佼佼者显然辜负了云格尔等人对他们的期望。"钢盔团"和"德意志青年团"（Jungdeutsche Order）这两个最有影响力的退伍军人协会都落入了政党政治的圈套，事实证明，他们既无法推翻现有的体制，也无法很好地适应它。1923年的夺权骚乱发生后，极右翼的纳粹党和极左翼的共产党，这两个主要由退伍军人领导的政党影响力都逐渐下降，也失去了大量的追随者。1924年，随着局势的稳定和社会的相对繁荣，人们更加没有理由思考战争。当他们想起那些幸存下来的士兵时，他们更可能用埃里希·玛利亚·雷马克（Erich Maria Remarque）那种苛刻的目光去观察他们，而不是透过恩斯特·云格尔的幻灯。也就是说，在大部分人，尤其是那些因为年纪太小而没有参加战争的人看来，这些退伍老兵与其说是悲壮的英雄，还不如说是些心怀不满、肆意破坏社会秩序、衣衫褴褛、

---

* 旧时认为地、火、水、风是组成物质的四大元素。

第二章 德国：年轻一代的使命

好狠斗勇而又忘不了仇恨的人，这些人都是些穷苦的学生和懒惰的学徒，他们总是漫无目的地从一个行业换到另一个行业，同时也喜欢到酒吧和夜总会消磨时光。

毫无疑问，许多士兵的斗志已经消磨殆尽。云格尔大声呼吁成立的退伍军人阵线最终没能成立，他因感到厌倦而离开了政治。"实现人类伟大和热血梦想的时代已经过去。自私自利的人获得了胜利。堕落。不幸。"对于那些无法忘记战争的人来说，只剩下"无力、绝望、冷漠和烈酒"。当然，大部分的前线士兵只是悄无声息地融入了平民生活，许多和云格尔看法相同的人则感到奇怪，"强大的战争一代，那些参加过伟大战役，那些为战争付出了巨大努力的人"都躲在哪里？他们为什么不从沉默中走出来，他们经受住了战争的严酷考验，为什么不用这种出色的能力去左右德国？[31]

与此同时，那些喜欢政治且密切注视着魏玛共和国命运的知识分子，则努力想弄清年轻人的态度和倾向。因为直到 20 世纪 20 年代末，大家还普遍认为年轻人肯定会在德国政治中起到重要，甚至可能是决定性的作用。1930 年 9 月 14 日的选举结果显示，他们正受到极端主义政党的吸引。"青年"这个词有着强大和非理性的意味。"青年，"当时的一名作家感叹道，"当听到人们开始谈论他们，谁的心不是激动得怦怦直跳！"而他所说的青年并不是爱德华·斯普朗格那本著名的书中所描绘的人生的一个阶段，而是指正在加入各种协会和组织的广大年轻人。一些仇视魏玛共和国、把希望寄托在退伍军人身上的人，此时则把注意力转向了战斗"联盟"（Bünde），这个组织已经招募了 5 万到 10 万名会员，一份青年运动刊物则干脆把它称为"天意和恩典"。[32]

战斗"联盟"甚至在学术界也产生了反响。1927 年，柏林的法国文学教授爱德华·韦斯勒（Eduard Wechssler）建议重新把"代"定义为"青年团体"。他说，对世界历史最好的解读，是将其理解为一支"连绵不绝、时刻变化而又永远充满活力的青年游行队伍"。韦斯勒警告说,青年人以他们自己的立场和方式,在和老年人斗争的过程中永远是对的,因为上帝站在"青年精神"(Jugendgeist)一方,他把这种斗争描写为"上帝和魔鬼,救世主和毁灭者"之间的斗争。韦斯勒自己则把希望寄托在年轻的知识分子身上,他们将像瓦格纳的歌剧《帕西法尔》(Parsifal)中那个"单纯而高贵的傻瓜"一样,把德国从黑人、布尔什维克和美国科技的邪恶影响中拯救出来。[33]

到了20世纪20年代中期,魏玛共和国中对青年的崇拜已经到了狂热的地步,以至于斯普朗格觉得有必要指出,青年运动没有创造任何有价值的文化,青年是不可靠的政治伙伴,因为他们的愿景过于全面,而不是只关注有限的几个目标,还有一个原因是他们抗拒一切组织。但是,斯普朗格在讲到每一代都有一种内在而神秘的新"精神"时又承认,1914年之前青年运动成立之初的那些激进分子,是"在秘密谋划创建一个更美好的世界",而现在的魏玛青年则承载着一个理想,这个理想在"深沉而又润物细无声的生命之源"的滋养下,可能改变德国,并把它从物质主义以及民众和机器的统治下拯救出来。可是,该如何描绘年轻人对生活的新态度;他们和参加过战争的那代人又是什么关系?[34]

1929年之后,这些问题重新变得紧迫起来,当时稳定的局面已经让位给了大萧条,因执政各方对应采取何种经济政策始终未能达成统一意见,魏玛联合政府已经摇摇欲坠,从而给了极端主义和革命政治可乘之机。因为,在当时的许多观察者看来(就像我们今天认为显而易见的一样),任何真正的新政纲都必须得到年轻人的拥护,同时凭借当时接近40岁的那代人的天赋和能力——也就是说,参加过战争的那些人。因此,在大萧条和纳粹上台之间的那段时期,德国涌现了一大批描写战争一代及其悲惨遭遇,以及他们与上下两代人之间关系的文章和书籍,这是知识界对新的政治环境感到鼓舞的反映。

　　"行动圈"（Tat circle）是这场辩论的中心，同时也是辩论的参与者许多想法和灵感诞生的地方，这是一个右翼的知识分子团体，他们给欧根·迪德里希斯那份广受欢迎的月刊《行动报》（Die Tat）写稿，并自诩为未来德国革命的智囊团。尽管如此，辩论还是蔓延至其他年轻的右翼激进知识分子，这些人相信，"未来之路"将是一条融合了左右两翼的真正的国家社会主义路线，而他们并不认为希特勒及其领导的政党是这一路线的代表。这些年轻的知识分子没有政治上的追随者，没有选票，也没有组织。他们所拥有的是无限膨胀的野心、流畅的文笔和深刻的洞察。他们憎恶议会民主制和工业资本主义，渴望建立一个强大的专制国家和"民族共同体"，相信"年轻一代"是德国和欧洲未来的关键，这些就是他们的远见卓识的根据。他们中有些人希望在退伍军人协会和青年团的组织基础上，在左右两翼的政党中间成立一个新的政党。他们全都不喜欢那种以"利益"为出发点的传统政党，而是更加青睐"自然"（organic）的政治组织形式，即领导人不是由群众选举产生，而是自发出现，从最亲近的追随者中自然产生。这些年轻的知识分子中，有些人对代际问题的最新著作了如指掌，他们已经读过韦斯勒、斯普朗格、卡尔·曼海姆（Karl Mannheim, 1893）和奥尔特加的著作，正急切地希望用他们的思想来分析德国的政治形势。[35]

　　1929年11月，《行动报》刊登了刚刚上任的编辑汉斯·齐勒（Hans Zehrer, 1899）写的一篇文章《第二波》（"The Second Wave"），辩论的序幕就此拉开。身兼退伍军人、"自由军团"志愿兵和暴乱分子三种身份的齐勒是一名行事匆忙的年轻人，凡是思想不够合理的地方，他都用自信和动听的词语巧妙地搪塞过去。齐勒11月发表的那篇文章当时曾被广泛讨论过,齐勒写这篇文章的目的，主要是寻找并激励"年轻一代"，他认为年轻一代的核心是那些和他一样，政治上尚未表态的年轻退伍军人。齐勒说，应该从冲击波的角度来思考战争一代。第一拨已经精疲力竭。他们犯了一个错误，没有充分重视物资和实际细节便匆匆进入了自己的时代；他们无法摆脱战争的记忆；而且他们想当然地认为，只需回顾自己的正义主张和真实经历，就足以获得大家的支持。结果他们未能引发政治革命，他们中的许多人至今仍在放荡不羁的艺术中寻找慰藉。现在这第一拨已经精疲力竭，无法依赖"其武器或者人员的战斗力"。他们已经被打败了。但是希望并没有完全失去，因为前线一代的第二拨——一大批业已工作、掌握了实用方法，同时又沉默寡言的人正在向我们走来。这些人既拥有前线一代深刻的洞察力，又知道事情运作的方式；他们，只有他们，才有能力使德国发生革命。他们不会写那种有关前线经历的书——此时齐勒显然想起了云格尔等人——而是会写那段经历对技术和日常生活等问题的影响。齐勒说："德国将由这些前线回来的人进行改造，否则根本就不会有改造！"[36]

渴望继续讨论的齐勒意识到自己触及了一个公众非常感兴趣的话题，1930年4月，他沿着1929年11月那篇文章的思路，又发表了一篇极富煽动性的文章，题目是《被抛弃的1902年阶层》（"The Class of 1902 Disowned"）。一开始齐勒延续了上一篇文章对自己这代人的批判，接着他转移视线，无情地抨击起1902年这一阶层——那些生于1902年的人——及其后代。齐勒写道，我们想当然地以为我们会和年轻的弟兄们一起抗击上一代人，然而我们在焦急等待进攻时却忘了，争取年轻人支持的斗争和对抗老年人的斗争一样重要；而且，虽然我们清楚地知道自己想摧毁的东西是什么，但是对于用什么东西来取代，却没有一个清晰的概念。11年来，我们一直在做试探性的攻击，但是却没有一个明确的目标，年轻人因此没有回应我们。虽然齐勒费了很多笔墨责骂前线一代，但他的真正目标

第二章 德国：年轻一代的使命

却是那些战后青年。他沮丧地写道，1902年阶层没有跟随我们的脚步。我们还年轻，他们却已未老先衰。我们为了一个新的社会愿景而奋斗，他们却只是在打一场争取特权和地位的永恒的代际战争。他们假装和我们有共同语言；可是事到临头，他们却屈服了，然后舒服地坐在前线战士曾经愤然拒绝的那些位置上。齐勒说，现在我们必须面对一个可悲却又无比真实的事实：我们两面受敌。1902年阶层比我们自己更像我们的父亲。他们接收了我们在战场上扔掉的一切："炫耀、安全感、吹牛、轻易下结论、思维过快、顽固不化和小丑似的行为。"现在的年轻人不是未来的人，而是"给垂死一代跑腿的男孩"。[37]

齐勒有关第二波或战争一代觉醒的观点，在埃德加·荣格（Edgar Jung）那获得了进一步和更加精妙的阐释，荣格是一名退伍军人，参加过"自由军团"，他写了一本很有影响力的书《下等人的统治》（Die Herrschaft der Minderwertigen），这本书被奉为"青年保守主义者的《圣经》"。齐勒从来没有被前线一代的定义困扰过；对于战后一代的界线他也不是特别明确，只是笼统地说"在我们和我们的儿子之间"。但是有一点却很明确，那就是齐勒在说"前线一代"时，并不是指所有参加过德国军队的人。荣格在一篇发表于1930年5月的文章中，攻击了年代界限的问题，他给这篇文章起了一个引人注目的标题，叫做《战争一代的悲剧》（"The Tragedy of the War Generation"）。荣格认为，参加过第一次世界大战的德国人，大体上可以分为两类：那些1914年以前就已成年的人，他们把战争看成是打断他们和平生活的一个插曲；那些1885—1900年之间的出生的人，对他们来说，战争是生活和冒险的开始。后面这类人重新发现了英雄主义，接触了原始人，并认识到生命需要牺牲——换言之，后面这类人拥有真正的战争体验。而且——这是荣格论据的关键一点——这些年轻的德国前线士兵并不仅仅意味着另一代人：他们是——他在此处重复了云格尔的话——一群"新人",他们在战场上觉醒的时候,正值资产阶级秩序崩溃和新时代诞生的阵痛期。

那么,这些战争一代此时都在哪里,为什么他们没能完成自己的使命,成为新秩序的助产士?荣格否认战争一代无法适应平民生活。相反,他说,是资产阶级无法适应战争一代。中产阶级不喜欢前线战士的理想主义,因为它对一个以商业价值为基础的社会构成了威胁。如果前线一代最终与共和国反目,那是因为共和国辜负了他们,他们感到极度失望。荣格和齐勒一样,把战后十年看成是一个大浪淘沙、战争一代内部自我淘汰的时期。一些退伍军人适应了,其他人则感到失望。然而,那些"最优秀的人"则变得更加坚强。他们依然在寻找那种符合自己愿望的政治形式。他们的悲剧在于他们尚未完成自己的任务,新的社会秩序尚未建立。事实上,虽然他们一直被要求做好准备,但他们可能永远也看不到新秩序的建立,他们可能一直到死都是"两个世界之间的游荡者"。这同样很悲惨。可是在战争中,他们不是已经学会了为他们可能永远也看不到的胜利献出自己的生命吗?"我们必须在黑暗中游荡,这样才能确保我们的后代能过上平静光明的生活。我们必须沦为被献祭的一代,这不仅因为我们参加过激烈的战争,还因为我们同样经历了光环褪去后冷酷无情的战后年代……战争一代过早地凋零了;现在他们必须继续活下去,有朝一日才能东山再起。"[38]

与此同时,齐勒发表在《行动报》上的那篇抨击1902年阶层的文章,引来了一个名为乌特曼·冯·埃尔特林(Uttmann von Elterlein)的年轻人的反驳,埃尔特林认为自己属于1902年阶层。他对齐勒把"倾向"(attitudes)和"代"(generations)联系在一起的做法表示质疑。他说,真正的区别,并不在战争一代和战后一代,而在于19世纪和20世纪的人之间。19世纪的人从"可以把握的意义"(graspable significance)的意义上进行思考;而20世纪的人则从"内在价值"（inner value）的意义上进行思考。埃尔特林认为，齐勒的错误，在于认为这两个阵营之间可以单纯在年代的基础上进行划分；当时，代际的排序普遍存在混乱的情况，很难知道某个特定的人具体属于哪一代。不过总的来说，1880年以前出生的人通常不在20世纪的影响范围内。即使在其后十年出生的人中，新的思考方式也是个例，而非普遍现象。前线一代由那些生于1890—1900年之间的人组成，他们的悲剧在于两个世纪都踏了一脚。接下来是1902年阶层，这是具有过渡性质的一代。紧接着是1910年之后出生的人，埃尔特林认为他们"和我们有本质上的不同"。埃尔特林警告说，就连"代"这个词的用法都很混乱；当一个人在说"代"的时候，他真正指的是20世纪和19世纪的关系，是"物质主义和精神信仰的关系，理性主义和理想主义的关系。因此他的真正意思，根本就和代无关"。[39]

埃尔特林的论点不像我说的这么清楚；但是，透过埃尔特林的模糊表述，我们似乎可以看到他在说，齐勒和荣格这些人正用"代"这个词来指代某种无法用年龄或者经验表达的概念。我们从同一年出版的汉斯·哈特曼（Hans Hartmann）的小册子《欧洲的年轻一代》（*Die junge Generation in Europa*）中，可以看出这种观点非常流行——"代"这个词确实被赋予了超出年龄限制的含义。在纳粹支持者哈特曼看来，"代"并不是由一个人的出生日期决定，而是由他们"思想中血液的跳动"决定，后者反过来又是由他们内在的"自我"（*Verwurzelung*）和客观任务之间的紧张关系引起的。哈特曼不失时机地给欧洲的年轻一代画了一条时间界线，他认为，欧洲的年轻一代既是欧洲的，也是民族的，既是保守的，也是激进的，他们更倾向于集体而不是个人，而且都急于实现思想和行动的统一。这样的年轻一代在欧洲随处可见——确实，哈特曼这本小册子的主要功效，是为我们展示了欧洲青年组织的规模已经变得多么庞大，然而他们的先头部队在德国。哈特曼把笔墨主要放在30岁以下的欧洲人，也就是那些1900年后出生的人身上。尽管如此，他这本小册子还是暗示着，青年更多地取决于热情、活力和态度，而不是年龄甚至经验。1933年，这本书的第二版面世了，哈特曼毫不犹豫地在书中宣布，纳粹（当时的主要领导人均接近或者超过40岁）代表了青年的本质。[40]

另一个以青年代表和阐释者自命的人是弗兰克·马茨克（Frank Matzke），他和哈特曼一样，认为年龄不足以定义新的一代。马茨克在他那本《青年揭秘：这就是我们的方式！》（Jugend bekennt : so sind wir !）中写道，每一代都有一个基本形式，就好像金字塔不仅仅是一块块石头一样。这种形式在农民中间是找不到的，因为他们的生活千年没有变化，在普通民众中间也是找不到的，因为他们普遍都是追求时髦的浅薄之徒。而且，即使在某个年龄层的所有知识分子中间也是找不到的，因为他们中有些是前面一代的落伍者，其余的则是尚未到来的革命一代的先驱。任何个体都无法体现这种形式的纯粹。这种代际形式只能被大致描述，但无法解释清楚；必须是亲身经历过的人才知道它是什么样子。马茨克凭借自己的感觉和经验，并在自己敬慕的作家、画家和建筑师中随机选择了一些样本进行考察，很快便在"客观派"（Sachlichkeit）中找到了新一代的表现形式。"客观派"是对当时流行的一个艺术派别的称呼。马茨克认为，作为距离新一代最近的前辈，表现派让感情压倒了一切。新一代则在两者之间画了一条明显的界线。他们明智、务实、含蓄、冷淡，而且多疑。他们喜欢那些有利于达成目标的合适手段，讨厌任何不必要或者夸张的东西。他们不再相信上帝或者世界观，也不再为本质的问题感到苦恼。他们通常把思想和理论置于经验和种族之下，而且不太可能高估书本和文化的价值。他们和1914年之前的那批年轻人一样渴望集体；但是和前辈们不同的是，他们不愿为了这个目标而隶属于任何组织。[41]

显然，马茨克这本书既不够客观，又缺乏常识。相比之下，恩斯特·威廉·埃施曼（Ernst Wilhelm Eschmann）写给《行动报》读者的小册子《年轻一代的立场是什么？》（*Wo steht die junge Generation？*），则堪称社会学分析的典范作品，无疑也是《行动报》为这场辩论贡献的最深刻、学术上最值得称许的一篇论文。埃施曼（1904）在海德堡跟阿尔弗雷德·韦伯（Alfred Weber）学习社会学，他对卡尔·曼海姆的思想也很熟悉，后者在去法兰克福之前曾在海德堡任教。这一背景无疑解释了埃施曼的分析为何能如此新颖和成熟。埃施曼没有通过分析自称为青年代表的人的种种陈述来研究年轻一代，而是绕过了年轻一代自称为什么的讨论，提出了整个社会制度的运作这一问题。他问，为什么德国的代际变迁要比英国艰难得多，矛盾也多得多？通过这种更加具体的比较研究法，埃施曼注意到了之前被辩论者忽略的一个特点。他指出，在德国非常普遍的不同年龄层之间的紧张关系，并不一定意味着新的一代已经形成。新的一代意味着新的开始、思想和感情发生了巨大变化、现有制度的灭亡，以及一种早已存在但是一直隐藏在黑暗中的现实浮出水面。这种新生代的出现，是一种能使全民族融为一体并行动起来的"历史的馈赠"。在这种复兴发生之前，一国的青年必须具备两个先决条件：共同的趋势或者倾向，外加共同的经历。仅有共同的经历不足以引发重大的政治变革，可能会在文学、艺术和宗教中留下痕迹，但是对民众的生活却不一定有持久的历史性影响。埃施曼的结论和大多数评论者正好相反，他认为德国至少在1930年以前不存在共同的经历，虽然他确实察觉出了某种共同的倾向。在大萧条之后的1931年，他看到一种共同的经历正在逐渐成形，但是具体是什么经历，他则一贯地含糊其词。[42]

埃施曼的结论包含了臆测和一厢情愿的成分，这在几乎所有的代际文学中都很常见，比埃施曼的结论更加值得注意的，是他在得出结论前所作的一些评论。首先，他很快注意到，报纸杂志、政治演说和文学作品中经常提到的"年轻一代"只是一个传说。这"代"人的实体是中产阶级青年这个狭窄的圈子，由于各种各样的原因，他们的经济和政治上升通道受到了阻隔。埃施曼提醒我们注意，对年轻一代的任何归纳总结，都必须把年轻的纳粹分子和共产主义者，以及广大的无组织青年考虑在内。埃施曼还毫不客气地批评了对青年的崇拜。他写道，在德国，有很多关于年轻人及其不可取代的价值的讨论。"'青年'梦正在变成一个神奇的配方，没有它任何派别都不敢在公众面前展示自己。"实际上，埃施曼认为，有关青年的那些动听辞令，都是上一代用来阻止青年的工具，使他们无法参与国家的政治决策和享受物质生活，而这些权利本是他们应得的。与其他欧洲国家相比——例如俄国和意大利——统治德国的依然是一群老人。这是一个结合了青年神话的、事实上的老人政府，青年本身的价值（*Jugend als Eigenwert*）使得代际之间的关系变得紧张和对立。[43]

埃施曼说，青年崇拜的最大受害者，是前线一代，他明确地指出他说的是1892至1897年出生的那些人。这一时期出生的人因为战争的缘故，都过早地衰老了；不过他们在许多方面又很年轻——意思是和晚辈们相比，他们很不成熟。埃施曼不仅不承认这些年轻的退伍军人是青年联盟革命的潜在领导者，还特别把他们从"年轻一代"中剔除出去，并形容他们是悬在上下两个年龄层之间的悲惨的德国人。齐勒和荣格呼吁成立的那种退伍军人联盟其实并不存在，埃施曼认为也不可能形成。事实上，从战后这些年来看，在战争经历的基础上是不可能产生什么新国家和新思想的，确切的原因在于，这种经历并不具备普遍有效性，对年轻一代没有约束力。前线一代理应在国家生活中享受他们应有的地位，但他们在追求这种地位时必须和晚辈结盟——埃施曼显然认为前线一代注定不会成为联盟的领导者。

埃施曼的小册子驳斥了齐勒对前线一代命运的评论，同时正式宣告了战后青年的志向和追求，E. 冈瑟·格伦德尔（E. Günther Gründel）则在希特勒上台的前一年出版了一本引人入胜的大部头《年轻一代的使命》(Die Sendung der jungen Generation)，尝试用德国知识分子非常喜欢的"较高三分之一"（the higher third）解决方案来调停这两群人之间的纷争。他得出的结论既出色又有些疯狂——有力地展示了渴望是如何支配着许多代际革命理论家对政治现实的判断的。

格伦德尔受韦斯勒的影响很深，他认为，一代代人就是一拨又一拨的人类，每代人由一群大约30年内出生的人组成，"这段时间是人们文化历史活动最活跃的时期"。这些"富有创造力的统一体"带有某个特别重要的历史时刻或者事件的烙印。格伦德尔称，今天德国的年轻一代，大致由1890年至1920年出生的那些人组成。为了正确理解这群年轻人，必须把他们细分为三个子代（subgenerations）：前线青年一代（1890至1900年出生的人），战时青年一代（1900年至1910年出生的人），战后一代（1910年之后出生的人）。每个子代都有自己的独特经历和特点。第一个子代的前锋是1914年之前青年运动的激进分子，他们发起了反对上一代的沙文主义[*]、物质主义和阶级意识的斗争，这些人后来大部分死于战争。战时青年一代经历了战争第一阶段的集体主义、饥饿、痛苦、1917—1918年的幻灭，20世纪20年代初的通货膨胀和经济危机。战后一代在一个相对和平的环境下长大，他们见证了20世纪20年代末工程技术、同志情谊和体育运动的蓬勃发展；但是

---

[*] 沙文主义：一种把本民族看得高于一切，主张征服和奴役其他民族的反动民族主义。

后来大萧条来临,他们也体会到了窘迫、迷惘和匮乏的感受。尽管有着这样那样的不同,这三个子代却因他们与战争的关系,以及他们在日益显现的资产阶级危机中的重要地位而团结在一起;每个子代都以自己的方式隐约看到了后资本主义时代的模样;现在,与其互相争吵和攻击对方,这三个年龄层的人倒不如团结起来,合力对抗上一代。[44]

格伦德尔和埃施曼一样,认为云格尔那一代人注定将领导未来革命的观点是错误的。这些年轻的前线战士虽说对资本主义社会提出了有力批评,但他们的人数太少,思想过于单纯,满脑子都是死亡和毁灭,他们对社会的观念过于贵族化,思考问题的方式又过于死板。归根结底,他们与19世纪的关系过于密切,因此无法领导(格伦德尔认为的)历史所要求的复杂的全方位革命。最适合这项工作的是年轻的战争一代(1903年出生的格伦德尔即属于这一代)。

从格伦德尔推导结论的方式,可以看出精神分析学已经渗透到了德国的代际问题领域。一开始格伦德尔便指出,战时青年的数量比他们的前辈和后辈都要多很多,因此他们拥有更多的领导人才和热情。[45]但是更加重要的是,这些战时青年经历的一连串事件。受斯普朗格和卡尔·荣格作品的影响,格伦德尔坚持认为青年时代的经历比生命后期的经历更加重要。年轻时经历的每一件事都不会失去。它们在心灵深处的某个地方潜伏着,就跟"绷紧的竖琴弦"一样,随时可与其他声音产生共鸣。卡尔·荣格的主张给格伦德尔留下了深刻印象,荣格认为痛苦的经历既可以使人变得更强,也可以使人变得更弱。他回忆说,这是一个在所有伟大的民间神话中都能找到的事实,英雄们都出身高贵,他们年轻时经历的痛苦和磨难使他们在后来的英勇事迹中变得坚不可摧。人被自己的经历压垮这一反面类型最早出现在民众身上,而且似乎还占据着主流位置,至少在民众当中如此。只有到了后来,经过一定时间的潜伏之后，才会出现更为强大的类型；因此，有理由相信，如果全部年龄层的年轻人都有过某种困难的体验，结果将产生一个"青年团体"，这个团结在一个共同、自觉而又统一的愿望周围的团体，将会取得非凡的成就。[46]

埃施曼和马茨克均认为，年轻一代的主要特点是他们的"客观性"，或者说务实的态度，而格伦德尔则不同意他们的观点。他在研究了20世纪20年代末和30年代初的文化心态之后，认为年轻人很可能会抛弃物质主义和虚无主义，转向一种可能含有非理性信仰的新的理想主义。他发现，1932年的年轻人最突出的特点是他们外表的冷漠和内心的热情，是他们对待物质的务实态度和当事情涉及精神层面时他们的高尚态度。他们是集体主义者——虽然他们所说的集体并非指"沉闷的大众"（colorless mass）——他们渴望一个强大、高贵而又个人化的集体。[47]

格伦德尔的论据中很重要的一点（事实上也是他的主要论点），是认为年轻一代的风格意味着斯普朗格所说的"文化复兴时刻"（culture-renewing moment）已经到来，而不仅仅是一个"年龄层的运动"（age-group movemnt）。[48] 格伦德尔写道，每一代人都生活在两个维度中间。既有注定将在历史上消失得无影无踪的短期代际风格，也有具有整个时代特色的长期代际风格。在危急时刻，偶尔还可能出现整个世纪被一种新的代际风格主宰的情况。格伦德尔相信，德国的年轻一代正处在这样一个时代的转折点。资本主义社会连同他们对思想自由和理性支配物质的信仰，已经遭到战争和大萧条的致命打击。老一辈和他们的价值观已经破产。自由资本主义和商人统治的时代已经结束。现在人们意识到，资产阶级革命在广度和权力上得到了多少，在深度和精神上就失去了多少。新的希望在人类的和谐完整和有机融合上。资产阶级崩溃最明显的征兆出现在经济生活领域，现在人们要求实行一种能够满足人类需求的计划经济。

格伦德尔对未来的预测惊人地准确。他在穆勒·范登布鲁克和埃德加·荣格的帮助下，透过当时"想象的迷雾"（creative fog），隐约看到了新时代的轮廓，这个新时代的新颖程度和重要性，只有文艺复兴可与之媲美。新一轮西方革命的中心在德国，就像前一次革命的中心落在了西班牙、英国和法国一样。德国革命的历史使命是实现欧洲的统一，因为只有德国人才具备完成这项工作所需要的"客观性"。德国是欧洲的良心，同时又是受压迫最严重的一个国家。法国作为一个伟大国家的历史已经一去不复返。因此，重建欧洲的一个先决条件便是撕毁《凡尔赛条约》，格伦德尔认为不需要打仗便可实现这一点。但是，德国必须首先重建自己。魏玛共和国的建立无疑是个错误的开始。魏玛共和国是财阀控制、统治者无能、狭隘的阶级利益政策的典型体现。德国青年想要一个"高贵而实际的社会主义"，当然不是指某个政党或某个阶级的社会主义。德国革命无疑将通过独裁统治实现。必须重新建立权威性原则，然后德国才能重新站起来。德国青年最先体会到民主必须有贵族原则作为补充这个道理。民主的"补充"将通过教育和养育实现。德国将尝试用优胜劣汰的方式形成自己的领导层，并逐步培养现代社会生活所需的各种人才。"生物学意义上的人，"格伦德尔指出，"是必不可少的原料，他们由文化、民族和国家精神塑造而成……对这种原料的刻意栽培已成为20世纪人类的一项紧迫的任务。"由此产生的社会将分为三个阶级：从各行各业中遴选出来，以聪明才智和品格著称的领导层；节俭而经济尚可的中产阶级，这批人的数量将尽可能多，并且包括"收入尽可能高"的熟练工人；最后是"经济上欣欣向荣、道德高尚且数量庞大的农民"，他们将保障人民的食物供应，同时源源不断地为族群输入身体和才智均健康的新人口。[49]

可是这一切到底意味着什么；如果老一辈已经奄奄一息，为什么年轻一代的成员们没有团结起来摧毁魏玛共和国？首先，格伦德尔认为，（他重申了埃施曼的观点），是因为战后几年的混乱状态，以及老一辈中的掌权者使用声东击西的战术（青年崇拜、经济建设的诱惑、魏玛共和国的神话），离间了前线青年一代和战时青年一代，从而抵消了年轻一代的力量，掩盖了老人政府的事实。现在看来年轻人已经看透了这个阴谋。1930年的选举结果显示，年轻人开始走向极端，尤其是国家社会主义。格伦德尔认为，这场年轻人的政治极端主义运动是德国革命不可避免的必经阶段，因为当前的所有重大问题，归根结底都必须通过政治的途径解决。但是，他又相信，德国未来的关键，既不是共产党也不是信奉国家社会主义的政党。共产主义在迷恋物质进步这一点上保留了19世纪的资本主义精神，同时又体现了民众对才华和魅力的反感。他们获胜的结果将与人才选拔的原则背道而驰，并且将导致农民阶级的毁灭。国家社会主义则建立在一种错误的种族理论的基础上，并以一种不适合现代社会的军人−勇士类型（soldier-warrior type）作为自己的榜样。如果国家社会主义取得胜利，德国将会经历一场文化上的倒退，同时德国上下将笼罩在一种与德国精神相违背的恐怖之中。[50]

格伦德尔同样不认为那些退伍军人组织（例如"钢盔团"和"德意志青年团"）将成为德国变革的监督者。他们缺乏"全局"观念，而且尚未在资产阶级与革命之间做出抉择。格伦德尔平静而自信地总结说，德国革命的时机尚未成熟，这个时机一直要到20世纪50年代才会到来。没有一位领导人拥有时代所需的方案。年轻人应该依靠自己，不要听信那些错误的鼓吹者（例如希特勒），他们的语言风格反映了当前的趋势。与此同时，在等待资产阶级世界崩塌期间，年轻一代的任务是做好准备，学会如何掌握金钱和技术，在日常生活中实行真正的社会主义，同时训练自己追随的能力，以便有朝一日找到"元首"（Führer）时，自己能成为领导者。格伦德尔认为，这一行动的最佳形式,依然是青年"联盟"。和政党不一样,青年"联盟"代表的是理想而不是利益,从这个意义上说,它们预示了未来的趋势,因为届时阶级将被精英"团体"所取代。

这一切听起来是多么合理、聪明和清晰。可惜,格伦德尔对未来的动人预测过去不到两年,希特勒就上台了,埃德加·荣格被纳粹杀害,汉斯·齐勒被迫退出了政治新闻行业,退伍军人组织和青年"联盟""调整"后都并入了国家社会主义的组织,而它们与后者并没有什么共同之处。纳粹的领导层代表了青年的本质,这句话成了这个政权的神话之一。当社会按照领导原则进行改组时,关于代际冲突的任何讨论都变得毫无意义。事实上,希特勒在小心翼翼地塑造一个富有青春活力的形象时,曾向老一辈保证说,国家社会主义的统治将教会年轻人尊敬他们的父母、传统,尤其是军队。因此,是纳粹而不是那个设在魏玛的政治机构,利用青年崇拜消除了年轻一代的挑战。在希特勒的统治下,青年的觉悟变成了虚假的觉悟。年轻人屈服于政权的需要,抛弃了所有的自主权,更不要说居住在一个充满青年价值观的世界了。[51]

显然,格伦德尔的分析漏掉了某个重要因素:一旦掌权,纳粹可能不会允许别人取代自己。德国未来的关键不是各个青年"联盟",而是那些没有加入任何组织的大众青年。在新保守主义作家中,只有埃施曼意识到他们政治上的重要性。这些大众青年响应了纳粹的呼吁。他们想要工作、保障,以及有人保护他们免受敌人的伤害,不管这种保护是真是假。最重要的是,他们想要一个领导者;而希特勒则拥有一项魔鬼技能,他会说他们爱听的话。那些鼓吹代际政治的人都没有回应希特勒。他们在群众魅力方面无法与他相比美,他们也不愿和他作对。在格伦德尔和埃德加·荣格看来,纳粹似乎不是最差劲的那个。作为一个当红的政党和参与政党政治的选举组织,纳粹的确令人生厌;但是和其他政治解决方案比起来,他们又

第二章 德国：年轻一代的使命

是最好的。因为尽管有着这样那样的缺点，国家社会党却是新保守主义者觉得最为亲近的一个群众性政党。另外，作为专门预测未来的一群人，他们心里很清楚，纳粹的上台，仅仅预示着一个真正的新贵族阶层即将出现，而且这些新贵将在青年"联盟"中寻找他们的领导者。有比这代价更高的错觉吗？[52]

希特勒上台前的十年里，德国出版了卷帙浩繁的与代际问题有关的书籍，上文提到的只是其中的一小部分。从当时的社会矛盾到古典时代的历史，代际方法成了解释一切问题的灵丹妙药。[53]与本书第一章所讨论的法国代际文学作品相比，德国的文学有三个明显的特点：喜欢把年轻人看成一个社会类别，并且认为他们本身就是历史的动因；意识到各个年龄层并不一定会发展成一代代人；担忧代际更迭将使国家生活发生剧变。芒特雷认为代际更迭会定期发生，这个时间取决于人类生命的长短，德国人却重点强调了事件和经历的作用，尤其是青年时代的经历。在芒特雷看来，文学作品是代际观念最忠实的反映；而在20世纪20年代的德国政治作家看来，政治是代际活动的舞台。芒特雷认为代际更迭的动因是某个思想流派，德国人却认为是青年运动。这些差异是法国与德国之间的差异——某种程度上也是1914年与1930年之间的差异。芒特雷认为理所当然的——代际的定期更迭和父子之间永恒的冲突——在德国却变得无法确定，因为战争一代未能完成他们的革命。德国人意识到，一代代人是"历史的馈赠"。这里需要解释一下它们形成的原因。

在一个用社会学来描绘当代现实的国家，这种情况和这些讨论必定会在社会学的理论中留下印记。从卡尔·曼海姆那篇非常有名的、关于社会代际问题的论文可以看出，事实确实如此。1928—1929年，曼海姆分两期发表了这篇论文。曼海姆于匈牙利出生，曾经跟随格奥尔格·卢卡奇（Georg Lukács）和海因里希·李凯尔特（Heinrich Rickert）学习，曼海姆是一名社会学教授，他的兴趣主要在于思想的发展。曼海姆早期的文章探讨了世界观和思想理论的分类问题,但他很快开始钻研起史实与永恒之间"可怕的紧张关系",尤其是不断变化的艺术风格、政治传统和社会组织之间的关系。曼海姆之所以会被代际问题吸引,是因为20世纪的第二个十年德国涌现了一系列学术著作,这些作品声称在一代代人中找到了时代精神或者对艺术风格来源的解释。曼海姆对这些研究成果的态度非常矛盾,他对德国文化传统的态度也和这差不多。一方面,他乐于看到拓宽思维概念,将非理性因素纳入其中;同时认为德国人的思想比法国人和英国人的经验主义更加深邃和全面。另一方面,他又担心新浪漫主义和非理性思想对问题的渗透,这个问题本该通过对社会中间阶层的实证观察进行研究,因为这样假设才可能接受事实的检验。在研究文化和社会思想时,曼海姆自己喜欢用辩证法。与此同时,他显然急于向我们展示,当遇到一个看似无解的问题时,细致严谨的社会学能做什么。他给这项工作带来了独到的想法和一种严谨的社会学和文化分析法。[54]

和往常一样,曼海姆首先简短而中肯地论述了此前和这一课题有关的著作。它们可以分为两大传统:实证派和浪漫-历史派(romantic-historical school)。实证派的传统可以通过贾斯汀·德罗梅尔和朱塞佩·法拉利而追溯到大卫·休谟(David Hume)和奥古斯特·孔德,而它最近的化身则是芒特雷。这些思想家都洞察到人类的生物学本质——个体相对固定的寿命、新生儿的不停诞生、衰老的过程——肯定某种程度上决定了社会和文化变革的进程。他们的共同目标是在出生和死亡这些重要数据的基础上,找到一个基本规律或者历史的节奏。他们的难题在于从数字上确定一代人的长度,并找到开始计算的那个点,从而确立每一代的先后顺序。实证派的中心在法国,其思想家的灵感主要来自线性的进步观。他们把时间看成数字,认为历史的秘密都隐藏在年表之中。在这一派看来,每一代人都没有阻碍历史前进的步伐；他们保证了历史的连续性，并阐明了社会变化的方向。代际观念就这么变成了进步的注释和佐证。浪漫-历史派则起源于德国，并带有浓厚的保守主义倾向。其支持者在寻找一种可以用来对抗进步观念的武器，他们在代际观念中找到了这种武器，（按照他们的解释）代际观念包含了一种全新而且截然不同的时间观，它把时间看成一种内在的、活生生的，因而数量上不可计量的经历。曼海姆认为，在威廉·狄尔泰（Wilhelm Dilthey）看来，同时代（contemporaneity）并不是一个时间上的事实，而是一种共同的影响，是一种无法通过数字把握，只能通过历史性思维感知的内在时间。[55]

在曼海姆看来，后面这一派中最越界的不是他尊敬的狄尔泰，而是威廉·平德尔（Wilhelm Pinder, 1878），平德尔试图用代际观念来阐述艺术史的做法令曼海姆受到冲击。平德尔是柏林大学一名备受尊敬的教授，他被自己提出的"同龄人的非同代性"（noncontemporaneity of contemporaries）迷住了。他说，一个人的内在时间并不一定和别人相同，尽管他们生活在同一个时期。时代精神其实是由不同代的人发出的声音组成的一首复调音乐；就像三个嗓音反差很大的人组成的三重唱一样，不同之处在于每个歌手之前都唱过他前面那个歌手的声部，这样唱出来的和声只是流于表面。时间并不是水平线上的一个点，而是由上下不同的年龄层组成的一个坐标轴。平德尔说，应该从"隐德莱希"*（entelechy）或者演变过程的角度来理解每一代人，他们有着自己的整体性、内在目标和发展规律。不同的艺术、语言、种族和风格构成了这些"隐德莱希"。既有欧洲的"隐德莱希"，也有个人的"隐德莱希"。从生物学上说，"隐

---

* "隐德莱希"：古希腊哲学家亚里士多德认为，生物体内有一种特殊的生命活力叫"隐德莱希"，它控制和规定了生物的全部活动和特性。

德莱希"由人天性中潜在的神秘规则所决定。至于代际"隐德莱希",则是指一代人的成就早在其成员出生时就已决定了。历史进程正是时间"隐德莱希"和文化区域、民族、家庭、个性、类型等不变因素之间相互作用的产物。如果将这一理论应用于艺术史,得出的结论将是,艺术史上出现的种种现象都是早已确定的。事件是无法逆转的。新的文化史将不得不归入生物学的研究范围,精神将成为自然界的忠实奴仆。解释的能力将变得不如感知的能力重要。[56]

平德尔对"同龄人的非同代性"的深刻认识和对"隐德莱希"的理解,给曼海姆留下了深刻印象,他认为后者是对阿洛伊·李格尔(Alois Riegl)的"艺术意志"(*Kunstwollen*)或者说"艺术主题"的修改和延伸。曼海姆说,这些思想很有价值,甚至可以说非常出色。令他感到恼火的是,平德尔认为,这些"隐德莱希"的内在规律是由自然界的某种神秘作用产生的,而且比社会上发生的事情更加重要。历史很可能存在一些谜团,甚至可能存在一种我们尚未了解、有朝一日才有可能了解的历史规律。但是曼海姆认为,平德尔这类理论的危险之处,在于它们转移了学者的注意力,他们本来正在研究社会上那些可以分析理解的、不神秘因而也更浅显易懂的现象。他问,探究冲突、影响和关系是否造成了"社会隐德莱希",这样做不是更有意义吗?

曼海姆把对平德尔的批评扩大为对德国浪漫主义学派的抨击。他不满地说,知识分子的这股潮流掩盖了一个事实,即在自然领域和文化领域之间,存在着一层社会形成的力量。浪漫主义者不是从纯精神的角度去解释一切,就是从生命、种族、"代",以及"自然界的神秘作用"等生物学范畴去推断一切。曼海姆又匆忙补充说,"代"并不是一个无用的概念;相反,对于那些希望了解社会发展和社会思潮的人来说,"代"是他们不可或缺的工具。然而以其目前的形式来看,代际观念这个构想还很不成熟,表述也不够科学。

曼海姆说，现在需要做的，是对代际问题做一番新的陈述，把法国和德国传统思想中最优秀和最有效的部分汇集起来，摒弃那些站不住脚的理论，同时对各个学科的发现进行综合分析。社会学是最适合完成这一任务的学科，曼海姆认为自己这篇文章是朝这个方向迈出的第一步。[57]

曼海姆说，社会学家首先应该问，是什么把一代人结合在一起。如果他们这么做了就会注意到，"代"不是那种能催生出具体组织的社会纽带（德国的青年运动是少数几个例外的现象之一）。一代人不是一个群体，也就是说，其统一性并非取决于成员间的距离。它也不是为了某个特定目标而建立的社会组织。它既不是家庭那样的群体，也不是政党那样的机构。那么，"代"到底是什么类型的社会组织呢？曼海姆的结论多少有些出乎人们的意料，他说，一代人就像一个阶级；它是一个客观事实，一个不以成员的意志而转移的社会位置。这个位置取决于人类生物节律变化——归根结底取决于生和死、有限的寿命，以及衰老这些因素。然而，这些生物性因素并不能解释"代"的社会历史现象；它们只是使一代人之间的结合成为可能。曼海姆说，实证主义者之所以误入歧途，正是因为忽略了这个显著特征。任何从生物数据推导出结论的尝试，必然会导致混乱和错误。

为了解释共同代际位置的社会学含义，曼海姆设想了一个没有死亡、永远生活着一代人的社会。这使他可以直抵代际问题的核心，同时避开那些令许多前人感到困扰的伪问题。曼海姆发现他设想的这个社会的第一个特点是，人们的思想将逐渐变得单一，由于没有生育机制，不会有文化革新者的新鲜血液注入这个社会。他写道，实际上，观点上最彻底的转变，归根结底都是生和死这两个生物因素在起作用。正是新一代的"新意见"——新来者与累积的文化遗产之间的接触——弥补了人类思想的僵化。而且，死亡对社会革新的重要性，丝毫不亚于新思想的诞生。由于没有死亡所造成的人口流失，曼海姆的永恒社会将不得不想出一些方法来忘记它曾经学会的东西。太多的经验会阻碍创新。曼海姆说，变老首先意味着生活在一个自我实现和事先预定好的特定的经验系统或网络（Erfahrungszusammenhang）中，该系统或网络能够过滤一切新的体验，而一切新的体验也可以在里面找到自己的位置。代际变迁把过去的一切一笔勾销，新人因此而有可能从新的经历中吸取教训。

曼海姆接着说道，永远活着的一代还将缺乏那个赋予人类生活辩证性节奏的主要特征：由"所有人均参与了有限一部分历史进程"这一事实而产生的经验的两极性。人类的思维结构使得一些经历与其他的相比，有更大的影响力。人类最初的经历，尤其是儿童和青少年时代的经历，往往会形成一种人生观。后面的经历并非在此基础上的简单叠加；它们与之形成了一种辩证关系，肯定或否定这第一个有意识的世界观。叛逆者和因循守旧的人一样，都是自己最初经历的囚徒；因为两者无论消极也好，积极也好，都是以自己最初和最无意之中形成的世界观作为行事的准则。曼海姆认为，这种思维上的分层，解释了文化很少呈线性发展的原因。上一代对抗的敌人——他们的纲领即围绕它建立，他们的思想也依据它形成——对年轻一代来说已经不复存在，他们已经在和完全不同的敌人对垒。在曼海姆这个永生的乌托邦社会里，所有人都有着类似的分层思维；因此他们的文化相对而言呈线性发展，而不是通过冲突和回归过去的形式。

这种思维分层的特点会消除社会中最重要的两个方面：文化的代际传承，以及代际之间互相影响和互相学习的过程。曼海姆的乌托邦社会将不需要文化传承。人们将自觉地拥有自己的文化。然而，在人类最深层的意识中，那些后来看来再自然不过的东西，往往都是从过去继承下来，并在不知不觉中吸收了周围环境的结果。传授的知识已经是有问题的知识。继斯普朗格之后，曼海姆提出，人大约在17岁时开始从无意识的文化影响进入有意识的精神生活，对于经验产生的种种问题，他们将给出理智而具有创造性的解决方案。曼海姆继续分析说，这种乌托邦社会不仅缺乏深层次的、不容置疑的精神支柱所带来的安全感，还将缺乏代际之间互动的刺激。曼海姆的看法和大部分的代际理论家截然不同，他强调，至少在当今社会，"代"不是一个每30年便更换一次的完备群体。在平常年代，年轻人必须适应长辈们的方式；而在急速变化的年代，长辈们则更愿意接受年轻人的看法。如果没有代际更迭，新知识——也就是说，从新经验中得到的知识——传播和被老一辈吸收的途径将会受阻；不过，如果没有承上启下的一代，文化传承将只能在冲突中完成。因此，一个有着好几代人的社会不是一系列思想紧闭的隔间（如平德尔所说的），而是一道不停运动、互相影响的流水。[58]

这个分析虽然有些沉闷、抽象和难以理解，然而曼海姆却因此而能够回答代际问题中最核心的两个问题：一代人的成员有哪些，他们持续的时间有多长。在回答第一个问题时，曼海姆引入了潜在的代际位置（Generationslagerung）、实际的代际背景*（Generationszusammenhang）和代际单位（Generationseinheit）等一系列的狭义区别。他指出，如果以社会位置的方式来解释"代"，那么问德国青年和中国青年是否属于同一代人这个问题则显得非常荒谬，因为这两个群体不可能经历同样的事件，也不可能有相似的分层思维。但是就算同一地点本身也无法满足创建一代人的需要。真实存在的一代人——指实际的代际背景——只有当处于相似位置的个体怀着共同的目标，积极而又被动地参与各种改变历史的社会

---

* 英文原文是"generational complexes"，此处根据德文原文 Generationszusammenhang 的含义，译为"代际背景"。

运动和思潮时才会产生。因此，生活于同一时代的农民和城里人，尽管他们在历史进程中的位置非常接近，我们却不能说他们有着相同的代际背景，因为年轻农民并没有受到那些触动城市青年的事件影响。[59]

那些位置相近却又属于不同思想阵营的人，例如 19 世纪初欧洲的保守派和自由派，是否属于同一代人呢？为了回答这个问题，曼海姆引入了"代际单位"（generation unit）这个概念。代际单位是对某种特定历史状况的普遍回应模式，而不是某个具体的群体。令具体的群体取得重要地位，并使其对同一代的其他成员具有约束力的，是他们制定的原则清楚地表达了新的体验方法和整代人的思维分层。所以说，19 世纪初的学生社团"德国基督教协会"（Christlich-deutsche Tischgesellschaft）逐渐形成了那些在德国保守主义中占主导地位的思想，该社团是一个代际单位，而不是一个群体。曼海姆强调，代际单位不应该局限于任何一个群体。代际单位的典型特征恰恰在于其集体性，代际单位吸收了某些基本原则或者倾向（Grundintentionen），而且并不依赖身体上的接触。你可以像个保守主义者一样思考而无须与保守派团体的成员接触；事实上，你可以在不知道有保守主义这种东西存在的情况下，像保守主义者一样思考。[60]

在解决了把一代人联系在一起的纽带到底有多长及其影响了哪些人这些问题之后，曼海姆转向了每一代持续的时间有多长这个令人烦恼的问题。他承认，理论上，有多少个出生日期，就有多少个代际位置。然而并非每个代际位置都会产生新的集体冲动，并形成代际单位。每个年龄层是否意识到自己所处位置的内在潜力，取决于社会变革的速度。当社会迅速变化时，人们的看法和价值观逐渐适应不了，这时新的经验模式得以巩固，并形成一种新的代际风格或者说新的代际"隐德莱希"。如果社会变化的速度过快，新的经验和反应模式可能堆积得太快，而使处于萌芽阶段的"隐德莱希"尚未创造出独特的生活方式便已夭折。在这种情况下，由于自己的"隐德莱希"未能形成，这一代的成员会依附于已经取得了满意成绩的上一代，或者是看起来有能力实现生活新理想的下一代。这时关键的集体经历可能发挥"结晶剂"的作用。曼海姆再次提到了凭本能实现自我的一代人和意识到自己独特性的一代人之间的区别。19世纪上半叶的德国青年运动和"学生联盟"（Burschenschaften）属于第二种，都属于代际形成中自觉的那一类。[61]

从这些可以清楚地看出，曼海姆的结论是，决定文化或者社会更替规律的并不一定是生物因素。人口源源不断地出生，文化和社会的发展速度却飘忽不定。这就是大部分代际理论错误的地方。[62]它们胡乱地把生物因素和社会因素混在一起，没能分清代际位置、代际现实（generation as actuality）和代际单位之间的区别，最终把这门理论变成了一种年表式的社会学。新生代是每年、每30年，还是每100年出现一次，或者说它们的出现是否真的有规律可循，完全取决于社会和文化进程。曼海姆再次强调，必须在历史和社会背景下研究自然因素的发展。例如，年龄相仿的人之间确实有一种天生的亲和力，但是这种天生的亲和力本身绝不可能产生具有社会性的一代人。只有历史，即特定社会背景下人类集体命运的展开，才能使这些生物性趋势变为现实。

文章的最后部分，曼海姆试图澄清"代"与历史时代之间的关系。在时代精神及其产生的原因这个问题上，曼海姆的观点和平德尔以及威廉·彼得森（Wilhelm Petersen）的都有分歧，彼得森是柏林大学的德国文学教授，1926年曾用代际思想来解释浪漫主义的本质。曼海姆说，不能像彼得森那样，把时代精神简化为一种代际风格（generational style）或者观念；时代精神也不像平德尔说的那样，会在不同的代际"隐德莱希"和谐或者不和谐共存的某个特定时刻消失。时代精神起源于不同思潮或倾向之间的角力，这些思潮和倾向扎根于社会阶层，它们在政治思想中表现得最为明显。传统是两极分化，而不是一脉相承的。曼海姆认为，代际"隐德莱希"正是在这些长期倾向或者思潮中逐渐形成的。那些有着正常社会定位的个体不是由本身难以描述的时代精神塑造的，而是由他周围的意识形态传统塑造的。曼海姆认为，彼得森这类文史学家漏掉了这一点，因为他们研究的是"自由摇摆"的知识分子，这些人往往不太受到社会的羁绊。其他社会群体在认知和思想结构的转变上没有这么迅速。曼海姆由此得出结论，只有当代际变化和新的代际"隐德莱希"在现有的思想和政治潮流中显露出来时，对它们的研究才有意义。[63]

曼海姆把这篇文章当作形式社会学的一次练习，因此他没有尝试将自己的分类用于分析某个特定的社会，尽管他谈到，这些划分可能有助于理解当时欧洲发生的变化。曼海姆的最后一个推断无疑是正确的，因为他的方法比当时现有的代际理论前进了一大步，至少从实证主义社会学的角度来看是如此。

例如，通过引进思维分层的概念，并阐明年龄层的位置在何种情况下会产生独特的代际心态，曼海姆解释了（芒特雷没有这么做）1912—1927年这段相对短暂的时间里，"代"迅速堆积的原因。战争粗暴地打断了正常的国家生活，造成了各个年龄层之间的撕裂——那些因年纪太大而无法参加战争的人、那些在战壕中受到敌人正面攻击的人、那些因年纪太小而没有应召入伍，但是已经可以有意识地对事件做出反应的人，以及那些等战争已经成为淡淡的历史记忆之后，独立而有意识的精神生活才真正开始的人。每个年龄层思维分层的方式都不一样，而在当时的观察者看来，它们似乎有着各自不同的特点。曼海姆对代际位置和代际现实的区分，有助于进一步理解群众和试图领导他们的知识分子以及政治精英之间的关系。历史事件的集体性越强，受其影响的人就越多，一代人本身的潜在规模也就越大。根据曼海姆的理论，战争正是这样一个集体性事件，在这场横扫整个族群的社会变革旋风中，精英阶层和下层阶级因共同的经历而紧密团结在一起，因而可能产生真正广泛的一代人。最后，曼海姆的理论解释了为什么那些回来的退伍军人——许多人眼中的"战争一代"——未能像云格尔等人所预测的那样改变德国人的生活。曼海姆说，一代人是通过当时现有的政治和文化传统表现出来的。战争一代被分割成许多派别，但最主要的有两派：一派主张以保守的方法解决德国的问题，另一派则主张以社会主义的方法解决德国的问题。希特勒上台和第三帝国建立并不像纳粹所说的，标志着战争一代的胜利，而是标志着战争一代中的一部分人战胜了对手，以及对战争一代经历的一种解释被强加给了整个民族。

曼海姆确实提出了一个问题，但是他显然不准备深入探讨，这个问题就是为什么人们会突然对维系一代人的代际纽带这么感兴趣。[64] 这是一个很大的问题，我将在收集和分析完更多国家的实证数据之后，再回答这个问题。我现在必须说的是，这个问题没有唯一答案。但是如果我们缩小一下提问的范围，稍微改变一下措辞，问为什么人们——以及什么样的人——为魏玛共和国的代际政治所吸引，那么我们可以发现，曼海姆的文章为我们提供了一条重要的线索。

曼海姆的分析中最突出的一点，在于他把代际思想和阶级的概念放在一起进行比较。曼海姆受格奥尔·卢卡奇的影响很深，他明白，一代人就和一个阶级一样，是一个社会历史位置，必须从社会事实和对社会事实的看法之间的关系来理解。正如并非所有的阶级位置都能自动形成统一的阶级行动和看法，并非所有的年龄层都能意识到其处境中隐含的潜力。曼海姆还看到，代际形成取决于历史，就像历史事件会使阶级意识变得更加敏锐或者迟钝一样；他注意到，除了消极的行动限制，代际位置还包含了积极的思想感情倾向，从而能把那些不一定互相认识甚至素未谋面的人团结在一起。曼海姆意识到这个类比的强大力量，他甚至认为，代际倾向和阶级思想一样，可能对处境以外的人产生吸引——也就是说，上一辈或者下一辈。事实上，一代人的核心倾向可能是由某个先行者提出来的，就好像创立社会主义这套工人阶级解放思想的人，绝大多数是资产阶级一样。然而，正如阶级思想意识的真正居所仍然是本阶级，即使这种思想意识的创立者是从其他阶级叛逃来的；因此，新的代际冲动真正的活动中心依然是代际位置（generational situation），即使其他年龄层的人参与了它的表达。[65]

这个类比很有启发性。事实上，它如此具有启发性，以至于我们很想把它往前再推一步——直到发现代际思想和阶级思想的差异为止。代际探索表明，将某个年龄层的成员联系起来的历史经历，比任何可能把他们区分开来的社会差异都更重要。代际探索提醒我们，真正的社会冲突并非发生在阶级之间，而是发生在年轻人和老年人之间。另外，阶级的利益受到物质现实的支配；相比之下，一代又一代人的价值观则是由人类思维重新出发的能力带来的。用德国知识分子的传统语言来表述的话，就是利益来源于自然，价值观来源于精神。问题在于各个年龄层的价值观始终存在分歧，就跟他们的社会利益总是存在分歧一样。这使得代际主义者有必要识别出哪些是拥有"新"一代价值观的人，哪些是没有"新"一代价值观的人。这种对比出现在所有的代际文学作品中，但在本章所讨论的德国知识分子的作品中显得尤为突出。恩斯特·云格尔把"新人"等同于西线的突击队，他把其他的同龄人，包括那些参加过战争的人，都草草地归为价值观完全停留在19世纪的那一类。[66]汉斯·齐勒认识到了前线一代第一拨和第二拨之间的区别，第一拨不是适应不了资本主义社会，就是沉沦于放荡不羁的生活，第二拨（他自己正属于这一拨）则始终保持着自己的热情和信念。埃德加·荣格从饱经磨难、正准备接受自己悲惨命运的人中，单独挑出了那些幻想破灭的退伍军人进行分析。弗兰克·马茨克只把那些体现了他碰巧喜欢的文化观的人归为真正的新一代。格伦德尔则比其他大多数德国代际作家更意识到这种归纳法的危险，他的整本书都在讲两种人之间的区别：一种人对早期的经历反应积极，并在克服其影响之后将之融入新的世界观；另一种人则被那些灾难性事件彻底压垮了。只有埃施曼试着考虑那些没有参加任何组织的群众，他们没有被这些简单的推论包括在内；埃施曼得出的结论是，年轻一代尚未出现，尽管他认为年轻一代或许可以从经济萧条中产生——如果经济萧条带给德国年轻人一种真正的共同经历，而不是前线年轻士兵那种有选择性的独特经历。

这种"代"和阶级之间的比较，有助于解释代际观念在魏玛德国的作用和吸引力——对战后的法国和其他欧洲国家也是如此。代际模式在解释和整理社会现实时并不仅仅与阶级模式相似，它还是后者的替代品。它是中产阶级成员用来打破牢牢封锁的阶级利益的众多想法的一部分，另外，它还提供了一个对知识分子来说特别有吸引力的思想武器，这些知识分子正在和一个物质至上的平民社会抗争，他们担心，英雄主义和高贵的价值观将会消失，文化将被科技取代，集体意识将被摧毁。因此，代际思想才对韦斯勒、平德尔和彼得森这些渴望"整体"（whole）的学者产生了吸引力；才对那些和云格尔一样，怀念战时军中的冒险生活、集体生活，以及固有的等级制度的前军官产生了吸引力；才对那些认为自己和同龄人之间的差异远远不及他们之间的共同点来得重要的大学生和青年联盟成员产生了吸引力；才对那些和《行动报》的撰稿者一样，希望在传统的右翼保守分子和左翼激进分子之间寻找第三条道路的"自由摇摆"的知识分子产生了吸引力。云格尔、齐勒和格伦德尔这些知识分子因为信奉精英主义、反对物质主义而与工人阶级断绝了联系，又因为相信战争开启了一个将使传统观念彻底消失的新历史时期而与保守派的利益为敌，他们被迫四处寻找可以充当他们的革命军队的群众。他们以为自己在退伍军人协会和参加过"联盟"的自由青年那里看到了这些群众。他们在谈到"年轻一代"的使命时，指的正是这个透过"想象的迷雾"隐约瞥见的联合体。

现在回过头来看，这些期盼更像是白日梦和奢侈的幻想，而不是政治。魏玛共和国的权力核心依然是政党、大型财阀和教会。退伍军人和学生受到的政治鼓动，不是来自《行动报》上刊载的文章，而是来自希特勒那部运转特别顺畅的宣传机器。除了得出代际政治是一种幻想的政治以外，我们还能得出什么结论呢？没错，不切实际的幻想，再加上对共和国的深恶痛绝，正是魏玛共和国最后几年的政治思想——尤其是知识分子政治思想的特点之一。一切皆有可能，塑造未来的良机成了每次冒险的理由。仅有代际梦想是不足以推翻现有体制的，但它们却可以（而且确实起到了这个作用）有效地阻止现有体制对年轻人的鼓动，使他们不至于和体制的敌人对抗。因此，在政治梦想和政治语言的层面，年轻一代及其使命这个概念在魏玛共和国倒台中起的作用虽然不大，却也并非微不足道。

曼海姆指出，"自由"和"革命"这些关键词语的含义和作用会随着时间的推移而发生变化，从而与其他一些没有逻辑或者必然关系的思想产生联系。令人奇怪的是，曼海姆从未把魏玛共和国代际思考盛行的情况与社会以及政治上的变化联系起来——当他说出上面这番话时，其实本已为这种见解扫清了障碍。曼海姆没有将"代"看成这类关键词，并从历史的角度对之进行分析，实在是出人意料，特别是考虑到曼海姆在代际问题之后研究的下一个专题是智力竞赛。因为代际思想之所以那段时期在德国等地大受欢迎，很大程度上是因为它有望作为一个智力上值得尊敬的对手和阶级抗衡。对

第二章 德国：年轻一代的使命

传统的解决方法失去信心，并试图通过逃往未来而保存往昔美好的，正是青年知识分子的集体主义——这是一种反乌托邦，与曼海姆1929年对意识形态的定义非常接近，也就是说，这是一种超越现实却未能打破现有社会秩序束缚的信仰。换一种说法就是，年轻一代的革命，是那些对社会平等或者物质富足的思想感到乏味，同时又担心自己的身份和特权在平民社会将荡然无存的人想象中的乌托邦。这是一幅关于未来的不同图景，虽然从未实现过。[67]

曼海姆没有把自己的概念范畴与20世纪20年代末他感兴趣的问题联系起来，原因可能在于他对德国学术传统及其背后的价值观的矛盾态度。作为一名局外人，曼海姆不可能没注意到德国主流思想中的意识形态色彩，然而他受这些思想流派的影响过深，对其成就过于景仰，因而无法完全摆脱它们的控制。他批评了代际观念，并强调代际问题必须在政治传统的范围内和社会阶级的背景下进行研究；但是他又承认确实存在代际"隐德莱希"和时代精神，他梦想着他这一代知识分子能超越政治对立，联合起来，达成一种更高级的同盟。[68]曼海姆做了许多必要的对比，从而使代际观念变成了一种可用的学术工具，然而他自始至终都是年轻一代及其使命这个概念的囚徒。毕竟，生于1893年的他，也是1914年一代的成员。

上图：1900年前后的青年运动小组。下图：1909年，在一次徒步旅行中的青年运动小组

[青年运动的成员们]希望和那些无精打采的老人以及讨厌的传统戒律划清界限，独自塑造自己的人生。

——迈斯讷山集会的召集令，1913

1911年,青年运动小组在自己的"巢穴"中唱歌

[青年运动的成员们在努力]追求一种生活方式,这种生活方式既符合年轻人的天性,也使他们有可能认真地对待自己和自己的行为,并使自己作为一个特殊因素融入整体的文化创作之中。

——迈斯讷山集会的召集令,1913

上图：瓦尔特·弗莱克斯，约 1915 年。拍摄者未知。下图：1915 年，恩斯特·武尔歇在前线

对于非常敏感的人来说，死是最伟大的体验。

——1915 年，恩斯特·武尔歇告诉弗莱克斯。

上图：1914年的弗里茨·冯·温鲁。下图：第一次世界大战期间的恩斯特·云格尔

要是我们把此刻的光亮带回去，带回那个灯光如豆的家里会怎么样？

——弗里茨·冯·温鲁，1916

1930年，德国的退伍军人在列队前进

我们是——我们每一天都一天比前一天更加确定——新的一代，一个被这场历史上最伟大的战争捶打过、被飞逝而过的火焰从内部改造过的民族。

——恩斯特·云格尔，1930

德国社会学家卡尔·曼海姆

为什么最近这段时间人们对代际问题突然有了浓厚的兴趣?

——卡尔·曼海姆,1928

第三章

英国：迷惘的青年军团

> 那些没有回来的军队
> 那些年轻人；
> 那些受尽折磨
> 已经化为尘埃的军团……
>
> 西格夫里·萨松（Siegfried Sassoon），1918

有个传说和20世纪的英国历史有关。它和所有的传说一样，有许多不同的版本，这些都是由不同的人创造的。虽然没有人把它完整地写下来，但它零星地散落在许多书籍中间，并留存在英国人的记忆和口头传说中。这个故事是这样的。

从前，在第一次世界大战爆发前，英国有一群才华横溢的年轻人。他们坚强、勇敢、英俊，既有运动健儿一般的强壮体魄，又有着深厚的学养。他们本质上都是诗人，他们因为自己的原因而喜欢一切与智慧有关的东西，并对共同奋斗持鄙视和超然的态度。虽然他们来自英国的不同地方，但他们最常出现在牛津和剑桥，至于年纪小一些的，则主要出现在那些优秀的公立学校里。战争爆发后，他们自愿参加战斗部队，并尽一切努力加快训练，以求尽快调往前线。他们最担心的是还没等他们到达前线，战争就结束了。他们从小便被教育要崇敬英国，同时尽到自己的责任，他们拥护祖国的事业，并愉快地接受了可能早死的命运。他们中大部分死在了加利波利（Gallipoli）、伊普尔（Ypres）、卢斯（Loos）、索姆河、帕斯尚尔和康布雷的战场上。那些没有牺牲的，精神和身体也都受到严重创伤。1919年，他们一瘸一拐地回到英国，却发现他们的牺牲全都白费了。那些心狠手辣的老人又回来重掌大权。年轻人被年龄打败了。文明遭到致命的打击。人数不多、极度疲倦且患有炮弹休克症的他们对国内的一切感到失望，因此在两次世界大战之间的那段时期，他们只是无助地坐着，看着那些无能的老政客把他们取得的胜利一点一点地挥霍掉。和平已经没有希望；英国在世界上的霸权地位已经丧失；大英帝国已经不复存在；而随着英国对外国模式俯首称臣，就连传统的英国价值观也一并失去了。最后由第二场战争给第一场战争的灾难画上句号，而英国也胆怯地滑入了二等国家的行列。如果那些出色的年轻人没有命丧佛兰德（Flanders）疆场和加利波利海滩，一切可能会不一样。[1]

这个传说起源于许多英国特权阶层共同经历的一次幻灭。给这个神话添砖加瓦，某些方面甚至可以说是始作俑者，但死后名声却为其所累的，是诗人鲁珀特·布鲁克（Rupert Brooke，1887）。生活在一个阶级意识强烈而又文学盛行的时代的布鲁克，拥有成为一名英国英雄的潜在资格。布鲁克的父亲在他所就读的拉格比公学任舍监；他的叔叔是剑桥国王学院的系主任，剑桥是爱德华时代最杰出的学者荟萃之地，他们在与世隔绝的环境中谈天论地，磨砺自己的智慧，提升自己的情感，他们是精英中的精英。布鲁克的童年玩伴包括杰弗里·凯恩斯（Geoffrey Keynes）、詹姆斯·斯特拉奇（James

Strachey）和弗吉尼亚·斯蒂芬（Virginia Stephen，即后来的伍尔夫［Woolf］）；因此他很小便与后来布鲁姆斯伯里（Bloomsbury）圈子的成员有了接触。布鲁克家并不富裕，但是已经给他留了足够的钱（每年150英镑），使他可以不用工作。布鲁克拥有英俊的外表，文章也写得很漂亮，因此他和他那位热爱文学的母亲都相信，他天生就是一名诗人。布鲁克最初对19世纪90年代的英国颓废派诗人感兴趣：王尔德（Wilde）、斯温伯恩（Swinburne）、道森（Dowson）。后来，他在一名非常颓废的年长朋友的帮助下，发现并阅读了大量波德莱尔（Baudelaire）和法国象征主义的作品。就某种程度而言，布鲁克从未脱离他早期对凋逝的花朵和纤弱濒死的诗人的热爱，虽然他后来很努力地写现代诗。一些评论家认为他做得过于好了；1911年布鲁克的第一本诗集出版时，他们抱怨说，通过描写日常生活粗鄙的一面，布鲁克把美的东西从诗歌中剔除了出去。[2]

　　1906年，布鲁克到剑桥的国王学院读书。他在那里遇到了一群才华出众而又能言善辩的年轻人，他们中大部分人和他一样，生于19世纪80年代末，家里是有着良好教养的职业中产阶级。这些幸运的年轻学者有着英国统治阶级所特有的低调和礼貌，他们正在反抗19世纪和维多利亚时代的风气。他们的价值观来自G. E. 摩尔（G. E. Moore），政治信仰来自韦伯夫妇（Webbs），对待两性关系的观点来自易卜生（Ibsen）和萧伯纳（George Bernard Shaw），他们对未来的看法来自H. G. 威尔斯（H. G. Wells），而对于艺术和文学应该是什么，他们的观点则来自罗杰·弗莱（Roger Fry）和E. M. 福斯特（E. M. Foster）。他们想成为新时代的人。他们认为，成为新时代的人，就意味着成为社会主义者和女权主义者，漠视宗教信仰（假如不是强烈反对的话），嘲笑传统习俗，崇尚自然的态度，而不拘泥于礼数。成为新时代的人意味着喜欢乡村胜过城市，喜欢纯朴的民众而不是上流社会；成为新时代的人意味着婚前生活检点，但是却可以无拘无束甚至全情投入地谈论性；成为新时代的人意味着当有女士走进房间时，不必起身致意。新时代的人必须坦诚相见，即使显得粗鲁也无所谓。布鲁克忠实地把自己变成了一名现代青年，他刻意背弃了自己青少年时期的审美观，转而在韦伯夫妇的指导下，利用暑假时间研究起了（在他没有忙于戏剧演出或者写十四行诗的时候）社会改革和费边社会主义的伟大胜利。这一时期他的口号很可能是"以新世界替换旧世界"（new worlds for old），这是1908年H. G. 威尔斯出版的一本书的书名，布鲁克很快读完了这本书，并把它推荐给了自己的朋友。[3]

我们认为布鲁克首先是一名诗人，但是布鲁克的朋友却认为他可能成为一位对公共生活产生影响的领导人。正如这一时期非常熟悉布鲁克的弗吉尼亚·伍尔夫后来所说的，"他是那种典型的英国年轻男子，无比健康，活力四射……你可能会认为他有些偏激，并从卓越的时代巅峰郑重地告诉他，回归自然和其他任何一种姿态一样复杂，但是你不能怀疑，无论他做什么，他都是发起人，他是那种不时涌现的领袖之一，他们的能力在他们征服同时代人的过程中表现得最为淋漓尽致。在他的影响下，剑桥附近的乡村随处可见赤脚走路的男女青年，他们和他一样喜欢洗澡和吃鱼，讨厌书本知识，并大声宣布，送奶工和照看奶牛的女人身上有一种深刻而美好的东西"。正是在这一时期，布鲁克的朋友，诗人弗兰西斯·达尔文（Frances Darwin，即后来的康福德[Cornford]）半开玩笑地形容他，是个"对人生的漫长和渺小毫无准备的金发阿波罗"。[4]

1913年，布鲁克离开英国，开始了漫长的美国、加拿大和南太平洋之旅。他爱上了在剑桥费边社（Cambridge Fabian Society）认识的一位姑娘，但是不愉快的恋爱经历使他大受打击，布鲁克转而讨厌起女权主义、布鲁姆斯伯里文化圈和许多他认为"新式"的东西。他对费边社会主义的热情明显冷淡下来；站在雄伟壮观的尼亚加拉瀑布（Niagara Falls）前面，布鲁克意识到，自己骨子里还是维多利亚时代的人。"这句话请不要对别人说，"他写信告诉自己的一位朋友，"我想保留自己仅存的那点名声。然而这件事是真的。因为当我坐在这里，盯着眼前的这个东西时，我脑子里出现的完全是19世纪那些宏伟的思想，关于人类的命运、天意难违、民族的灾难、死神在等着我们所有人，等等，等等。华兹华斯复活了。天哪！天哪！"[5]

布鲁克长期以来对漂泊者和流浪汉这类人有着极大的兴趣。还在拉格比公学读书时他便说过，精神流浪者，是对"我们安全无虞的日常生活和狭小空间"的抗议。这个观点在维多利亚时代并非毫无代表性。现在布鲁克开始越来越多地从这个角度思考和写作——他是一名从康拉德（Conrad）和吉卜林（Kipling）的故事里走出来的流浪者，又遁入了仙境般的南太平洋。萨摩亚和大溪地的生活令他非常满意，他和一群凭借感觉而不是思想，简单而不复杂，像儿童一样仰视欧洲主人的人生活在一起，这种传奇经历同样令他着迷不已。布鲁克在寄回英国的信中声称，他已经忘记了所有的艺术和文学，以及仅剩的"一点礼貌"。他一再对自己的文学资助人爱德华·马什（Edward Marsh）说，他不会再提笔写作，他想做的就是"不停地说，说，说……并在说话的间隙，进行一些不同寻常的冒险活动"。他记忆中的伦敦是一个充满了"瘦弱而恶毒之人"的罪恶渊薮。然而与此同时，他又渴望恋爱和结婚——或者他是这么说的——并且非常羡慕那些出双入对和安定下来的朋友。他还想知道，（可能有些不切实际，但同时又不乏严肃），是否对自己来说一切还不是太晚，是否自己的心尚未完全破碎。[6]

1914年6月，布鲁克返回英国。他显然处于进退两难的境地。他想结婚，成立家庭——或者说，至少他的某一面这么想。布鲁克害怕流浪，原因显然是他太喜欢流浪了。他在信中哀怨地对喜欢他而他也深深为之吸引的女演员凯瑟琳·奈斯比特（Cathleen Nesbitt）说："我可不想被这些可疑的海浪和黑暗的波涛冲来冲去，也不想被潮水带往某个肮脏的角落。"但是另一方面他又感到不可接受，"肮脏"，他认为结婚即是向传统投降。他害怕变老，于是在冒险中寻找发泄的方法。整整两个月他都在处理这个棘手的问题，同时细细地体会其中的特殊滋味，直到战争爆发使他的问题迎刃而解。他将和英国结婚，投入同志情谊和死亡的怀抱中。[7]

在布鲁克看来，战争并没有立刻解决他的个人问题。从短期来看，"这场该死的战事"只是干扰了他8月份的度假计划，并给他提供了另外一组可怕的选择。"如果开战，"7月31日，他写信告诉朋友，"我将不得不入伍，或者是去当一名通讯记者。我不知道。打仗很惨，但是置身事外同样很惨。现在我一想到战争整个人就特别消沉，无法思考，也无法连贯地写作。"当战争已经变成必然而不是一件可能发生的事，当看到法国发来的第一份战报时，布鲁克感到苦恼不已，他让朋友们瞬间再次领略了他内心的激烈斗争。布鲁克性格中不可避免的两面性又出现了，就像他在遇到难题时经常会出现的那样。他性格中"正直"、"高贵"和"英国"的一面想为祖国而战；但是流浪汉那"孤独、自私、不受拘束和不容置疑"的一面却又使他想当一名通讯记者，从旁观者的角度审视并记录这场战争。1914年8月中旬，布鲁克终于做出抉择，他觉得当那些正派人士正在为国捐躯时，自己为了满足好奇心而跑去法国当一名通讯记者将是一件"糟透了的差事"。唯一高尚的做法便是入伍，并参加战斗。[8]

然而布鲁克发现，参加作战部队并不是一件容易的事。英国和欧洲大陆的国家不一样，没有大规模征兵的传统，而那些职业军人也不急于创建一支庞大的部队。舆论普遍认为，那些没有当过兵或者没有受过军事训练的志愿兵将会留在地方自卫队，从战争开始直到结束,他们不是在守卫英国海岸,就是赶到法国时战争已经结束。这种耽搁对冒险者布鲁克来说可没有什么吸引力,于是他果断采取措施,以确保这种事情不会发生。爱德华·马什已经不再为这名有前途的年轻诗人提供资助,他现在是温斯顿·丘吉尔的私人秘书,到了9月份,他已经和时任海军大臣(the First Lord of the Admiralty)的上司暗中联络好;布鲁克成了皇家海军志愿师(Royal Naval Volunteer Divsion)的一名下级军官,这支部队是为立刻赶赴法国战场而成立的。

1914年10月,布鲁克短暂见识了作战的情景,当时他所在的师突然被送往比利时,目的是在最后一刻保住安特卫普,避免它落入德国人之手。整座城市几乎成了一片火海,难民们四处逃窜,炮火的轰鸣声彻夜不停,布鲁克为睡在一座废弃古堡庭院中的士兵们站岗,他发现自己在战火下竟能如此冷静,这一发现再加上硝烟和汽油燃烧的味道,使布鲁克兴奋不已,也使他找到了长久以来苦苦追寻的目标。11月,他写信对凯瑟琳·奈斯比特说,上帝要我做的,"就是好好地教训教训德国人"。布鲁克随部队返回英国接受训练,准备再次奔赴海外战场,在此期间他写了一些十四行诗,表达自己对战争的看法。这些十四行诗充分体现了他的纯洁和果断,他的感激和快乐,以及他对神圣、正直和高尚这些古老美德——他曾经以为自己缺乏这些美德——已经复兴的坚定信念。"我们已经继承了自己的遗产。"他在十四行诗《死亡》("The Dead")的末尾这么写道。[9]

遗产这个隐喻有助于我们理解布鲁克对这场战争的看法。战争出其不意地降临,就跟某个不认识的亲戚留下的一笔财产一样,把布鲁克从他长久以来担心的那种命运中拯救出来。战争使他免于滑入昏昏欲睡的中年和因循守旧的生活。现在,由于上帝的干预,他和其他像他一样的年轻人可以"如游泳者般径直一跃,愉快地挣脱那个陈旧、冷漠而沉闷的世界"。他们可以"把那些对荣誉无动于衷的病态心灵、那些半人（half-men）、他们肮脏的歌曲和沉闷乏味，以及所有短暂而空虚的爱情留在身后"。他们可以献上命运赐予的礼物——"红酒般甜美的青春"、"未来几年的成就和快乐"、他们精心培养的艺术品味、他们的朋友、他们对未来的担忧、他们安详的晚年——然后全身心地投入到这场战争中去。他们可以弥补过去犯下的罪恶，并至少暂时获得新生。"啊！我们这些知道羞耻的人，在这里得到了解脱。"他们确实可能会死。但战死沙场并不是什么可怕的事，因为"没有什么能撼动这颗长期平静的微笑之心，除了痛苦，而痛苦已经结束"。一旦牺牲，所有的邪恶都将"消散"，而那些死去的战士将化为"永恒心灵的一次跳动"，并使"英格兰赐予的精神魂归故里"。[10]

这些十四行诗被布鲁克用来公开传递自己对战争的看法。私下里他更为现实，也没有这么乐观。1915年1月他向诗人朋友约翰·德林克沃特（John Drinkwater）解释说，战争：

> 相当令人兴奋，也相当恐怖……但它却是我现在唯一的生活。训练非常讨厌。但是你在服役时，却能体会到一种别处没有的强烈的兄弟情谊和兴奋感。如果不这么做的话，我将无法生存，因为这些煎熬。1915年，比利时，听起来像是一个不错的死亡时间和地点。我想先杀一个普鲁士人。总比1950年在被褥和消毒水的气味中使劲咳嗽和大口吞药强。对于那些亲历过战争的人来说，战后的世界将会变得单调乏味。我希望英国能重新站起来，获得青春和快乐，并抛弃那些我所讨厌的东西——资本主义、女权主义、雌雄同体，等等。但是，经过一番深思熟虑和在泥泞的多塞特［布鲁克训练的地方］被追赶了几英里*之后，我认为事情不会

---

* 英美制长度单位，1英里合1.6093千米。——编注

第三章 英国：迷惘的青年军团

有什么大的变化。但是，有什么更好的办法呢？一些熟睡的人已经醒来。来赴死吧。这是一件非常有趣的事。而且准备的过程非常有益健康。现在剧院已经不是你去的地方。如果你留在那里，我们回来时你将无法和我们一起重新开始。贝玑和杜哈曼*，我不知道还有谁。我想在他们的灰烬中夹杂一些阿波罗式的英国人的神圣骨灰，以免英国蒙羞。[11]

这封信充满了矛盾。它和布鲁克的所有书信一样，有着某种特意表现出来的坚定勇敢，因此不能看成是他真实情感的写照。正如布鲁克之前呈现出来的是倒霉诗人（poète maudit）、社会改革家和从康拉德和吉卜林的故事中走出来的南太平洋探险家形象一样，这一次他把自己伪装成了一名渴望战争并决心在自己"上西天"之前先把普鲁士人送上西天的快乐战士。在他说到他想把"阿波罗式的英国人的神圣骨灰"和那些牺牲的法国作家和诗人的骨灰混在一起时，语气中也有一丝习惯性的自嘲。然而，在他那满不在乎的态度和"来赴死吧"这句轻轻松松的豪言壮语下面，他的中心思想却表达得很清楚，也很严肃。战争不会实现他们的全部主张。战争将很残酷，很恐怖，还很无聊。有些人将会死去。但是除了残酷、恐怖和无聊之外，战争至少还为一些人带来了真挚的友情、兴奋、冒险和荣誉。而另外一个选项——不上战场——则是可耻的，因而也是不可接受的。

布鲁克活的时间太短，没来得及对这些假设进行分析——或者看到其他人对它们提出质疑。1915年4月，布鲁克在前往加利波利（许多英国人死于这场战役）的途中死于败血病，他"化身为一颗更加肥沃的尘埃，隐藏在那片沃土下"（布鲁克语）。同僚们

---

* 贝玑和杜哈曼均为法国作家，均参加了"一战"。

为布鲁克举行了一个英雄般的葬礼，并把他埋葬在希腊斯基罗斯岛（Skyros），一处他不久前去过并赞美不已的橄榄树丛中。其他人离开后，他最好的五个朋友留下来，他们用四周散落的粉红和白色大理石块，在他的坟上垒了个石堆。所有人都觉得自己正在参与英国历史上的某个特别时刻；那天晚上，有个人在自己的日记中写道："就好像你参与了某个古典神话的诞生一样。"可能是被这些私下向布鲁克致敬的英国军官的行为所感动，翻译官用希腊语在一个简单的木质十字架后面刻了几句话，他不仅描绘了这个浪漫的场面，还写出了在场所有人的感触，那就是加利波利远征和十字军东征之间的关系：

> 这里埋葬着
> 上帝的仆人
> 英国海军中尉
> 他为了将君士坦丁堡从
> 土耳其人的手中解救出来
> 而献出了自己的生命。[12]

与此同时，布鲁克1914年写的那些十四行诗在国内出版后，得到了圣保罗大教堂主教的赞赏，主教在引用了布鲁克的诗句之后说"对纯洁高尚的爱国热情从未有过如此恢宏的描写"。这些诗作的传奇力量因布鲁克一幅高度风格化的侧面照而大大增强，这张照片被修饰得厉害，布鲁克顶着一头漂亮的栗色头发，脖子如天鹅般优雅地弯曲着，而他的肩膀则莫名其妙地裸露着。从照片上丝毫看不到这名年轻诗人红润的脸色，或者是他那漫不经心但又特别富有男子气概的英俊长相。布鲁克的朋友认为这张照片很下流。显然和他本人不太像。[13]

布鲁克牺牲的消息传到伦敦后，丘吉尔亲自站出来，说了一番颂扬的话，把这名饱受折磨且思想特别复杂的年轻人变成了一座爱国主义丰碑。丘吉尔认为，在这个依然认为征兵制可有可无且与其岛国传统不符——大陆国家才有这种传统——的国家，布鲁克是上层社会志愿者的化身。"他快乐、勇敢、多才多艺，有着深厚的教养和传统的身心平衡，"这位海军大臣写道，"在这个只有最珍贵的牺牲才被接纳，而最珍贵即最坦然奉献的年代，他是所有人心目中英格兰之子最高贵的模样。"在这个关键时刻，国家需要安慰和英雄，布鲁克的生平和他的诗歌一起，变成了整个阶级的标志，也使他们的儿子在那场规模空前的杀戮中献出生命有了充分的理由。这个为了逃避自己而为国效力的人，这个因为一种特别致命的传染病而失去了光荣战死的权利的人，死后却使一场战争变得神圣起来，这真是既奇怪又讽刺，因为英国国内许多敏锐的头脑已经开始质疑这场战争。[14]

准确地说，鲁珀特·布鲁克不是一名战争诗人。他1914年写的那些十四行诗并非源自他参加西线堑壕战的亲身经历。这些诗表达了布鲁克对即将到来的战争的看法、战争可能带来的解脱和革新，以及自己战死疆场的可能性。这些诗歌的意象大多来源于布鲁克对婚姻的犹豫不决和他与女人纠缠的过程中消失的羞耻感。因此它们主要强调了逃离、解放和净化。然而，这些高度私人化的诗歌不久便具有了社会意义。因为它们写出了和布鲁克同一阶层的广大知识青年的感受或者说复杂心声。正如本身也是志愿兵的诗人罗伯特·尼克尔斯（Robert Nichols）后来为布鲁克的十四行诗辩护时所说的，这是一种兴奋和"被聚在一起"的感觉。尼克尔斯说，那种感觉，就像一束巨大的光线突然照射进来，它的灿烂照亮了整整一代人。"那束光有些神秘，正如从大教堂的穹顶射进来的光也很神秘一样,因为,人在穿过那些光束时,是隐身的。"尼克尔斯警告公众,不要误以为他和他的同龄人觉得自己是受害者。"相反,我们觉得自己有些幸运。'在那样的黎明时分活着是幸福的,然而年轻即天堂!'"尼克尔斯说的没错。不止一名年轻人在奔赴法国时,心中所想的是,"对于是我们而不是另一代人被选中来完成这项工作并付出这样的代价,我们只有无尽的感激"。[15]

这种感觉无法挺过西线残酷的现实,那是一个梦魇一般的荒凉地方,人像老鼠一样在地下生活,像被打死的苍蝇一样成堆地死去;那里的死亡是冷酷无情的,伤口也毫无美感可言;那里是个连但丁也想象不到的悲惨地狱。今天看来令人惊奇的是,这种感觉存在的时间还挺长。在整整两年半的时间里,这场战争意味着激动人心、令人满意、光荣、神圣、高尚、完美、快乐,总而言之,非常有趣。战死沙场对英国士兵而言,是"最伟大的冒险;是一场漫长的旅途,他们正沿着一条没有明确标识的小径,走向一个比月亮的另一面更加壮观和遥远的地方"。英国士兵哼着歌曲"欢乐"地赴死,或者至少在死前对无法和战友们一起夺取敌人的战壕表示遗憾。他们在光荣和骑士冒险的梦想业已实现的满足中死去,去"和阿让库尔*(Agincourt)的士兵会合"。正如朱利安·格伦费尔(Julian Grenfell)在他那首著名的诗歌《投入战斗》("Into Battle")中所写的:"他死了,不再战;他死时,战正酣。"而一旦牺牲,所有的英国士兵对国内的平民有何要求呢?伊恩·海伊(Ian Hay)用他那本广为人知的描写"一战"的书作了回答:

> 要求在此。他们的心中写着
> 这句悼词:——

---

* 阿让库尔:法国东北部小村庄,1415年英王亨利五世率军在这里大败法国人。

> 他尽到了自己的责任——他已经尽力了！[16]

今天我们读到这些诗句时会一笑而过。但它们的作者是一名士兵，如果没有在某些方面符合许多士兵，或者更确切地说，符合许多军官的经历和感受——因为把这场战争解释给英国公众的人，主要是前线军官和战地记者——那么这些描绘战争的文字不可能在后方大行其道。[17]

那些年轻的英国军官到前线后发现了什么？没错，他们发现那里是人间地狱。那些刚踏出中学和大学校门的军官，忍受着战壕的封锁、不间断的震耳欲聋的枪炮声、连续几夜没睡好觉造成的疲倦不堪、肮脏的生活环境、虱子不停息的叮咬、尸体腐烂发出的恶臭、因大啖死人肉而变得臃肿不堪的匆匆跑过的老鼠和刻板无聊的战壕生活。但他们也有获得补偿的时候，军队并不总是待在战壕里。一些战区相对来说比较平静。在第一批志愿兵抵达前线的1915—1916年间，被打死的可能性是相当低的。他们在野外露营，虽然佛兰德可能又湿又冷，但是也有朱利安·格伦费尔笔下描绘的那些时刻，比如"春天来了，光秃秃的大地变得暖和起来，到处绿草青青，叶芽儿在枝头绽放"，以及生命意味着"色彩、温暖和阳光，以及对这些的不懈追求"。最重要的是，一想到自己正在做一件正确的事，就不由自主地会产生一种喜悦之感。关于德国违反了欧洲各国之间的准则，理应受到惩罚这一点，很少有年轻的英国军官提出质疑。[18]

还有一个因素影响了年轻军官对战争最初的描写。他们全都受过文学熏陶，知道如何把令人不快的平凡现实变成高尚的情感和语言。熟读《牛津英语诗歌选》(Oxford Anthology of English Verse)的他们，来到法国时，脑子里已经有一大堆可以用来解释他们经历的现成的形象和比喻。死亡是跨越一道横杠，是一个吻，或一个拥抱。

它意味着从人生的梦幻中苏醒过来。他们从贺拉斯*(Horace)那里知道,为自己的祖国献身是可爱的,他们从荷马(Homer)那里知道,战场是一个人展示美德和价值的地方。而无论实际的风景如何,那里都应该是充满了鸟语花香的世外桃源。军官们是驱赶羊群的牧羊人。他们从不谈论生活丑陋的一面,即使对自己的父母和最亲密的朋友也是如此。例如,身体的需要就从未被提起过。性只有在升华为爱情时才可以讨论。恐惧是一件如此丢脸的事,因此只能用唬人的幽默来将其掩盖,而痛苦即使被提及,也总是轻描淡写地一笔带过。但前线是如此丑陋,死亡鲜少崇高,身体机能——性和其他——无法隐藏,因此这些成了士兵们交流时的主要话题,恐惧和对抗恐惧成了前线所有人心目中的头等大事,这些受过教育的英国人发现,无法用简单直接的语言描绘自己的体验和感受,或者说他们不想这么做。即使是那些令人不快的经历,也迅速变成了"文学",并在转变的过程中经过扭曲和美化,成了家乡人可以接受的东西。这种经历的转变和重新包装,并不仅仅存在于那些写给公众的诗歌之中,还存在于写给朋友和亲人的私人信件中,因为,他们被认为不可能也无法理解这一切。因此,死亡笼罩的战壕被套上了之前用来描写猎狐和板球比赛的形容词:"绝妙"和"非常有趣"。[19]

这些年轻人的家长、老师和统治者则愉快而热情地配合着对事实的曲解和对大屠杀的美化。他们这么做很正常,可能也难以避免。对前线一无所知的他们,以一种给这些残忍时刻戴上美丽光环的方式,想象着自己儿子和学生的死亡。他们喜欢这么想,战死沙场,是那些短暂而辉煌的生命最灿烂的顶点。他们说(他们也这么认为),那些死在战场上的年轻人是幸运的,他们这些被迫留在后方并向死者致敬的人,命运则非常悲惨。"我为我们感到遗憾,但不是为他,"

---

* 贺拉斯:古罗马文学黄金时代的代表人物之一。

当听说一个共同朋友的儿子阵亡之后,小说家莫里斯·巴林(Maurice Baring)写信安慰朱利安·格伦费尔的母亲,"对他来说,这是一种战前他做梦也想不到的荣耀和奖赏。说他们的牺牲毫无意义,在我看来就和说东方三王*(Three Kings)的乳香、黄金和没药是垃圾,或者把订婚戒指送给你即将迎娶的爱人是徒劳一样。"[20]

直到1916—1917年冬,有关战争和正在流血牺牲的那代人的新形象才开始出现,即使到了这时,它也只是小圈子中一个有争议的形象,而遭到英国当局和绝大多数民众的愤怒拒绝。这个新形象诞生在西线战壕中那些更为敏感的军官和士兵中间,他们开始觉得自己和敌人根本就是同病相怜,而对于这场战争的目的,他们也产生了深深的怀疑。1916年夏天和秋天为了突破德军防线而打的那场索姆河战役,更加坚定了他们的这一看法,糟糕的作战计划,使超过40万的英国士兵白白丧生。在那片浸透着鲜血的翻耕过的土地上,速战速决的希望破灭了。同样破灭的,还有对参谋部的信心。大规模的无谓牺牲像烙印一样刻在了幸存者的心上,永远无法抹去。即使最终的胜利也无法使这道伤口愈合。而在英国国内,攻势的拖延被说成是暂时的挫折,政府已经下令陆军司令部准备新的进攻。索姆河战役后,军中士气低落。身高不足且对打仗缺乏热情的新兵取代了那些阵亡的志愿兵,军中开始推广新式武器,关于战争勇武一面的最后一丝幻想开始破灭。战壕中的士兵觉得自己上当受骗,被人抛弃和出卖了。法国再也不是一个追寻荣耀的地方,而是一个让人赶去赴死并消失在大型无名墓地的地方。英国变成了一个陌生的地方,那里的生活一切照常,人们也理解不了前线的生活。既然这样,为什么还要费事跟他们说呢?痛苦的沉默加深了平民和士兵之间的

---

* 《圣经》中提到耶稣出生时,从耶路撒冷来的东方三贤者,给他送来了三样礼物,分别是乳香(代表基督纯洁的品质)、黄金(代表基督的权威)和没药(代表基督将受到的苦难)。

裂痕。在胜利之梦破灭带来的痛苦，以及这种与平民关系的疏离和隔阂中，诞生了一批新的诗篇，它们以完全不同的方式展现了英国1914年一代的命运，并最终成为新的文学作品。[21]

这些新诗的主要代表人物便是西格夫里·萨松（1886）。萨松于1917年和1918年分别出版了诗集《老猎人》（The Old Huntsman）和《反攻》（Counter-Attack），在这两本诗集中，萨松摒弃了华丽的辞藻和多愁善感的情绪（即使早期战争诗中最优秀的作品也都蒙着一层这样的面纱），描绘了自己1916—1917年在西线担任步兵军官时的真实经历。他的世界没有一样东西是美好的；英雄主义是一种留待与平民谈论的美德；敌人在后方，是议会和参谋部里的那些人。萨松的士兵在满是淤泥的黏滑的战壕里盲目地挣扎、瞎闯、摔跤、滑倒，跌跌撞撞，举步蹒跚。他们是"死亡灰色地界"（death's gray land）的居民，住在一个"透着腐烂气息"的地方，那里的一切都已毁灭，而且"没有任何美好的东西，除了天空"。他们痛苦、憔悴而又绝望。他们的脸色阴沉而枯槁。他们痛斥这场"鲜血淋漓的战争"，当同伴阵亡的消息传来时，他们叹息、啜泣、哽咽，"悲伤得无法自拔"。他们在"冬天的战壕里，在炮弹的恐吓、虱子的叮咬中，在朗姆酒匮乏的情况下，感到极度郁闷"，他们绝望地自杀了。他们"一边发着牢骚"一边进攻，"脸上写满了惊恐"，他们在保卫自己的战壕时，"因极度的恐惧而感到头晕目眩，他们渴望逃跑——讨厌看到死人的恐怖和被杀时疯狂的举动"。他们躺在被遗忘的弹坑里慢慢地死去，死前不是口渴地呻吟着，就是"像鱼一样在踏垛上扑腾"。当他们休假回到英国时，回忆中"枪炮的低语声"和"充满杀戮画面的梦魇"把他们"折磨得快要发疯"。"脸色铁青的德国人"尖叫着逃跑，被英国士兵像猪一样屠戮的画面一直纠缠着他们。恍惚中他们仿佛看到自己的军队把枪炮对准了"小报记者"（Yellow Press-men）、"贵族议员"（Junkers in Parliament）和那些挤满了音乐厅并高声谈论着爱国笑话的群众：

> 我希望看到一辆坦克驶上正厅的前座，
> 在雷格泰姆*音乐，或者"可爱的家"†的歌声中突然倾斜，——
> 整个音乐厅顿时鸦雀无声，
> 再也没有人嘲笑巴波姆（Bapaume）周围那些布满弹孔的尸体。[22]

　　萨松的性格和社会背景使他不适合扮演命运强加给他的角色。萨松的父亲来自一个有着犹太和波斯血统的富裕银行家家庭，据说这个家庭和爱玩的威尔士亲王有来往，他母亲的家族则出了一位著名的雕刻家（哈默·索尼克罗夫特爵士，Sir Hamo Thornycroft）、一位一流作家（埃德蒙·高斯，Edmund Gosse）和一位专业制造鱼雷艇和驱逐舰的船舶工程师。萨松在风景优美的肯特郡乡间长大，自幼便受到无可置疑的尊重和大量的母爱。就连父母的分开和1895年父亲的早逝，也未能打扰这个天堂般的世外桃源，萨松在那里度过了人生最初的岁月，他后来在《猎狐人回忆录》（*Memoirs of a Fox-Hunting Man*）里仍执拗地怀念那段时光。[23]

　　萨松起初对音乐、诗歌和体育运动感兴趣，尤其是骑马、板球、网球和高尔夫。萨松的妈妈相信自己的儿子会成为一名伟大的诗人。萨松也这么认为，11岁时他写出了自己的第一部诗集，并骄傲地把它作为圣诞礼物送给妈妈。很多年来萨松都立志于表现高尚的灵魂，就像画家G. F. 沃茨（G. F. Watts）所表现的那样。萨松家的醒目位置就挂着一幅沃茨的《爱和死亡》（*Love and Death*）的复

---

* 雷格泰姆：一种混合了欧洲古典音乐和欧洲军乐特点的音乐形式，盛行于19世纪末和20世纪初。

† 《可爱的家》是19世纪一首著名的英国歌曲，"可爱的家"是里面的一句歌词。

制品。萨松不想上大学，也不想像家庭律师力主的那样，去当一名律师。因此，他学位也没拿就第一时间从剑桥退了学；21岁的他依靠每年600英镑的收入，过上了秋冬猎狐、夏天打板球和网球、间或写一些高尚诗歌的生活，战前几年他私下发表了自己的部分诗作。1914年7月，萨松已经28岁，除了迅速增加的透支、若干比赛奖杯、漂亮的骑马姿势和几首证明他对语言的韵律掌握得不错但没什么主题的诗以外，他几乎没有什么可以展示自己的东西。[24]

8月1日，萨松志愿参加了军队，三天后，英国参加了"一战"。萨松参军的原因不止一个，其中，除了参与一项不可抗拒的伟大集体事业而产生的兴奋感外，最重要的一点是他相信自己正在做一件正确而高尚的事。萨松最初的战争经历使他一点也不后悔入伍。1914年那个漂亮的秋季，他是在英格兰万里无云的天空下度过的，当时他正作为一名骑兵和萨塞克斯义勇骑兵队（Sussex Yeomanry）一起训练。他又一次骑到了马上，他不可避免地看到，这种生活和自己之前的猎人生活之间有着某种令人欣慰的连贯性。后来萨松在回忆这段岁月时，认为它充满了诗情画意。"我以前从未认真考虑过现实世界。我好像一直在等待这件事发生，虽然我在其中的作用是如此卑微而又无足轻重。"1915年1月，他骑马时不小心摔断了手臂，被送回家休养了两个月。这是1915—1918年间发生的一系列意外、疾病和非致命伤之一，它们使萨松得以幸运地离开前线，从而帮他保全了自己的性命。萨松请假期间，通过家族朋友，一名退休陆军上尉帮忙，调到了皇家威尔士燧发枪团（Royal Welch Fusiliers），并在那里获得了军衔。成为步兵军官需要更多的训练，因此直到1915年11月，萨松（此时他已是一名少尉）才来到法国。萨松对新环境并没有感到不满意。虽然不太适合猎狐，但法国北部自有其美丽之处；而且这是一种健康的野外生活，"内心完全被外部的世界所占据"，且不必负任何责任。没错，他可能会死掉——

这真的非常糟糕——但是"对于那些肯认真思考的人来说，唯一的解决方法就是试着暗中感受那种冒险的气氛，并把过去的生活看得毫无意义和无关紧要"。有时萨松甚至为这种为国捐躯的想法感到自豪。1916年春，后方的训练更是加深了萨松的这种世外桃源之感。"那些美妙的早晨，生活一切照常，空气如此清新，我的身体年轻而有活力，我快速走过白色的小路和空旷的街道，来到山坡上的训练基地。我像个上学的儿童，只不过没有钟声响起，我身上带着一把枪，而不是修昔底德*或者维吉尔†的作品。此时此刻我忘了自己正在前线，随时可能被射杀，我差一点就庆幸自己可以免费到法国度假。"回英国短暂休息之后，萨松于6月回到自己的部队，他已经在法国待了8个月，还没有看到一具德国人的尸体。[25]

接下来那个月萨松看到了许多阵亡的士兵，有德国人也有英国人。6月底萨松获得了军事十字勋章（Military Cross），因为在突袭马梅茨战区（Mametz sector）的另一侧失败后，萨松冒着生命危险救出了受伤的士兵，在当时这仍是许多士兵竭力想争取的、相当难得的荣誉。在索姆河大推进（Big Push）期间，萨松因惊人的勇气和胆量而成了一名令人敬畏的军官，他喜欢单独巡查无人之境，也常常因为觉得好玩而进入敌军的战壕。萨松喜欢打仗，只要能像运动员一样，按照他自己的方式来。有一次，萨松没有遵守指挥官的书面指令，就为了能——自己一个人——攻占一座德军战壕。萨松非常渴望手刃德国人。但是一旦离开前线，军人的身份马上被内向的诗人所取代。看着夜里手下的士兵裹着毯子睡觉，远处战斗进行得正酣，炮声中"山丘微微战栗，几道可怕的闪光划过山谷"，萨松想知道他们受此磨难、做此牺牲的意义何在，但是他失败了。萨

---

* 修昔底德：古希腊历史学家和文学家。
† 维吉尔：古罗马著名诗人。

松想:"末日审判的意义过于宏大,不是我个人所能理解的。"他唯一能做的,就是接受这种毁灭,并把它看成某个不可告人的目的的一部分。[26]

萨松比参加索姆河战役第一天的大部分军官都要幸运。他们中四分之三的人牺牲了。萨松活了下来,并在7月底得了伤寒后,被送回英国。正是在这个时候,在康复期被强制休息的这段时间里,萨松开始改变对战争的看法。报纸上那些描述"勇敢高贵的年轻人正在索姆河边为英格兰尽力"的报道把他惹恼了。他无法和母亲交谈,他母亲认为英国是圣乔治,德国是恶龙。*而萨松一直很崇拜的舅舅哈默·索尼克罗夫特也令他感到震惊,他说萨松参军是"一件真正了不起的好事",并把它比喻为17世纪初的水钟[†]。和他们见面后,萨松感到"长辈们压根就听不进我的任何解释——他们不想知道真相。他们坚持认为待在前线是件很棒的事。确实如此——如果你能安然返回的话"。[27]

与此同时,萨松接触到一群反对战争和出于良心而拒绝服兵役的人,这些人聚集在奥托琳·莫雷尔夫人(Lady Ottoline Morrell)周围,并经常在她位于牛津附近嘉辛顿(Garsington)的乡间别墅集会。1916年9月萨松在嘉辛顿住了一个星期,其间他第一次听到那些见多识广的人提出的反战和主张和平谈判的观点。这些经历在萨松的诗歌中留下了印记,因为他发现,除了受布鲁克1914年创作的十四行诗的影响而写下的那些诗(诗中称呼英国士兵为有幸参加战争的"快乐军团"),自己还拥有"一种迄今为止无法预测的写作讽刺诗的天赋"。此时,萨松把这种天赋用于把真实的世界揭示给对此仍一无所知的英国平民。根据萨松自己的描述,他写诗上

---

* 圣乔治屠龙是英国的民间传说,圣乔治后来成为英格兰的守护神。
† 水钟:又称滴漏、刻漏,是古代的计时工具。

的这种变化始于1916年初,当时他决定如照片一般精准地记录周遭的一切。皇家威尔士燧发枪团的战友罗伯特·格雷夫斯(Robert Graves)可能也对他有所启发,格雷夫斯暴躁的性格使萨松当时和后来都注重刻画战争的血腥。然而萨松1917年5月出版的那本诗集中讽刺和抨击的,却不仅仅是现实。它们表达了萨松从索姆河回来后,看到后方对前方将士出生入死生活的失真描绘后,产生的格格不入之感。使萨松怒火中烧并愤而写出咄咄逼人的讽刺诗的,正是英国国内的这种气氛和前线的糟糕状况。[28]

1917年2月,萨松回到法国,正好赶上参加春季对阿拉斯(Arras)的进攻。他已经不再相信战争的正义性,他把战争看成"一个令人绝望却又无法推卸的负担",他对归队一点也高兴不起来,因为许多熟悉的面孔消失了,留下来的仅有几个人都是一副愁眉苦脸的样子。他们也没有心情结交新朋友,因为,今天和你一起喝酒聊天的朋友,很可能明天就死了。"不用一个星期,一挺机关枪和几颗炸弹就能把一切全部抹去。"萨松之所以能坚持下来并有勇气回到战场,是因为他需要为诗歌的创作搜集更多资料。他现在是个有使命的人。"我下定决心,一定要尽一切努力把这场战争的真相公之于世,这就是我思想力量的主要来源。因为这个目标,我对战争越是了解,就越是能更好地利用讽刺诗炮轰'大后方'那些令人愤怒的行为。"下面这首言辞激烈的诗歌就是萨松返回前线后的创作成果之一,收录于次年发表的《反攻》一书中:

> "早上好;早上好!"
> 上周我们在去前线的路上碰到将军时他这么说。
> 现在他当时对之微笑的战士大多已经阵亡,
> 我们在咒骂他们参谋部都是些没用的猪猡。
> "他是个快活的老顽童。"哈里嘟囔着对杰克说,

他们背起步枪和背囊，朝阿拉斯艰难地跋涉。

* * * * * * * * * *

但他的作战计划确实把他们害惨了。[29]

萨松抵达法国15个星期后，有一次在胸墙上窥望时肩膀中弹。他再次被送回英国，这一次萨松休养的地方是布拉西勋爵和夫人（Lord and Lady Brassey）位于萨塞克斯郡（Sussex）的豪华乡间别墅查普伍德庄园（Chapelwood Manor）。舒适的环境令他感到不安，对死者的回忆也困扰着他，他觉得愧对那些被留在前线等死的战友，布拉西夫人那具有浓厚阶级意识的虚伪观念令他感到恶心，于是萨松决定抗议战争的延续。*萨松相信，这次抗议将会产生更大的影响，因为它来自一名已不止一次在战斗中证明自己勇敢的战斗部队成员。1917年6月萨松离开查普伍德庄园后，找到了反战的评论杂志《民族》（The Nation）的编辑H. W. 马辛厄姆（H. W. Massingham），马辛厄姆鼓励他这么做，并把他介绍给了伯特兰·罗素（Betrand Russell）。罗素帮萨松撰写了一份反战宣言，萨松把它交给了利瑟兰（Litherland）团基地的指挥官，并由罗素安排，在下议院（House of Commons）当众宣读了这份声明。[30]

萨松变成了某种意义上的名人。伦敦的文学沙龙开始朗读和讨论他写的诗。大约这段时间，格林·菲尔波特（Glyn Philpot）给他画了一张"拜伦式"的肖像画，这幅画有望起到谢里尔·谢尔(Sherill Schell）给鲁珀特·布鲁克拍的那张半裸照的效果。而被萨松那张黎凡特人†的英俊脸庞吸引的奥托琳·莫雷尔夫人，则明显有兴趣帮

---

* 布拉西夫人曾不太委婉地对萨松说，他回法国去不会有什么损失，因为他不是名门望族的后代。——原注

† 黎凡特为古罗马时代的一个公国，现在一般泛指地中海东部，阿拉伯沙漠以北，美索不达米亚平原以西的一小片地区。

助这名年轻军官出人头地,不管是作为反战分子还是诗人。但萨松仍是一名现役军人,因此依然受到军法的约束。情况可能会很严重:1917年,随着战争意愿的减弱,和平谈判的呼声越来越高,到处都在限制公民的自由权,英国也不例外。幸亏罗伯特·格雷夫斯的及时介入,萨松的鲁莽行为才没有造成不良的后果。格雷夫斯暗中和当局说,萨松无法对自己的行为负责,因为他患有炮弹休克症。结果萨松被诊断为"神经衰弱",并被送到爱丁堡附近克雷格洛克哈特(Craiglockhart)的军事医院治疗,这大大增加了他生存的机会,也使他有更多的时间提高自己的诗艺。[31]

萨松的成就在于用诗歌的形式无比珍贵地记录下这场英国人的战争和身处其中的样子。萨松最出色的地方,在于唤起人们灵魂深处对战争的恐惧,他描写士兵"笨拙地背着沉重的炸弹、枪支、铁锹和战斗装备",跌跌撞撞地爬到上面;他们在等待反攻时的"极度恐惧";死亡把人变成一摊摊"已经失去治疗意义"的、没有知觉的肉块时的冷酷无情;以及索姆河战役后,英国士兵中逐渐产生的被政府、陆军参谋部和家人孤立的愤怒心情。[32]

尽管如此,萨松的战争诗却有一个明显的缺点:没有表达出他对战争的复杂感受,从这一点来说这些诗"并不真实"。预言家的愤怒淹没了战士内心的矛盾。因为前线对萨松有着巨大的吸引力——这个吸引力如此之大,以至于他一旦离开那里便感到不开心。萨松身上有一种东西使他追求死亡,渴望毁灭,使他在勇敢面对死亡时有一种吸毒般的满足感,并使他一次次地回到法国,直到伤痛和疾病给了他活命的机会。萨松完全无法摆脱"为某种模糊的愿望献身的想法",而这种想法从未清楚地显示在他的诗歌中。我想,这就是我们能对萨松的战争诗提出的最严重的批评。从某种意义上说,这些诗和鲁珀特·布鲁克的诗一样失真。它们是萨松一门心思为抗议那些未上战场的民众而写的。萨松在刻画士兵沦为上一代人肮脏伎俩的牺牲品时,连珠炮似的对将军、参谋、主教、记者、母亲、父亲和恋人提出质问,指责他们不能理解这场据说是他们希望并任其发生的战争的本质。萨松的诗中充满了怜悯——正是这种怜悯使它们高于单纯的抨击,成为伟大的诗篇。然而这些诗同时也是任性的,因为它们掩盖了萨松看到的战争的积极一面。[33]

从这一点来看,威尔弗雷德·欧文(Wilfred Owen, 1893)则要诚实得多,英俊腼腆、嗓音圆润的欧文是萨松在克雷格洛克哈特遇到的一名年轻诗人,他们同为炮弹休克症的受害者。也许正是由于这个原因,人们才认为欧文的战争诗比萨松的更伟大,也更经得起时间的考验。欧文从一开始便憎恨战争,他对战争的看法从未动摇过,他把全副心思都用在了歌颂战争的受害者,而不是揭露和讽刺那些造成他们痛苦的所谓始作俑者上。

不同的成长背景和性格,可能是导致萨松和欧文诗风差异的重要因素。欧文的父亲是铁路局的低级官员,母亲是一名非常虔诚的信徒,外祖父家曾经很富有,但是却违反了维多利亚时代最神圣的一条戒律,把资产挥霍一空,因此欧文迫于家庭的贫困,不得不出去工作。严酷的现实使欧文很早便接触到外部的世界,而萨松在这个年纪时视野仍没有超出"阿瑟斯通狩猎"*(Atherstone Hunt)的范围。欧文的第一份工作是给牛津郡的一名教区牧师当助手。那两年是这位年轻诗人思想变化的关键时期。那段时间,他对基督教组织的信心跌到了冰点,同时心中涌起一股本能的、对英国社会底层的同情心。那段时间,他可能还意识到了自己的同性恋倾向。欧文急于摆脱这种令人厌烦的拘束生活,而一个有利的借口便是他的健康状况不佳,欧文得到了一个到波尔多的贝立茨†(Berlitz)当语言

---

* "阿瑟斯通狩猎"为英国的一个狩猎俱乐部。
† 贝立茨为一家语言培训机构,以创始人贝立茨的名字命名。

第三章　英国：迷惘的青年军团

教师的机会，后来他因同意担任当地一户人家的家庭教师，在海外又待了一年。战争爆发时欧文正在法国，尽管离战区很远，欧文却第一时间感受到笼罩在法国人心头的恐惧和惊慌，因为战争的头六个月，他们不得不面对法军节节败退这个事实。

除了使个人生活变得一团糟，并威胁到自己作诗的心情和诗艺的提升外，我们没有理由认为欧文最初对战争会有什么其他看法。他在诗歌《1914》中不祥地提到"世界的凛冬"即将到来，这首诗塑造了一个"以柏林为中心的邪恶的龙卷风"形象，并预测战争将造成"思想感情上的大饥荒"。1914年，欧文参观了波尔多医院，亲眼看到医生在没有使用麻药的情况下给肢体残缺的伤员做手术，关于铅弹和钢铁对人体的影响，他脑海中可能存在的任何幻想都已残酷地消失得一干二净。然而，就连性情温和的人也被卷入了这个集体疯狂的巨大漩涡；1915年7月，欧文感到自己"像个叛徒般无所事事：如果不去英国，那就去法国"。他半开玩笑地考虑是去法国军队抬担架好，还是去参加意大利骑兵队好。波尔多的合同到期之后，欧文于1915年9月回到英国，准备加入"艺术家枪兵团"（Artists's Rifles）。[34]

1916年6月，欧文加入曼彻斯特军团，并于12月底启程前往法国。他到达前线的时间，比萨松第一次来时晚了一年多。那一年中发生了多少变化啊！此时英军的士气已经跌至最低。寒冬刺骨，那是那个世纪最冷的一个冬季；而士兵们却在战壕里渴得要死，因为他们无法让水壶解冻。这些从英国来的新兵都是些既没经验、对打仗也没啥兴趣的人，他们中绝大部分是应征入伍的，因此普遍缺乏前人的热情和冲劲。尽管寒冬刺骨，索姆河沿岸的战斗却依然激烈地进行着。认为这场战争永远不会结束的看法，逐渐在最早参加索姆河战役的老兵中间蔓延开来。

和萨松不同，欧文几乎是立刻见识到了战争最残酷的一面。在前线服役的头三个月，欧文写给妈妈的信读起来就像恐怖事件一览表一样。刚到法国，他就被士兵面貌的变化吓了一跳。"所有的军官脸上，都有一种我以前从未见过的忧愁表情，而在英国，这种表情只有在监狱里才能看到。"欧文被派往博蒙－哈梅尔战区（Beaumont-Hamel sector），英国士兵从那里可以望见圣康坦（St. Quentin）这座重要城市。来到圣康坦不到两个星期，欧文已经在一片无人之地连续躲了50个小时，在一个水深超过膝盖的地下掩体里经历过一次可怕的大轰炸，他的哨兵则被一个刚好落在掩体外的炮弹击中而双目失明。欧文对妈妈说，比寒冷、疲惫和近在咫尺的死亡更可怕的，是无处不在的丑陋。"可怕的景象、讨厌的声音、恶臭的语言，所有的东西都散发着恶臭，就连你自己的嘴巴也是臭的（因为所有人都被恶魔附体），一切都显得残忍、破碎而又可恶；死人的身体扭曲着，他们那得不到掩埋的尸体整天整夜地摆在掩体外，这是地球上最糟糕的一幕。"不久欧文就感觉到自己被死神轻轻拂过。4月，他被炮弹的碎片击中了小腿，没过多久，他惊恐地看到一枚榴霰弹的弹片洞穿了自己刚刚挂在树丛上的大衣。4月25日，他写下了自己在前线服役12天的见闻。

> 我12天没有洗脸，没有脱下靴子，也没有睡个好觉。我们在洞里躺了12天，随时可能来一颗炮弹，把我们炸到洞外。我认为最糟糕的一件事是有天夜里下雨，我们紧靠着铁路的路堤睡觉，一枚巨大的炸弹在路堤的顶部爆炸，爆炸地点离我的脑袋只有两码*远。我还没意识到是怎么回事，身子已经被炸到半空！接下来几天我大部分时间都待在铁路的路堑里，一个仅能容我躺下的洞里，身上盖着波纹形的铁板。我的军官同事……躺在对面一

---

* 码：英美制长度单位，1码约等于0.9米。——编注

个类似的洞里。但他的身上却盖着泥土,任何药物也减轻不了他的痛苦,他获得的长眠也不只是9天的休息。我觉得我们长时间得不到援助的情况将无法避免;但是一想到国内那些本可以拯救我们却不肯施以援手的人,我就感到愤愤不平。[35]

欧文苦心思索着。这位有着深厚宗教背景和渊博知识的年轻诗人,自然而然会把自己和同伴的不幸遭遇与基督教的教义联系起来,然而这种关系却和英国主教在英国布道时所讲的话正好相反。5月16日,欧文悄悄告诉妈妈说,他"有一个永远也不会进入国教教义的领悟,即基督的一条重要指令就是:不惜一切代价地逆来顺受!忍受羞愧与耻辱,但是永远不要诉诸武力。被欺凌,被激怒,被杀死;但是不要去杀人……基督确实就在无人之地。那里的人经常听到他的声音;人为朋友舍命,人的爱心没有比这个大的。*基督只会用英语和法语说这句话吗?我认为不是的"。[36]

由于患上严重的神经衰弱,又感染了战壕热,1917年6月,欧文被送回英国,并被转送到克雷格洛克哈特的战争医院。8月初,萨松也来到这里。两个星期后,欧文终于鼓起勇气去拜访萨松,并给他看了自己写的几首诗。在此期间,他已经读了萨松的第一部战争诗集《老猎人》,并认为"从来没有人像他这么描写战壕生活,将来也不会有。莎士比亚在这些作品面前变得索然无味"。萨松有些腼腆,不太容易情绪激动,他对欧文的印象很一般。事实上,欧文有点像个情窦初开的男生,他那明显的偶像崇拜可能令萨松感到尴尬。但是到了10月份萨松已经读了很多欧文的作品,他意识到,欧文是个才华横溢、匠心独运的诗人。

和萨松的会面从几个方面来说对欧文都是幸运的。萨松肯定

---

* "人为朋友舍命,人的爱心没有比这个大的。"出自《圣经·约翰福音》15:13。

了这名年轻小伙子的直觉，认为他是个有天赋的诗人，有能力写出重要的作品。萨松鼓励欧文把诗句简化，引入口语，同时摒弃高谈阔论和病态的伤感这些他因早期迷恋济慈（Keats）和丁尼生（Tennyson）而留下的后遗症。萨松为欧文做了非常重要的引荐，把他介绍给伦敦的作家和诗人，这些人可以帮他出版诗集，使他顺利开展自己的事业。萨松还把一本亨利·巴比塞的反战小说《火线》（Under Fire）塞到欧文手里，在这本书的启发下，欧文后来创作出一些令人印象深刻的诗歌形象。和萨松见面四个月后，欧文写信告诉妈妈："我起航了。拖船已经离开，我感到汹涌的海水正把我的大帆船带向远方。"但是在同一封信中，他又回忆起在法国见到的那些奇怪的麻木表情，"那种表情永远画不出来，也没有一个演员能够捕捉到它。为了描绘它，我想我得回去和他们待在一起。明天我们将直接送走七名军官"。[37]

1917年10月底，欧文离开了克雷格洛克哈特。11月，他被派往斯卡伯勒（Scarborough）担任一家军官酒店的总管，这是一项比较轻松的任务。1918年9月，欧文回到法国，在获得了军事十字勋章并经过一番浴血奋战之后，欧文于11月4日清晨壮烈牺牲。在欧文短暂的一生中，这12个月是他最富创造力的时期。在这期间，主要由于职务轻松，再加上新结识的一众作家朋友的鼓励，欧文得以用诗歌表达自己对战争的独特看法。欧文最重要的观点是他坚信"英国人已经一个接一个逃往法国"。英国最优秀的年轻人都在军队里。堑壕士兵的处境可能非常糟糕。他们可能像毛毛虫一样蠕动，像蠕虫一样死去。少数"悄无声息回来"的人，都落下了"残疾"、"迟钝"或者"精神不正常"的毛病，"他们的精神已经被死神夺走了"。然而在法国的战场上，他们可是都"扔掉了恐惧"，"经历过狂喜"，"建立了无数如老歌中所唱的快乐恋人般的深厚友谊"，"看到了许多美景"，并且明白了什么是真正的爱，相比之下，"恋人间的柔情蜜意在他们纯洁的爱面前，简直让人感到羞愧"。只有那些和他们一同经历过炮火的人，只有那些熟悉他们地狱般"痛苦和黑暗"生活的人，才能理解他们的满足和他们的快乐。"这些人值得你为他们流眼泪。你不值得他为你展露笑容。"[38]

欧文可以骄傲地讴歌战士们的极度满足，同时惊叹于他们的快乐和纯洁美丽的友谊，但是他在哀悼他们徒劳无益的牺牲，以及他们本可以与世界分享自己的理想和欢乐这个巨大损失时，笔触却是最有力也最独特的。因为，在欧文看来，为了看到真理的胜利而"毫不吝惜地"奉献出"自己的一切"的，正是这些人。现在他们不是已经去世，就是受了重伤；他们的人生"还没过完就已经结束"；他们的期望已经挥霍一空；而他们心中那个诗意的世界或者任何可能的进步都不会实现。所有这些人类潜能的丧失使得人类的前景一片暗淡。

> 现在人们会对我们抢来的东西感到满意，
> 或者因不满意而怒火中烧，导致鲜血四溅。
> 他们将变得和雌虎一样敏捷。
> 排名不会改变，虽然各国在慢慢地远离进步。[39]

欧文没有时间或机会反思导致这场战争的深层原因。他和萨松一样，缺乏理解这场战争所需要的历史知识和国际政治背景。他是同龄人中的典型，也是他那个阶层的典型，因为他更熟悉济慈而不是克劳塞维茨（Clausewitz）或马克思。然而神话并非取决于独立甚至深入的思考。神话的产生以及它对集体心理的控制，源于人们从生活中感受自己历史的方式。这是欧文对战争一代神话的巨大贡献。从一开始，欧文便感觉到战争的到来是场灾难，其代价将由他们这一代年轻人来支付。前线的经历证实了他的这一直觉。熟读

《圣经》且思维模式依然有着强烈基督教色彩的欧文，本能地把这些战士看成是一群被带往屠宰场的无辜青年，他自己则一边折磨着他们，一边庆祝他们的牺牲。许多战争诗都描写了这个主题，但是没有一首像欧文的《老人和年轻人的寓言》（"The Parable of the Old Man and the Young"）一样，把中心思想表达得如此清楚，或是如此强有力地把它和基督教信仰联系在一起。

> 于是亚伯兰（Abram）起身，劈完柴，走了，
> 他随身带着火把和一把刀，
> 他们俩逗留期间，
> 长子以撒（Issac）说，父亲，
> 看我们把火和刀子都准备好了，
> 但去哪找燔祭的羔羊呢？
> 于是亚伯兰用皮带将小伙子五花大绑，
> 他挖好坑，砌好矮墙，
> 然后把刀伸向自己的儿子。
> 就在这时，瞧！有个天使在天上喊他，
> 天使说，把你的手从孩子身上拿开，
> 也不要对他做任何事。你看，
> 有只公羊的角被树丛勾住了；
> 用这只骄傲的公羊代替那个孩子献祭吧。
> 但是老人不听，他杀死了自己的儿子，
> 接着又一个接一个地杀死了一半的欧洲人后裔。[40]

这些战争诗都有一个主题：倒霉的年轻人被残酷的年代盲目引向死亡。但是十年后这个主题才系统地或者说源源不断地进入散文领域。接着，出现了一大批有关1914年一代及其战争经历的书，

第三章 英国：迷惘的青年军团

其中许多都成了畅销书。这些书都很悲观、愤世嫉俗，有时还很尖刻和冷酷。一切似乎都是巴比塞给《火线》的题词的延伸和解释，巴比塞说，战争带出了人类身上最卑鄙的东西："缺德到了残忍的地步，自私到了凶狠的地步，对享乐的需求到了疯狂的地步。"萨松把这段话放在自己 1918 年那本诗集的卷首。这些书的作者都生于 19 世纪 90 年代，战争开始时，他们才刚刚离开学校。尽管有些书写得非常巧妙，但是对于它们的作者来说可并不容易，战争结束后，许多作者尝试过描写自己的经历，但不是没有成功，就是因为气馁而未能继续下去，直到公众似乎又想听战争的故事时，他们才重新拾起笔来。接着，他们从箱子里取出手稿，出版界开始马不停蹄地印出几十本战争书籍，最后这个数字达到了几百本，直到评论家们叫苦连天，呼吁暂缓一下。这些书大部分聚焦于战争，同时又试图涵盖战前和战后的状况，因此它们合力还原了（至少是回忆中）那个被战争撕得粉碎的世界和生活图景。这些书有的以小说的形式写成；更多的则放弃了虚构类文学作品的资格，而被称为回忆录、自传或者见证；它们全都是为了阐明整个年龄层的集体经历和命运而记录下来的个人体验。[41]

埃德蒙·布兰敦（Edmund Blunden, 1896）的《战争的底色》（*Undertones of War*）和萨松的《猎狐人回忆录》率先于 1928 年面世。布兰敦为后来的战争书籍奠定了写作范式，那就是放弃对个人所处的战争大环境的描写。他选择把注意力放在眼前发生的一桩桩"小事"上，他那些文采颇佳且有些矫揉造作的散文，在刻画 1917 年索姆河战役的幸存者所感到的"白白牺牲的痛苦"（the bitterness of waste）时，最为动人。"毫无意义的进攻，我们自己和一年前素质的对比，坚信国内老百姓对我们的情况一无所知，思考的稀缺，不断增强和横扫一切的暴力——这些都导致了自私观念的抬头。我们全都得死，可能死在伊普尔附近。"萨松那本含有少量虚构情节的回忆录一开始以匿名的形式出版，且印数不多，这本书主要以低调和贵族式的讽刺而知名。在书中，这位现已成名的诗人把他成长的那个世界——一个有着甜美空气、"沐浴在清晨阳光中的绿色树篱"、平静的丘陵、温驯的马匹、亲爱的阿姨、恭敬的仆人，以及从伦敦贫民窟来的"快乐"的啤酒花采集工的世界——和西线那个灰暗、沉闷、丑陋的世界做对比。1916年，主人公乔治·谢尔斯顿（George Sherston）猝不及防地进入了一个战火纷飞的丑恶世界，而他此前的生活使他根本无法理解这一切。书的结尾，1916年复活节那天，谢尔斯顿的马夫因肺炎死在前线，而他的朋友迪克·提尔伍德（Dick Tiltwood），"他们那愤怒一代的光辉典范"，则在修补铁丝网时不幸牺牲。谢尔斯顿遗憾地意识到，战争将摧毁自己的过去；而站在"阴暗的壕沟"里的他，根本"无法从基督已经复活这个想法中得到任何安慰"。[42]

1929年是英国战争书籍出版最兴旺的一年。这一年大约有29本书面世，相比之下，1928年有21本，而1926年只有6本。这些书中，以埃里希·玛利亚·雷马克的《西线无战事》（*All Quiet on the Western Front*，英译本）、罗伯特·格雷夫斯的《向一切告别》（*Goodbye to All That*）、理查德·奥尔丁顿（Richard Aldington，1892）的《英雄之死》（*Death of a Hero*）最为重要。这些书和布兰敦以及萨松所写的文雅的回忆录之间的关系，就像一个士兵的谈话和布鲁克的十四行诗的关系一样。《西线无战事》在英国获得了极大成功，这本书在星期天的报纸上连载之后，出版第一年便卖出了超过25万本，还被新哥特式的巴黎大基诺剧院突发奇想地搬上舞台。雷马克的士兵像苍蝇一样，被拍死在战壕两侧的墙壁上，"你甚至可以用勺子把他们刮下来……装在铁饭盒里"。死之前，他们开小差，因胆小而拒绝进攻，他们偷负伤战友的手表，为一双靴子和垂死的朋友讨价还价，并且只关心自己最基本的身体需要。雷马克后来在一封信中向达达尼尔远征军（Dardenelles expedition）的指挥官伊恩·汉密尔顿将军（General Sir Ian Hamilton）解释说，这本书的重点在于"展示一代年轻人的命运，他们处于刚开始感受生命律动的关键年纪，却不得不面对死亡"。[43]

《向一切告别》则显得有些疏离，它没那么苦涩，却有着英国公立学校传统中的不动声色。正因为如此，这本书更符合伦敦评论家的口味，他们认为这是一本"欢快而英勇的书"，因为它"力图显得客观公正，同时又不失幽默"。但是格雷夫斯这本书同样驳斥了老百姓的无稽之谈，他们认为士兵在爱国热情的驱使下勇气大增。格雷夫斯说，步兵军官的战斗力主要取决于他在前线待了多久。"最倒霉的是那些已经在战壕里忍受了两年多的军官。他们许多人成了嗜酒狂。"今天我们不会为这番显然幼稚的话感到惊讶；但是1929年的民众会，因为当时普遍认为酗酒是下级士兵的恶习，不是军官和绅士用以壮胆的方式。格雷夫斯笔下的士兵打仗不是为了国王、国家，或者上帝，他们是为自己军队的荣誉，或者自己的朋友而战，有时也因为其中的乐趣而战。他们并非特别英勇。事实上，他们对同伴的命运显得漠不关心，真是令人感到遗憾，而且他们不是每一次都记得把俘虏带回来。没错，格雷夫斯写这些轶事是为了使读者感到震惊，书中的语气有时也令人发笑。但是，如果有人因为这本书而对作者看待战争的态度产生怀疑，那么格雷夫斯给《泰晤士报文学副刊》（Times Literary Supplement）的编辑写的一封毫不客气的信，则对此做出了澄清，他在信中解释说："1914—1918年的普通英国士兵和他们的前辈，那些洗劫巴达霍斯*（Badajoz）的社会败类不同，他们被迫上当受骗，来打这场艰难而邪恶的战争，虚假的

---

* 指1812年伊比利亚半岛战争期间的巴达霍斯战役，英军占领巴达霍斯之后，为了报复而屠城三天。

宣传和有组织的杀戮成功地把他们变成一群文明的战士。这就是这场大战特有的肮脏之处。"这件事可没什么好笑的。[44]

奥尔丁顿的《英雄之死》是迄今为止这些书中最尖锐的一本。现在的批评家一般不会推荐这本书，但如果想了解英军中的幸存者对这场战争的看法，则很有必要读一读它。这本书表面上看是小说，实际上是对维多利亚时代末期那代人愤怒的控诉，控诉他们轻易就把自己的孩子送上法国和佛兰德的战场。奥尔丁顿试图把维多利亚时代的虚伪和1914—1918年间英国盛行的爱国主义气氛联系起来。他大声地说："是战前盛行的空谈，导致战时空谈得以如此轻易地乘虚而入。在我们即将成年之际，维多利亚时代的人慷慨地给了我们一张迷人的50几尼*的小支票——51个月的地狱生活，以及由此产生的种种后果。"1918年11月，奥尔丁顿笔下的主角乔治·温特伯恩（George Winterborne）"英勇"牺牲了，"一个被战争洪流席卷裹挟的失事者"。他的妻子和母亲都不会怀念他，因为她们已经从自己的爱人身上找到了安慰；而他的父亲则把一切看成是上帝的神秘旨意。没有一本描写战争的书和这本书一样，把那些留在家乡或者待在后方安全地区的人——尤其是妇女——和那些习惯了前线的苦难却没有变得残忍，为了一个他们已经不再相信的目标战斗并付出生命的人之间的对比描写得如此震撼人心。本身是一名退伍军人的《泰晤士报文学副刊》评论员在介绍奥尔丁顿时钦佩地说："在这本《英雄之死》中，我们不想看到其他人，只想看到奥尔丁顿自己——战争爆发时，那些充满希望的年轻人突然受到的不人道对待令他感到震惊，于是他强烈抨击了那些似乎应该为此负责的冷漠家伙。"[45]

1930年出版了更多的战争书籍，其中以萨松的《步兵军官回忆

---

* 几尼为旧时的英国货币，1几尼=1.05英镑=21先令。

第三章 英国：迷惘的青年军团

录》(Memoir of an Infantry Officer)、弗雷德里克·曼宁（Frederick Manning）的《我们是她的士兵》(Her Privates We)和亨利·威廉森（Henry Williamson，1895）的《爱国者的历程》(The Patriot's Progress)最为重要。最后这本书用一种直接、粗暴、机关枪式的散文描写了列兵约翰·布洛克（John Bullock）的惊险遭遇，布洛克是伦敦的一名职员，1914年8月自愿参军，1917年因伤病被遣送回乡，此时他对战争的所有幻想已经破灭，甚至一度认为战争是"奴役"。这本不到两百页的书中穿插了大量的素描，威廉森用这些插图向我们展示了一幕又一幕可耻的画面，他通过描写士兵的日常生活，为我们揭露了战争的邪恶和卑鄙。读者被接二连三地告知，有个士兵因受不了前线的压力而开枪自杀；英国士兵的哗变遭到严厉镇压；有次进攻700名士兵中有600人没有回来；主人公为了让自己发烧而吞食无烟火药，企图可以因此不上火线；有次和妓女鬼混后因醉酒而无法参加阅兵仪式；被无情的上校处以两周的现场体罚；以及第三次伊普尔战役，约翰·布洛克失去了最好的朋友，他自己也丧失了一条腿。到了1917年，"约翰·布洛克已经不去理会那些死人，也不去管担架上的伤者。他只有一个愿望：受伤，然后离开战场……每一次嗡嗡声增强为低沉、残忍、急剧的蜂鸣声，预示着炮弹将在附近爆炸时，他都会立刻惊恐地蹲下，身上直冒冷汗"。上级一声令下，约翰·布洛克颤抖着向前冲锋，结果被炸弹炸飞，落到了弹坑里。布洛克一个德国人也没见到就回了家，他的父亲对此既反感又觉得不可思议，他希望儿子至少可以吹嘘杀了一个德国佬。书的结尾，停战纪念日那天，只剩一条腿的约翰·布洛克在伦敦的公园里呼吸新鲜空气，显然，这名"爱国者"现在是个多余的人，他付出的代价很快就会被人忘记。[46]

有些人试图扭转这种对战争的看法和战争一代对战争的反应。道格拉斯·杰罗尔德（Douglas Jerrold，1893）就写了一本愤怒的小册子,揭露"战争的谎言",他说,1920—1930年出版的这些战争书籍都犯了统计上的错误,这些书说士兵对自己所做的一切失去了信心,把实际上非常罕见的情况说成是频繁发生,因此与史实不符。杰罗尔德坚持认为,"任何诚实、冷静、真正坦率的战争追忆,任何谦虚、有良知的人的战争回忆及阐释其终极意义的语言结晶,都是好坏参半的,这种混合的节奏较和平时期激烈,但在比例上并无不同"。杰罗尔德还敏锐地指出,新出现的战争书籍通过集中描写个别士兵的不幸遭遇,把他和所属的大部队区分开来,从而达到作者想要的文学效果。他们混淆了一个事实,那就是战争是一场集体战斗,集体才是最关键的问题所在。查尔斯·卡灵顿(Charles Carrington,1897)那本1929年出版、1930年再版的《一个中尉眼中的一战》(*A Subaltern's War*)同样认为,关于失望的传说是没有根据的。他说:"幻灭伴随着和平而不是战争而来,和平从一开始就是徒劳的。"另一名"一战"老兵在读完这些作品之后也认为,战争根本不是书里写的那样。

> 你不会总是在进攻或者总是在火线上。你的朋友也不会总是阵亡。在那些日子里,你总会结交几个朋友,但是现在你却一个朋友也没有。在战线后方的法国乡村短暂休整的日子里,友谊是个好东西,那时往往是春天,果树尚未开花,大片青翠的玉米地,鸟儿在唱歌。而且即使在索姆河战役结束,第一波大幻灭跟随返乡的士兵抵达英国之后,依然有许多年轻的中尉从学校出发,满腔热情地奔赴战场。你想亲自去看看那里是什么样子,虽然你已经知道。[47]

然而,这些孤独的声音影响甚微,无法劝阻英国大部分文学界人士放弃那些"固定的思想"(*idée fixe*)。英国文学界继续附和萨松的说法，认为这场战争是上一代人在年轻人身上玩的龌龊把戏，是一场"反人类的罪行"，上一代人应该对英国出现的大部分问题负责，即便不是全部。我们在回顾时，很容易理解他们为什么会这么做。到了20世纪20年代末，英国的知识分子相信，这场战争完完全全是一场大灾难，英国表面上取得了胜利，实际上却失败了，因此那些把英国拖入这场血腥战争并一直打到最后的人，不是唯利是图的流氓无赖，就是愚蠢的老傻瓜。这些观点对激进分子和保守分子同样有着很强的吸引力。

在保守主义者看来，战争显然无可挽回地摧毁了旧世界。上层阶级发现自己的行动越来越受到国家的限制，他们的世袭权利受到工党和工会的威胁，他们的经济优势因为英镑的贬值和波动而大大减弱。一些拥有土地的贵族在遗产税的压力下，不得不把自己的产业分割后卖给奸商，这些奸商则在土地原主人的儿子战死疆场后狠狠赚了一笔。英国在全世界的实力和声威已经一去不复返，这也是真的，你无法自欺欺人地认为不列颠尼亚*（Britannia）统治着全部海洋，或者认为英国是世界列强中的老大。在1929年，谁敢像十年前一位著名记者那样自信地写道，"大英帝国至少可以保证和罗马帝国一样福寿绵长"？总之，维多利亚和爱德华时代的英国已经死了，不会再回来了。[48]

从左翼的眼光来看，情况也没有好多少。战争没有带给英国一个更加充满活力的全新未来。以斯坦利·鲍德温（Stanley Baldwin）为首的旧精英阶层已经无法使这个国家重新振作起来。但他们也不想交出手里的权力。他们一再妥协，艰难地前行着，仿佛一支被打败后正在缓慢而痛苦地撤退的疲惫军队。工党昙花一现地扛起了未来的旗帜。然而到了1931年，工党已经失去了大部分知识分子的

---

* 不列颠尼亚是英国的拟人化称呼。

支持。1929年因高票当选而上台执政的工党领导人,很快便承诺将遵循财政保守主义的政策,而他们的新点子也出奇地匮乏。社会主义者拉姆齐·麦克唐纳(Ramsay MacDonald)是左派中的鲍德温。战争也没有给欧洲带来和平。欧洲大陆国家之间的紧张关系和高涨的德国民族主义情绪再次提醒人们,这场"旨在终结所有战争的战争"白打了。除了把这种糟糕的局面归咎于维多利亚时代的人和那些没有勇气、慈悲心和想象力的铁石心肠的老人外,还有什么更正常的做法呢。因此,那些年纪较大的知识分子,他们在战前生活过,还记得过去的旧时光,但是又幼稚地将之等同于纯真和未经考验的青年时代,他们在悲叹自己那一代"枯竭"的命运的同时,又反思起真正的"一流"人才严重不足这个问题来。他们预测英国和欧洲一样,正走向可怕的灾难,虽然很少有人愿意和奥斯瓦尔德·莫斯利爵士(Sir Oswald Mosley, 1896)一样,采取极端的做法,莫斯利1930年脱离工党,宣布向那些"把我们这一代拖入1914年危机,把我们拖入1931年危机——把这片土地的权力和荣光都毁了的老家伙"开战。[49]

莫斯利滑向了法西斯主义。亨利·威廉森等少数知识分子相继步他后尘。1932年10月,莫斯利创立了英国法西斯联盟(British Union of Fascists),他形容这是战争一代和英国青年为反对老朽无能的体制而结成的同盟。然而英国的情况和德国不一样,在英国,代际思想在左翼知识分子中要比在右翼知识分子中更加流行。英国迷惘一代的经典文学作品《青春誓约》(Testament of Youth)的作者维拉·布里顿(Vera Brittain, 1895)就是一名有着强烈社会主义和女权主义信仰的女性。战争爆发时,布里顿还是牛津大学的一名学生,未婚夫在法国阵亡后,布里顿自愿到海外当护士。战争尚未结束,她已经失去了自己的兄弟和两位亲密的男性友人。1925年,布里顿决定根据自己的经历写一本小说。然而直到1929年11

月，她才开始动笔。在此期间，布里顿看到《旅程终点》*（*Journey's End*）一剧上演后好评如潮，又读了1928—1929年出版的那些战争书籍，她相信自己的故事值得写出来，而且应该用一代人的回忆录这个形式来写。"读完这些书后，我开始问：'为什么要让这些小伙子独霸战争？女人没有自己的战争故事吗？'……我系统而认真地分析了布兰敦、萨松和格雷夫斯的回忆录。我想，我的故事想必会和他们的一样有趣吧？另外，我看到了他们没看到的，而且我们对有些事情的理解也不尽相同。"[50]

《青春誓约》这本书太过任性，太过自怜，也太缺乏自嘲，因而无法成为一部出色的文学作品。但是1933年这本书出版后却卖得很好，作者也因此名声大噪。这本书的成功之处在于它做了一件其他书没有做到的事，那就是明确了英国战争幸存者理解自己过去的叙事序列。这种形式正是中世纪传奇故事的变体。首先出现的，是1914年之前纯真的一幕。1914年7月，维拉·布里顿笔下那群天资聪颖的年轻男主人公从公立学校毕业，那时他们根本没有料到"巨大的不幸"正在前方等着他们，也没有料到他们"热爱冒险的脚步"将会"完美地相遇"。接下来，是在法国服役期间的痛苦经历。他们参军时充满热情，但是在阵亡前却对这场他们认为邪恶和徒劳的战争丧失了所有的英雄幻想。第三部分讲他们回到英国。被"风暴"摧残得不成人形的少数幸存者回到家乡，却发现自己已经是"再也回不去的古老幽灵"。他们命里注定"将永远游荡在一片空无一人的海滩上"。让幸存者们最终感到幻灭的是，他们发现，一切的牺牲都是徒劳。所谓的胜利实际上是文明的倒退；战争还会发生，将

---

* R. C. 谢里夫（R. C. Sherriff）创作的《旅程终点》描绘了西线一个地下掩体中的生活，劳伦斯·奥利弗（Laurence Olivier）在剧中饰演主角斯坦霍普（Stanhope），一名勇敢的军官和公立学校毕业生，他靠喝酒来给自己壮胆，从而熬过了前线的艰苦生活。这本小说屡次被制片人拒绝，1929年在伦敦戏剧季上演后大获成功。——原注

来还会有一代理想主义者被摧毁。

在这种厄运接踵而至的气氛中,《青春誓约》一书戛然而止。战争一代未能完成他们的使命。幸存者的人数太少,也太消沉,无法把那些老家伙从权力的位置上拽下来。"也许,毕竟,我们这些活下来的人所能做的,就是拒绝遗忘,同时让我们的后代引以为戒,希望他们有朝一日可以变得比这些垮掉的人更加强大,从而改变这个世界。"维拉·布里顿的悲叹似乎触动了英国读者内心深处的敏感神经;在不到六年的时间里,《青春誓约》卖了12万本。1978年,这本书再次发行。[51]

到了1939年第二次世界大战爆发时,有关迷惘一代的思想在英国已经深入人心,甚至差一点成为英国近代史公认的权威解释。诚然,它主要出现在记者和回忆录作者的笔下、讣闻上,以及大学餐桌上高谈阔论的教授和学者之间;但它有时也会悄悄进入历史学家写的严肃书籍和论文之中。同时,它的用法也开始出现有趣的变化。"迷惘"的一代越来越等同于"消失"的一代;迷失和中断的概念正逐渐变得次要,代之而起的是躯体的消失这一含义,以至于这个词语的用法有时会使人误以为没有一个幸存者值得一提。

这个奇怪的观念像谣言一样传开,并且传播得越广,扭曲得就越厉害。1930年,著名的《民族》杂志发表的一篇文章称(编辑并没有提出反驳):"如果你仔细看看,就会发现,英国的政界、商界和各行各业,那些薪酬较高的位置上没有一个是那一代的年轻人。"迷惘一代的幸存者很少,作者又补充说,而且仅剩的这几个人也"在战后几年被赶出了英国,好像他们的存在其实是个错误,应该把他们隐藏起来,这样才能结束并忘掉这场战争"。1942年,历史学家E. L. 伍德沃德(E. L. Woodward)对战争一代受到长辈的残忍对待表示极为失望,他夸张地说:"那些从战场上回来的人,在自己国家的政治生活中所起的作用,可能比两三百年来的任何一代人都要小。"1964年，在《迷惘的一代》(The Lost Generation)一书中，本身也是"一战"志愿兵的著名传记作家雷金纳德·庞德（Reginald Pound）评论了英国近代史的这一解释。他说，第一次世界大战的真正损失是文化潜力和特点的丧失。"无法估计创造性思维衰竭的程度，也无法估计这么多强壮而有教养的知识分子被摧毁对学术、文学和科学造成的损失。"庞德想知道那些消失的人是否会"抵御邪恶势力对艺术的入侵？他们是否能保证他们中的二流人物不会变成我们中的一流人物，或出手阻止崇高的愤怒退化为胆怯的宽容？"在庞德看来，英国的国家生活出现了"前所未有的尴尬一幕，即一些能力有限的人正全力应付重大的责任。各阶层都变得更加贫困。出版商对这段话的印象尤为深刻，他们不仅把它印在书的扉页上，还在封面内侧书的简介中又重复了这段话。这个传说如此神圣，以至于决心成为修正主义者的历史学家也纷纷落入它的陷阱。最近，罗伯特·斯基德尔斯基（Robert Skidelsky）问，如果不是那么多同龄人在"一战"中牺牲，莫斯利是不是就不会背叛原来的政党。斯基德尔斯基思考之后认为，莫斯利着手创建新党时，没有足够的保守党、自由党和工党党员支持他。"但是'消失的一代'中本可以有更多的人支持他，英国的历史可能会截然不同。"[52]

决心从下层阶级的角度改写英国历史的历史学家轻易就可推翻这个消失一代的神话。英军的死亡人数和其他参加"一战"的欧洲国家比起来，比例并不高。法国的人口和英国差不多，牺牲的人数却是英国的两倍；假如英国的阵亡人数占总人口的比例和德国的一样高，那么这个数字将是120万而不是70万。没错，从1911年到1921年，每千人中20到40岁这个年龄层的男性所占的比例有所下降——但也仅仅从155降到了141，从统计学的层面来看，这几乎说不上是毁灭性或者根本的变化。战争结束三年后，人口中1882年至1901年出生的人有500多万。这些人是前线作战中的首当其冲者，他们的伤亡数字高得惊人，但仍不足以摧毁一代人——如果你对"代"的定义是"一群年龄相仿的人，因共同的历史经历和命运而联系在一起"这一广义解释的话。[53]

然而上面所引的数据并没有说出迷惘一代神话的精髓：这个神话认为最优秀的那批人牺牲了。据说，那些最纯洁和最高贵，最强壮和最有教养的人都死了，最虚弱和最怯懦的则活了下来。这种逆向选择的过程意味着"生活中方方面面的失败和灾难"，并被一些人认为是英国衰落和第二次世界大战爆发的原因。[54]

人们倾向于将这种观点斥为精英主义的无稽之谈。首先，"一战"期间的堑壕战有个重要的特点，那就是一视同仁，勇士和懦夫的死亡概率是相同的。相比被步枪打死或直接被刺刀捅死，你更有可能死于一挺看不见的机关枪、一颗从敌方战壕盲目扔过来的炸弹，或者被火炮意外击中。许多士兵死时连一个敌人都没见过。生存与纯洁或者高贵无关，尽管你会说，那些来自社会富裕阶层的人身体更强壮，营养也更好，他们抵抗住严酷的气候、危险的传染病的机会更大，抵抗住因体力劳动和不规则睡眠而导致的疲劳的机会也更大。许多人之所以牺牲，是因为他们太累了，没有力气去找掩护，或者全身都湿透了，非常难受，也不在乎自己是死是活了。理智也能增加存活的机会：一些士兵固执地拒绝戴防毒面具，或者在进入新战区时忘了提醒自己注意狙击手。罗伯特·格雷夫斯可能对这一切都很清楚，在战争结束后不久举行的一次追思会上，他说了一番令当地教区牧师和信众们感到震惊的话，他说："那些阵亡的人，虽说就像被倒塌的西罗亚楼*（Tower of Siloam）压死了一样，但他们并不是品德特别高尚或者特别恶劣的人，而只是些普通的士兵。"他对幸存者的建议是，他们"应该感谢上帝让他们活下来，同时竭力

---

* 西罗亚楼倒塌一事见《圣经·路加福音》13:4。

避免将来再次发生战争"。[55]

因此，我们没有理由认为参加战争的各个年龄组因人数大大减少而无法在战后的英国起到任何作用，或者认为那些幸存者比阵亡者更差——或者更加优秀。那么，为什么消失的一代这个观点在英国会如此根深蒂固？首先无疑是因为英国的精英阶层人数虽少，但却有着非常明显的特点，以及他们史无前例地参加了真正的战斗。我们很容易忘记英国和其他欧洲大陆国家的差异，1914年以前服兵役并不是所有健康男性公民应负的神圣责任，而是少数特权阶层（通常是上流社会中那些没什么天分的孩子）从事的一种职业——以及那些无法或者不愿过平民生活的社会底层人员的避难所和最后的选择。1914—1918年间这种情况发生了变化：参军成了大部分1880—1899年出生的人的共同命运。这一命运涵盖了所有的社会阶层。然而，在后世留下来的记载和那些权威的编年史中，这件事却几乎只与中上层阶级有关。[56]

我们只需回顾一下，就知道为什么会发生这种事。战争初期，虽然不同社会背景的人都跑去参加志愿兵，但那些来自社会中上层的人身体更加健康，更加强壮，也更容易从平时的工作（如果他们有工作的话）中脱身；因此他们更有可能通过现役部队的测试，而被派往伤亡或者失踪率高达5/9的法国或者佛兰德。大学和公立学校毕业生的伤亡率尤其高，因为他们很多人被任命为下级军官。下级军官的伤亡程度比他们手下的士兵还要严重。下级军官的职责是带领士兵冲锋，指挥突袭，同时确保自己战壕前面的铁丝网及时得到修补。当需要他们这么做时，他们会毫不犹豫地豁出自己的性命，因为他们知道自己的作用就是为手下的士兵树立榜样。下级军官的年纪越小，受教育的程度越高，他们牺牲的可能性也就越大。[57]

中上阶层中年轻人史无前例的严重伤亡所造成的集体创伤，随着战争的持续而逐年加深。后方民众应对这些伤亡的一个方法，便是将自己的愤怒对准德国人，同时大声谴责那些被认为是奸细和逃兵役的人；另一个方法是歌颂死者，假装他们死得光荣而幸运。《泰晤士报》上刊登了讣闻；父母、朋友和老师撰写的回忆录流传开来；学校的墙上钉上了铭牌，竖起了半身像和纪念碑。许多阵亡军官的诗歌和书信被收集起来并出版。一切都是为了记住这些亡灵——准确地说，是死亡的精英。后来随着战争的结束，战争的果实显得如此瘦小，这些牺牲于是成了解释英国衰落的一种流行方式。[57]

这些牺牲没有任何的神秘之处——除了后来对它们的消费。第一次世界大战期间，英格兰的"长子们"的阵亡人数令人感到沮丧。几乎随便举个例子就能说明这个问题。参战的5588名伊顿公学毕业生中，有1159人阵亡，1469人负伤。罗伯特·尼克尔斯计算出自己所在的牛津学院1911、1912和1913届的136名参战学生中，有31人在战斗中牺牲或伤重而亡。盖伊·查普曼（Guy Chapman）的牛津基督教堂学院校友中，有228人阵亡，这个数字相当于学院三年招收的新生数量。好几个显赫的家庭失去了他们的长子，有些一年之中就失去了两三个儿子。[58]

然而，事实上，即使是那些来自精英阶层的参战者，大部分最后也回来了。其中两人——安东尼·艾登（Anthony Eden）和哈罗德·麦克米伦（Harold Macmillan）——当上了英国首相。另外还有无数人在议会任职，这些人在公共生活中担任的职位没那么高，但是依然重要。他们管理着政府部门、政党和出版公司；他们给报纸投稿，写书和书评；他们经营着企业和大学；他们主持着科研机构和实验室；他们在国外代表着自己的国家；他们以各种不同的方式塑造着自己同胞的心态。他们的回忆录占据着图书馆的好几排书架，在这些书里，他们总是向那些阵亡的优秀同龄人表达敬意。这使我们感到困惑，甚至比我们刚才讨论的起源问题更让人费解：为什么"一战"的幸存者要延续这个神话？继续"迷惘的一代"或"消失的一代"这个概念对他们有什么好处呢？

答案是，"消失的一代"这个神话为那些受过教育的精英阶层内部的幸存者提供了一个重要的自我形象，同时也为他们回来后的遭遇提供了一个令人满意甚至可能是非常必要的解释。对死者的崇拜成了解释当前不满的一种方式。可以肯定的是，这种崇拜起源于战争经历本身。它反映了幸存者本能的负疚感，因为他们知道，当周围的人都死光时，自己没有权利活着，对死者的崇拜还反映了他们的愤怒之情，这种情绪在英国比在其他任何地方都更强烈，他们痛恨自己成为上一代这个历史的邪恶化身玩弄肮脏伎俩的牺牲品。欧文的战争诗触及了大部分重要的主题：雄伟的军队，被年龄背叛的青春，以及他那代人的悲剧命运。欧文诗歌中的感伤情绪本可以随着时间和娱乐活动的恢复而逐渐消失，但回到英国后，20 世纪20 年代和 30 年代初的生活遭遇加深了他们的这种感受。这些幸存者回来后发现，家乡并不欢迎英雄归来，他们面对的是一个"漫长的周末"，生活的"一切都在走下坡路"和"格格不入的感受"。两次大战之间的英国正处在这种衰落、怀旧和危机一再推迟的气氛中，迷惘一代的神话以及所有与之相关的描写和解释都对幸存者有着重要意义。它使他们想起了业已消失的儿时世界，战争中死亡的朋友和熟人，他们刚回来时感到的迷惘和疏离，1918 年后的 20 年里他们打的两场失败的战争。与此同时，它还解释了他们无法成就宏伟大业的原因，他们从小便相信，伟大将属于他们，在战场上和在第一次世界大战的战壕里，他们中的许多人认为自己实现了这个目标，虽然只是一瞬间。特权阶层中的幸存者关注阵亡者的卓越品质，指出他们的地位，并把自己的失败归咎于上一代的抵抗，以此来解释自己的梦想和成就之间的巨大差距。[59]

在比较知名和善于表达的英国"一战"幸存者中，T. E. 劳伦斯（T. E. Lawrence）是唯一一个明白"消失一代"神话的危害并对之加以谴责的人。更令人惊讶的是，在战后初期，劳伦斯曾通过自己的行为和作品，增加了这一神话的清晰度和可信度。和鲁珀特·布鲁克一样，劳伦斯战前就已经是个传奇人物。但是劳伦斯的传奇故事更加有血有肉，与他的人生际遇有关的种种谜团也更加真实。劳伦斯的父亲托马斯·查普曼（Thomas Chapman）是个信仰新教的爱尔兰贵族，他抛弃了妻子、四个女儿、显赫的地位以及万贯家财，和一名苏格兰来的家庭女教师私奔了。婚后，他们改姓劳伦斯并生了五个儿子，老二托马斯·爱德华（Thomas Edward, T. E.）于 1888 年出生。最后这家人在牛津安顿下来，他们过着离群索居的简朴生活，家庭一年的收入只有 300 英镑。这种经济状况使他们不可能过上托马斯·查普曼以前在爱尔兰过的那种生活，他们被迫勒紧裤腰带，以精神上的富足代替物质上的贫乏。种种迹象表明，他们有着非常伟大的精神资源。莎拉·劳伦斯（Sarah Lawrence）是一名严格遵守教规的虔诚的加尔文派教徒（Calvinist），为了弥补自己夺走别人丈夫这个可怕的罪行，她过着一种纯洁、节俭和无可指摘的生活。作为一名有着钢铁般意志和决心的女人，她成功地把自己的价值观强加给丈夫和儿子。她的五个儿子中，一个成了传教士，只有一个结了婚，他们全都继承了母亲的信仰，认为精神必须严格提防身体时时存在的邪恶欲望。莎拉还教儿子们志当存高远，只有伟大的理想才值得他们追求。在 T. E. 身上，这种信念体现为对冒险的渴望，这是他从小到大阅读中世纪传奇故事时，心中一直怀有的强烈愿望。[60]

　　我们看 T. E. 劳伦斯早期的照片，很难把他的形象和那些传奇故事联系起来。然而在熟悉少年劳伦斯的人眼中，劳伦斯五兄弟个个都很出色，其中尤以劳伦斯为甚——"一窝雏鹰"，牛津大学的教师欧内斯特·巴克（Ernest Barker）这么形容他们，其中飞得最快也最自由的就是 T. E.。从很小的时候起，他便展示了出众的语言天赋、极强的忍耐力和对考古细节过目不忘的能力。劳伦斯对中世纪的军事建筑尤其感兴趣，18岁时他就已经掌握了这一领域的专门知识。劳伦斯还是一名伟大的旅行家——而且，和布鲁克不一样的是，他是一名真正的冒险家。从1906年到1909年，劳伦斯骑自行车考察了法国的古堡和教堂，有时一天的行程长达250公里，他以牛奶、面包、奶酪和水果为生——在找得到、买得起这些食物的情况下。然而，这些旅程只是为接下来几年的真正冒险做准备。1909年，劳伦斯第一次去了中东，他在叙利亚徒步旅行，为撰写一篇有关十字军时期城堡的牛津论文收集资料。虽然旅途中疾病、磨难和烦恼不断，但劳伦斯还是被这个国家及其居民深深迷住了，1910年12月他再次回到这里，这次是在幼发拉底河边的卡赫美士（Carchemish）为一座美索不达米亚时期的古城遗址做考古发掘。在卡赫美士期间，劳伦斯开始学说阿拉伯语，并表现出他在赢得当地人尊重和信任方面的非凡才能。虽然劳伦斯本可以成为一名考古学家，但他更喜欢认为这段时期的自己是"一个蹩脚的艺术家和一名跟着感觉走的流浪者"。战争爆发时，他刚刚回到牛津，准备在那里过一个短暂的假期。[61]

劳伦斯弟兄三人——T. E.、弗兰克和威尔——都参加了志愿兵，并被任命为军官。到1915年9月，三人中已有两人在法国丧生。T. E.的从战经历比他的兄弟们更幸运，也有趣得多。在相对安全的开罗军事情报部工作一年半之后，劳伦斯转到了新成立的阿拉伯局（Arab Bureau），虽然他年纪轻轻，军阶不高，资历尚浅，却一手策划和实施了反抗土耳其统治的阿拉伯大起义。1916年10月，为了和麦加谢里夫（Sheriff of Mecca）侯赛因国王（King Hussein）的儿子阿卜杜拉（Abudullah）和费萨尔（Faisal）建立联系，劳伦斯第一次来到阿拉伯半岛（Arabia）；1917—1918年，劳伦斯成了费萨尔军队的实际指挥者和决策者，1918年10月，劳伦斯率领这支军队胜利开进大马士革。关于劳伦斯的沙漠作战经历——他做过什么，他没有做什么，他声称自己做了什么——依然众说纷纭，而且可能永远也不会有定论。与本书的题旨有关的地方在于，劳伦斯能够在现实世界中实现许多年轻人1914年参战时的浪漫梦想。他炸毁桥梁，到土耳其防线的后方侦察，参加游击战，对那种固守一处且残忍冷酷的堑壕战毫不知情，后者给萨松、格雷夫斯和欧文等人带来了巨大的痛苦。而劳伦斯变成了举世公认的真正英雄。[62]

然而，最后劳伦斯也被自己的战争经历改变了：1914—1915年那个坚定沉着的爱国志愿兵，变成了一个悲伤和自我怀疑的哈姆雷特，他比其他任何人都更能体现参战士兵战后的迷茫。对于为什么会有这种变化，劳伦斯自己已经给了我们大量的提示。他说，18个月的连续作战，加上物资的匮乏，使他的身体变得非常虚弱。在土耳其短暂被俘期间，劳伦斯惨遭毒打，可能还被人强奸，这些经历使他感到屈辱，也降低了他的自我形象。当他发现杀戮和报复的欲望并非原始部落和欧洲以外的人所独有，自己身上也有时，他的纯洁形象进一步瓦解了。这些经历中的任何一个都可能引起劳伦斯性格上的转变，然而造成他精神创伤的真正原因可能在别处。作为一个异常复杂的人，劳伦斯无法承受自己成功的压力。托马斯·查普曼的这名私生子永远也无法摆脱自己是个伪君子和骗子的想法。在内心深处，他觉得自己不配得到成功。他感到很痛苦——他意识到自己正在实现儿时的愿望和梦想，而代价则是一个个正在死去的生命和那些命运受到玩弄的民族，自己追求的目标无关于这些民族的愿望与福祉。劳伦斯既是英国在中东利益的代表，又是使阿拉伯人摆脱外国统治的解放者，但他无法协调这两个身份，因为他知道或者怀疑，这根本就是两个互相矛盾的角色。劳伦斯越来越意识到自己无法兑现向阿拉伯人做出的承诺，再加上肮脏的自我形象给他带来的痛苦，使他产生了极大的反感和自我厌恶。1918年7月，劳伦斯认为这份工作对他来说"过于沉重"。一切都开始变得不真实起来。就好像他正在外国的舞台上做一场白日梦,"穿着奇怪的服装,说着奇怪的语言,而一旦角色演砸了,所有的代价将由你来承担"。"成功即使来临,也是一场巨大的幻灭,但仍不足以把你唤醒。"[63]

成功来临了,但是过程却颇为曲折。先是在伦敦,接着又在巴黎和会上,劳伦斯竭力为费萨尔和阿拉伯人争取权益。他既是一名胸前戴满了勋章的陆军中校,又是费萨尔王子的翻译和顾问,多亏了国际知名人物洛厄尔·托马斯(Lowell Thomas)的努力,劳伦斯才得以短暂行走在世界政治的最高峰。劳伦斯和劳合·乔治(Lloyd George)、克里孟梭(Clemenceau)、威尔逊(Wilson)和豪斯上校(Colonel House)都说得上话,并且赢得了他们的尊重。他是少数了解巴黎和会内幕的"一战"士兵之一。会上的见闻使他很不开心。他痛苦地看到,胜利带来的转变机会正一点一点地被抛弃,他变得越来越沮丧。在中东的问题上,阿拉伯人的理想败给了法国人的恐惧和野心。费萨尔奋斗的目标,同时也是英国曾许诺给他的叙利亚王国(Syrian Kingdom),以托管的形式变成了法国的保护国。劳伦斯的梦想是成立三个与英国自由联系的阿拉伯王国,这个梦想破灭了,曾经的誓言也化为一缕轻烟。劳伦斯写了一本《智慧七柱》(Seven Pillars of Wisdom),描写阿拉伯起义的经过,他给这本书的早期版本写了一篇奇特而优美的序言,其中说他感觉到了背叛和挫败。虽然文中多处特别提到了阿拉伯战争,对战争经历的描写也理所当然地更加积极,但是这篇文章却完全符合20世纪20年代末和30年代初英语散文作品特有的叙事模式:天真,紧接着被上一代人背叛并打败。

> 我们很喜欢待在一起,这里记录了一望无际的开阔地带、狂风的滋味、阳光和我们努力实现的愿望。这种感觉就像清晨,未

来的明净世界使我们陶醉。我们因一些难以言说的空想而激动不已，但我们必须为之奋斗。我们在那些令人晕眩的战斗中活了很多次，无论结果是好是坏，我们都将全力以赴；可是，当我们取得成功，新世界的曙光就在眼前时，那些老家伙却走过来抢走了我们的胜利果实，然后按照他们熟悉的那个世界重新再造了一个。年轻人可能赢得胜利，但是却没有学会如何保住胜果，他们最终可怜地败给了年龄。我们结结巴巴地说我们奋斗的目标是一个新的天堂和一个新的人间，但他们只亲切地对我们说了声谢谢，然后缔结了属于他们的和平。毫无疑问，当我们活到他们那个年纪时，我们也会这么对我们的孩子。[64]

劳伦斯试图获得内心的平静。他逃离名声，但是名气却像影子一样跟随着他。巴黎和会上各方对中东问题的解决陷入僵局后，劳伦斯在丘吉尔的说服下，曾于1921—1922年短暂回到政界，他帮助费萨尔登上伊拉克王位，为费萨尔的兄弟阿卜杜拉争取到外约旦（Trans-Jordan）王国的统治权，随后他迅速从公共生活中消失。劳伦斯当时的朋友中既有杰出的思想家，也有英国的政治家，令朋友们惊讶和错愕的是，劳伦斯放弃了牛津万灵学院（All Souls College）董事的职位，改名罗斯（Ross），并以入伍新兵的身份加入了皇家空军。这个决定在当时他的朋友们看来并不是太荒谬。劳伦斯喜欢引擎和一切快速运行的交通工具，并且发自内心地认为征服"蓝天……［是］我们这代人必须做的唯一一件头等大事"。劳伦斯讨厌当其他人的领导，也讨厌笼罩在他认为不属于自己的光环之下，他想从一名普通士兵做起，体验空军生活。最重要的是，他渴望逃离自我，逃离过去，他已经忍无可忍。也许他希望皇家空军能使他重新找回目标、亲密的友谊和他自从离开军队以来便一直怀念的自律。[65]

与此同时，劳伦斯完成了他那部描写阿拉伯起义的作品，他希望这本书能够成为《卡拉马佐夫兄弟》(The Brothers Karamazov)、《查拉斯图拉如是说》和《白鲸》(Moby Dick)那样的杰作，这是他最喜欢的三部经典作品。劳伦斯开始觉得自己的未来可能在写作上面，于是按照他一贯的认真劲儿，开始学习写作技巧。劳伦斯又一次失望了。虽然他的作家朋友读后纷纷表示敬佩，并不吝赞美之词，但是《智慧七柱》这本书却有着严重的缺陷，劳伦斯自己也清楚这一点。这本书的个人色彩太浓，也太过局限于作者的看法和经历，因此无法成为一部令人满意的反映与土耳其人斗争的作品；与此同时，书中隐藏了太多情节，写法也过于隐晦，无法真正表现这个领导阿拉伯大起义的人的内心世界。这本书既不是历史也不是小说，而是两者的奇怪结合，与此同时，它还略去了真正理解这个故事所需要的所有环节。劳伦斯自己也意识到，他对战争的看法已经被写作时的失望情绪扭曲了。他对弗雷德里克·曼宁说，如果这本书晚一点写，可能会更合适——也更客观。[66]

劳伦斯对自己这本反映战争的书不满意，导致他对同时期的其他战争书籍也抱有怀疑态度。1929年，战争书籍的出版呈现一派繁荣景象，幸存者的自怜自艾也成了一种值得尊敬且经济上有利可图的心态，这时劳伦斯警告自己的朋友，不要把他们当前的一切矛盾都归咎于战争。他说，战争在回忆中显得比身处其中时更加可怕。他认为，是幸存者及其处境的变化，造成了这种视角的模糊。《西线无战事》的英译本出版时，劳伦斯不屑地说它是"被乱塞进战争时期的战后怀旧"和"一个虚弱男子的尖叫"。"战争一代反省时最大的问题，"他对亨利·威廉森抱怨说，"是他们无法摆脱那该死的自我。"他再三重复说，战争是某种必须克服的东西，因为那是一个"我们已经失去了正常立足点的过度紧张的年代"。劳伦斯似乎担心，迷惘一代的传说正被许多和他一样参加了战争并因此出名的人拿来作为懒惰和自我放纵的借口。他坚决反对战争的幸存者中没有优秀人才这种说法,认为这种观点不对。"我们战争一代是多么犹豫、失望和残忍啊,"1928年劳伦斯在给画家威廉·罗森斯坦(William Rothenstein)的信中写道,"他们说那些最优秀的人都死了。其实有太多的天才还活着。"[67]

今天,我们可以以一种甚至劳伦斯也无法做到的方式和这个传奇拉开距离,从而把事实和虚构区分开来。和大多数传说一样,英国关于迷惘一代的传说确实与现实高度吻合。它反映了人数不多但界限非常明确的统治阶层遭受了惨重的损失,以及这一阶层(和其他中下阶层)的幸存者在适应战后英国的政治和社会现实时面临的困境。所有社会阶层的家庭都经历了丧子之痛;然而占统治地位的政治文化精英们的长子的死亡比例尤其高,他们的死亡似乎以一种不合理的比例被公布(可能也是可以理解的)。"消失的一代"这个词语在英语中的意思是"精英的消失"。"精英的消失"意味着统治英国的公立学校毕业生和大学毕业生遭遇了大批被杀、部分被毁、心理迷失等困境。我们在阅读有关迷惘一代的文学作品时,很少人记得"一战"阵亡的70万名英国士兵中,只有37,452人是军官——然而被奉为传奇的正是这些军官,而不是他们手下的士兵。[68]

当然,许多精英阶层的子弟从战后的舞台上消失了。然而,即使这些人能活下来,他们也会和西格夫里·萨松一样,发现自己的世界不复存在,因为战争加快了那些业已牢牢确立且不可逆转的趋势,其中包括:人们获得政治权力的途径大大增多,政府官僚机构和福利国家的出现,有组织的商业和劳工的出现对绅士—学者和地主阶级的统治形成了挑战,英国在全球势力的衰退。他们从小便被培养成国家和帝国的统治者;步入中年时他们发现,他们将不得不主持国家的转型、自己价值观的逐步被淘汰和帝国的解体。怪不得他们会觉得自己"掉进了两个世界之间的鸿沟"。[69]

第三章　英国：迷惘的青年军团

因此，两次世界大战之间英国失去的，并不仅仅是那些在战争中倒下的能力和品格均非常出众的人。英国失去的，还有那些幸存下来的"长子"实现梦想的必要条件——权力与伟大，1914年一代的特权阶层正是怀着这两者来到这个世界上。正如劳伦斯所理解的那样，这些梦想必须被抛弃，并被更适合英国人和其他欧洲人所处环境的其他梦想取代。这是一项艰巨而讨厌的任务，这一代的大部分人无法或者不愿像劳伦斯那样，承担和完成这项任务。劳伦斯放弃了自己对权力的幻想，以一名普通飞行员的身份加入皇家空军。英国的1914年一代把他们的损失归咎于战争；然而真实的情况却是，伊萨基*（Ithaca）早在他们远征特洛伊（Troy）之前就已经改变了。

---

*　伊萨基是《荷马史诗》中英雄奥德修斯的故乡。

上行从左至右：1913年的鲁珀特·布鲁克，1913年谢里尔·谢尔给鲁珀特·布鲁克拍的照片。下图：斯基罗斯岛上的鲁珀特·布鲁克墓

他快乐、勇敢、多才多艺，有着深厚的教养和传统的身心平衡，在这个只有最珍贵的牺牲才被接纳，而最珍贵即最坦然奉献的年代，他是所有人心目中英格兰之子最高贵的模样。"

——温斯顿·丘吉尔，1914

G. F. 沃茨的画作《爱和死亡》

死亡是最糟糕的朋友和敌人。
——鲁珀特·布鲁克,《和平》("Peace"), 1914

保罗·纳什（Paul Nash）的画作《我们正在创造一个新世界》(*We Are Making a New World*)

没有任何文字和绘画能传达这片土地的气息……日落和日出都是对神灵的亵渎，它们都在嘲笑人类，只有那些从遍体鳞伤的乌云中流出的，穿透了黑夜的脏雨，才是这片土地的合适氛围。雨下个不停，发臭的泥土变成了更加邪恶的黄色，弹坑里装满了绿白色的水，道路上覆盖着几英寸厚的泥浆，垂死的黑色树木在滴水，炮击从未停止……一切都难以言表，邪恶而又令人绝望。

——保罗·纳什写给妻子的信，1917

上图：西格夫里·萨松，身着有皇家威尔士燧发枪团领章的军装，铂金印刷肖像。下图：威尔弗雷德·欧文

所有的军官脸上，都有一种我以前从未见过的忧愁表情，而在英国，这种表情只有在监狱里才能看到。

——威尔弗雷德·欧文写给妈妈的信，1916

上行从左至右：20世纪30年代的埃里希·玛利亚·雷马克，亨利·威廉森在20世纪30年代末英国法西斯联盟的一次聚会上。下图：和平主义作家维拉·布里顿

我们是再也回不去的古老幽灵，
将永远游荡在
一片空无一人的海滩上。

——维拉·布里顿，1933

上图：还在牛津大学求学的T. E. 劳伦斯（左）和兄弟们在一起。下图：奥斯瓦尔德·莫斯利爵士

我们战争一代是多么犹豫、失望和残忍啊，他们说那些最优秀的人都死了。其实有太多的天才还活着。

——T. E. 劳伦斯写给威廉·罗森斯坦的信，1928

第四章
西班牙：我们时代的主题

> 其实，我们有许多理由认为
> 欧洲人正从那块他们已经栖息了300年的现代土壤中
> 拔出帐篷，并朝着
> 另一个历史领域，另一种生活模式，
> 开始了新的迁徙。
>
> 何塞·奥尔特加·伊·加塞特（José Ortega y Gasset），1933

"我是我和我周围的环境。"奥尔特加1914年首次提出的这个观点成了他所有思想的主旨。这个"我"是一个过早秃顶的30岁思辨哲学家，他拥有创造"笼统、动听和空洞词语"的过人天赋，并且很幸运地出生在一个控制着马德里著名的自由派报纸《公正报》（El Imparcial）的家族。这里的环境是西班牙——刚刚在美国人手里耻辱地吃了败仗的1900年的西班牙。奥尔特加在他青年时期的作品中写道，一个没有物理学家或数学家，没有思想或思想家，没有图书馆或自然科学的国家：与其说它是个国家，还不如说它是幻想的产物。一个由失败者、残废者、瞎子、瘫子和不满的人组成的民族,他们把没有传统误以为是传统,把地中海的感伤和希腊的深邃混为一谈。这是一片无能盛行,理论被认为和智慧无法并存的土地,一个藏污纳垢之地,一个走到命运交叉点的国家,一个灾难深重的民族,一个危机重重的西班牙。[1]

这些严厉的批评——你可以称之为痛苦的呐喊——来自一个决心拯救自己国家但同时又担心它已经病入膏肓的愤怒青年。今天的历史学家可能会以一种更加平常的心态看待这件事。世纪之交的西班牙,正在忍受现代化诞生前的阵痛。西班牙很大程度上错过了西欧邻国经历的社会和经济转型,而变革的巨大压力,加上贫困和土地分配的不公,旧精英阶层的顽固不化,对新兴精英阶层的恐惧,以及日益觉醒的民众的需求,使得整个社会濒临崩溃。国内的一些孤岛,例如毕尔巴鄂、巴塞罗那和巴伦西亚,正经历着一轮以人口增长和繁荣为标志的快速增长,而与此同时,西班牙的大部分地区则依然是"一连串没有一只鸟、一棵树、一滴水或者一朵花的沙漠和许多没有道路、电报、下水道、医院、屠宰场、照明设备、消防队、道德或卫生观念的村落"。[2]

今天看来,奥尔特加显然夸大了自己国家面临的困境的独特性,假如不是严重性的话。西班牙和大多数欧洲国家一样,存在着发展不平衡的问题,当时它的复辟制政府也是这样,其君主立宪制是一种由自由派和保守派组成的基础非常薄弱的寡头政体,双方议定轮流执政。和意大利的同行们相比,西班牙的政治家并没有更加腐败或者无能。在意大利,政治也是一列只有在选举期间才会停靠大部分城镇和乡村的火车。那里的选举也是"假的",也就是说,结果已经由中央政府的当地代理预先安排好了。那里的工商业中产阶级同样和拥有土地的贵族阶层达成了共识。那里的现代化外围同样和一个"非洲式"内核不幸地结合在一起。那里的民族统一同样是个神话和计划，而不是现实。那里熟悉英国、法国和德国的敏感人士同样忍受着米格尔·德·乌纳穆诺（Miguel de Unamuno，1864）所说的那种"令人抓狂的停滞"。[3]

西班牙不同于意大利和其他欧洲国家的地方在于帝国已逝带来的伤痛、保守的天主教徒坚持不懈的反启蒙主义、进步分子同样武断的反教权主义、军队介入公共事务的传统和一个不可思议的事实，那就是对国家统一和不可分割的理念提出质疑的，竟然是国内最有活力和工业化程度最高的几个地区。在这种情况下，"欧洲"和"西班牙"似乎不是两个相辅相成的地理名词，而是两种不能兼容的生活方式；崇拜知识和思想似乎不太符合西班牙人的风格，这件事充满了难以言喻的危险，重要的是，国家可能因此而变得四分五裂。以唐·弗朗西斯科·希内尔·德·罗斯里尔斯（Don Francisco Giner de Los Ríos，1839）为首的一小群教授，致力于在一小部分精英人士身上实行欧洲教学法，这种教育把他们与那些他们希望领导的、基本上为文盲的群众隔绝开来。这些知识分子的孤立，只能说明大部分西班牙人还没有接受英法启蒙运动产生的观念和理想。[4]

复辟制平稳地运行了25年；接着在1900年前后陷入了一种长期性的危机，社会主义、无政府工团主义、加泰罗尼亚分离主义（Catalan separatism）等新兴力量纷纷涌现，对旧党派构成了挑战。1909年"悲催一周"爆发的反军国主义罢工和骚乱，残忍地打破了西班牙政坛表面的平静，宣告了不满的群众和新政治领袖的出现，他们不愿再让一小撮世袭的复辟精英分子独享公共事务的管理权。[5]然而20多年过去了，西班牙却没发生什么根本的变化，因为渴望改变的各方无法就什么应该改变达成一致意见，还因为反对寡头政治的中产阶级在农民和势力微弱的产业工人中鲜有追随者。美西战争没有使西班牙的制度崩溃，却使一些忧心忡忡的西班牙人认识到，西班牙已经落后于欧洲的一流甚至二流强国，必须采取激进的措施，以免西班牙永久落入那些只有辉煌过去而没有辉煌未来的国家行列。1900—1936年西班牙政治史的主题是寻找解决这一危机的方法，这段时间也是奥尔特加思想最为活跃的时期。

奥尔特加一开始是从革新派（Regenerationists）的视角来看这场危机的，这是一个由知识分子和政治领袖组成的团体，他们要求西班牙实现现代化，同时提高西班牙人的文化水平。1902年（这一年19岁的奥尔特加开始了自己的写作生涯）革新运动的主要推动者是社会和法律史学家华金·科斯塔（Joaquín Costa, 1846），他徒劳地想建立西班牙的"中立阶层"——由北方和黎凡特地区*的小农场主、加泰罗尼亚和巴斯克地区几个省的商人和企业家，以及马德里的知识分子组成——同时带领他们和寡头政府作斗争。科斯塔抓住西班牙在美西战争中败北的机会，极力证明西班牙只拥有现代国家的外表。"这个我们以为用青铜铸就的国家，"他在1898年写道，"结果只是一根空心芦苇。我们以为这是个有陆军、海军、媒体、学校、思想家、法官、议会、信用、政党、政客、统治阶级的地方，其实除了一块画上去的背景幕布以外，什么也没有，这是一种波将金式的把戏，只需几发炮弹就可让它悄无声息地滑落到地上。"科斯塔要求兴建更多的学校和灌溉工程，延伸铁路和公路系统，同时实施一种能够保护小农场主、提高他们的产量和销量的农业政策；但是最重要的是改革议会制度和培养有能力复兴西班牙的人才。他说，目前的制度确保了由最差劲的人统治最优秀的人。这种让全国的知识分子和道德精英远离权力中枢的做法违背了一切自然法则，从而导致他们与俯首帖耳的普通民众混为一谈。科斯塔认为，通过16、17和18世纪的宗教战争和徒劳无功的海外扩张，西班牙的"天生

---

* 黎凡特地区：指西班牙东部的地中海沿岸地区。

贵族"（natural aristocracy）已经荡然无存；它最需要的是重新恢复"熠熠发光的纯良血统"。虽然科斯塔在政治上毫无建树，但他在遣词造句上却有着不容置疑的天赋。科斯塔说过的话在他的国家创建者协会（organization of national producers）消失后的很长时间里依然存在。他的话传递着一个热情而坚定的信念，那就是，只有放弃海外殖民并坚定不移地实行"铁腕政策"，西班牙才可能摆脱当前的困境。西班牙必须到欧洲的学堂上课，同时把"七条发绺"*放在那座埋葬着自己过去的"坟墓"上。[6]

奥尔特加深受科斯塔的纲领和语言风格的影响，对他同样有着很大影响的，是另一名革新派人士——里卡多·马西亚斯·帕卡维亚（Ricardo Macias Pacavea）。帕卡维亚在1899年写道："今天我们前所未有地感到自己失去了方向……我们失去了历史的指引，从里到外我们都不知道自己正走向何方……每个西班牙人都是沙漠中的迷路者。"[7]无论是科斯塔的文化精英主义，还是马西亚斯·帕卡维亚有关迷失的比喻，都将在奥尔特加的成熟作品中再次出现，并占据显著的位置。

然而奥尔特加一开始并不认同这些中年人，他认同的，是所谓的"1898年一代"，即19世纪60年代末和19世纪70年代出生的一批更加年轻的知识分子。西班牙历史上最著名的这"代"人是如何得到认可的，这件事非常值得追查一番。1910年，著名小说家和随笔作家阿索林（Azorín，1873）发表了一篇题为《两代人》（"Two Generations"）的文章，书中描写了1896年前后一群年轻人怀着文学梦想来到马德里。阿索林认为这一代人中包括作家米格尔·德·乌纳穆诺、鲁本·达里奥（Ruben Dario，1867）、皮奥·巴

---

* "七条发绺"：《圣经》中大力士参孙被妓女大力拉剃掉七条发绺，因而力量全失，见《圣经·士师记》第16章。这里比喻西班牙应该抛弃过去的辉煌，重新开始。

罗哈（Pío Baroja，1872）、拉蒙·威尔－因克兰（Ramón Valle-Inclan，1866）、哈辛托·贝内文特（Jacinto Benevente，1866）、拉米罗·德·马埃斯图（Ramiro de Maetzu，1874）和他自己，他认为这代人最突出的特点是排斥过去的规矩，热爱艺术，纯净，同时又渴望改变和完美。阿索林之所以如此忧心忡忡，是因为西班牙出现了一批新的色情小说家，他们似乎和"1896年一代"的立场完全相反；令他感到欣慰的，是西班牙年轻诗人的作品，以及15年后必然会有另一代作家来纠正这些色情小说家的错误这个坚定信念。[8]

两年后，阿索林又回到这个主题。他利用革新派政治领袖加布里埃尔·莫拉（Gabriel Maura）用过的一个词，重新把自己这代人命名为"1898年一代"，从而把他们的心灵成长与美西战争中西班牙落败这个政治事件挂钩，而不是与一群作家来到首都这件事挂钩。阿索林在1913年发表的一系列文章中还说，这一代人延续了先辈(其中最具代表性的可能是小说家佩雷斯·加尔多斯，Perez Galdos）的思想运动；与此同时，在外来影响和战争失败的刺激下，他们又创造出了一种新的西班牙风格。[9]

阿索林的文章引发了一场延续至今的讨论。一些作家（包括巴罗哈在内）拒绝承认1898年一代的存在。其他人则肯定了这代人的存在及其影响；但是却没有人质疑这样一个事实，那就是一群作家（不管他们的定义是什么，也不管他们之间的联系如何松散）在1900—1914年间对西班牙的价值观和制度提出了批评，这种超越了美学范畴的批判不仅使他们有别于以前的作家，也使他们有别于同时代其他能言善辩的社会团体。文学类型——小说、随笔、诗歌、戏剧——只是这些作家用来追求西班牙复兴这一共同目标的工具。"1898年一代"这个词就是为了说明这一现实情况而创造出来的。它意味着关心和行动的统一，当时没有一个人对此表示怀疑，尽管

第四章　西班牙：我们时代的主题

文学评论家们后来发现这个概念很难起到什么作用。[10]

这个群体的主要特点是他们对西班牙复辟感到强烈不满。他们全都"痛苦地"爱着西班牙，并对自己的国家怀有美好的憧憬，这和他们19世纪最后十年来到马德里时看到的那个自满而又无能的政府完全对不上号。他们全都希望看到一个更有活力和创造力的西班牙，希望它恢复往日的辉煌，并在欧洲的民族之林重新树立自己的声威。他们全都知道"真正的西班牙"和那个由大城市、官僚体制和政党组成的表面的西班牙之间的区别。他们全都认为自由派和保守派之间的斗争不会有结果，并希望超越当时议会政治的条款。作为一群来自外省的年轻人，他们全都反对民主和城市化。他们全都深刻体会到西班牙和欧洲主流文化之间的隔绝。他们全都要求通过行动和意志复兴西班牙，并且全都把目光投向了帝国以前的中世纪，认为那才是西班牙未来的榜样。他们全都直接或间接受到法国历史学家丹纳（Taine）的地理决定论的影响，他们全都认为在表象之下存在着一种亘古不变的西班牙特质或者本质。因此他们走遍了西班牙各省，去寻找西班牙人民，以及他们的语言和民间传统。他们从丹纳那里了解到，伟大的艺术作品可能蕴含着民族心理学的关键信息，因此他们全都致力于解读或者重新解读堂吉诃德的故事。他们大力歌颂中世纪卡斯蒂利亚王朝（Castile）那些"自由快乐的青年"，同时为自己所处的这个时代的黑暗和堕落悲叹不已。他们全都认为自己正生活在一种没落的文明之中，而新型的西班牙人必将从这种衰退的文明中诞生。[11]

把这些思想表达得最有力和最富有激情的，是比奥尔特加年长19岁的萨拉曼卡大学（University of Salamanca）校长米格尔·德·乌纳穆诺。乌纳穆诺无情地抨击了19世纪末西班牙生活的方方面面，从它的寡头政治到思想狭隘的知识分子，并且认为只有"打开窗户"，让西班牙坦然接受"欧洲之风"的吹拂和刺激，才有可能复兴这片

"道德平原"，使之免于停滞不前。传统主义者担心一旦接触了外国的思想和生活方式，西班牙就会失去自己的特点，这种担心实在毫无必要。因为在文明不断变化的外衣之下，是一直都没有改变的西班牙人；他们的个人主义、现实主义和堂吉诃德式的对知识的渴望，这些优点将使他们在现代社会中受益良多。"请相信，"乌纳穆诺强调，"相信我们的天性，相信我们会永远做我们自己这个事实，放心让外面的洪水和倾盆大雨进来吧。"[12]

乌纳穆诺提出了一套充斥着尼采式暗示的历史理论，来为自己对西班牙现状的批评和欧化方案辩护。他认为历史是通过周期性的扩张和收缩形成的。每次收缩都伴随着文明的终结和一批"新人"的诞生。每批新人反过来又代表了人类发展的某个阶段和他们朝着超人的方向又迈进了一步。乌纳穆诺相信，19世纪末的欧洲文明正经历着一场这样的危机。现代文明正在解体，在它的废墟之上将诞生一种能够创出新文明的新人类。这种新人类就是西班牙人。他们将是堂吉诃德式的人——可怜、严肃，不知悲观为何物，他们是绝望的斗士，意志坚强的人，他们更注重精神而不是理性，他们和古希腊的典范相去甚远，而与中世纪的基督徒有着密切联系。他们把一生都用来抗争。他们将因为"渴望普遍性和永恒性"而四处流浪。他们将为一个"二元对立而又充满了激情"的新的中世纪而战。他们的人生哲学将是意志与信念。[13]

这一美好的前景使乌纳穆诺大受鼓舞，他深信进步取决于年长者被他们的后辈所取代，他向西班牙的年轻人发表演说，呼吁他们抛弃"这片禁锢我们心灵的旧土壤"，去寻找那属于未来的"原始岛屿和沙漠"。乌纳穆诺说，为了给新世界让路，他们必须合力打破旧世界；他们必须把文化——永恒的精神王国——从蒙蔽它的短暂物质文明中解放出来；他们必须打破束缚新人类的那层"包囊"。"当你看到新人类从文明的废墟中诞生，"乌纳穆诺1901年写道，"这个景象该有多美！"[14]

奥尔特加对1898年一代的文学成就赞赏有加，他非常敬佩乌纳穆诺为西班牙的思想启蒙和文化复兴所做的努力，以及他那满腔的热情和不屈不挠的精神。然而尚未成年的奥尔特加已经开始批评起1898年一代完成使命的方式。他认为，1898年一代知道如何破坏却不知道如何建设。奥尔特加从这些人的文章中察觉出一种无政府主义情绪和大难来临前的欢呼，这一点和乌纳穆诺的随笔中越来越明显的荒谬倾向一样，使他尤为反感。1904年1月，20岁的奥尔特加给乌纳穆诺写了一封信，信中批评了这位备受推崇的长者的"神秘主义"和"野蛮行为"，同时以惊人的自信宣布他将选择另外一条路。

> 也许你会跟我说，一个人不需要样样皆知就可以思考；但是我必须坦白地告诉你，不时出现在您理论大纲中的这种西班牙式的古典神秘主义根本说服不了我……只有那些拥有惊人直觉的人，才能用实际情况和几块石头，建造出一座神殿；如果他没有掌握实际情况，那么他只能造一些过时而又讨厌的东西……如果他没有一流的直觉，那么他只能造一些毫无价值的东西。这就是那些30岁的人所做的事，也是我们这些20岁的人开始做的事。30岁那帮人带来了一些新鲜和反文学的东西，然后就像野蛮人一样闯进了思想领域。没错，有总比没有好。但是我要坦白地告诉你，我不想让自己沦为野蛮人，就像人人都称赞我拥有强壮的手臂和健康的肤色一样，我相信自己也能成为一名坦诚、高尚和正直的人，一名既拥有开明思想又能被人理解的，认真、好学、细心且用心读书的人。[15]

一年后，奥尔特加在一封写给长辈朋友的私人信件中，再次批评了1898年一代，这一次他谈的是教育理念。他说，上一代人的责任，是为新一代提供一种或者多种足够严谨的知识体系，以满足他们的需要，即使只是暂时如此。为什么这么说呢？因为智力的形成需要经过一段时间的训练，在这个过程中，年轻人接触到了那些业已存在的道德和价值体系。这些规律将成为智力发育的催化剂。一旦缺少这种催化剂，年轻一代便无法真正成熟。知识上的压力能使思想变得缜密，它的缺失将导致思维出现空洞并变得迟钝。那些20岁时没有道德信仰，没有让自己屈服于价值体系束缚的人，将是一辈子都"茫然浮躁，无法连续把三个理念说清楚的人"。奥尔特加得出的结论颇具争议性，他认为自己和其他20岁的西班牙青年注定将成为这种人，因为上一代人不相信教育，在本该向他们宣扬热爱科学、忠诚和渊博知识的时候，却给他们播下了无政府主义的种子。[16]

这些刺耳的话是1905年冬天奥尔特加在莱比锡写的，当时他正在那里学习哲学、物理和数学。1906年，奥尔特加获得了一笔出国留学的奖学金，于是那个学年他又回到德国，先是在柏林，接着又转到马堡（Marburg）参加新康德主义哲学家赫尔曼·科恩（Hermann Cohen）和保罗·纳托普（Paul Natorp）的研习班。在德国，尤其是在马堡逗留的这段时间，对奥尔特加思想的发展极为重要，对他的代际理论的最终形成，可能也起着关键作用。一方面，奥尔特加见到了西班牙没有的知识分子典范：这名哲学专业的学生从自己的研究中发现了"公共和个人行为的准则、道德体系和法学原理"，他将以此来抵抗那些"控制着公众头脑"的陈腐思想。另一方面，这段经历使奥尔特加接触到当时德国思想界的最高水平，同时也为他提供了一个信息和亲身体验的平台，使他可以从中评判自己国家的缺点和国民的特征。我们有充分的理由相信，奥尔特加在德国期间对西班牙的洞察和对作为一名西班牙人意味着什么的思考，肯定是非常痛苦的。回到马德里后不久，奥尔特加就写了一篇文章，表示他深信他那一代有许多人"每时每刻都为自己的民族[感到]羞耻，这种羞耻炙烤着他们的五脏六腑，折磨着他们的想象力"。"我们这个时代出过国的年轻人都有一个令人沮丧的惨痛体会，那就是，必须勇敢而明确地让大家知道：在国外，西班牙人已经沦为人们的笑柄。"[17]

回到马德里后，奥尔特加有大把的机会思考德国和西班牙之间的差异。奥尔特加从来都不是后来人们所认为的那种绝对的亲德派，他并不认为这些差距全都对德国有利。德国人缺乏和谐和个性；他们粗鲁、庸俗而又贪财；他们过于喜欢集体形式的社会组织，这些社会组织把人的个性都抹杀了。德国自由主义者的自由主义是懦弱的，德国社会主义者有时则很"野蛮"。德国的文化正在衰退，而德国人对文学或诗歌根本毫无概念。但是在哲学、物理和数学——尤其是在文明的水平和延续性方面——德国人则远远走在西班牙的前面。他们是欧洲不可或缺的一部分。西班牙只是一团幻影和一个谎言。在这个充斥着假话和伪币的世界里，西班牙的政治精英和知识分子传播着一些过时的思想，他们从来都不屑于研究这些思想的价值，这个国家的一切都是假的——"全是假的，全是假的"。德国的学者可以把社会组织不当回事：他可以（如果他想的话）花20年时间思考无限，因为他知道，卫生部（Department of Health）会保护他的健康，图书馆会满足他看书的需求，而且他的选票一旦投出去就会被如实报道。相反，那些试图逃避国家问题的西班牙学者，一天却要被这些问题困扰十次。因为改变社会现实的工具是政治，一个生在比达索亚*（Bidassoa）和直布罗陀†之间的人，不管他

---

* 比达索亚河是法国和西班牙之间的界河。
† 直布罗陀是西班牙的最南端。

喜欢也罢，不喜欢也罢，他都不得不"首先"是一名政治家。因此，回到西班牙以后，奥尔特加积极地投身政治。但是是哪种政治呢？那些主要通过《大众的反叛》(The Revolt of the Masses)一书认识奥尔特加的读者可能会大吃一惊，1907年他投身的是左派政治，而且他毫不犹豫地称这种政治为社会主义。[18]

1907年10月至1914年春这段时间，奥尔特加在一系列报刊文章和演讲中详细解释了自己的政治纲领的本质。这些文章和演讲明确针对和他一样的二三十岁年轻人，这代人来到这个世界时发现自己已经一无所有，"没有家，没有精神上的师长"。当我们发现年轻的奥尔特加让自己局限于这些年轻的客户时，我们不应该感到惊讶。奥尔特加和法国的莫里斯·巴雷斯以及他自己的同胞乌纳穆诺一样衷心相信，国家的变革需要认知上的根本改变，而这对那些思想已经成形的成年人来说，显然过于极端了。和其他许多以代际方式思考的人一样，奥尔特加用"青年"这个词来指代中上层阶级中那些受过良好教育的社会精英。他对这些未来的突击队员的致辞是这样的：西班牙不是一个国家，而是一个难题和一种可能；对于奥尔特加这一代人来说，西班牙是痛苦和不幸的根源。上一代西班牙人——那些50岁上下的家伙——不管他们身上有多少优点，他们都没能完成自己的使命，那就是使西班牙欧化，让它成为英、法、德那样的文明国家。政治是最重要的教育。它是人口中受教育程度最高的那部分人对普通民众施加影响，并为他们提供生活和组织共同生活的理想的过程。西班牙需要的理想是自由、社会公平、技能和欧化。复兴离不开欧化。复兴是愿望，欧化是实现这一愿望的手段。西班牙是个棘手的问题，欧洲是这个问题的答案。奥尔特加的"欧洲"指的是科学和文化，因为他相信健康的政府应该建立在清晰思考的基础上。那些旧的政党没有能力完成这个任务。自由主义依然是一种道德理想；只是必须经过革新，使之成为一种与时俱进的政治纲

第四章 西班牙：我们时代的主题

领。自由主义只能是社会主义。事实上，社会主义是自由主义的延续。但是我们必须小心，不要把这种社会主义和卡尔·马克思或者工人政党的社会主义混淆在一起。防止革命暴力——奥尔特加承认对之非常憎恨——的唯一方法，是成立一个革命政党，这个政党将实施时代所需要的社会变革。激进民主主义和社会主义的使命，就是实现人们盲目而强烈追求的目标，从而避免革命的爆发。年轻一代的任务，就是创建这个新的左翼政党。要完成这个任务并不容易。因为年轻一代在有限的条件下困难地摸索：他们在没有师长指导的环境下长大，而无能的一代永远也无法衍生出强大的一代。这就是年轻一代缺乏活力和热情的原因，也是他们心中如此痛苦的原因。奥尔特加号召他这一代人努力学习和奋斗。1913年，奥尔特加宣布他们已经完成了第一阶段的任务。他们通过批评现有的一切，使新生活在西班牙成为可能。现在他们的任务是，通过"能力革命"（the revolution of competence）建立民主的统治地位——他的意思是由学识代替空谈，由技术专长代替意识形态。[19]

到了1914年3月，奥尔特加作为他那一代人的学术和政治领袖，已经得到同龄人的普遍认可。奥尔特加自身处境的稳定和巩固，也有助于他领导才能的发挥。此时他已经结婚，有一个小孩，还有一个即将出生，他是马德里大学的思辨哲学教授，拥有稳定的学术地位。奥尔特加的国外朋友，例如赫尔曼·科恩、尼古拉·哈特曼（Nicolai Hartmann）和保罗·谢弗（Paul Scheffer），都承认他是欧洲思想界的新生力量，并把他看成西班牙国内年轻一代在哲学领域的杰出代表。奥尔特加的学术天赋和不断增强的政治影响力，同样受到国内政治和文化领袖的欣赏，而且他即将当选为皇家道德和政治科学学会（Royal Academy of Moral and Political Sciences）的会员，种种迹象表明，虽然有过激烈的论战，但是奥尔特加已经赢得了那些占据体制高位的人的好感和尊重。他开始记录自己对《堂吉诃德》的思考，这将是他第一本重要的哲学著作。而在前一年的十月，奥尔特加和一帮志同道合的年轻人成立了一个名为"西班牙政治教育联盟"（League for Spanish Political Education）的组织，这个组织和梅尔基亚德斯·阿尔瓦雷斯（Melquiades Alvarez）的改良派（Reformist party）有着松散的联系，奥尔特加可能把它视为自己一直在敦促成立的新的左翼政党的核心。因此，当30岁的奥尔特加站在马德里喜剧剧院（Teatro de la Comdia in Madrid）的舞台中央，面对着黑压压的群众发表题为《新旧政治》（"the old and new politics"）的演讲时，他肯定感到相当自信，而且有种正处于一个重要历史时刻的感觉。[20]

这次演讲是奥尔特加对自己的政治纲领最完整也最重要的一次表述。我们之所以对这次演讲特别感兴趣，是因为里面除了有许多奥尔特加后来会用更系统的方式阐述的概念，还可以看到他的代际理论的大致轮廓。和奥尔特加的大部分讲话一样，这次演讲面向的是西班牙青年，尤其是那些受过教育的精英阶层，他们正开始反思"恐怖的1898年"，同时发现自己正处于人生的中途。奥尔特加说，真正的政治由两部分组成：一是深入掌握集体心理，二是阐明社会团体（例如，一代人）已经存在的观点和想法。只有当一代人知道自己想要什么时，他们的努力才不会白费。一代人如果不承认自己的独一无二和观点，那他们可能注定将了无生气。因为如果每一代人想对人类作出贡献，他们必须像个体一样，从忠于自己开始。奥尔特加说，他这一代人似乎不愿承担自己的责任。这种不情愿将非常危险，因为年轻一代在参与国家政治时的犹豫态度，不仅将导致他们自身的失败，还将导致整个西班牙民族的彻底失败，使他们滑入无可救药的永远平庸的状态。因此，奥尔特加认为，他这一代人必须承担起民族复兴的艰巨任务；他们必须"全心全意地、深思熟虑地、自发地"思考国家的未来。[21]

第四章 西班牙：我们时代的主题

奥尔特加接着说道，据说一切时代都是转型的时代。他承认这句话说得没错。但是有些时代会出现突然的跳跃和隐蔽的呐喊，从而导致公众意识严重地偏离重心。当这种情况发生时，将会出现两个并存然而却彼此完全陌生的国家：一个是固执地重复着濒死时代各种举动的官方国家，一个是受到前者阻挠，因此无法登上历史舞台的生机勃勃的国家。这种两个国家并存的状态，奥尔特加说，正是当前西班牙基本的真实情况。官方西班牙的代表——各个政党、政府机构、新闻媒体——已经和国内那些最有活力的元素完全断了联系，它们已经退化成捍卫错误观念的幻影。它们正在死去，必须让这些奄奄一息的家伙彻底寿终正寝，这样才不会过分延长它们的痛苦。而那些拒绝加入政党的年轻学者则代表着那个充满活力的西班牙。这些"新生代"已经意识到自己对"那些主宰着西班牙人生活的官方组织的政策、模式、思想，甚至他们说的话"都感到完全陌生，"同样一个词，由一个人说出来和由另一个人说出来，意思完全不同"。这些人对复辟心怀不满，有一天他们会要求对方给出解释，因为正是由于对方的平庸，才使他们只能成为他们本该成为的那种人的影子。奥尔特加现在要求这些人密切合作，尤其是那些准备走学术道路的少数派。他们必须投身政治，但是他们不必也绝不能抛弃他们的智力水平和能力。让新生代投身政治吧，奥尔特加极力主张，就像医生和经济学家一样，就像工程师和教授一样，就像诗人和企业家一样；因为西班牙需要的是具体的技能，而非笼统的概念。[22]

奥尔特加警告，新政纲万万不能以夺取国家政权为唯一目的。它必须采取一种历史的态度。奥尔特加解释说，我们认为国家政权是国家生活的一个机构，但不是唯一一个，甚至也不是最关键的一个。我们必须要求政府提高效率，但是我们必须到乡村去，我们不仅要让村民们出来投票，还要让我们的宣传化为文化、技术和社会合作上的创新——总之，人类生活各个方面的创新。因此，西班牙政治教育联盟将会和社会一起反抗政府。如果政府和社会发生冲突，联盟必须坚定地支持社会与政府抗争；因为奥尔特加和他的朋友们把自发性和国家的活力置于公共秩序之上。新政纲将是开明的；但它和现在的自由党一点关系也没有，死气沉沉的自由党已经证明自己无法超越个人主义。联盟也不会和保守派——这些昔日的代表——或者煽动性太强，而又思想僵化的共和派合作。[23] 在君主制的问题上，新政纲将是务实的，因为20世纪唯一可能的立场是实验性的，唯一可能的理论是实践性的。为了把进步和自由传播到社会底层，新政纲将和社会主义者合作，从这一点来说它是激进的，但它不可能把自己的工作和社会主义者的混为一谈，因为它痛恨一切的学说和教条，也不愿把社会公正和民族复兴看成是两个问题。新政纲将是全国性的，但又没有丝毫的民族主义或者帝国主义。例如，摩洛哥（当时由西班牙军队占领）的未来将根据实际情况来定夺，而不是根据理论。新政纲将超越议会制，因为它的目标是社会的活力，而不是简单地控制国家。奥尔特加强调，真正的问题是活力问题；西班牙政治联盟所追求的，是一个能够自己站起来的、"有脊梁骨"的西班牙。

如何产生这种活力？对于这个关键问题，奥尔特加说了一番既中肯又很有说服力的话。

> 我们将把我们的好奇心和热情送到西班牙最边远的角落：我们要去了解西班牙，把我们的爱心和愤慨撒在那里。我们将和十字军东征时期的传教士一样，到广阔的天地去，我们将住在农村，从源头聆听当地人绝望的控诉；我们将先和这些人做朋友，以后我们将成为他们的领导。我们将在他们之中建立强大的社交纽带——相互教育的合作组织、观察和抗议中心。我们将推动每座

城市中最优秀人才的精神迅速崛起，他们现在已经沦为囚徒，身上背负着官方西班牙的沉重枷锁，这种现象在外省比在马德里还要严重。这些在外省的慵懒气氛中迷失方向的兄弟，我们要让他们知道，我们是他们值得信赖的盟友和支持者。我们将在西班牙全境建立一个网络，这个网络是一次次艰难的尝试，它既是宣传机构，又是一个研究国家生活的机关；简而言之，这个网络将形成一套神经系统，在传递重要的情感波动的同时，又能传递自发而强大的抗议浪潮。[24]

在我们今天看来，这套纲领和说辞可能听起来有法西斯主义的嫌疑——或者如一些历史学家所说的，里面用了一些很容易被滥用的前法西斯主义或者原始法西斯主义习惯用语。而奥尔特加的纲领中确实含有许多后来为法西斯领导人所用并收到奇效的思想和口号。谴责议会政治，断言自由主义和保守主义已死，摒弃意识形态，崇尚实用主义和能力至上，要求民族主义与社会主义合并，关心国家改造，对年轻一代有着极大的号召力，确定19世纪和20世纪之间的关系已经破裂，以及呼吁一种"充满活力的政治"，以避免衰落的危险——所有这些都将在20世纪20、30年代法西斯政党的纲领和宣传内容中再次出现。然而把西班牙政治教育联盟或者它那位侃侃而谈的年轻发言人归为法西斯主义，是对历史的严重误判，是把两种完全不同的东西混为一谈，尽管它们之间有着明显的相似性。也许我们需要区分1905年前后欧洲中产阶级内部出现的政治冲动和"一战"结束后这种冲动在完全不同的情况下产生的扭曲。

1914年奥尔特加试图动员的，是那些和他一样的年轻知识分子——科斯塔当年也曾向这群来自中立阶层的青年呼吁过——奥尔特加要求他们把建设一个更加现代、更加强大、更加开明和更加欧化的西班牙作为自己的目标。奥尔特加和他的朋友拉米罗·马埃斯图一样，希望西班牙"为人类作出贡献，不要再当文化界的寄生虫，不要再靠借贷度日，要为人类灵魂的不断发展贡献自己的力量"。奥尔特加为这些目标提出的政治纲领本质上是改良主义的。他不想革命，他也不想煽动仇恨的风暴。奥尔特加一直强调，哪里有喊叫，哪里就没有科学；而科学，或者说理性的讨论，一直都是奥尔特加的主要目标。"光明，光明，我要光明"，他和歌德一道大声呐喊，因此他和那些被黑暗的精神渊薮吸引的人完全不同，例如乌纳穆诺。[25]

另外，法西斯主义和奥尔特加这群人背后的动机也完全不同：奥尔特加的行动，并不是因害怕工人和农民而起，而是因为他有一个希望——希望把西班牙人提高到欧洲其他民族的水平。他所憧憬的国家，是一个政治的作用微乎其微，而人民却能好好工作的国家。没错，他提到了国家社会主义。但他的国家主义却是对内而非对外，是为了社会的改良而不是为了对外扩张。而且他所说的社会主义和集体主义及平均主义都没有关系，而是他相信世袭特权会妨碍知识和文化进步。[26]

我们一再说奥尔特加是一名精英主义者。他确实是一名精英主义者。但问题是除了那些社会精英，谁有能力改变西班牙呢？奥尔特加的错误不在他的精英理论，而在他给既有和潜在的西班牙精英下了一个狭窄和过于知性的定义。奥尔特加在分析西班牙面临的危机时，既低估了寡头集团保护自己特权和势力的决心和能力，也高估了人民群众的意愿，他以为他们会心甘情愿地让自己的欲望服从于他这样的知识分子所制定的文化目标。他还忽略或者低估了西班牙精神中的其他方面——军队、无政府工团主义、社会主义、分离主义——之后的25年，这些元素将在西班牙的政治中起到关键作用。然而政治分析的不足之处丝毫不影响他远见卓识的伟大性。只需看一眼西班牙政治教育联盟的成员名单就可知道，西班牙"1914年一代"的年轻人中有不止一个被奥尔特加的思想打动。[27]

因此，代际思想深深地植根于奥尔特加的背景以及他青年时代的思考和行动中。和亨利·马西斯一样，青年奥尔特加也是很早就不知疲倦地参与代际讨论。奥尔特加1914年之前写的文章或者演说，几乎没有一篇不抱怨上一代人的失败，或者感叹他们思想的平庸对年轻一代思想和心灵造成的永久伤害，没有老师和大师的年轻一代因此"垮掉"了，他们牺牲、迷失了，因为他们没有得到他们理应获得的教育和鼓励。和马西斯一样，奥尔特加似乎也是从年长的著名知识分子（如果这样的话，那就是科斯塔、乌纳穆诺、阿索林、巴罗哈和马埃斯图）那里"了解"或者"继承"了这种对上一代的评价。奥尔特加的代际理论*和马西斯的一样，最初都是在民族复兴运动的背景下提出的。奥尔特加显然受到"青年"和"年轻一代"的吸引，认为他们是除了现有的寡头集团和不断发展的群众运动之外的第三条路，和马西斯一样，奥尔特加的"青年"指的是年龄在20—30岁、受过教育的少数优秀人士。最后，奥尔特加面向的读者——他称他们为"年轻人""我这个时代的朋友""新生代"——跟马西斯曾试图描述、塑造和启迪的那些人正好都属于1912年一代。奥尔特加与马西斯的不同之处在于他的代际理论有着明显的政治性；而且奥尔特加之所以决心投身政治，原因在于他认为西班牙和法、德、英这些国家不一样，西班牙没有社会生活，没有社会机构，没有一种弘扬民族精神的工具，除了政治。[28]

奥尔特加还有一个地方和马西斯不一样：和这名法国同行不同的是，奥尔特加认为自己主要是个理论家。他认为自己属于那些对他们来说"最重要的一点，是要在思想上达到一定的正确性、连贯

---

* 本章的 generationalism 均译为"代际理论"。

性和严谨性"的人。然而即使最拥护奥尔特加学说的人也不得不承认,不论是西班牙国内还是国外,知道奥尔特加理论的人都很少。他的弟子朱利安·玛利亚斯(Julián Marías)对此的解释颇为别出心裁。他说,奥尔特加的思想就像一座冰山。他的任何一部作品,我们只能看见上面的十分之一。其他的——理念——"也在那里,即使不在那里,也在那'下面',这些理念是他说的每一句话的基础,简直可以说培育和滋养了他的所有学说"。另外一种不那么神秘的解释可能是,奥尔特加的许多思想和见识只有放在他全部作品的背景下理解才有意义。而他的全部作品并不容易获得,即使对那些懂西班牙语的人来说也是如此,直到"二战"结束后很久,这种情况才有所改观。[29]

我们以奥尔特加的代际理论为例。如果我们仔细查看奥尔特加1907年至1914年的著作,我们会发现"一战"爆发时奥尔特加已经提出了代际理论的基本纲要,这些纲要在某些重要的细节上与我们研究过的理论有很大区别。但是这些纲要散见于他的来往信件、报纸文章和演说之中,当时可能任何人都不了解这些纲要的全貌,除了奥尔特加自己。直到1921—1922年,在题为《我们时代的主题》("the theme of our time")的系列演讲中,奥尔特加才试图用更加系统的方式阐述这些思想;即使那时,也只有少数几名弟子知道他,直到1923年这些讲稿在西班牙出版,接着又于1928年译成了德语(题目改成了《我们时代的任务》[Die Aufgabe unserer Zeit]),情况才有所改变。[30]

奥尔特加在1921—1922年的一系列演讲中提出的思想,基本上就是他战前作品中直接阐明或隐含的思想。但是,这些思想所植根的社会背景和提出者的心情却已发生了根本变化,因为西班牙和奥尔特加自己的生活已经改变。从1907年到1914年,奥尔特加作为一场政治运动的潜在领导人,他演讲和写作的目的无非为了重组西班牙的政党，以及从上到下对西班牙的生活和组织机构进行改革。《我们时代的主题》系列演讲是一名试图在社会上创立一门新的人类学的理论家的庄严宣告；奥尔特加对这一学科的概念，或者说他对这一学科的介绍，则受到"新生物学"（new biology），尤其是雅各布·冯·埃克斯库尔（Jacob von Uexküll）的理论的强烈影响，埃克斯库尔强调，每个有机体和它的周围环境之间存在着特殊而相互的关系。而且，这个喜欢在演讲一开始便声称自己不过是个青年的、早熟的年轻人，已经变成了一名成年男子；而且这个人被认为是西班牙最杰出的哲学家和学术复兴的领袖，已经获得了西班牙语世界的广泛认可。为了筹备这场复兴，同时将思想传播得更远，奥尔特加于1917年协助创办了一份新的报纸《太阳报》（*El Sol*），不久这份报纸便成为欧洲最有影响力和最令人尊敬的日报之一。此时，已经出版了几本书，手里控制着一个强大的新论坛，又受到公众热烈欢迎的38岁的奥尔特加已经准备好了，他要证明自己是一名欧洲思想家而不仅仅是西班牙思想家。他是西班牙的斯宾格勒（Spengler），如果你愿意这么说的话，奥尔特加特别推崇斯宾格勒的那本《西方的没落》（*Decline of the West*），并很快把它译成了西班牙语。[31]

与此同时，西班牙的政治危机却越来越严重。从1917年到1923年这几年间，罢工、巷战、恐怖袭击、暗杀和针对政府的有组织叛乱席卷了奥尔特加的祖国。加泰罗尼亚历史学家哈梅·维森斯·维沃斯（Jaime Vicens Vives）写道："那段时期的西班牙是'一战'结束后欧洲普遍出现的社会危机的一个缩影，那几年里，工团主义者、理论上的无政府主义者、职业匪徒和雇佣杀手，这些人在那个一触即发的灾难性时刻全都搅在一起……他们准备从资产阶级及其暴力武装手里夺取权力，用一场伟大的革命废除政府，以农业和家长制经济为基础，成立自由市，开创一种财产集体化的新生活。

这是一种世界上绝无仅有的衰弱无力的乌托邦，本质上是不识字的农民对自己变成城市中的机械化工人之后的反应。"[32]

西班牙政府面临着巴塞罗那工人罢工，雇佣杀手肆无忌惮地实施暴力，南部的土地和城市整座整座地落入农民之手，军官因薪水太低而抗命，分离主义分子因受到伍德罗·威尔逊（Woodrow Wilson）的自决原则的鼓舞而提出各种要求，以及议会左派不断地想从寡头手里夺取权力等一系列危机，在这种情况下，复辟制已经永远陷入了瘫痪状态。旧的政党无法继续统治，然而又没有新的政党可以取代它们。有一段时间西班牙似乎可能会走俄国革命的路子。这两个国家"上层的混乱和不稳定与底层社会的持续动荡和不满是成套出现的"。工人、农民和少数民族的政治团体威胁要联合起来。经过工团主义者初始阶段的反击，事实证明，只有忠诚的军队才能把西班牙政府从混乱和崩溃的边缘拯救回来。但是秩序的代价是镇压。而即使镇压也无法缩短不断加长的谋杀名单。在奥尔特加发表上述演讲的1921年，每个月平均有20宗谋杀案发生，而永无休止的街头暴力依然随处可见。[33]

1917—1921年发生的一切使奥尔特加痛苦地意识到，在一个被意识形态斗争撕裂、社会结构俨然成为一种负累（这一点和法国、英国和德国不同）的落后国家里，进行社会教育和政治改革有多么困难。虽然奥尔特加小心翼翼不去混淆社会主义和工团主义，而且依然认为寡头政府之所以无法使西班牙实现现代化和欧化，都是工人阶级过于极端的缘故，但是和1914年那篇关于新旧政治的演说相比，这几年他对西班牙局势的分析却变得更加傲慢，也没那么乐观。在没有掌握更加详细的人物资料的情况下，我们很难有把握地说这一演变为何会发生，以及它是如何发生的。或许和奥尔特加交往的圈子有关系，或者也可能缘于他对战争年代和战后危机发生期间自己深深依恋的某种生活方式的消失感到深恶痛绝。然而不管是什么原因，奥尔特加的变化却是非常明显的。他在1921年出版的一本著名的小册子中疯狂抱怨说，西班牙和俄国一样，是欧洲最粗鄙的国家。从中世纪开始，西班牙的精英阶层就非常薄弱，民众非常憎恨和厌恶"优秀人士"。奥尔特加说，正是西班牙人的这个特点，而不是人们所认为的当代西班牙人素质下降，导致了当前危机的爆发和国家的濒临解体。他悲伤地写道，中世纪以来的西班牙历史，就是一部衰落史；现在这种衰落已经到了最后阶段。因为在一个民众拒绝听从他们的天然领袖的地方，是不可能有社会和国家的。"人民"意味着天性和放纵；反过来，"贵族"则意味着纪律和制度。"既然这样，国家就是由贵族管理的人民所构成的。"[34]

奥尔特加很久以来便怀疑自己不适合从政。此时，他开始怀疑自己的这套政治思想是否适合西班牙。考虑到奥尔特加一生都在追求启蒙、文化、才能、个人自由和良好品味，谁忍心对他横加指责？由于1917—1921年间西班牙的左倾政策引发了许多枪击案、谋杀案、世界末日言论和中产阶级的强烈反对，使得政治改革至少短期内不可能进行。西班牙政治教育联盟的成员不是转向社会党，就是（指那些比较保守的成员）向后滑向了那些守秩序的政党。被奥尔特加寄予厚望的改良派，已经变成了自由主义者身上可有可无的点缀。你当然会问为什么奥尔特加自己没有成为社会主义者。我想，答案是，他一直以来都坚决反对任何政党把某个社团或者阶级的利益作为自己的目标。政治是一门聆听并把国家的私密愿望化为行动的艺术——至少奥尔特加认为应该如此。相比之下，西班牙社会党捍卫的则是一部分西班牙人，即工人的利益。它从未对知识分子表现出特别的热情，尤其是像奥尔特加这样展示了自己学术水平的知识分子。因此奥尔特加对社会主义的官方组织不感兴趣，虽然他一直很重视社会主义者所起的作用。奥尔特加对左派和右派均感到不满，他发现自己没有加入任何党派，政治上也没有一个追随者，而这可能也在他这一时期的理论著作中留下了印记。和大多数人一样，奥尔特加可能发现很难区分自己政治上的失意和某个时期、国家和社会组织的失败。在认真思考了1914年至1921年发生的事情之后，奥尔特加开始怀疑西班牙的悲剧可能也是欧洲的悲剧，怀疑当代人的失败——他对此深信不疑——是否仅仅限于西班牙。他怀着失望和悲观的心情，写下了一系列讲义，这些讲义后来成了《我们时代的主题》*（*El tema de nuestro tiempo*）这本书。[35]

《我们时代的主题》开篇即提出一套社会和文化变革理论，在明确反对那种认为政治家是历史创造者的观点的同时，又间接地反对马克思主义对历史变迁的解释。奥尔特加认为存在两种不同的时代：一种是人们自认为是祖先继承人的时代，另一种是人们认为必须彻底铲除祖先留下来的东西的时代。奥尔特加认为自己所处的时代属于第二种。人们对过去的状况感到不适，觉得有必要摆脱它们。历史是人们用来理解人心深处变化的工具。然而历史是有等级之分的；它不是研究已经发生的一切，甚至也不是研究已经发生的一切变化。有些变化比其他变化更重要；事实上，有些变化决定了其他变化。例如，经济和政治上的变化，就取决于观念、喜好和习俗的改变。反过来，这些改变不过是个人体验其"无差别的完整"人生的方式发生改变后的结果。这种感知和认识世界的方式——奥尔特加称之为"重要意识"（vital sensibility）——是历史上最主要的现象，也是人们理解任何一个历史时期所必须明确的。[36]

新生代的出现，使重要意识出现了重大变化。奥尔特加重申了自己在有关新旧政治的演讲中提到的一个主要观点，他说，一代人并不是指几个与众不同的人，也不是简单地指毫无差别的芸芸众生。

---

* 这本书的英译本题为《现代主题》（*The Modern Theme*，伦敦，1931）；但是这个标题并不恰当，因为奥尔特加的主要观点是现代行将结束，并被一种新的思考和感觉系统所取代。——原注

一代人就像"一个新而完整的社会组织,其中既有少数优秀人士,也有数量众多的普通群众,他们都被投射到一条有着既定生命轨迹的生活轨道上"。奥尔特加承认,如果重要意识仅仅存在于孤立的个体,那它们的变化将毫无历史意义。然而人类生活的结构并不是这样。那些载入史册的生活是与其他人共存的。没有人是孤孤单单的。杰出人士的一生表现在对普通群众的影响上。优秀人士和普通群众共享着同一个社会。那些和同时代的普通民众完全不同的人,对时代生活的影响将为零。历史学家的主要任务并不是研究这些差别。因此,"代"作为个人和集体之间达成的有力妥协,是历史学中最重要的概念,也是历史发展的关键。[37]

在表达一些过去已经用不同方式提过的观点时,奥尔特加经常会使用一些更加夸张的新比喻,这是他特有的风格。在代际观念这个问题上尤为如此。因此他在《我们时代的主题》的演讲中继续把一代人形容为"人类的一个品种",并解释说这里的"品种"和博物学家的用法是一样的。他说,同一代人带着某些典型的特点来到这个世界,这些特点给了他们相同的外观,也使他和前一代人迥然不同。作为种类相同的一群人,同一代人的成员之间可能存在巨大的差别,因此他们可能成为对手甚至是不共戴天的仇敌。但是细心的观察者可以轻易发现,在一代人内部的激烈斗争下面,隐藏着一条相同的"丝线"。同一代人都被他们共同生活的那个时代绑在了一起,不管他们之间的差别有多大,他们的共同点总是更为明显。事实上,一代人之中最重要的差别并不是那些支持和反对某项主张的人——例如自由派和保守派——而是优秀精英和普通民众之间的差别。有些人比其他人活得更充分,达到的层次也更高。"而且,事实上,每代人都代表着某种重要的态度,这种态度决定了他们的存在。"[38]

为了使自己的观点更加清晰,奥尔特加使用了两个生物学上的比喻。他说,每代人都代表着国家充满活力的一刻,他们是国家脉搏的一次有力跳动,而每次跳动都有它独一无二的特征。你同样可以把一代人看成是一颗"在精确的时间点,被一股方向明确的巨大力量弹入太空的生物导弹"。非凡人才和普通民众都参与了这些活动,但是少数优秀人士在理论知识和时代所允许的实际成就方面达到了最高水平。[39]

演讲进行到这里,奥尔特加开始系统地讲述他那一代人和生活在复辟制度下的几代人之间的区别,他曾在1907—1914年的文章和演讲中以辩论的方式介绍过这种区别。奥尔特加承认,"代"并不是凭空产生的。每个新生代都会接触到前一代人所创立的模式,他们会暂时把这些模式当成现实本身。与此同时,在天性的作用下,每一代人又会创建自己的思想体系,然而这些思想体系从未被认为是完整或可靠的。生活就这样成了一项朝两个方向追求的任务。每一代人的精神都取决于这两个要素之间的平衡——一个是从上一代人那里接受的,一个是由新一代主动创造的。有些"代"会认为自己是过去的延续;这些"代"生活于增长时代。其他"代"则感到自己和过去之间有着很深的裂痕,这些"代"生活于毁灭时代或者说危机时代,而且这种时期会产生抗争一代,他们攻击前辈,并以他们所反对的东西来定义自己。增长时代是老年人占优势的时代,毁灭时代则是年轻人的时代。奥尔特加说,老年人和年轻人主宰的时代交替出现是一个非常明显的历史现象,但令人感到惊奇的是,这种现象在历史学中却并不常见。奥尔特加建议创立一个名为"元史学"(metahistory)的新学科,"元史学"和具体史学之间的关系,就像生理学和医疗诊所之间的关系一样。奥尔特加认为,最有趣的元史学研究,将是发现历史的伟大规律,而年轻人的时代和老年人的时代交替出现只是其中的一个例子。[40]

这一系列的第二讲一开始,奥尔特加便强调每代人都有自己的天职或者说历史使命。这是奥尔特加最坚持的一个理念。这一主题曾明显出现在他有关新旧政治的演说中，而且在他20世纪30年代的演说中也将再次出现。奥尔特加说，每一代人都有自己的个性，每一代人都迫切地希望自己的个性萌芽快点成长，并使自己自发创立的模式影响周围的人——可能是其他各代人的生活。有些"代"未能完成自己的天职和使命。它们和具体的人一样，有时会对自己不忠。它们没能承担自己的责任，而是舒服地待在前代创建的观念、制度和趣味中，虽然他们对这些并非完全认同。这些"代"并不能逃脱惩罚。这些失职的"代"在永恒的自我矛盾中勉强走完它们的历程，这些都是严重失败的历程。目前欧洲这一代人，尤其是西班牙这一代人，即已抛弃了他们的事业，没能承担起他们的历史任务。人类很少像现在这样，对不适合自己的模式如此地逆来顺受。

最后这句话过渡到了奥尔特加演说的主题，即欧洲人的生活缺乏真实性。欧洲的制度全都是上个时代的残余。就连当代"最优秀的人"似乎也没有注意到这样一个事实，那就是西方人的认知方向正在彻底转变。奥尔特加暗示自己的同龄人没有看到这一点，是因为他们陷入了1890年一代留下的政治泥潭中。他们继续为自由主义和保守主义的优点辩论不休。然而政治是次要的，最重要的是生物学、物理学和哲学。新的认知首先表现为深沉的思考，然后才蔓延至忙碌的生活。"一个人明天的公共生活取决于他今天开始思考的问题。"这门新的学科告诫我们，"生命"作为一种体验现实的方式，正在取代理性主义。奥尔特加自告奋勇为我们解释这门新学科的要旨，同时为我们思考"生命"的哲学。他表示，这种新的认知方式最重要的一点，在于永远不要忘记精神机能同时也是生物机能——就跟消化和运动一样。纯理性只是漂浮在原始生命之海上的一个小岛。文化仅仅是一种生物手段。[41]

《我们时代的主题》就这样把理性的位置降到了生命力和自发

性之下，与此同时，它认为当代人的使命是利用理性来发现自发性——使"生命"成为一项人人皆可依据其生活的原则和权利。这个使命暗示着一种新文化的诞生，这种新文化对艺术将不那么虔诚，它信奉的将是透视主义而不是相对主义或者理性主义。因为每个生命都是对宇宙的一个看法，而真理只能从局部的角度来把握。尼采是宣扬这种新文化的哲学家之一，他聪明地发现了上升生命和下降生命，即成功的生命和失败的生命——也就是当时其他人所说的生机勃勃和腐朽衰败之间的区别，并首次将之作为一个文化论题进行讨论。

奥尔特加担心读者无法正确地理解《我们时代的主题》这本书，事实证明，他的担心不无道理。我们很容易看出他的意思是多么难以把握。他似乎在说文化的最高理想应该臣服于生命内在的需要；历史是生物学的一个分支；历史上的生命受到某些生物规律的支配，这些规律体现在个体生命、"代"和文明之中。这些肯定是20世纪20年代末曼海姆、格伦德尔等人读完这本书后的心得。另外，如果有人误解了奥尔特加，以为他所呼吁的新文化就是指发自内心地欣赏瑰丽的人类生命（例如因其魅力和旺盛的精力而欣赏拿破仑），谁又会感到惊讶呢？就像那个时期经常发生的一样，奥尔特加用了一些不合适的词来表达自己的意思。因此，《我们时代的主题》这本书不仅难懂，更难让人喜欢上它。[42]

可是，尽管奥尔特加过分沉迷于生物学上的比喻，《我们时代的主题》却是他最发人深省和最重要的作品之一。在这本书中，奥尔特加把自己在西班牙独自思考后形成的观点和理论投射在了一块欧洲画布上。"代"被奥尔特加看成一个基本的社会群体，也是他心目中西班牙复兴的关键，奥尔特加表示，"代"是最重要的史学概念，是唯一能够解释重大历史变化的史学概念。他指出，代际问题的核心，在于新一代知识分子——那些生活在时代顶端的人——

第四章 西班牙：我们时代的主题

如何看待从前人那里接受的东西。奥尔特加断定西班牙政治危机是更广泛的欧洲价值危机的一部分——欧洲现代史上最严重的一次危机——奥尔特加认为，这次危机的根源在于知识分子无法或不愿放弃以纯理性作为生活的基础。

这些讲稿中最引人注目的地方，在于奥尔特加对意识形态政治的反感。他在一次发人深省的旁白中说，空想家是那种拒绝接受自己对现实看法的人——是那种抛弃自己的位置转而拥抱抽象理想的人。事实上，《我们时代的主题》这本书的中心思想，就是认为乌托邦主义纯粹就是理性主义在政治中的表现；因此，可以预见，生命文化（vital cutlure）对理性主义的超越可望带来一种新的政治。这种新的政治会是什么样子？奥尔特加没有说；但是一段时间以来，他一直在预测民主的平等化倾向和过于教条化的工人运动所产生的反作用。生命本质上是一种结构，奥尔特加1916年曾经做出警告；即使这种结构不太好，但是总好过没有。这名改良派开始对改良失去信心了。[43]

《我们时代的主题》一书包含了一些和代际现象有关的观点，这些观点不仅有趣而且很有价值。奥尔特加试图阐明一代人与其精英之间的关系，这是一件具有创新意义的事；而且他最先意识到，在各个历史时期，年轻一代对上一代的态度并不总是完全相同。奥尔特加认为每一代人都有一个任务或者使命需要完成，这个观点虽然有些难以理解，但依然值得我们做进一步的探讨，就像他所强调的一代人的潜力取决于他们从前人那里接受到的教育一样。然而，尽管奥尔特加毫不含糊地表明"代"是一个最重要的史学概念，但他却没有告诉我们如何运用这个概念；因为他没有详细地说明为什么会出现"代"，它们和其他社会组织有什么不同或者相似之处，它们持续的时间有多长，或者如何辨别它们，就像弗朗索瓦·芒特雷在同时期出的那本书中努力想交代的那样。奥尔特加也没有继续运用自己的代际理论,对西班牙或欧洲发生的事做出令人信服的解释。[44] 他所做的,只是画了一张代际理论的草稿,其中仍有许多细节需要补充。因此,人们希望奥尔特加再次回到代际问题,把它论述得更为完整,而奥尔特加在1933年的系列演讲《论伽利略》(En torno a Galileo)中,也确实这么做了,这些演讲后来被翻译成了英文,即《人类与危机》(Man and Crisis)一书,这本书无可争议地成为奥尔特加最伟大的作品之一。

从《我们时代的主题》出版到发表论伽利略演讲的十年间,奥尔特加本人和西班牙的情况都发生了巨大变化,这些变化不可避免地在奥尔特加的代际理论中留下了印记。身为马德里大学的思辨哲学教授、《太阳报》的主笔和学术复兴发起者的奥尔特加,从这些有利的位置观察到了君主立宪制最后的挣扎并感到非常不安,他把全部精力都用在预测西班牙的未来上面。1923年,摇摇欲坠的议会政府垮台后,给了普里莫·德里维拉(Primo de Rivera)的独裁政府上台的机会,德里维拉是个好心但却异常专横的将军,拥有疏远最忠诚的追随者的过人天赋。奥尔特加对政变的发生丝毫不感到吃惊,甚至可能感到一丝宽慰。他知道普里莫·德里维拉的统治只能是暂时的,他认为或者自欺欺人地认为,一段时期的独裁统治将对西班牙有好处,因为它将使西班牙人认识到,19世纪确立的自由权利现在已经成为不可剥夺的权利,离开了它们,欧洲人将无法生存。[45]

普里莫·德里维拉可能也知道自己的独裁统治注定无法长久;但是,和大多数政治救星一样,他缺乏优雅退场的智慧。结果是他的统治持续的时间太长,变成了暴虐政权。在六年的时间里,西班牙尝尽了独裁统治的所有坏处,却看不到一个像墨索里尼带给意大利那样的称职而高效的政府。1929年,普里莫·德里维拉被自己跑

第四章 西班牙：我们时代的主题 221

去拯救的人群抛弃了，这个一无所有的垂死老人终于黯然退场，君主制本身也遭到重创。国王阿方索十三世（Alfonso XIII）恢复威信和保证王朝延续的唯一方法就是立刻采取行动，废除旧的政治制度；但他没有这么做，而是紧紧依靠军队的支持和那些独裁前已经声名狼藉的政客，并任命另外一名将军达马索·贝伦格尔（Dámaso Berenguer）监督所谓的恢复议会常态的工作。这个错误的举动导致新保守党、左翼自由党、社会党和加泰罗尼亚分离主义者结成联盟，并于1931年4月通过选举推翻了君主制。这一切发生得如此迅速、自然，而且不费一枪一弹，以至于大部分西班牙人感到欢欣鼓舞，尤其是那些共和派领导人，他们发现自己一夜之间从阶下囚和流亡者变成了内阁机要人员。第二共和国成立了，即使是最没有历史头脑的西班牙人也知道，他们的国家生活迎来了一个新时代。

奥尔特加在这些事件中起的作用不大。他是一名迟到且有所保留的共和主义者。你如果读过他1920—1930年写的政治著作，将很容易理解为什么会这样。这些年来他一贯的观点是，单纯的政治或者制度改革不足以解决西班牙的问题。他认为西班牙不幸的真正根源，是普通西班牙人——不管左翼还是右翼——对改变自己生活方式或思考方式的敌视态度。奥尔特加把这种敌意归咎于西班牙人的生活基调是由小资产阶级所定这个事实。这里没有真正的"贵族世家或金融贵族"，没有"懂音乐、对数或者有思想的知识分子"，没有"饥肠辘辘、满怀仇恨的工人"，来抗衡普通人的暴政。只要这些因素还在，就不可能有实质性的改变。因此政治改革的前提是先进行社会改革。任何其他想法都是错误的。奥尔特加还认为，开展一场以恢复过去的自由为目的的政治运动是没有用的。他强调，必须拿出改革和强化国家的其他手段来，因为正是当初群众对一个更强大和更高效的国家的追求，才给了反议会的独裁政府上台的机会。群众希望看到一个更有能力的政府，这个需求必须得到满足。[46]

因此，奥尔特加丝毫不赞同自由派和守旧的共和派所开展的反抗斗争——而他们反过来，可能也怀疑他在暗中支持独裁政府。然而，最后就连奥尔特加也被迫站出来反对普里莫·德里维拉对思想界和私人生活的粗暴干涉。就这样，1929年，奥尔特加因反对独裁者的教育政策而辞去了大学教职；1930年11月，他令人震惊地在《太阳报》的头版上声称，王室已经失去了统治权。奥尔特加说，在经历了六年的非立宪政府之后，国王借口说让西班牙回归正常，其实是在助长西班牙人恶劣的政治习惯，也就是自愿把政治上的歪风和违法行为看成是正常状态。阿方索没有宣布必须从根本上重塑国家，而是又委任了一名将军，他这么做已经冒犯了西班牙民族的尊严。"这是个不可弥补的错误，因此我们，而不是政府本身——是我们这些毫无革命精神的普通人——不得不对我们的同胞说：西班牙人，你们的国家根本就不存在！把它重建起来！君主制必须毁灭。"[47]

为了重建西班牙，奥尔特加和两位朋友拉蒙·佩雷斯·德·阿亚拉（Ramon Perez de Ayala）、格里戈里奥·马拉尼翁（Gregorio Marañón）一起，成立了一个名为"为共和国服务小组"（Group in the Service of the Republic）的组织。1931年2月，这个组织向教授和地方法官、作家和艺术家、医生、工程师、建筑师和各类技术人员、律师、公证员和其他法律界人士，特别是年轻人发出呼吁，要求他们团结起来支持共和国的事业，同时发动舆论支持共和国。奥尔特加说，君主制只是一个致力于保护寡头集团利益的互助组织，这个寡头集团包括西班牙的几座大城市、高级将领、贵族世家和教会。他说，君主制现在必须替换为一种真正属于"国民"的新政体。1931年4月君主制垮台后，奥尔特加一度为西班牙终于可能实现变革而激动不已，因为这是他长久以来的目标；他梦想着通过彻底的去中心化和自己领导的"为共和国服务小组"开展的政治教育，改变各个地方的死气沉沉的状态，同时提高它们的政治意识。

第四章　西班牙：我们时代的主题　　　　　　　　　　　　　　　　223

1931年6月，奥尔特加成功参加了莱昂（León）地区的立宪议会（Constituent Cortes）选举。另有13名奥尔特加领导的小组成员成功当选为议员，小组在各地的演说和公告收到了热烈的反响，成功在望，一切似乎都皆有可能。[48]

　　但是接下来几个月发生的事却使奥尔特加感到难过和不安，他不禁对共和党领导人的意图以及他们对西班牙国有化的承诺感到怀疑。推翻君主制的共和党联盟包括保守党、左翼自由党和社会党。但是1931年6月立宪议会的选举结果却严重偏向左翼政党，奥尔特加认为这很危险，因为右翼共和派的势力太弱，无法形成有效的制衡。*宗教、教育、区域自治和土地改革等问题不久便使这个脆弱而不稳定的联盟四分五裂，与此同时，西班牙各城市街头出现骚乱，基本的公共服务由于工人罢工而陷入瘫痪，教堂被纵火。社会党的代表警告将把革命进行到底，因为，作为议会中占优势的政党，他们有权利这么做；而共和国的敌人则正集结力量进行反击。奥尔特加对不断高涨的革命言论和一直忠诚参与共和国事务的温和派和保守派的退出感到震惊，1931年9月9日，他向执政联盟的领导人发出警告："不对，不对！共和国是一回事。'激进主义'是另外一回事。如果不行，就让它［共和国］等一等。"[49]

　　奥尔特加认为西班牙的政治制度危机和欧洲的制度以及价值观的更大危机有关——他认为这是欧洲自近代早期以来面临的最大危机。1932年，奥尔特加写道，有一天人们会清楚地看到，西班牙文

---

* 当然，如何解读1931年6月的选举结果，取决于你对"左翼"的定义。加布里埃尔·杰克逊（Gabriel Jackson）说，这次选举，左翼共和党和社会党的联盟取得了"巨大胜利"。按照他的统计，左翼获得了250个席位，其中120个被社会党、80个被左翼共和派政党控制。左翼联盟剩余的席位由加泰罗尼亚和加利西亚（Galician）分离分子瓜分。中间派是亚历杭德罗·勒鲁（Alejandro Lerroux）领导的大约100名激进分子。杰克逊认为右翼只获得了80个席位。见加布里埃尔·杰克逊，《西班牙共和国与内战》（The Spanish Republic and the Civil War, Princeton, 1967 ed.,），p.41。——原注

化经过几个世纪的沉睡，正准备来一次精神上的腾飞，却被欧洲大陆吹来的一股"猛烈的世俗之风"给阻止了。奥尔特加在他著名的作品《大众的反叛》(La rebelión de las masas)一书中，第一次尝试在全欧洲的范围内分析这场危机。虽然书的标题颇有煽动性（令人想起埃德加·荣格的《下等人的统治》），分类也颇为粗糙（"普通民众"和"精英人士"），然而这本书的真正主题却是当时欧洲领导人的真空。这本书在某些方面可以看成是对斯宾格勒的《西方的没落》一书的回应。奥尔特加并不认为欧洲正在衰落。他说，事实上，欧洲人的生活水平已经大幅提高，普通欧洲人生活的舒适度和选择的自由度也大大增加。那么，为什么欧洲人会觉得自己正处于衰退期呢？因为精英们没有为群众提供理想。由于群众无法为自己提供理想，欧洲很有可能陷入一种野蛮状态。这本书似乎认为当时的新趋势——共产主义和法西斯主义——无法为欧洲人提供新的理想，因为它们都属于返祖现象，都倾向于破坏自由主义，而不是接受和超越它。奥尔特加认为，历史只能是向前发展的。人类必须超越工业主义和自由民主这些19世纪的成就，它们无法废除。那些试图否定它们的行动注定将以失败告终。[50]

这几年，奥尔特加的个人生活也出现了危机。1930—1933年期间，他受到健康欠佳和财务问题的困扰。1930年，因为反对君主制，奥尔特加失去了《太阳报》这个论坛，他被迫创办了另一份报纸，但是新报纸的销量不佳，奥尔特加和自己的主要读者群之间的联系被切断。从此他不再定期向西班牙的主要报纸投稿。[51]然而，奥尔特加最大的不快无疑来自他失败的政治倡议，而且他感觉到——或许应该说担心——自己把宝贵的时间浪费在了一个自己并不真正擅长的职业上。从1929年底到1932年8月，奥尔特加几乎把全副心思都用在了政治活动上，而随着独裁政权的倒台和共和国的诞生，他参与政治的热情也直线上升。1931年秋，奥尔特加批评完左翼共和派的激进思想之后，开始有了成立一个新政党的想法，这个新政党将从右翼的新保守派一直延伸到激进派和左翼共和党，新政党将努力提供一种行得通的中间共和路线，以代替革命社会主义。1931年12月，奥尔特加在一次著名的讲话中说，必须整顿共和国，他的意思是，必须调整方向，让它朝着中间的道路前进。工人们必须意识到，除非西班牙的生产力提高了，否则自己的状况无法得到改善；资本家则必须学会独立和有更强的进取心。奥尔特加显然属意于一个追随者为知识分子、专家、技师、工厂主和年轻人（可能是大学生）的政党。"新的共和国需要一个规模宏大且纪律严明的新政党，在保证法律执行的同时，又能保护自己免受特殊利益团体的腐蚀。"奥尔特加的倡议受到了热烈欢迎，但是并没有得到实质性的支持。阿萨尼亚（Azana）领导的左翼共和党正朝着社会主义的方向发展，而奥尔特加寄予厚望的保守团体则继续把宝押在共和政府的倒台上。1931年12月之后，奥尔特加对政治效力怀有的任何梦想都迅速消失了。[52]

奥尔特加强调自己没什么政治才能。他的思想自然而然且不可避免地被一些不寻常的事情吸引。即便如此——对于那些日常的政治现实，奥尔特加有时的确表现得兴趣索然——更为不利的情况却是，他的政治观点没有客户。他原本准备合作的右翼分子不愿支持共和国，也不愿努力从内部去改变它。奥尔特加赞同左翼的经济计划和社会改革，但是却无法接受他们一门心思干革命的做法。虽然奥尔特加的演讲非常务实，但他说要创建的那个西班牙和此时这个由不满的农民、不受控制的工人、决心已定的分离主义者和惊恐万分的天主教徒组成的西班牙相比，似乎没有什么共同之处。和1914年一样，奥尔特加1931年的理想，是成立一个由新自由派和新保守派组成的民族阵线，由它们建立一个强大、高效而富足的政府，并由不关心任何派系利益并且不受任何意识形态约束的人担任政府的管理者。奥尔特加说，这个政府将既不倾向于保守主义，也不倾向于资本主义；但它也不是狭义上的社会主义或者民主主义。它将把工作和国家作为自己的两个主要原则。近代欧洲历史上的戴高乐主义（Gaullism）和奥尔特加的思想最为接近；然而奥尔特加更加青睐的，是那种没有民族领袖，旨在提高民众水平，而不是恢复国家在国际舞台影响力的民族运动。[53]

梦想很美，奥尔特加和往常一样，找了一些美丽的词语来描述它："那么，先生们，共和国的含义完全就是将公权力国有化，让它与国家融为一体的可能性，以便我们的人民可以自由地追求自己的命运，以便他们可以做自己想做的事（fare da sé），以便他们可以自主地安排自己的生活，以便他们可以在不可预知的未来舞台上选择自己的道路，以便他们可以按照自己的方式和内心的想法生活。"[54]

可惜，西班牙值得信赖的中间派政治没有形成气候。因为到了1931年12月，不管是出于恐惧、抱负抑或愤怒，大部分冲动的西班牙民众已经或者正准备加入各个政党，这些政党代表着特殊的利益，它们的目标都有着强烈的意识形态特征，而且无法容忍对手的存在。西班牙正陷入派系斗争，胜利将不属于最聪明的一方，而属于力量最大、武器最厉害的那一方。

1932年8月，奥尔特加退出了所有的政治活动。这个时刻对他来说无疑是艰难而痛苦的。因为奥尔特加已经快50岁了，他意识到自己有虚掷才华的危险，有样样皆会却没一样精通的危险。是时候"大声说出"他在《大众的反叛》一书中"暗示"和"嘀咕"的人类存在理论了。否则他将和歌德（1932年他专门为歌德写了一篇文章）一样，当命运要求他承担起自己的责任时，因为没有听从内心的召唤而受到谴责。当奥尔特加写下"每个生命或多或少都是一堆废墟，我们必须在断瓦残垣中寻找，才能发现这个人本来应该的样子"这句话时，他的手肯定在颤抖。另外，1932年秋奥尔特加感觉到,议会政治是一种只适合二流人才的丢脸职业;而且他相信西班牙正无可救药地朝着灾难奔去,可能许多年都无法翻身。也许他还记得自己1915年写下的话,当时西班牙正开始陷入政治混乱:"当公共生活的一切都是谎言时,唯一能拯救我们的只有每个人都忠于自己。"就这样,在远离政治的情况下,1933年,奥尔特加以哲学家的身份开始了一系列演讲,他演讲的题目是欧洲历史危机这个再合适不过的话题。[55]

演讲一开始,奥尔特加就阐明了什么是"人类生命"的本质。奥尔特加说,他准备使用这个和大多数词语一样空洞的普通短语,给它注入内涵,使它变得和银行的支票一样有用。奥尔特加说,人不是指这个人的身体或者灵魂,也不是指他的所思所想或者所作所为:人是指这个人的一生。和1921—1922年的演讲不同,奥尔特加这次非常小心地把自己的观点和活力论者(vitalists)的区别开来。生物学方面的比喻不见了。奥尔特加说得很明确,生命不是一个简单的生物学事实。必须从历史和生物学的角度来理解人类生命。人是一种不断有事情发生,同时又不断被迫采取行动的生物。或者正如奥尔特加稍后在讲稿中所写的:"人是他身上发生了什么和他做了什么。其他事情本来也可能发生在他身上,但是那些真正发生在他身上的事和他所做的事构成了一条不间断的经验轨迹,他把这些经验背在身上,就像流浪汉把自己的全副身家都背在身上一样。"生命是一道难题。每个人都觉得自己像一艘遇难的船只,在一种神秘的物质中漂浮,周围是一片黑漆漆的危险海水。对自己的状况始料未及,与巨大的不确定性斗争,再加上被生命的种种可能性弄得晕头转向,人类被迫对自己、他人、周围环境和自己生存的意义做出判断。为了能活下去,为了浮在水面上,人类必须理解这个世界并为自己创造一条"生命地平线"(vital horizon)。因为人是"一股激情"。奥尔特加说:"这种解释来自我们所说的'我们的信念'——

那些我们认为自己有把握的、我们知道自己可以信赖的东西。"这种错综复杂的确定性就像人类在环境这个"波涛汹涌而又神秘莫测的大海"上为自己建造的"一艘木筏"，是一个整体，同时也是历史的主要现象。奥尔特加认为，人类首先是"人类社会"的创造者，是虚构故事的编写者。人是撰写他自己人生的小说家。[56]

如果所有人的信念都不一样，那么有多少人，就会有多少条生命地平线和多少个人类社会。一个人的信念只对他自己有效。但是实际情况并非如此。每个生命都淹没在集体生命的海洋里。集体生命或者说社会有自己的信念清单，个体必须接受这个清单。而无数这样的集体信念（一般称之为"时代观念"或者"时代精神"，奥尔特加称之为"强制社会"，the world in force）正支配和约束着所有人，不管他接受与否。这些匿名的信念立在人类面前，就像隔在一个人和他想去的隔壁房间之间的那堵墙一样，让人无法忽视。而且，这些思想不仅在那里，就在人类跟前；还在他们的心里，因为大多数人的大部分信念来自那份集体清单，并理所当然地把它们视为无可辩驳的真理。事实上，这种坚不可摧和安全无虞的特点，正是人类信念和纯粹的思想之间的区别。奥尔特加喜欢把生命比作一场戏。人类，他说，就像一个熟睡中被抬到剧场侧翼的演员一样，还没睡醒，就被推上舞台，站在公众面前。他可以从舞台上逃走，也可以一边走一边编剧。然而个体即兴表演的角色原型将由他那个时代的生命地平线所决定。而这条地平线的一丁点移动，都将导致这场人类大戏的剧情发生变化，导致个人扮演的角色发生改变。

奥尔特加的比喻越来越难以理解；我之所以引入这个比喻，是因为它可以让我们深入了解奥尔特加对人类生命的看法，还可以从逻辑上引出他的代际变化理论。由于人类生命的构造——由于不断有人死去和不断有人出生——生命地平线总是在不断变化。人类生活在一个由前辈和后辈围成的狭小空间里，这是人类生命最基本的事实。这就是某个特定时代的含义。事实上,是时代的冲突创造了历史。任何时刻都包含至少三个"目前",总是有三个不同的"当今"并存。"或者,换种说法:'目前'包含了三个并存的重要生命维度,不管愿意与否,这三个维度总是连在一起,而且因为彼此各不相同,它们本质上必然是互相对立的。"对一些人来说,"当今"指的是他们 60 岁这个阶段;对其他人来说,"当今"指的是他们 40 岁这个阶段;而对另外一些人来说,则指的是他们 20 岁这个阶段。和一个人同时代并不意味着就是他的同龄人。人类是和自己的同龄人,而不是和自己同时代的人一起生活的;也就是说,他们和自己那一代人生活在一起。"代"因而是历史进程中的一条"重要维度";它是"一种完整统一的存在方式,或者,如果你想的话,也可以说它是一种生活方式,这种生活方式对个人有着不可磨灭的影响";它就像"一辆大篷车,人类用它来运送囚徒,但与此同时,这些囚徒又都是心甘情愿坐上这辆车的"。在这一系列假设的基础上,奥尔特加得出一个结论,那就是从集体意义上讲,"代"是历史舞台上的真正演员。信念和生命地平线的变化伴随着每一代人。[57]

奥尔特加认为信念和重要意识会定期发生变化,大约每 15 年发生一次。* 为什么这么说呢?因为组织结构决定了人类生命每 15 年便进入一个新阶段。一个年轻人在 25 岁时接触到前辈创建的社会,

---

* 据我所知,这是奥尔特加第一次提到 15 年的间隔时间。1914 年以前,奥尔特加倾向于使用双极模型(旧的一代和新一代的对比),虽然从他写给纳瓦罗·莱德斯马(Navarro Ledesma)和马埃斯图的信中,可以看出他已经意识到,在复辟一代和他自己那一代 20 多岁的人之间,存在着中间一代。从 1917 年起,随着那篇有关唐·古梅辛多·德·阿兹卡拉特(Don Gumersindo de Azcárate)之死的文章(《奥尔特加作品全集》,*Obras completas*, III, 11—12)发表,奥尔特加开始强调同一历史时期三代人共存的现象。然而在那篇文章中,这三代人被认为是 1869 年一代、复辟一代,以及和奥尔特加一样尚未在国家生活中留下自己印记的那些人。只有在 1933 年(以及后来的 1934 年)给《没有主心骨的西班牙》(*España invertebrada*, 出处同上,III, 43)第四版写的序言中,奥尔特加才断言两代人之间的间隔总是 15 年,因为这是由人类生命的结构所决定的。——原注

并开始考虑其合法性。因为他成长的环境和他们完全不同,他将在成长的某个时刻发现他们那套信念的不足之处,并设法用自己对自己生活的这个世界的真实感受去取代它。这个年轻人并不孤单,还有很多人和他一样。他将和同龄人一起组成一个人数不亚于前一代人的方阵,而他们的不同看法和对父辈世界的不满汇聚而成的强大力量,将使生命地平线发生变化。有人提出"代"是个虚幻的概念,因为按理说,只有同一天出生的人才能算同一代人,奥尔特加对这种观点不耐烦地置之不理。他分辩说,年龄不是一个日期,而是生命的一个阶段,"一种特定的生活方式","一项任务",或者说"具体的工作"(quehacer)。一个人不会20岁时是个年轻人,到22岁就老了。他在岁月的流逝中一直都很年轻或者很老,而在那些认识的熟人中,他非常清醒地知道谁是自己的同龄人、谁不是,虽然他可能不清楚他们的出生日期,甚至年龄。"因此,年龄不是一个日期,而是一个'日期区间'(zone of dates),不只是同一年出生的人,他们的生活和历史年龄相同,那些在同一个日期区间出生的人,他们的生活和历史年龄也相同。"[58]

奥尔特加认为生命包含五个阶段,每个阶段的时长为15年:童年、青年、初始、优势和老年。从历史的角度来看,有些阶段比其他阶段更加重要。在任何时候,历史现实都是由年龄30—60岁的人组成。奥尔特加小心地指出,这个日期区间并非只有一代人;它包含了两代人,其中一代正和另一代争得不可开交。年龄介乎30—45岁的人正在形成和宣传他们思想;而年龄介乎45—60岁更老的那一代,则已经尝到了权力的甜头。年长的正在创造和巩固自己的地位;年轻人则磨刀霍霍,随时准备上场指挥。历史性的这两代人同时把自己的手放在历史行动的操纵杆上,"以至于在正式或者暗暗的较量中,一方总是想把自己的手放在对方之上"。奥尔特加指责威廉·平德尔误解了自己早年有关这个题目的著作以及从连续的角度去理解"代"——我们记得,平德尔曾经被"代"是一个个独立王国这个观点所吸引——奥尔特加明确指出,自己是从论战、辩论和争议的角度来看代际之间的关系的。"争议本质上并不一定是坏事;相反,在正常的历史中,代际之间的论战主要表现为以下几种形式,或者说在形式上表现为排序、教育、合作和后人对前人的延续。"[59] 不管对长辈的态度如何,每一代人都承载着前面所有代人的心血。"如果这个图像不是那么怪异,我们可以用垂直而不是水平的手法来表现'代',在一代人的上面画上另一代人,就像杂技表演中的叠罗汉一样。一个人站在另一个人的肩膀上,站得最高的那个人有一种俯瞰众生的感觉,但他应该知道自己同时也是其他人的囚徒。"然而,奥尔特加对这个比喻仍不满意,他很快又找了一个比喻来说明自己的观点。"在一代代人的生活中起决定作用的,并不是代代相连,而是它们部分重叠或者交织在一起这种现象。"总是会有两代人对相同的主题同时做出行动或反应,然而由于年龄不同,他们的出发点也各不相同,因此这些相同的主题也就有了不同的含义。[60]

仅仅有着特定的年龄,并不意味着就属于某一代人;你还必须与那一代的其他成员有些"重要的接触"。不同代人的生活空间随着时代的变化而有大有小。罗马帝国时期,集体生活和共同生活的范围非常大;中世纪初期这个范围变小了,欧洲各民族逐渐形成并选择了不同的道路。因此,共同的时间和空间是一代人的基本特征。他们一起组成了一个"基本的命运共同体"。相同的命运反过来又使这些属于同一代的人拥有一些次要特征,从而造成了他们生命风格,或者说生活方式的统一。奥尔特加在早期的一篇文章中曾经说过,一代人的生活方式在人类活动的某些方面要表现得比其他方面清晰,尤其是在两性关系上。每代人都有自己的恋爱风格。[61]

所有严肃的代际学家都会提到如何确立代际顺序的问题;而论

伽利略的讲稿中最有意思的一章，就是专门讲述这个棘手的问题的。奥尔特加建议使用以下方法来确定代际顺序：从一个认知发生过重大变化的历史时期中取一大段出来。例如，在欧洲历史中，你可以选择中世纪到现代这段时期。1300年的时间里，欧洲人一直舒适地生活在一个他们的世界里。到了17世纪中期那个世界消失了，欧洲人开始思考一些从未有过的极端思想。如果有人问，欧洲人第一次明确思考这些新思想的现代何时开始，你可能会忍不住回答说，这个时间大约在1600—1650年之间。接着你找一位比其他人更能代表这种新认知的人出来。这个人，奥尔特加认为，只能是笛卡尔（Descartes）。接下来你留心一下笛卡尔哪一年30岁，结果你查到是1626年。以这一年为基准，朝每个方向各加上7年，就是笛卡尔那一代的范围（因为每一代的跨度是15年）。前面一代的中心年份是1611年；再前面一代的中心年份是1596年，按照奥尔特加的说法，这是"优秀的一小代"。从这一刻起，"代"变成了一个简单的算术问题。假设上面的算法是对的，那么你立刻就可以以15年为单位计算出一系列的"代"来。奥尔特加否认这个方法过于机械。他说，我们假设落在笛卡尔前面一代的托马斯·霍布斯（Thomas Hobbes）和笛卡尔有着同样的水准和同样清晰的思维能力，这将意味着上面那个代际顺序是错的，那么你可以重新开始，建立一个新的序列，让笛卡尔和霍布斯属于同一组。然而我们知道，霍布斯几乎没有真正思考过笛卡尔思考的问题。就好像两人正从不同的高度看着同一片风景。"我所说的'代'，"奥尔特加说，"正是指这种生命层次的差异。"[62]

奥尔特加1933年有关代际观念的一系列演讲从来就不是孤立的，这些演讲的目的是引出奥尔特加对文明危机的分析。奥尔特加接着说道，当生命地平线的变化使人们感到无所适从、失去信仰时，历史危机就会出现。奥尔特加说，没有信仰的生活，是非常可怕的。

处于危机中的人没有明确的目标。他们做的每一件事，产生的每一种感觉，想的每一个念头，说的每一句话都缺乏说服力，因此都是假的。他们在生活中可悲地迷失了方向，因为他们缺乏一道为他们提供行动方向的生命地平线。他们感到绝望；而且和所有绝望的人一样，他们有时会做出一些看似英勇的行为，但他们这么做并非出于真正的侠义情怀，而是因为他们想让毫无意义而空洞的人生有一些意义。他们很容易受到狂热和极端主义的影响。他们的思想非常片面，会试图把复杂的生活简化为代表着部分真理的简单公式，例如社会公正或者种族。他们感到亟须摆脱这种虚假而又过于复杂的文化的负担，他们将力求创造出一种真实的文化，即使这么做必须毁掉旧文化。因为他们唯一的希望，就是使自己摆脱陈旧和虚假的东西，这样他们才能拥抱崭新和真实的东西。因此，奥尔特加说，危机时期总是伴随着野蛮化、可怕的简单化和群众的领导，而这些群众和旧文化之间并没有真正的利害关系。"历史上，一旦活动家公开露面，被人讨论和宠爱，就意味着野蛮时代即将再次来临。活动家就像暴风雨前夕的信天翁一样，总是在每次危机到来之前出现在历史舞台上。"[63]

奥尔特加表面上谈论的是文艺复兴后促使现代科学诞生的那场危机。他以15世纪为例，说明什么是茫然和混乱，当时的人们已经知道宗教思想不正确，可是却找不到可以替代的新思想。然而奥尔特加主要关心的，同时也是他一再回到的主题，却是在20世纪20年代末达到顶峰的危机。"我们不知道发生了什么，而不知道发生了什么这种事，现在正发生在我们身上：当代人开始失去方向，不知所措，他们离开了自己熟悉的环境，被抛到一个陌生的地方，就像来到一片未知的土地一样。"奥尔特加强调，这种迷失并不是战争产生的，尽管那些战前就已步入社会的人和那些战后才成长起来的年轻人彼此的经历并不相同，但他们都感觉到自己正处于两种生命形式、两个世界和两个时代的分界线。这种新的生命形式尚未完全成形，尚未呈现出它成熟的模样，因此，为了看清它和自己的未来，他们只能把目光投向那个他们正打算抛弃的旧的生命形式。欧洲人自笛卡尔以来就一直生活在理性之中。新时期的生活是否可能失去理性？对理性的敌视能否为新的世界观提供依据？"我在这里提出了一个宏大的问题，在这段时间，我们每个人的具体未来都逃不出这个问题。"[64]

奥尔特加无疑认为自己是这些成熟男子中的一员，他们在著名的地方长大，并经历过危机时期。奥尔特加说，很遗憾，他没有时间向听众描述30年前欧洲人所拥有的满足感。奥尔特加向听众透露自己政治上的失意缘于他认为当时典型的运动——他指的是法西斯主义和革命社会主义——从历史的角度来看，都是错误的，并且正走向可怕的失败。

> 我几乎可以让全西班牙的青年都来支持我，这对我来说不是什么秘密；我只需说出一个词。然而那个词却是错的，我不愿引诱你们歪曲自己的人生……有一个时期，只要你拒绝任何形式的极端主义，就不可避免地被认为是保守派。但是现在看来事实并非如此，因为人们已经知道极端主义既可以激进，也可以保守。我自己拒绝极端主义并非因为我是个保守派，事实上我不是；而是因为担心会在里面发现重大的实质性欺诈。因此我宁愿等，等真正的第一代出现。如果你恰好属于这一代，你将不需要等太久！[65]

在1929年有关《为什么人们要回归哲学》的演讲和后来论伽利略的演讲中，奥尔特加都强调自己在论述代际问题时时间和概念优先的原则。这两个问题都被他夸大了，虽然平心而论，他这么做可能是因为对其他人的著作一无所知。奥尔特加显然没有听说过芒特雷的书和曼海姆的论文，而且从他的参考书目来看，他似乎没有注意到德国当代文学对此问题的研究已经到了什么程度。*无论阅读面有多广，奥尔特加对代际问题的重要分析，都是 20 世纪前 30 年涌现的一系列代际理论中最后出现的一个，他几乎比芒特雷晚了 15 年，比平德尔晚了 7 年，比曼海姆晚了 5 年，而这不管怎么说都是个简单的时间顺序问题。1933 年以前，奥尔特加的代际思想只出现在《我们时代的主题》的几页讲稿，以及报章和演讲的零星片段之中，这些资料不要说外国人，就连西班牙的民众也不容易见到。

更重要的是，奥尔特加的成熟代际理论和芒特雷及曼海姆的有很多共同之处，虽然奥尔特加的表述更有文采，引用的历史范例也更多。这三人全都得出一个结论，即必须根据认知、命运和纲领来给"代"下定义。三人全都被"代"支配着生活方式这个观点所吸引。三人全都认为这些方式具有真正的集体性，因为它们并不只限于少数知识分子或者政治家。三人全都希望历史除了研究人们的想法或者他们自以为的想法外，还应该研究那些人们认为理所当然和感觉到的事情。三人全都认识到（虽然清晰度各有不同），一个人的思想和行为必须在其人生阶段的背景下进行讨论。而且三人全都明白，（用奥尔特加的话说）时代不是一个日期，而是"一种生活方式"。

奥尔特加和芒特雷及曼海姆不同的地方，也是他的真正独到之处，在于他坚持认为一代人的认知能力必须在特定的社会背景下进行理解，在于他认为这些"生命地平线"每 15 年便会总体地发生一次实质性变化，在于他努力把这些代际变化和长期的文化危机联系起来。每代人生活于其中的"社会"或者说"生命地平线"的概

---

* 奥尔特加提到的代际理论家有贾斯汀·德罗梅尔、奥托卡尔·洛伦茨、威廉·狄尔泰和威廉·平德尔，直到 1933 年，他还说洛伦茨的著作是"迄今为止严肃探讨代际问题的唯一书籍"。*Obras completas*，V，45.——原注

念,是奥尔特加对代际理论最独特,同时也是最不好懂的一个贡献。和他的大多数思想一样,奥尔特加把一幅粗糙的草图留给自己的学生和追随者去补充。他确实点出了思想和技术是决定生命地平线最重要的两个变量。每代人都会遇到上一代人为解决其面临的特殊问题而想出的一套方法,每一代人的行为和自发性都受到既有技术水平的限制。奥尔特加认为,在正常情况下,下一代会给思想和技术带来细微而不是根本的变化。他们会改造这个世界,使之更符合自己的需要,并使之变得与原来不同。因此奥尔特加坚持认为,两代人之间的正常关系不是竞争和论战,而是教育、合作,以及新一代对上一代努力的延续。[66]

奥尔特加认为自己这一代并不属于这种正常的模式。奥尔特加一再抱怨说,他和同龄人都没有老师,他们不得不去欧洲接受本该在西班牙接受的教育。奥尔特加认为他们是有史以来最不幸的一代人,他们从未有过与时代浪潮共浮沉的感觉。然而奥尔特加对自己这一代和上一代的描述却有夸张之嫌。在最先由1898年一代作家介绍进来的欧洲思想和理论的帮助下,和奥尔特加同龄的一群知识分子通过批判西班牙的价值观和制度早在20世纪20年代中期就已经完成了上一代人的工作。诚然,海外生活和国外大学的求学经历使他们和那些很少离开西班牙本土的前辈很不一样。事实上,可能是这种旅居经历——以及这种经历带来的对德国和西班牙生活水平差异的敏锐感知——导致奥尔特加有了生命地平线的概念,尽管他后来在解释这一概念时经常提到现象学(phenomenology)和新生物学。然而奥尔特加对西班牙的殷切希望(民族复兴),以及他追求这一希望的方法——让西班牙思想界融入欧洲的主流文化——都继承自1898年一代,并深深植根于西班牙局势的特殊动态之中。

西班牙的现实也启发了奥尔特加,使他认为两代人之间的间隔为 15 年，尽管他是从"人类生命的结构"出发，经过一番逻辑上漏洞百出的精心推导才得出这个结论。15 年的代际间隔是奥尔特加的朋友和导师阿索林在 1910 年首次提出来的。到了 20 世纪 20 年代中期，人们普遍认为可以把西班牙的知识分子分为三个年龄层：1898 年一代、据说奥尔特加是其主要代表的 1914 年一代和大概已经屈服于普里莫·德里维拉的独裁统治的战后年轻一代。奥尔特加迟迟不肯放弃家族中同时存在三代人，每代的间隔为 30 年这个传统范例。但是当他决定放弃时，他却用一条放之四海而皆准的历史规律表明了自己的立场。他说，历史现实总是由两群人构成：一群是年龄介于 45—60 岁的掌权者，另一群是年龄介于 30—45 岁正在追求权力的人。今天的人们会对这条"历史规律"一笑置之（或者不屑一顾）。虽然作为一种分析工具可能过于简陋，但它却使奥尔特加对当代历史做出了有趣的解释。奥尔特加很久以来就认为，可以从 19 世纪末法国反对议会民主制、倡导直接行动的革命工团主义者和莫拉斯主义者*（Maurrassians）身上找到 20 世纪的认知根源。到了 1933 年，奥尔特加已经主动认为新生活始于 1917 年，终于 1932 年，从而验证了 15 年的时间跨度。法西斯主义、共产主义、立体主义（Cubism）、达达主义（Dadaism）和超现实主义（Surrealism）是这种新生活最明显的表现，它们都有一个特点，那就是热切地渴望毁灭。奇怪的是，尽管奥尔特加急着声称从历史的眼光看，这些运动统统是"无效的"，他却没有遵循自己的理论。如果有的话，他就会注意到，这些运动的领导人全都在 30 岁到 45 岁之间，而且，他们不仅没有集体完蛋，还注定成为 1933—1945 年欧洲生活的主宰者，事实证明确实如此。[67]

---

* 莫拉斯主义者指前文夏尔·莫拉斯的追随者，夏尔·莫拉斯是右翼团体"法兰西行动"的创始人。

奥尔特加喜欢说每个民族、每个时代和每个个体都是感知真理的器官，真理是通过透视的机制产生的。事实上，奥尔特加相信真理就是透视。通过接受自身位置的局限性——或者正如奥尔特加经常说的，通过拥抱自己的命运——人们洞察了现实的本质。作为一名20世纪初的西班牙语作家，奥尔特加对于理解"1914年一代"的特殊贡献在于他对文化危机特点的分析，他认为这是一种空白状态，人们在这个过渡期里焦急地等待一种新的生命形式出现。西班牙的局势更坚定了他的这种观点。从1900年以来，西班牙一直都在期待着什么。人们的认知已经发生改变，思考水平也提高了，工商业开始发展，然而政治生活似乎还是老样子，对时代的单纯幻想已经一去不复返。这种情绪在欧洲随处可见；但是没有一个地方像西班牙这么强烈，这里的知识分子一会儿觉得一切都将发生变化，一会儿又发现什么也没发生，就这样不停地在希望和失望之间摇摆。奥尔特加在论伽利略的演讲中有关危机心理学的描述，是他在毕生观察的基础上得出的，大体上适用于20世纪初的欧洲，只要你谨慎地指出这些描述所适用的社会群体。

> 人们不知道该做何种新的思考——他只知道，或者自以为知道，那些传统的规范和观念都是错误和不可接受的。他深深地讨厌昨天相信的一切，或者说几乎一切；然而事实上没有任何新的积极信仰可以取代那些传统思想。因为那个信仰体系和环境是一张地图，使人们在外界行走时有种安全感，现在他缺少一张这样的地图，于是他再次觉得自己迷路了，他心里一片混乱，不知如何是好。他没有任何目的或计划地从这儿走到那儿；他试了试这边，又试了试那边，但都没有十足的把握；他假装自己相信这一方或者那一方……由于他内心并不相信任何积极的东西，因此他对任何事情都没有真正做出决定，所以群众可以非常轻松地从一

> 个极端走向另一个极端……这种生活结构给用作生活面具的各种情感调性开辟了广阔的空间；这些情感调性纷繁芜杂，但都属于消极的一类。人一旦觉得自己迷失了方向，他的反应可能会是怀疑、冷淡、痛苦，或者绝望，他会做很多事情，虽然这些事情看起来很神勇，但它们并非真正的豪侠行为，而是绝望之下孤注一掷的冒险。因为生活的空虚，他可能还会愤怒、发狂，并有复仇的欲望；这些将促使他残忍而玩世不恭地享受眼前的一切——肉体、奢华、权力。生命呈现出苦涩的一面。[68]

奥尔特加很快承认，透视主义的学说意味着真理的胜利是以忽视或扭曲另一个真理作为代价的。他承认，任何一种观点都难以避免谬误。奥尔特加没能从西班牙半岛的有利位置看到的——可能没那么容易做到——是他所认为的代际现象本身可能是某个历史时刻某类社会群体在某类社会中的反映。奥尔特加所说的"代"正是曼海姆那些"自由摇摆"的知识分子群体，他们漂浮不定，不知道自己该扮演什么角色，他们相信自己的时机已经来临，然而，在这个即将跨入大众政治的时代，在经济高速发展的不和谐社会里，他们却依然没能获得他们应有的影响力和权力。奥尔特加及其追随者的悲剧，在于他们无法在这个社会转型期确立并维持自己对西班牙人民的领导权。悲剧的原因在于寡头集团不愿放弃自己的权力和特权，以及随后发生的群众暴力事件，群众对真相和智慧的兴趣，比不上对正义和复仇的兴趣。

奥尔特加断言，每一代人都有一项使命、事业、任务和"工作"（*quehacer*）。他把职业生涯的大部分时间用在描绘自己这代人的使命，并哀叹他们未能把它完成上面。在这些话题上，奥尔特加还是和平时一样侃侃而谈，不留情面地予以抨击。然而在谈到自己这代人为什么会失败时，他的话却不是那么令人信服，对于他们该如何完成自己的使命，他也没什么兴趣介绍。他喜欢把自己这代人的失败追溯到遥远的中世纪或者归咎于欧洲的不良影响。奥尔特加这么做是在逃避他作为一名西班牙人、知识分子和"1914年一代"成员的责任。终有一天，传记作者会为我们揭开形成奥尔特加历史理论的复杂因素。那将会是个精彩的故事。我们希望不必等太久。但是在此期间，我们应该认为，奥尔特加思考历史的方式受到了西班牙的客观环境、他在其中的处境和他早期的国内外经历的影响。1898年一代的作家们回避政治，转而去寻找西班牙人永恒的民族性格，作为这些人的弟子、热衷精神追求的德国大学教育制度的产物、职业哲学家和从小便目睹西班牙议会政治之荒谬的西班牙人，奥尔特加无法不认为政治是一种次要的社会现象。他认为，哲学家思考的东西要比议会的程序重要得多——哪怕是议会要被关闭了。至于群众，他们的任务是跟随那些和他一样毫无私心的优秀人士。

这些偏见——或者更恰当地说，这些观点——严重削弱了奥尔特加的代际理论，使之退化成一团模糊的影子。这些偏见使他忘记了自己在1914年说过又在1921年大声重复过的那个观点，即"代"并不是指一群优秀人士，而是少数派和群众之间积极妥协的结果。奥尔特加在论伽利略的演讲中几乎没有提到群众，除了谴责他们；他把重点放在了西塞罗（Cicero）、圣奥古斯丁（St. Augustine）、伽利略和笛卡尔这些思想家的关键作用上。是因为西班牙的民众"太不听话"，拒绝听从像他这样的先知的号召吗？不管怎么说，并非所有的西班牙知识分子做出的选择和得出的结论都和奥尔特加一样。奥尔特加的代际理论最严重的一个缺点，是它没有考虑一代人内部对"我们该如何看待我们生活的这个世界"这个问题的分歧。奥尔特加认为这些分歧很可能随着时间的推移而逐渐消失；但是，这种观点是很可疑的，因为时间的流逝也可能使它们变得更加突出。[69]

　　奥尔特加虽然绝顶聪明，但他从不了解 20 世纪政治的革命性质，也从未掌握在大众社会的条件下，如何使大量人口受到感动和启发的机制。他认为革命年代的太阳已经下山了，他相信思想仅仅凭借其卓越和真实就可以取得胜利，原因只是旧的思想对于他这样的人已经失去了说服力。在 1933 年，仅有正确还远远不够。真理已经成了一件奢侈品，即使是那些最有创见的思想家也暂时无法拥有它。事实证明，就连奥尔特加也无法躲避政治上的冲击。1936 年内战期间，为了躲避野蛮的党派之争，奥尔特加被迫离开了西班牙。直到 1945 年他才回来。那时，西班牙的"1914 年一代"已经失去了振兴自己国家的机会。

上行从左至右：米格尔·乌纳穆诺、拉米罗·德·马埃斯图，下行从左至右：皮奥·巴罗哈、阿索林（即何塞·马丁内斯·鲁伊斯）

［1898年一代，］国内野蛮人令人始料未及的一次大爆发。

——何塞·奥尔特加·伊·加塞特，1914—1916

何塞·奥尔特加·伊·加塞特

历史全身颤抖着,它的两肋被使劲掰开,因为一种新的现实即将诞生。

——奥尔特加,1914

1925 年奥尔特加的画像

我只能和那些决心彻底改变西班牙制度的人在一起……没有这些,自由对我一点吸引力也没有,因为它只是个词。

——奥尔特加,1925

1931年12月，奥尔特加在"整顿共和国"的演讲中，照片发表于 Mundo Gráfico 杂志

每个生命多多少少都是一堆废墟，我们必须在断瓦残垣中寻找，才能发现这个人本来应该的样子。

——奥尔特加，1933

第五章

意大利：青年！青年！

> 除了成为他们的老师、向导、先知以外，
> 我们基本没有其他抱负，
> 我们将会和摩西一样，在应许之地的葡萄园前
> 满意地死去。
>
> 乔瓦尼·帕皮尼（Giovanni Papini），1913

  一代人的起源很少能归结为一个原因。但是，代际运动的组织者，把一代人的创新意识转化为政治和文化事业的人，却不难找到。意大利的1914年一代诞生于1899年佛罗伦萨一个下雨的秋日，那一天17岁的朱塞佩·普雷佐利尼（Giuseppe Prezzolini）遇到了乔瓦尼·帕皮尼。帕皮尼比普雷佐利尼大一岁，却比他穷很多，帕皮尼也是两人中更自信的一个。出生于工匠家庭，毕业于当地一所师范学校的帕皮尼才华横溢，他的才华如烟花一般，无法调和地迸向四面八方。作为一名诗人，他难以抑制地渴望思考,作为一名哲学家，他看重的不是哲理的真实性，而是哲理对启发想象力的作用，帕皮

尼的内心深处渴望当一名先知、一名大师和一名智慧的向导。已经厌倦了"高贵病"（malady of grandeur）的他梦想着开创一个新时代，提供一种新信仰。对于选择年轻一代作为自己未来的信徒，帕皮尼似乎从未犹豫过。"我很想成为年轻人，真正的年轻人，未来意大利的精神向导。"1905年，他向一位朋友吐露自己的心曲。然而，作为一名读过社会学家帕累托（Pareto）和莫斯卡（Mosca）著作的人，帕皮尼知道自己必须找到年轻一代中的精英并培养他们。他相信文化和政治一样，起作用的是少数人而不是普罗大众。一个人只有与平民对立，才能保持自己的个性。因此他把目光投向了"1880年前后出生的几百名意大利青年，也就是说，那一代中已经开始与新世纪一起思考和行动的那部分人"。帕皮尼开始解放这些精英的思想，并煽动他们起来行动。[1]

这是青年普雷佐利尼可能赞成并认同的一个目标。作为一名有文学追求的行政长官之子，普雷佐利尼从中学辍学，还参加了一段时间的无政府主义叛乱，这些行为令他父亲感到震惊，他自己也感到情绪低落，并最终使他对一切既有的制度，尤其是学术制度产生了怀疑和不满。*"一个没有学校的学者，没有论题的学生，所有纪律不共戴天的仇敌，对自己缺乏信心却又极度骄傲、愤世嫉俗和忧郁悲伤"，年轻的普雷佐利尼是知识分子危机一个活生生的例子。帕皮尼把他从绝望中拯救出来，并向他示范了如何才能把体内的有害物质和愤怒情绪转化为对"老一辈"的游击战争。普雷佐利尼从帕皮尼那里了解到，"知识和文化，对自己创新精神的肯定，以及那些信手拈来的机智隽语"，可以在一个人失去现实世界的财富和势力时对他起到安慰作用，而普雷佐利尼却觉得自己完全无法做到这一点。[2]

---

* 早期对教育机构的怀疑并没有妨碍普雷佐利尼后来成为哥伦比亚大学的教授。——原注

第五章　意大利：青年！青年！

帕皮尼由于过于急躁而无法进行严格或系统的思考，但他却和其他的欧洲社会理论家一样知晓代际思想的强大力量，或者说他比他们中的任何一位都更清楚这一点，包括奥尔特加。没有一本分析20世纪初欧洲代际对抗心理的书籍，比青年帕皮尼的自传《一个失败的人》(*Un uomo finito*) 写得更好。书中第14章对代际主义者的心理刻画，无论在坦诚还是见识方面均独树一帜。

> 每当一代人开始在生命的平台上出现时，这首世界交响乐似乎都不得不开演一曲新的乐章。梦想、希望、进攻的计划、发现的狂喜、攀登高峰、挑战、阵阵狂妄——还有一本杂志。每篇文章都如宣言一般惊天动地，每句论战和风趣的话都用宣告胜利的形式写成，每个标题都是一句纲领，每次批评都是在进攻巴士底狱，每本书都是真理，每次谈话都像喀提林*的阴谋（Catiline conspiracy）或无裤党人†（sansculottes）的聚会，每封私人信件都充满了使徒气喘吁吁的警告。在这名20岁的人眼里，每个长辈都是敌人，每种思想都很可疑，每个伟人都在等待受审，过去的历史仿佛一个只有几处灯火的漫长夜晚，这是一场令人心灰意冷而又焦急难耐的等待，今天早上我们终于迎来了永恒的曙光。在这名20岁的人眼里，就连晚霞也似乎带上了迟来的黎明那柔和的白色反光，死者身边的火把仿佛为了庆祝新节日而点燃的一盏盏灯笼，悲哀而执着的钟声则仿佛一颗颗珍珠，宣告着新人的诞生和受洗。[3]

除了强调为了变得和堕落之前的亚当一样赤身裸体，必须抛

---

* 喀提林：罗马共和国末期的没落贵族，曾任大法官和非洲总督等职，两度竞选执政官没有成功，后来发动武装政变试图夺取权力，结果兵败被杀。
† 无裤党人：法国大革命时期的激进派共和党员。

弃"宗教的斗篷、哲学的紧身衣、偏见的衬衫、观念的领带、逻辑的鞋子和道德的内衣",这名执拗的代际主义者的自白中最重要的一点,就是承认改变他人并成为他们的道德向导的狂热心态,在20世纪初的意大利,除了那种"常见的四页、八页、十六页的印刷品——杂志"外,不可能有其他的结果。事实上,在接下来的15年时间里,帕皮尼和普雷佐利尼将全身心投入,为那些自以为高人一等的资产阶级优秀青年办几份小小的评论性刊物。[4]

他们办的第一份独立刊物,是1903—1907年不定期出版的《莱昂纳多》(Leonardo)。标题即显示了他们的野心。在杂志的创刊号上,帕皮尼和普雷佐利尼把编辑人员锁定为一群聚集在佛罗伦萨的年轻人,"[他们]渴望自由,要求人人平等,追求一种高级的精神生活"。编辑们说,他们的生活方式是世俗的,文化上则倾向于理想主义,艺术上他们喜欢将普通的经历转化为更高层次的意识。《莱昂纳多》的历史记录了他们的满腔热情:威廉·詹姆斯(William James)的实用主义、柏格森的直觉主义(intuitionism)、科拉迪尼(Corradini)的帝国主义、克罗齐(Croce)的哲学唯心主义、乔瓦尼·瓦拉蒂(Giovanni Vailati)对实证主义的批判、元心理学(metapsychology),以及后来对各种秘术的介绍。普雷佐利尼宣布"人神"(Man-God)到来之际,帕皮尼则在强调哲学应该消除认知主体与其所作用的物质之间的所有中间术语。行动即认知,真理考验的是理想产生行动的能力。帕皮尼说,哲学应该着手"征服世界"。[5]

然而,和帕皮尼和普雷佐利尼支持的事业比起来——这些事业来得快去得也快——更加重要的,是他们所反对的东西和他们反对的方式。他们主要反对的,是意大利知识分子平庸的生活和他们爱用的批评方式,这些人激烈的讨论很容易流为人身攻击。这是知识界的蓖麻油疗法,墨索里尼的"敢死队"(squadristi)后来即用这种方法使对手乖乖就范,帕皮尼非常精于此道。正如他后来在《强迫复兴运动》("Campaign for the Forced Revival")一文中所说的，团结在《莱昂纳多》周围的知识分子的目标是，"把人民的思想拉离平凡的生活，把他们送到高处，使他们得以从远处自由地思考人类命运的各种可能性，以及普通生活的可怕和愚蠢"。帕皮尼说，现在的意大利人卑鄙、愚蠢，而且懦弱。他希望意大利青年拥有非凡的勇气，大胆一点，不再小心翼翼，疯狂一点，要有勇气为冒险、梦想和"永恒的计划"而活。[6]

后来发生的事情证明，这是一套危险的理论。然而对于那些出生于19世纪80年代且受过良好教育的意大利中产阶级来说，这套理论却有着巨大的吸引力。他们发现意大利肮脏、丑陋，而且沉闷。最能反映他们所讨厌的那个意大利的是乔瓦尼·乔利蒂（Giovanni Giolitti）。乔利蒂出生于皮埃蒙特（Piedmont），他是一名老奸巨猾的官僚主义者，于1900年开始掌权，不论在位与否，他都是意大利接下来14年的实际统治者。目睹了19世纪90年代的议会斗争和街头暴力之后，乔利蒂相信意大利人民"已经成熟，可以获得自由了"，他放弃了意识形态，转为和社会主义者、天主教徒、南部的保守势力暂时结盟——只要他的选举联盟能够继续执政，同时保证他的计划能够贯彻实施。当批评者指责他破坏了意大利的公民道德，并送了他一个"黑社会部长"（the minister of the underworld）的外号时，乔利蒂回答说，他那套不完美的方法，正是意大利落后的反映。"裁缝要给驼子裁衣，"他曾经说，"就不得不做一件驼背的衣服。"这种做法并不是为了讨好国内的青年，这些人从小受到那些马志尼*（Mazzini）传人的教导，一直盼望着一个强大的新国家出现。乔利蒂统治下的意大利缺乏连贯的意识形态和坚定的品质，他们对此感到愤怒，从而忽略国家在

---

* 朱塞佩·马志尼（1805—1872）：意大利革命家，民族解放运动的领袖。

他统治的 14 年中所取得的长足进步。事实上，从 1900 年到 1915 年，在提升物质生活水平和巩固自身的国际地位方面，没有哪个欧洲大国比意大利进步更快或者说更明显。人均国民收入提高了 28%，新生儿的预期寿命从 20 岁提高到 31 岁，小麦的消耗量增加了 50%，工作时间从通常的 14 小时缩短为不超过 10 小时，6 岁以上人口的文盲率从接近 50% 下降为 37%。1911 年，乔利蒂不顾左翼和右翼的反对，通过了成人普选法案，选民人数一下子从 330 万跃升到 860 万，包括 300 万文盲。1911—1912 年，为了争夺利比亚，他甚至带领意大利和土耳其打了一仗，而且还打赢了。他无法带给意大利青年，尤其是那些受过中学教育并立志走学术道路的年轻人的，是一种对国家的自豪感。"我们不喜欢现在的意大利。"1910 年，乔瓦尼·阿曼多拉（Giovanni Amendola）在总结意大利先锋知识分子的看法时这么说道。[7]

他们反感的究竟是什么？这个问题提出来容易，要回答却很难，部分原因在于意大利知识分子抱怨时使用的是一种深奥的语言，这种语言充斥着古老的典故和他们生活于其中的社会没什么明显的关系。例如，他们抱怨自己生活在一个英明领导让位于腐败管理的年代，他们盼望找到一种新的信仰，能够"扬起风帆，驶出这片泥泞之海"。1904 年，有人慨叹说，只有到那时，他们才能重获青春。然而他们的不满比年轻人看不惯单调灰暗的成年生活更严重，甚至比害怕错过一个浪漫而伟大的时代更严重。他们感到浑身是劲，但却无处释放。这个他们从小到大一直崇拜的新国家，原来是个问题多多、前途渺茫的脆弱政府。他们年轻的眼睛扫向未来时，看到一些新的阶层初露端倪，例如热那亚和都灵的工人，米兰的银行家和工厂主，这些新阶层的价值观和利益似乎与他们自己的正好相反。他们对国力的衰弱感到愤怒，对国内的社会问题感到担心，这两种感情在他们的脑海中交织，并且合而为一。因此，他们对现实有多失望，他们的伟大公民梦、他们的挫折感、他们对社会变革方向的不确定感就有多强烈。意大利的现实令他们感到不安，于是他们把伟大构想转化为对未来复兴的期望。这使他们很容易受到加布里埃尔·邓南遮（Gabriele D'Annunzio）那些民族主义诗句的影响，邓南遮对行将取代衰老腐朽的统治阶级的新一代意大利青年英雄的歌颂虽然隐晦，却非常吸引人。这种期望还使他们认真听取了那不勒斯哲学家贝尼代托·克罗齐（Bnedetto Croce）的理论，并把克罗齐的历史唯心主义错误地理解为人首先是理想的创造者，可以创造也可以毁掉现实，不管他所处的历史和社会环境如何。20世纪初的意大利文化正是在这两个极端——邓南遮的贵族式审美和克罗齐对实证主义的批评——之间摇摆；正如一名年轻的意大利文学评论家所说的，广大意大利青年更喜欢邓南遮所写的拜占庭式诗歌，而不是克罗齐那些严肃的散文。[8]

1907年帕皮尼和普雷佐利尼宣布《莱昂纳多》停刊时，他们对意大利青年的"强制复兴"计划已经初见成效。意大利各地兴起了对主流自由主义文化的批评。克罗齐有了一名虽然年轻但很有才华的追随者，他的名字叫乔瓦尼·秦梯利（Giovanni Gentile）。他们一起宣扬哲学唯心主义，揭露实证主义思想那摇摇晃晃的理论基础。现代主义者叫嚣着复兴天主教，让天主教信仰与时俱进。以恩里科·科拉迪尼（Enrico Corradini）为首的民族主义者要求实行对外扩张政策，他们认为一切其他的价值观都应该服从国家的最高利益。工团主义者开始向社会党挑战，争取工人的支持，而社会党中的革命派，例如贝尼托·墨索里尼（Benito Mussolini，1883），则坚决要求社会党停止与乔利蒂的合作，走一条更加激进的道路。把所有这些行动联系起来的——或者说使之给人一种联合行动的印象的——是它们都反对乔利蒂政府的温和政策，都拒绝实证主义文化，都相信解决意大利问题的关键在于意大利青年。没有什么比"共和党青年联盟"（Republican Youth Federation）的报纸《青年意大利报》（*Giovine Italia*）说得更好的了，1906年这份报纸写道："在政治领域，尤其是在意大利，只有青年才能带来那种自我克制和自我牺牲的精神，那些年轻的共和主义者已经向我们完美展示了这一点。我们的青年是我们的革命信仰——是我们的救星。其余的都是谎言和幻想。"几年后未来派诗人马里内蒂（Marinetti）将用更加赤裸裸的话把这个意思再表述一遍："我们中年纪最大的还不到30岁，这意味着我们至少还有10年时间来完成我们的使命。一旦到了40岁，就请那些比我们更年轻也更英勇的人像扔掉没用的手稿一样，把我们扔进垃圾桶吧。"[9]

普雷佐利尼对意大利最新的文化思潮一直很敏锐，他立刻感受到了这种氛围，并把它看成是监督年轻的文化和政治精英统一行动的大好机会。与此同时，自身的发展也使普雷佐利尼从帕皮尼个人主义的永恒革命转向对政治、社会和文化机构的强烈关注。清楚自己天分有限的普雷佐利尼急于摆脱自己过去的混乱状态，同时又被一种帕皮尼从未体验过的"清晰的梦魇"所困扰，他开始受到克罗齐唯心主义的吸引，并于1908年公开宣布改信唯心主义。从克罗齐的《伦理学》（*Ethics*）一书中，普雷佐利尼获得了他从天主教教义那里无法获得的安慰，这种安慰他只在参加无政府主义叛乱时短暂感受过。事实上，普雷佐利尼把克罗齐的哲学体系解释为一种世俗化了的宗教，历史在这里取代了上帝的位置，个人必须完成历史赋予的使命才能拯救自己，不管这个使命多么渺小或者讨厌。顺着克罗齐的思路，普雷佐利尼得出一个结论，那就是意大利需要的不是天赋，也不是华丽的语言，而是更多的特色、更多的文化和更多的努力。意大利不需要再多几个帕皮尼（对他的天分和想象力，普雷佐利尼一直怀有深深的敬意），它需要的是一个愿意谦虚而积极地投入公民教育和民族风俗改革这个紧迫任务的普雷佐利尼。个人培养的时代已经过去，现在已经是社会转型的时代。为什么不组织起来，反对乔利蒂的意大利？为什么不把意大利的少数派集结起来，反对那些疲惫不堪而又自以为是的多数派，看看年轻人是否能给这个国家指出一个新的方向和新的道德观？为什么不用文化去改变政治？在这些思考和背后的个人煎熬之下，普雷佐利尼作出了创办一份新杂志的决定，1908年12月，新杂志《声音》（La Voce）面世了。[10]

《声音》取得了巨大的成功。《莱昂纳多》尽管获得了很多关注，但是最高峰时的订阅量从未超过200份；《声音》的订阅量很快就达到1000份，有时还能在报摊上再卖出2000份。《声音》的成功反映了其合作者范围之广。这些人大部分是二十几岁的年轻人，他们来自意大利各地，是当代意大利各个文化领域的代表人物。同样不寻常的是他们都很注意收集信息。西皮奥·斯拉泰伯（Scipio Slataper，1888，后来死于"一战"，原本前途无量的文学之路也因此中断）报道了自己的家乡的里雅斯特（Triest）的情况，并在普雷佐利尼不在或身体不适的时候代替他担任编辑。阿尔登格·索菲奇（Ardengo Soffici）是画家、小说家和尖锐的批评家，他给《声音》的读者带来了法国艺术的最新动态。埃米利奥·切基（Emilio Cecchi，1884）和雷纳托·塞拉（Renato Serra，1884）为意大利国内外的小说、戏剧和诗歌写评论。皮耶罗·雅耶（Piero Jahier，1884）在新闻报道和素描方面均可独当一面，必要时还能写诗。从事教育工作的哲学家维托·法齐奥·奥尔迈耶（Vito Fazio Allmayer，1885）和朱塞佩·隆巴多·拉迪塞（Giuseppe Lombardo Radice，1879）在讨论是否有必要对大学教育进行改革，历史学家安东尼奥·安齐洛蒂（Antonio Anzilotti，1885）则在回顾意大利的当代史学。乔瓦尼·波恩（Giovanni Boine，1887）总是喜欢以现代天主教的名义和反教权主义者展开辩论。来自那不勒斯的哲学家乔瓦尼·阿曼多拉回顾了意大利政治的发展历程，同时时刻警惕着民族运动的新变化；来自普利亚*（Apulia）的前社会主义者盖塔诺·萨尔维米尼（Gaetano Salvemini, 1873）教授生性冲动，经常用充满激情的文字描写中学的危机和南部的被忽视状态。普雷佐利尼自己则不知疲倦地为杂志撰稿，同时协调各方面的工作。帕皮尼和往常一样想写什么就写什么——疯狂、鲁莽，而又轻率，但是高超的文学技巧和深刻的见解使得没有人可以忽视他。[11]

杂志创办的最初几年，《声音》在内容上基本符合普雷佐利尼所说的"意大利［知识］青年思考的问题"这一范畴。[12] 然而尽管合作者来自各个领域，且个个才华横溢，《声音》却没能为乔利蒂的意大利提供一个真正的替代方案。普雷佐利尼无法决定是办一份单纯的评论性杂志，还是应该越过信息收集和人才聚集这个功能，提出一套坚定的政治理念，这样一来，如何实施政治理念这个问题也将随之产生。1910年，在一篇题为《怎么办？》（"What Is to Be Done？"）的文章中，《声音》的编辑诚实地直面了这个棘手的问题，即使态度有些模棱两可。他说，当前的民主再也无法令那些"诚实的人"感到满意。它所展示的，只是以个人进步的名义降低一切标准，以及贪婪和强权者的利益在现实中大获全胜。随处可见这种妥协和道德界限的模糊——大学里，教授给自己的课程注水；选举中，政府一手操纵；就连社会党内部，也有议会成员放弃自己的原则，投票给资产阶级内阁。"一切都在堕落。"普雷佐利尼叹息说，"一切理想都在消失。政党已经不复存在，只剩下一个个分裂的派系和追随者……一切都在接合处断开。"那些大的反对力量，例如社会党人和天主教徒，正陷入全面的"混乱"和道德崩溃。科拉迪尼的民族运动也不是解决办法，因为，除了吸引喜欢夸夸其谈的意大利人

---

* 普利亚：意大利南部一个大区。

之外，它还存在着与奥地利打一场灾难性战争，以及转移民众对国内问题的注意力的危险，这些意大利的国内问题个个不容忽视，例如南部问题、教育制度的改革问题、地方权力亟须下放的问题，以及教会和政府之间的关系问题。"这种厌恶感非常强烈。那些最优秀的人已经失去信心。年轻人除了机会主义者和懦夫，已经不再参加党派。"普雷佐利尼承认自己不知道该怎么办，除了不参与那些很可能招致集体灾难的运动（例如民族主义运动）。

另一方面，普雷佐利尼又承认回避不能解决问题。弄脏自己的双手是为人类进步付出的代价。可是什么样的行动值得你付出这种代价，同时又可能有效呢？普雷佐利尼指出，唯一真正的复兴是延续业已存在的东西，因此他警告不要对革命性的政治观点抱有幻想。普雷佐利尼承认，这种幻想过去曾使他无法进行有效的行动。有必要减少对制度的抗议，而把更多的精力花在制度内部的改善上面。意大利青年的首要目标应该是获得专业技能。他们应该渗透到既有的机构中，为这些机构注入新鲜血液，这是他们轻而易举就可做到的：市政当局、铁路局、学校、公立图书馆、报社、银行、神职、国家官僚机构、工人组织。只有获得了必要的专业技能，同时又去除了偏见之后，年轻人才能在未来有所作为。真正的民族主义在于训练意大利人掌握科学技术，而不是像科拉迪尼的民族主义者那样，向民众灌输谎言和愚蠢的东西。"这是一个长期任务，"普雷佐利尼说，"但是如果我们这一代至死都无法实现至少其中一二的话，那我们最好画个十字，然后跳进阿尔诺河*（Arno）。"[13]

虽然普雷佐利尼在每篇文章的结尾处都呼吁积极行动，但他私下里却更喜欢教学而不是政治。他希望从克罗齐唯心主义的高度出发，用自己的杂志来澄清意大利公共生活中几个至关重要的问题。

---

* 阿尔诺河：意大利中部的一条河流。

一些亲密的合作伙伴认为普雷佐利尼的方法过于崇高，他们渴望其他更接地气的行动方式。结果便是分裂，1911年利比亚战争的爆发加快了他们之间的分裂。萨尔维米尼是一名强烈的反帝国主义者，他认为普雷佐利尼没有让杂志全力投入到反对乔利蒂的斗争中去。他给普雷佐利尼写了一封信，信中说，《声音》杂志社的同人不是一个组织，甚至也不是两个组织；他们是10或20个生活在其他政党边缘的小团体。是时候达成统一的政治观点并付诸行动了。相比之下，帕皮尼则早已对《声音》的社会责任感到不满。他坚持应该让杂志回归其（他认为的）本来面目：一个提供严肃可靠信息的公开论坛和一种文学刊物。"请给我们今日份的每日诗歌。"他在1912年的一篇著名文章中这么要求。他已经受够了满脑子只想着牺牲、教育和实质性进步的状态。[14]

分歧的结果，便是普雷佐利尼暂时放弃了杂志的编辑职位，各式各样的小团体开始形成，一个个分裂出来的刊物也纷纷成立。萨尔维米尼创办了《团结报》（*L'Unità*），他明确办报的宗旨是，向散布在各个政党中的几千名年轻人进行政治教育。阿曼多拉退出《声音》后，全身心投入新闻事业，创办了自己的哲学评论杂志《灵魂》（*L'Anima*）。帕皮尼和索菲奇对普雷佐利尼的严肃无情感到厌倦，他们渴望再体验一次自己年轻时的叛逆，于是他们宣布自己为未来主义者，并创办了一本名为《莱采巴》（*Lacerba*）的刊物，该刊物在创刊号上即宣布其宗旨是使国家利益服从于个人精神的需要。朋友们令人沮丧地纷纷离去，再加上个人问题的打击，普雷佐利尼放弃了维持《声音》思想多样性的努力，他宣布《声音》是一种传播"战斗唯心主义"（militant idealism）的刊物，他的意思显然是指刊物将兼有克罗齐的哲学唯心主义和年轻人永不妥协的战斗精神。这个新方法并没有奏效。普雷佐利尼再次引退，《声音》完全变成了一份文学刊物。和所有同代人之间的合作一样，《声音》的合作者们在"怎么办"这个问题上闹崩了。

就在这样的背景下，1914年发生了一件幸运的事，解决了这个个人无法解决的团结问题。8月份战争爆发时，意大利总理和外交部长均决定采取中立路线。他们的决定得到了内阁的批准，并于8月2日德国对法国宣战那一天对外公布。除了民族主义政党，意大利的舆论普遍欢迎不加入同盟国战队这个决定。毕竟，维持奥匈帝国在巴尔干地区的强大势力对意大利有什么好处呢？但是，意大利政府发现自己面临着一个微妙的问题，这个问题不久便成了一个公众关心的问题。考虑到如果同盟国取胜，他们将不得不面对昔日盟友的不满，意大利在这样的情况下是否应该保持中立；还是应该撕毁与德国及奥匈帝国的盟约，以协约国的身份参战，这样一来同盟国如果输了，意大利将可以在瓜分领土上获得一些好处？到了1914年9月，一个呼吁加入英、法、俄一方参战的广泛联盟已经成立，联盟内部最吵闹和最活跃的是自称代表"意大利青年"和"年轻一代"的那些人。

那些要求参战的知识分子动机各不相同。有些和萨尔维米尼一样，认为战争是消除哈布斯堡家族统治的最后一丝痕迹，实现马志尼的自由、民族、民主欧洲梦的一个机会。其他人则和帕皮尼和索菲奇一样，同情法国，讨厌德国和德国文化。还有一些人则和西皮奥·斯拉泰伯以及普雷佐利尼一样，认为意大利别无选择，如果意大利人希望自己的国家保住欧洲强国的地位，或者变成欧洲强国的话。[15]

然而所有这些理由的背后，激发他们提出这些论点，令主战派之间有惺惺相惜之感，同时也使他们不受反驳影响的，是一种狂热而令人心醉的情感，那就是认为战争提供了一个千载难逢的机会，使他们有望摧毁乔利蒂政权，摆脱资产阶级生活的桎梏，同时开创一条虽不明朗却完全不同的未来之路。参战的原因就这样被认为是为了颠覆自由主义政体；而且只需要在言辞上再迈出一小步，就能把参战运动说成是一场年轻人反抗老年人的"革命"。1914 年 11 月，马里内蒂在一份写给学生的宣言中说道，战争将削弱保守主义（*il passatismo*），同时耗尽那些旧时代捍卫者（*il passatisti*）的精力，因为"只有战争知道如何恢复、促进和磨砺人类的智慧，如何使人快乐和放松神经，如何把我们从日常的重压下解放出来，如何使生活变得有滋有味，如何使愚蠢的人变得聪明"。[16]

持有这些观点的并非只限于未来主义者。1915 年 2 月，一个名为保罗·马可尼（Paolo Marconi）的主战派青年在日记中写道："这是勇者和强者的时刻；这是最有价值的价值观取胜的时刻；这是年轻人的时刻，因为新时代属于那些成长中的年轻人；我们的时代，我们的明天——我们想自己创造它。"一个月后他写道："我们的上一代是一群无法建设意大利并且不知如何塑造意大利人的混蛋。打倒老人！不要再废话了！新一代已经走上舞台，面貌一新的他们准备过一种全新的生活……今天的年轻人不得不成为革命者。那些不支持革命的人都不是青年。打倒那些[不支持参战的]20 岁老人！"《声音》的文学评论家雷纳托·塞拉向来冷静和反对浮夸的文风，就连他也受到这股吞噬意大利知识青年的参战热情的影响。战争不会达成年轻人要求的这些目标，塞拉在他那本著名的《一名作家的良心审问》（*Esame di conscienza di un letterato*）中写道。这本书最早在《声音》杂志上连载。战争不会彻底改变意大利；也不会像许多作家所说的那样，诞生一批更为深刻的新的文学作品。但这场仗还是得打，否则他那代年轻人将错过他们热烈生活的唯一机会。他们会错过抓住这个十拿九稳、可以充分体验自己历史时刻的机会。虽然事先已经知道无济于事，但这个代价还是得付出。否则那些年轻的意大利人将不得不在失败的阴影下度过余生。"我们将来到边

第五章　意大利：青年！青年！

缘，来到我们所能抵达的最远边界；微风吹拂，掀起了我们额前的头发；我们在一动不动的双脚中感受着运动的晕眩。我们没有退却。我们将铭记这一刻，直到老去。我们，那些属于我们这一代的人；那些到过最远边界，或者说差点越过边界的人；要么失败，要么成为英雄。"[17]

和主战派那些如火般热情的文字比起来，塞拉的散文显得冷淡而理性。在主战派看来，战争是"人类大计"。它是"新生的时刻：生与死在鲜血淋漓中狂喜地交织在一起"。它是一个"世界末日般发生转变"的时刻，必须勇敢地面对它，深刻地理解它，满怀激情地去享受它。它是人类在"自身痛苦的危机"中展现的"华丽景象"。它是任何"阴谋"也无法阻止，任何理性思考也无法驱除的一种"宗教仪式"。那些四处逃窜的"小人"，"在迷惘中被一个个击垮"。[18]

回想起来，这种语言令人印象深刻的地方——除了喜欢从审美的角度描述战争，从而歪曲并掩盖其真正的本质外——在于意大利的知识分子居然愿意让自己的同胞投身这场战争，而他们给出的理由却只能说非常主观且受到群体利益的左右。这些知识分子硬说自己有权利和义务解释同胞的命运——那些将不得不承担重任和忍受战争之苦的下等人（umili）。这些知识分子把自己对于自由和解放的主观感受等同于天意或历史的设计，从而暗示他们的愿望是自然界不可避免的事实。与此同时，他们又清楚地表明，他们认为这场战争是一个从原来的统治精英那里夺取政权的机会，他们将把夺来的政权交给和他们一样同为当代文化代表的新人。帕皮尼说得更为直接，他的话总是能表达出大部分受过教育的中产阶级的感受。主战派——帕皮尼称他们为"年轻一代"——准备取代"上一代"［也就是说，乔利蒂当局］的位置，这场战争只是个开始。随之而来的将是彻底更换统治阶级。"我们已经做好了准备。"[19]

主战派的愿望得逞了。他们成功把意大利推进了战争，就像一匹昏昏欲睡的骏马在你的鞭打下奔跑起来一样。至少1915年5月那段"明媚的日子"（radiant days）看似如此，当时青年们在邓南遮和马里内蒂的鼓动下，纷纷跑到意大利的广场上集会，要求参战，国王和各位部长似乎在这场群众性革命运动的潜在威胁面前屈服了。现在我们知道，参战的决定并不是广场上的群众强加的；正如我们知道，决定参战的那两个人——得到国王支持的总理萨兰德拉（Salandra）和外交部长松尼诺（Sonnino）——是考虑到领土优势和国家扩张才决定参战的，和年轻一代的想法一点关系也没有。然而这些事件却给了主战派一种感觉，那就是"青年"的联合力量把一场革命战争强加给了一个不情不愿且毫无希望的资产阶级国家。这个神话可不会轻易消失。

因此从一开始，意大利的战事就有着与众不同的特点。其他欧洲国家是议会自愿地选择参战，或者至少是议会一致支持参战；意大利则是由议会外的势力用一些可怕的——现在看来似乎是——可以预料的后果，来恐吓和强迫毫不热心的议会和无动于衷的国家接受这个选择。由支持乔利蒂的自由主义者、社会党人和天主教徒组成的多数派主张中立，他们接受了战争，同意尽到自己的责任，并且大体上做到了，但他们毫不掩饰自己讨厌这种决定战争的方式。那些支持参战的少数派被迫为战争辩护，即使后来发生的事件使人们对他们的智慧已经心存怀疑，他们依然热心地为战争辩护，以防国家意志出现任何松弛。这意味着，在战争未结束的这段时间，主战派内部对意大利参战目的的分歧不得不伴随着另一场行动，即打击那些对战事的持续缺乏热情的人。事实证明，参战就像一列高速运行的火车：一旦坐上去就下不来，除非列车抵达终点。[20]

主战派和中立派之间的政治分歧体现在军队的等级结构上。那些非职业军官大多是年轻人，他们几乎全部来自有教养的中产阶级家庭，他们奔赴战场时满腔热情，并且经常怀有无私的奉献精神。

第五章　意大利：青年！青年！

他们认同战争的目的，并且想象自己是在完成祖父辈即已开始的意大利复兴运动（Risorgimento）。大部分士兵是农民，许多来自南部地区和各个岛屿，那些地方对中央政府的不满最为强烈，他们对待战争最好的态度也只是逆来顺受，最坏的则是希望战争快点结束（无论结果如何），他们好赶快回家和家人团聚。在他们中的许多人看来，这场战争似乎颇为荒唐；毕竟意大利的领土没有被占领，国家利益也没有受到明显的威胁。对于一个没有上过学，对意大利地理知识的了解可能不比他的意大利语强的卡拉布里亚*农民来说，的里雅斯特或者特伦蒂诺（Trentino）意味着什么呢？为什么要为国家的荣耀献身呢？要知道只有地方宪兵（carabinieri）和收税官才是这个国家的具体代表。这场战争难道不就像这个统一的国家一样，是大人们的又一次突发奇想，后果却要由农民来承担？这些看法给主战派的军官造成了严重问题，他们很快明白，自己手下的士兵并非和自己怀有同样的爱国理想。

然而共同的苦难最终却使这些年轻的资产阶级军官和自己的士兵站在了一起，他们面前出现了一个共同的敌人：那些吸食堑壕战士的鲜血、躲避前线危险的逃兵（imboscato）。†许多产业工人被免除兵役后，去了城内或者城郊的兵工厂工作，因此士兵和逃兵之间的矛盾一方面被认为是资产阶级爱国者和工人社会主义者之间的差异，另一方面又被认为是乡村和腐化且热衷享乐的城市之间的差异。

---

*　卡拉布里亚：意大利南部一个大区。
†　"逃兵"这个词随着使用者立场的不同而有不同的含义。对于步兵来说，炮兵部队就是逃兵，而对于整支军队来说，那些没有在战区的意大利人全都是逃兵。堑壕战士把军队分为四个等级：(1) 和他们一样在前线作战的傻瓜（i fessi），(2) 和司令部有联系的校级以上固定职位（i fissi，那些舒服的岗位），(3) 在后方安全待着的意大利人（gli italiani），以及 (4) 居住在祖国心脏地区的意大利人中的意大利人（gli italianissimi）。皮耶罗·梅洛格拉尼（Piero Melograni），《第一次世界大战的政治历史》（Storia politica della grande guerra, 1914—1918）（Bari, 1969），p. 111。——原注

如果战争持续的时间不长，或者意大利军队受到良好而理智的对待，那么这些矛盾可能会减弱。可是，意大利的战事一拖再拖，几乎看不到胜利的希望，意大利军队吃不饱也穿不暖，他们被迫留在战场上，时刻面临着死亡的威胁。1917年10月，这个危险的局面演变成了一场民族灾难，以东线德国精锐部队为前锋的奥匈帝国军队，在卡波雷托（Caporetto）突破了意大利防线，意大利军队被迫向皮亚韦河（Piave river）撤退，这是开战以来意大利领土首次被占领，威尼斯的安全受到威胁。主战派担心一贯意志薄弱的意大利会彻底崩溃，于是极力主张进一步限制议会政府的权力，同时成立一个独裁的"公共安全委员会"（Committee of Public Safety），全力推动战争的进行。[21]

贝尼托·墨索里尼正是在这个时候走进我们的故事。人们习惯把墨索里尼描绘成一个渴望权力的机会主义者，心狠手辣的群众操纵者，没有任何信仰的愤世嫉俗者。这些都说得没错，特别是20世纪20年代末他掌握了独裁权力之后；然而这些特征没有一项能把他和当时欧洲无数的其他政客区分开来，也无法解释同时代人对他的迷恋之情。青年墨索里尼对群众的情绪和20世纪政治的革命性有着非凡的判断力，这些都建立在他对现实的认知上，他认为现实不是一种由可知定律决定的稳定结构，而是一种可以由强人意志操纵的灵活、多变且不断变化的结构。"伟大事业没有一个固定的程式，只能通过猜测未来的走向去实现。"这是墨索里尼从马志尼的著作中摘抄的一句话，他钦佩地把它写进了自己的战时日记。"权力的秘密在于意志。"这两位领导人之间的区别在于，墨索里尼信奉的是统治这一行为，而不是某个具体的目标。人类只是尼采式雕刻家手中的黏土，思想则是这位超人使用的工具。事实上，最要紧的是行动，使原本单调乏味的生活变得有价值的也是行动。年轻的墨索里尼写道，"运动"这两个字是20世纪最明显的特征。"我们想行动、生产和支配物质，我们想体验那种挫败幻想的胜利滋味，那种使生命的能量倍增，同时朝着另外的终点、另外的天际和另外的理想挺进的胜利滋味。"即使今天，你仍然想不出另外一句话，比这句话更能体现墨索里尼的生命轨迹，或是他政治信仰的精髓。[22]

1917年，作为社会党内部反叛一代的领袖，墨索里尼已经有了十年的经验，1912—1914年，他还是要求对资产阶级政府实施更强有力的正面进攻的青年干部首领。1914年秋，墨索里尼由于支持意大利参战而被驱逐出党，不久他便成为参战运动最活跃和最有魄力的领导人之一。他的《意大利人民报》(Il Popolo d'Italia)混合了马志尼主义和马克思主义思想，对那些把社会变革寄希望于一场民主革命战争的左翼主战派有着很强的号召力。墨索里尼在贝尔萨格里步兵营(Bersaglieri)的志愿兵团服役过，伤重退役后，他于1917年领导了解散议会的斗争，并仿照法国的克里孟梭政府，成立了独裁内阁。意大利战争进入最后一年时，墨索里尼发现自己成了孤家寡人，没有人看他的报纸，也没有人忠诚地追随他的政治事业。工人阶级的政党有着强烈的国际主义色彩，且受到布尔什维克全球革命模式的吸引，他们无法原谅他的主战立场和他对阶级合作的呼吁。自由派讨厌他的激进行为和革命言论，天主教徒讨厌他的反宗教立场，君主制的拥护者讨厌他的共和思想，民族主义者讨厌过去的反军国主义立场和他对社会改革的承诺。随着世界局势左倾、他在工人阶级中信用耗尽，墨索里尼旺盛的精力和强大的抱负似乎找不到一个出口。

墨索里尼性格粗暴，非常容易心血来潮和情绪激动，他曾说他想离开意大利到美国去。但他从未真正这么做，而且这个话题也很快过去。因为他很有信心——对自己，对对手的无能，对战争将彻底扭转政治方向。他认为那些旧的思想标签——"民主主义""激进主义""共和主义""自由主义"，甚至"社会主义"——战后将会出现新的含义,否则将完全失去意义。新的统治集团和新的价值观将会出现。明天的音乐将会是一种新的节奏。而那些死抓住"旧的思想路线"(old mental schemes)不放和那些留在"旧式政党"中的"老人"将会被推到一边。他们将错过这趟列车,只能站在月台上,眼睁睁地看着眼前发生的一切,他们脸上的表情是扭曲的,那是一种介于"愚蠢和怨恨之间"的表情。[23]

战争彻底改变了墨索里尼。他变得更加坚决,更加强硬,更愿意使用暴力,对民众的无限顺从更有体会(他曾在前线与他们共同生活过),同时也更愿意接受民族主义和帝国主义思想。他亲身体会到,和阶级这个动人的神话相比,国家的作用更大。因此,作为一名公众人物和群众领袖,墨索里尼在寻找新的追随者时,转向了一个他认为和自己有密切联系,同时又维持着良好关系的群体:前线的军人。1918 年 8 月 1 日,他把报纸的副标题从"社会主义日报"改成了"军人和生产者日报",同时小心地指出:"并非所有的士兵都是军人,并非所有的军人都是士兵。"到了那年年底,墨索里尼明确表示,所有的军人中他最想代表的,是那些年轻的预备役军官——墨索里尼把他们命名为"堑壕一族"(the trenchocracy)。他说,这些预备役军官是真正的"胜利书写者"。"士兵则是群众,愚蠢的群众,他们强大而迟钝,缺乏一股推动力来为他们指明方向并确立奋斗目标。军官就是这股推动力……他们是新的贵族阶层,意大利堑壕一族的精英。"[24]

墨索里尼投靠的这个社会群体虽然不太稳定,却有着潜在的重要影响力。它本身不是一个阶层,而是几个有着共同思想的阶层的组合。这种名为"战斗精神"(*combattentismo*)的思想兼有民族主义和社会主义的主题,因为它对政治环境的净化和民族道德观的更新提出了全面而且通常是天真的要求。这种改革的呼声和"平民意大利背叛了战斗意大利"的指控密切相关。正如卡波雷托战役结束后不久一名主战派所说的，过去的意大利和未来的意大利之间存在着裂痕，也就是说"那个心怀成见、官僚主义横行、胆小、软弱、无知的意大利"和"新意大利"之间存在着矛盾。其中议会制度受到的谴责尤甚，它"被认为是每一种社会弊病的中心，每一次针对国家的阴谋诡计的发源地，失败者和无能者的收容所"。"打倒旧政党！让我们拥有新人才！让我们拥有新力量！"这些不满的退伍军人喊道，"我们只承认祖国的政党，只承认尽责的政党，只承认流过血的政党，除此之外，我们一概不予承认。"[25]

在那些从战争结束到1919年夏天回家的退伍军人中，这种想法非常普遍；然而最狂热地支持这种思想的，却是那些出身于专业和官僚阶层的年轻预备役军官，这些人既没有政治经验，又都是理想主义者，他们往往不现实地把这场战争看成是一场推翻现有秩序的"革命"。他们中大部分人没有什么政治理念，却又充满了愤怒的情绪，他们很快便把自己的战争经历——他们大部分人唯一的知识资本——变成了政治神话。这些退伍军人并非个个都是保守分子；其中许多有民主倾向；有些人还赞同威尔逊提出的民族自决和公正和平原则，至少一开始是这样。但是，另外一些一贫如洗、更有政治野心、更喜欢放荡不羁生活的人则聚集在大城市，和共和派、工团主义、未来主义等激进团体的党羽结成联盟——这些联盟的目的虽不太明确，但都令人无法抗拒地指向政治和文化革新。在这些城市退伍军人中，最突出的是"敢死队"（Arditi），一个和德国突击队性质类似的组织，他们的领导人住在米兰，并且受马里内蒂的影响很深。这个组织的领导人后来又怂恿邓南遮攻占阜姆城（Fiume），邓南遮刚一夺取城市，他们便涌过去加入他的军队。[26]

这些一无所有而又放荡不羁的知识分子，尤其是敢死队，正是战争最后几个月和1919年的前几个月墨索里尼极力拉拢的那批人。墨索里尼找到他们的领导，让自己的周围堆满他们的标志和武器，让自己的报纸刊登他们的宣言和书信，把自己变成他们世界观的真实写照，使用一些能引起他们愤怒和自豪的形象，并以捍卫他们反抗"另一个意大利"的权利为己任。例如，1918年12月，他在对的里雅斯特贝尔萨格里步兵营的士兵讲话时承诺，没有人可以偷走属于他们的权利。"我庄重地向你们承诺，我将用我的笔和其他一切方法，保护属于你们的东西。首先是你们，然后才是其他人。"1919年3月成立"法西斯战斗团"（Fasci di combattimento）的决定，是墨索里尼人生旅途中的又一个里程碑，标志着他从无产阶级变成了一名优秀的管理者和军人。"法西斯战斗团"的界限有些模糊，且对不同政治派别的人都开放，墨索里尼试图以此来吸引那些具有反议会倾向的退伍军人，同时证明主战派这个少数派群体和大部分人的战斗精神之间存在着（微弱的）历史联系。"牢牢立足于主战派的土壤之上，"他在自己的第一次法西斯演讲中宣布，"……我们要求并正式宣布我们拥有改造意大利生活的权利和义务，如有必要，甚至不惜采取革命手段。"[27]

第一批响应墨索里尼号召的人中，以伊塔洛·巴尔博（Italo Balbo，1896）和朱塞佩·博泰（Giuseppe Bottai，1895）最为典型。作为一名狂热的主战派和志愿兵，巴尔博在最后两次战役前，一直都是空军飞行员和敢死队成员，他在战斗中获得了一枚铜质勋章和两枚银质勋章。战前他的政治背景是一名马志尼主义者，14岁那年，他跑去参加了战前的一次远征，目的是将阿尔巴尼亚人从土耳其人的统治下解放出来。按照巴尔博自己的描述，1915年他参加志愿军时，已是"一名新世纪的孩子"，巴尔博的意思是他是一名反教权主义者、民主主义者、共和主义者，他反对奥地利人的统治，反对德国人的残忍暴力和霸权计划，支持拉丁国家之间的相互扶持，并对西方文化的优越性深信不疑。从1915年到1919年，巴尔博的这些价值观淡化了，或者说发生了根本的变化。巴尔博从前线回来

第五章　意大利：青年！青年！

时，心中充满了对后方敌人的怒火，他认为那些自由派政治家接受了屈辱的和平，因此背叛了他们这些战士。巴尔博后来说，他去打仗，并不是为了回到乔利蒂统治的那个一切理想均可用于交易的国家。不是的。最好的做法是否认一切，摧毁一切，这样一切才能从根本上改造一新。巴尔博说，如果没有墨索里尼，那些从战壕回来的意大利青年有四分之三将变成布尔什维克，因为他们想不惜一切代价来一场革命。但是墨索里尼改变了事情的发展方向。他给这些战斗青年提供了一个彻底的否定方案；而且除了推翻现有的制度外，他还为他们描绘了一幅积极的前景：一个由胜利者建立的年轻政权，一个法西斯国家。巴尔博从一个废弃的兵营里拿了一把刺刀和一袋手榴弹，加入了法西斯运动，并成为墨索里尼最信赖的助手。巴尔博"凭直觉认为，为了实现自己的目标，年轻人必须全力以赴，和腐朽的意大利议会政府斗争到底。他已经做好准备。战争已经教会了他如何指挥和服从"。1922年，身为法西斯军队总司令的巴尔博在罗马组织了一次游行。在残忍无情或个人的英雄事迹方面，没有一名法西斯领导人能和他相比。"什么都敢一试"（*Tutto osare*）是他的座右铭。毁灭和胁迫是他最喜欢使用的方法。为行动而行动是他的唯一准则。[28]

朱塞佩·博泰的法西斯之路和巴尔博类似。作为一名机关枪手和敢死队成员，博泰在堑壕里待了两年，之后因伤退役，但他回来后却发现故乡已经不复存在。一开始，博泰用诗歌来表达自己的失望和不满。他战后的诗歌充满了意大利颓废派诗人的朦胧色彩，后者的韵律和伤感一直为他所欣赏。但是和颓废派诗人不同的是，博泰写的显然是政治诗。"你从那些地方［前线］归来，正全神贯注地思考。人类打架声和吵闹的声音嘈杂盈耳。拥挤的城市在向你高喊他们的谎言……你仿佛正处于黑暗中，一股模糊向善的情绪引导着你，走向一个遥远的国度，所有的世道都使人格外地渴望这个，可能,并不存在的目的地……一个国度——在哪呢?它将在哪个路口、哪座山岭、哪片海滩出现在我们面前,这个整洁而宁静的国度?……有人微笑地看着你说:'这里不存在什么国度。'"在这种绝望和困惑之中,年轻的博泰遇到了墨索里尼,他开始相信文学必须献身于具体的政治行动,此时博泰从中看到了一种全新也更加高级的知行合一。从这个时候起,他对道德或审美中立变得不屑一顾。社会主义不好,因为它使人变得懦弱,还把冒险和具有创造性的张力去除了;法西斯主义好,因为它提升了人类的灵魂,打动了人心深处的高贵品质。1921年5月,博泰当选为意大利议会最年轻的议员,他的竞选纲领是,政治、社会和经济改革应该服从于"道德革新"(moral regeneration)。在罗马的那次游行中,博泰带领一支黑衫军通过工人阶级的地盘进入市中心时和市民发生了冲突,共造成13人丧生。[29]

我们很容易看出法西斯主义是如何吸引巴尔博和博泰这些年轻人的。它有颠覆官方成立的政府的倾向;它在维护战争的正义性,反对国际主义者认为战争毫无意义的观点时,有民族主义的倾向;它使用的方法无情而又暴力;它肯定精神优于物质,行动和直觉优于思考,年轻人的冲动优于老年人的优柔寡断和腐败堕落;它提供了一种使前线特有的态度和友谊得以延续至和平时期的方法;它还以年轻人能够尊崇的理想之名,使他们的能力和才华有了用武之地。墨索里尼就像一名杰出的表演大师,用一系列完美的动作操纵着这些年轻的追随者。以下是他对早期在米兰举办的一次法西斯集会的描述:

> 从七点开始——集会开始的时间是九点——广场已经由我们的先遣巡逻队把守,但是人群渐渐越过警戒线,聚集在那辆准备用来做讲坛的卡车周围。静默。一声枪响。堑壕士兵以他们自己

的方式宣告了集会的开始。一把"非常"(Very)牌手枪射出一束灿烂的白色亮光,划破长空,然后落向欢呼的人群。这是一群沉默、内敛,几乎可以说神情严肃的人。年轻鲁莽的敢死队员精神抖擞地走过波涛汹涌的人群,他们一边走一边唱着他们那首不朽的歌曲《青年!青年!》。突然,人群不动了。他们在聆听什么。微弱的街灯和青烟缭绕的火把摇曳的光,使一张张轮廓完美,仿佛按照古罗马和意大利原型剪出来的褐色脸庞,在光影的作用下显得特别清晰。演讲者轮流上台讲话,听众没有显示出丝毫的不耐烦。

这些演讲者都说了些什么?墨索里尼没有告诉我们,但是可以肯定,他在自己的演讲中加入了下面这句话,或者与此类似的话:"人生是一场战斗:昨天是为了抗击国外的敌人……今天是为了抗击国内那些潜藏在政治壕沟中的敌人。"这就是巴尔博和博泰所听到并且认为是真理的话。[30]

聪明而又野心勃勃的墨索里尼,不会困在退伍军人的视角中裹足不前。他从一开始便强调,法西斯主义首先是一种精神状态:它是一场"现实的运动、真理的运动和忠于生命本身的运动"。作为一名恪守生活教训的前贝尔萨格里步兵营狙击兵,墨索里尼不断地调整枪口,以对准移动的现实之靶,他很快了解到,法西斯主义的精神开始受到广大中产阶级的欢迎,尤其是那些年纪太小而无法参军的学生。这一发现使他的演说词有了细微但却非常重要的变化。他不再强调(没有完全舍弃)第一份法西斯纲领中颠覆政权和我行我素的部分,而是越来越多地把法西斯运动描绘为一种"青年"运动。"青年"变成了一种社会分类,变成了一句可以使军人和广大社会联盟的愿望合而为一的政治口号。这个更广大的社会联盟的成员正在寻找除了社会主义和自由主义之外的第三条路,他们认为前面两条都是死胡同。他们渴望来一场"革命",既可以消除阶级冲突,又不会质疑"财产权和物质生产比社会公正更重要,或脑力劳动比体力劳动更高级"等原则。1919年7月,墨索里尼解释说,法西斯主义之所以能获得"战壕青年和学校青年"的支持,是因为"法西斯主义里面没有那些发霉的旧思想,没有老人威严的大胡子,没有传统的价值体系,只有青春、冲动和信仰"。1920年7月3日,他明确表示,并非只有军人才能参加法西斯运动。"我们也接受那些出于合法原因而无法参加战争的人。"他又说,要成为一名法西斯主义者,只需要灵活变通,知道如何在现实中"灵活地"移动,并且能感受到自己血液中那种少数派不追求声名的高贵品质。"法西斯主义是一场运动,是持续的战斗,而不是没有结果的等待。"这些正是青年,尤其是中学和大学里的资产阶级青年认为自己能够满足的条件。1921年4月,墨索里尼可以感到欣喜若狂了,因为法西斯的选举名单给人一种"青年浪潮的印象,旧城墙注定将在这股浪潮的冲击下崩塌"。[31]

因此,从1917年到1921年,墨索里尼使用了"青年"这个词来指代一个规模不断扩大的社会联盟,而他自己则试图成为这个社会联盟的动员者和领导者;1922年10月法西斯上台后,"青年"成了该政权风格一个突出和显著的特征,是其政治纲领的一个基本元素,也是其神话的一个重要方面。青年意识形态在意大利的制度化,很大程度上是法西斯运动理论贫乏的结果。墨索里尼之所以能成功夺取政权并维持着自己的统治,是因为他利用了社会党人的失误、有产阶级的恐惧和中产阶级内部一些人的野心,后者看到了以反唯物主义和民族主义革命的名义担任国家领导人的机会。然而,正如墨索里尼自己不止一次承认过的,他没有任何计划就上台了——除了捍卫意大利的胜利果实,使之具有实质性意义这个松散的目标外。这种弹性正是法西斯主义的强大之处,墨索里尼因此得以迷惑对手并最终打败他们。然而理论的缺乏同时也是一个潜在的弱点。一旦掌权，法西斯运动可能分裂，陷入派系之争，并被过去的精英集团同化。作为一名乔治·索雷尔（Georges Sorel）的崇拜者，墨索里尼明白，为了让广大群众行动起来，神话是必不可少的。当他还是一名社会党员时，以及在后来的战争期间，墨索里尼就认为自己已经验证了索雷尔的理论，即人的行为并非出于理性，而是出于信仰。因此，被任命为总理之后，墨索里尼便着手解决自己这个政权的合法性问题，让它即使没有一套理论，至少也有一个纲领、一种风格和一个神话。而代际主义正是他使用的一个材料。

在20世纪初的意大利文学中，青年的比喻可谓比比皆是。我们可以从邓南遮的小说和戏剧，从《声音》杂志，从为主战派辩护、与后方卖国贼斗争的文章中，找到它的影子。然而连接这一文化母体和法西斯主义的，是马里内蒂和未来主义运动，这点似乎无可辩驳。不管是战前还是战后的未来主义者，都把青年作为他们的一个基本神话。"明天属于年轻人，"1919年，罗马的一名未来主义者狂喜地写道，"让我们在那些归来且意气风发的军事方阵前跪下。他们的活力将成为主宰世间的法律。世界掌握在他们手中！"马里内蒂后来不无道理地声称，法西斯主义满足了未来主义的要求——或者至少满足了未来主义最低纲领的要求，这里面包括但不限于"由反对议会、官僚、学术和悲观主义精神的青年上台掌权"。一旦大权在握，墨索里尼便鼓励法西斯主义和未来主义合二为一，他宣布，自己的政府将永远青睐"勇敢的"年轻人，而鄙视"懦弱的"老年人。《青年！青年！》这首把青年描绘成生命的最高和最美形式的歌曲，变成了法西斯的法定歌曲；1923年，罗马大游行之后不久，历史学家乔亚基诺·沃尔佩（Giocchino Volpe）在墨索里尼的月刊《社会阶层》（*Gerarchia*）上发表文章说，法西斯主义可以理解为"意大利精神的复兴"。法西斯主义者"即使无法真正等同于意大利……

也依然是它那群最有活力和最活跃的年轻人中最出色的一部分"。此外,沃尔佩认为法西斯主义优于马志尼那个入会条件颇为苛刻的阴谋团体"青年意大利"(Young Italy),他接着写道:"我们国家的历史第一次记录下一个强大的少数派,一个马志尼即使在他最热情的时刻也从未想到过的'年轻意大利',这个意大利不仅规模庞大,从国土的一端延伸到另一端,还有着统一、坚定和有条不紊的思想。"[32]

到了20世纪20年代末,那种认为法西斯主义是战争一代所创、墨索里尼政权是青年政权的看法,已经成为不言自明的常理,即便经常会引发争议。没有人比库尔奇奥·祖克特(Curzio Suckert,又名马拉巴特[Malaparte],1897)更轻易接受这种言论,也没有人比他更积极地宣传这些思想。风度翩翩的马拉巴特拥有和其文学天赋一样高(假如不是更高的话)的自我宣传和展示能力,法西斯政权建立的最初几年,马拉巴特开始了文学创作,并取得了很高的声誉,他在一系列书中把法西斯主义解释为战争英雄领导下意大利群众反抗的结果,而且群众已经学会了服从这些战争英雄的"合法暴政"(legitimate tyranny)。他更进一步认为,这次革命在动机和意义上可以和布尔什维克革命相媲美,是意大利和天主教另辟蹊径的选择。有人感到不解,怎么可以把一场如此坚决反民主、反平等的运动解释为民粹主义革命,马拉巴特淡淡地回答说:"我们所反对的那个可恶的资产阶级和无产阶级世界,老百姓拥护的很少,但是知识分子却很多。请注意,我们的革命,无论过去还是现在,都更反对[自由主义哲学家]贝尼代托·克罗齐,而不是[工会主席布鲁诺·]布兹或[社会党人伊曼纽尔·]莫迪利亚尼。"马拉巴特曾经为了加入加里波第(Garibaldi)的军团到法国参战而从中学辍学,多年的前线生涯使他感到既愤怒又自豪,他喜欢称

第五章 意大利：青年！青年！

自己是受到"不容忍、反抗和英勇激荡的精神"感动的那一代的代言人（也是墨索里尼之后的主要代表之一）。他一直不厌其烦地重复，他这代人第一次发现了"大地、青草、光明、人类生命、永生、牺牲和个人自我主义的价值"，他们那坚韧而未获承认的英雄主义超越了历史上的"任何一代，包括那些为我们创造神话、英雄和法律的人"。[33]

在写下这些话后不久，即1928年接近尾声的时候，法西斯报刊掀起了一场有关"青年问题"（the problem of the young）的讨论。讨论的主要问题，是政府的言论与其现实的政治和社会政策之间的关系。和老年人相比，法西斯主义更青睐年轻人吗？如果是，那它还是一种好的思想吗？在法西斯统治接近十年之际，年轻人对法西斯主义的总体态度如何？讨论的氛围受到阿尔贝托·莫拉维亚（Alberto Moravia）第一部小说出版的强烈影响，莫拉维亚在书中形容意大利青年"冷漠"且"无情"。一些年轻人借讨论的机会抱怨说，他们没有得到指挥权，他们连找工作都有困难。那些年纪较大的法西斯主义者则质疑把法西斯主义者的优点和智慧等同于经验和年龄的欠缺是否明智。有位年长的评论家指出，正统的法西斯主义者本质上是1914年的主战派。既然如此，年轻的法西斯主义者怎么能宣称自己比长辈们更法西斯呢？整个1929年和1930年，这场讨论在博泰的杂志《法西斯主义评论》（Critica Fascista）上开展得如火如荼，1931年，墨索里尼宣布法西斯主义确实是一个青年政权，只要有可能，30岁的人会比40岁以上的人更受青睐，直到这时，这场讨论这才告一段落。[34]

由于缺乏详细的量化研究，在比较20世纪20年代意大利主要社会阶层和法西斯上台前意大利和其他欧洲国家的年龄构成时，我们很难了解这些指责和反指责背后的真相，也不可能贸然做出推测。法西斯政权总的来说像一座巴洛克教堂，表面的思想和主要的政治社会结构之间只存在微弱的联系。这类"讨论"被用来掩盖政权框架内部对立派系争夺权力和势力的斗争。另外,1929年之后,世界性的经济危机打击了意大利社会的方方面面,和其他人相比,中产阶级的青年知识分子更有条件以讨论政权的思想倾向为由发泄心中的不满。尽管如此,有一件事却是肯定的:墨索里尼强烈地意识到,要使年轻人融入一个建立在他们父辈英雄事迹之上的政权有多么困难,他采取了一系列措施来解决这个问题,颁布政策,让年轻人加入法西斯社团,鼓励年轻人对年长的法西斯分子提出批评,把一些年轻人,例如巴尔博和博泰,调到重要的政治岗位上。*墨索里尼像利用革命思想一样地利用代际思想,以威胁意大利社会的精英阶层,让他们永远战战兢兢。事实上,这两种思想是有联系的,因为法西斯政权的官方理论说,法西斯革命只能由子孙后代来实现。这些以墨索里尼为榜样塑造的新人将属于未来,因此,他们是一群未受资产阶级和自由派历史腐蚀的年轻人。而且,假如墨索里尼的目的是迎合年轻人的野心和理想主义,同时利用年轻人和他们父辈之间一直存在的潜在敌意,那么我们无法否认,他在20世纪20年代末和30年代初取得了辉煌且无可置疑的成功。法西斯青年在20世纪30年代初的刊物上主要抱怨的,是上一代人不是且永远不可能成为坚定的法西斯分子。例如,一份罗马刊物的年轻编辑便谴责了那些年长的法西斯分子的怀旧和感伤情绪,说他们对自由民主主义和资产阶级个人主义这些以前的思想念念不忘,他们警告说,法西斯革命才刚刚开始。"为了避免这类毁灭性力量损害我们的未来,"他们说,"是时候保持警惕,并从各方面武装起来了。"[35]

我们很容易理解,为什么法西斯领导人和马拉巴特等知识分子

---

* 1929年9月,墨索里尼任命了新内阁,包括任命33岁的巴尔博为航空部长,34岁的博泰为组织部长(minister of corporations)。——原注

的言论，以及法西斯青年那种以高尚者自居的盛气凌人的态度，会使依然恪守过时的个人自由原则和亲自参加过战争的人感到痛苦。杰出的历史学家阿道夫·奥莫代奥（Adolfo Omodeo，1889）就是那种感到不满的人，战前他偶尔会给《声音》杂志投稿。奥莫代奥对法西斯政权极为疏远，20世纪20年代末，他开始撰写怀念阵亡战友的文章，这些文章连载于1929—1933年的《评论》杂志（La Critica）上，后来又结集成册，以《战争时刻》（Momenti della vita di guerra）的书名出版。奥莫代奥是个孤独而又有抱负的人，他希望自己的作品成为一部"意大利战争的道德史"。他希望洞悉事情的真相，了解历史记录和趣闻轶事背后的真实情况，从而挑选出重要力量和英雄人物，在他看来，这些人才是历史的真正缔造者。他在开篇已经把自己的理由交代得很清楚，那就是"从某种意义上说，阶级、社团和国家通过那些富有活力的人来表达自己的看法，同时也从这些人身上看到自己的映射；没有他们，这些庞大的社会组织将只是些未实现的潜能"。奥莫代奥决心回到目标和理想的源头，从被法西斯歪曲的历史中抢救出自己那代人的记忆，虽然没有明说，但他这个隐含的动机却表露无遗。为了保证摄取的资料真实可靠，奥莫代奥决定只采用阵亡将士在战争期间所写的资料。结果便是这部痛苦而又自相矛盾的作品，它暴露了一个未解决的，也许是无意识的视角差异，即作为退伍军人和一代人的见证者的奥莫代奥，与作为历史学家和法西斯政权批评者的奥莫代奥两者之间视角的差异：这部作品的魅力来自它的内在张力，一方面是历史的参与者，一方面是当历史未能符合人们为之行动、战斗和牺牲的理想时，试着去理解历史。《战争时刻》即使不是欧洲描写战争一代最好的一部书，也是最复杂和层次最丰富的一部。[36]

奥莫代奥生于巴勒莫（Palermo），父亲是伦巴第的一名铁路工程师，因工作原因而搬到了西西里。奥莫代奥是乔瓦尼·秦梯利的学生，后来又成为他的朋友，奥莫代奥很早就皈依了老师的哲学唯心主义，这种唯心主义的一条重要原理就是认为意识状态和世界的转换之间具有同一性。在奥莫代奥看来，每一次精神活动都是行动；意识不仅能反映世界，还能改变世界；思考、理解和认识是历史学家的行动方式。奥莫代奥和秦梯利一样，认为书写历史本身就是一种历史行为。事实上，年轻的奥莫代奥甚至走得更远。史学研究对他来说是"精神最为振奋的时刻"，人的精神在这种意识状态中吸收了过去的经历，变成了未来的主宰，一个像上帝那样的自由创造者。奥莫代奥因此相信（这是一种宗教般的虔诚信仰），对过去的研究注定将把自己引向政治行动。1911年他在一封写给未婚妻伊娃·佐纳（Eva Zona）的信中，异常详细地阐述自己对未来的看法："我把自己的人生看得很清楚。首先我得在思想界留下自己的印记，然后，在掌握了过去之后，我必须勇敢地面对目前的各种问题。"当时奥莫代奥满足于专心教书和研究基督教的起源，他认为意大利人已经快把自己的这段历史忘光了。以后他将转向意大利复兴运动的研究，因为，正如他所解释的，"全面了解这场创造了我们的历史性运动，同时意味着理智地掌握现在：历史研究将直接把我引向我们时代的政治问题。"[37]

虽然奥莫代奥住在西西里，又被秦梯利的学术圈子吸引，但他和《声音》杂志那批人有很多共同点。一方面，奥莫代奥和他们一样讨厌乔利蒂政权。他抱怨意大利人不知道如何管理自己，只好任由一群无赖统治着。奥莫代奥和《声音》杂志社的那些编辑（Vociani）一样，一会儿受到民族复兴使命的吸引，一会儿又因为这类革新计划必须面对的障碍而感到泄气。以"马志尼的继承者"自居的奥莫代奥梦想着为意大利做出一番伟大事业，他在卡塔尼亚*（Catania）

---

* 卡塔尼亚为西西里第二大城市。

的中学教书,并且认为自己是一名贵族知识分子,被一群顽固不化、拒绝学习的民众围在中间。欧洲大战爆发时,他很自然地支持参战。奥莫代奥痛恨德国人的帝国主义行径,对他们的文化教育也提出过诸多批评,他希望看到意大利确立自己的大国地位,为自己之前所受的屈辱和失败报仇。1915年5月,奥莫代奥写信告诉自己过去的一名教授,他宁可死在战场上,也不愿像意大利人那样,在乔利蒂政府妥协的和平下夹着尾巴生活。[38]

战争对26岁的奥莫代奥的打击是巨大的。1916年3月,他被任命为炮兵中尉来到前线,正好可以目睹意大利在这次世界大战中最壮观的一次进军——8月攻占戈里齐亚(Gorizia)的行动。1917年10月,卡普雷托战役失败后,奥莫代奥在撤退时被困,随着战线重新在皮亚韦河畔稳定下来,他发现自己正处于频繁交战区。奥莫代奥最辉煌和最惊险的一刻发生在1918年6月,当时他协助组织的防御部队成功抵抗了奥德联军的一次大规模进攻,他也因此获得了一枚铜质勋章。在前线的这几年,那些出身资产阶级的青年预备役军官的自我牺牲精神和忍耐力使他赞叹不已,每一次的打击和挫折,似乎都不能消磨他们为国献身的精神。奥莫代奥学会了以同情的眼光看待那些普通的农民士兵,这些人无法理解战争的原因,有时还不得不接受严厉的惩罚,并被推着走上战场。奥莫代奥自己的许多感受也和手下的士兵一样:鄙视后方的逃兵,痛恨"奥德走狗"(Austrian and German dogs),不相信那些毁了意大利的"政治流氓"。奥莫代奥从前线回来后,曾对妻子发誓,要让那些政治家付出代价。同时他又担心自己的学术能力下降,青春虚掷。奥莫代奥努力想超越士兵们所无法理解的"原因",深入挖掘战争背后的历史意义,但是没有成功。他向秦梯利承认,在对这场战争的理解上,自己的一切努力都是徒劳,就好像他"被潮水冲走了"似的。奥莫代奥强烈地意识到意大利加入协约国一方参战是合理的,但他却无法找到历史或道德依据来证明自己的观点。"留待其他时候，再对我们这场战争做更平静的思考吧：现在我必须把炮弹移到新的位置。"[39]

1919年1月，奥莫代奥从战场回到家中，此时的他筋疲力尽，才思枯竭，还被一种迷失感压得喘不过气来。他徒劳地想在平民生活中找到自己的"战斗岗位"（combat post）。流感的盛行再加上意大利的政治纷争，使得他这代人仿佛受了诅咒一般，无法得到片刻的喘息和安宁。那些本该处于统治地位的知识阶层拱手把"缰绳"让了出去，而"骑手"的愚笨无能正导致"马群"（散漫的群众）面临失控的危险。奥莫代奥说乔利蒂缺乏爱和热情这两种隐秘的道德力量，是个不折不扣的民族灾难。社会党不配也没有能力领导国家，因为他们拒绝保护意大利人的合法权益。英法两国都从背后扎了自己的盟友意大利一刀，理应受到报复。这些对意大利政治形势的严肃思考和奥莫代奥适应平民生活时遇到的困难是同时发生的，假如不是由后者引发的话。1919年春，奥莫代奥觉得自己的智慧已经耗尽，怀疑自己是否还能回到以前。他最关心的是能否获得一份大学教职，从而摆脱中学教师的工作；但是他又担心（事实证明，这种担心不无道理）要获得教授的职位将"异常艰难"。他毫不费力便看到了自己的困境和意大利的困境之间的联系。"某些时刻，"他对妻子抱怨说，"我好像生活在一个已经丧尽一切道德良知的世界，无论是国际、国内，还是私人领域。所有形式的利己主义都在疯狂增长，我不知道这是革命的前夜抑或就是革命本身。"然而即使处于绝望之中，奥莫代奥也依然相信，如果那些打败了奥地利人的"年轻人"能理解自己国家的命运发生这种新反转的原因，他们将会找到解决方法，就跟他们在卡波雷托战败后的英勇表现一样。他在1920年写的一系列文章中说，只有那些在炮火中"教育"了士兵，并打赢了这场战争的青年预备役军官才能拯救我们。[40]

从奥莫代奥公开发表的信件中，看不到一丝他对早期法西斯运动的态度。也许居住在西西里的他确实没有什么看法，因为法西斯运动发生在意大利北部，只有在全国范围内夺取权力之后，它才登陆西西里。奥莫代奥对左翼革命分子的敌视，可能使他赞同早期法西斯运动的一些目标。但是，如果说奥莫代奥对法西斯主义的态度曾经犹豫过，这种犹豫也是非常短暂的。在奥莫代奥看来，行动始终必须与道德理想结合在一起，"责任"也并非一句空话，而是一种令人近乎痴迷的东西，他很快就对马基雅维利式的非道德论和墨索里尼政权耀武扬威的军国主义感到厌恶。奥莫代奥注意到法西斯主义没有道德原则，它信仰的是为行动而行动，代表的是"一种破坏国家基础的激进的颠覆论"，因此，它比战前革命工团主义或者战后布尔什维克主义的颠覆论还要危险无数倍。到了1924年10月，马泰奥蒂（Matteotti）事件引发的风波使法西斯政权及其领导人均受到不小的冲击[*]，这时奥莫代奥写信给秦梯利，恳求他与墨索里尼断绝关系，同时组织一场摧毁法西斯主义的运动。"总之，迫切需要对革命或类似的行动进行清算。"[41]

从这个时候开始，奥莫代奥的道路已经确定。他找到了自己的战斗岗位。他将成为一名自由的捍卫者和政权的反对者。他将用自己的历史学来保卫意大利复兴运动的遗产，使这种精神免于湮灭。正如他所预见到的，对历史的研究最终都会指向当下的问题。由于反对法西斯主义，奥莫代奥和同意出任领袖（Duce）内阁教育部长的秦梯利断绝了联系，并走近克罗齐，后者1924年之后成为意大

---

[*] 1924年6月，社会党议员吉亚科莫·马泰奥蒂（Giacomo Matteotti）被杀事件是自由主义政府垮台过程中一个重要的转折点。这件事使许多此前一直支持法西斯主义的自由主义者感到震惊，他们纷纷表示不再支持墨索里尼，并且试图迫使他辞去总理职位。1925年1月，墨索里尼在处理完马泰奥蒂事件的相关责任人之后，反而开始了建立独裁主义和社团主义国家的计划。——原注

利国内知识分子反政府运动的领军人物。首次刊载于克罗齐的杂志上的那本《战争时刻》，必须在这种背景下进行理解。一方面，奥莫代奥认为自己对阵亡的战友有所亏欠，他想以此来偿还这份债务；另一方面，这是对自称代表战争一代的政府的一次间接打击。这还是一次重新找回过去记忆的努力，回首往事，那似乎是奥莫代奥一生最辉煌的时刻。1929 年 2 月，奥莫代奥开始这项工作后，曾向前《声音》杂志社成员，同为军人的好友隆巴多－拉迪塞（Lombardo-Radice）承认，自己被一股怀旧的情绪所淹没，他怀念那段"艰难而伟大，可能是我一生中最高贵的岁月。在死者的帮助下，我似乎在记者和停战英雄的喋喋不休和花言巧语中明白了这场战争的真谛。但是，在生者连声的哀叹中，谁知道死者的声音能不能被听见"。[42]

奥莫代奥不切实际地认为，虽然事情已经过去将近 20 年，但死者的声音还是能淹没生者尖锐的呼声。这本书写完时，意大利正准备和阿比西尼亚*（Abyssinia）打仗，而新一代的意大利青年则跃跃欲试，渴望着有机会上场杀敌，为国捐躯。这本书受到年轻人的冷落，奥莫代奥对此感到非常失望，他把自己比作"一个隐修结束后，从山上下来，逢人便讲说应该忏悔和克制的隐士"。然而，奥莫代奥不知道的是，这本书确实吸引了一些年轻的反法西斯主义者，使他们对意大利的战争一代有了不同的看法，这种看法既不是学校灌输给他们的，也不是法西斯报刊所宣扬的；今天这本书已经成为一座丰碑，你可以说它是有着自由民主思想的意大利 1914 年一代的自我写照。[43]

奥莫代奥直到第五章才完全展开这本书的核心观点，即那些"最优秀的"意大利军人不是因为仇恨、渴望荣耀，或者为了享受战争

---

* 阿比西尼亚：埃塞俄比亚的旧称。

的疯狂才去参战，而是出于一种高贵的责任感和对马志尼自由欧洲梦的承诺。奥莫代奥曾经向秦梯利许诺，将在适当的时候对意大利战争进行"平静"的研究，此时他回到了这个研究上，并试图找出德国和意大利参战动机的不同。他说，德国军国主义的崛起和强权政治（Machtpolitik）的无限野心对意大利民族的精神理想构成了威胁。这是信奉武力和帝国主义的德国民族主义与承认其他民族权利的意大利爱国主义之间的矛盾，是物质力量和精神力量之间的矛盾，是暴力政权与合法权利之间的矛盾。意大利人为了保卫一种文明而走上战场，"这种文明植根于他们的灵魂深处，为它受苦和死都是幸福的"。奥莫代奥强调，使那些最优秀的意大利军官和志愿兵甘愿奉上他们性命的，正是对这种精神价值观的虔诚信仰。[44]

奥莫代奥列举了加罗内兄弟（Garrone brothers），即朱塞佩（Giuseppe，1886）和欧金尼奥（Eugenio，1888），作为自我牺牲和马志尼主义信仰的典范，两人都是阿尔卑斯山地部队（Alpini Corps）的军官，都在战争中英勇牺牲。奥莫代奥在阅读加罗内兄弟的信件时，发现了一种和自己战争期间非常相似的感觉。同时，他还在加罗内兄弟的"英勇升天"（heroic ascent）和他们不惜牺牲性命也要完成任务的近乎超人般的奉献精神中，看到了理想主义的更高境界，这种境界是一个炮兵军官和1917年曾做过几个月逃兵的他无法企及的。奥莫代奥决心让加罗内兄弟成为意大利战争一代的楷模，为了捍卫这个结论，奥莫代奥坚持认为评价一个社会群体，应该看他们的理想所达到的高度，而不是看他们自私和懦弱的程度。正如历史学家可以用金字塔代表埃及，用圣彼得大教堂（St Peter's）代表意大利文艺复兴，他，奥莫代奥也可以用意大利最英勇的战士来代表它"一战"期间的军队。[45]

出身于中学教师家庭的加罗内兄弟，有着深入骨髓的义务和责任观念，两人因此成了"有品格的人"——流行于19世纪末的概念的完美化身。兄弟俩都认为这场战争是一次道德革命。两人都平静地看待死亡，虽然他们好像并不急于赴死。两人都渴望获得勋章，他们把这看成是国人对自己公民品德的宝贵认可。两人都认为自我、事件和其他事情将由精力充沛和意志坚强的人主宰。两人都认为这场战争对欧洲历史和自己国家的历史来说是件好事。他们相信，在经历了严酷的考验之后，生活将变得更美好，更纯洁，也更有价值。两人都对自己献身所起的作用有信心。两人都在信中使用了大量诸如"意志""精力""支配""义务""牺牲""精神""理想""良知""信念""纯洁""行动""力量""正义""健康""年轻""邪恶"这样的词语。按照奥莫代奥的说法，两人对自己的下属都展示出了"好牧师"式的仁慈，虽然两人都为士兵对战争普遍缺乏热情感到苦恼不已。两人都急于证明自己的男子气概，都想证明自己没有辜负家人的期望。两人均明确表示痛恨德国人。简而言之，两人均表现了国家扩张与国际和平之间悬而未决的矛盾，而这正是奥莫代奥自己的特点，也使他写下以下的话：意大利军人内心的仁慈和战斗精神之间的矛盾，正是他们道德优势的表现，也是他们有权让下等文明服从自己统治的明证。[46]

奥莫代奥强调，加罗内兄弟的牺牲没有白费，因为他们为自己的国家留下了一份遗产，那就是一种更加强烈的民族认同感。因此，这场战争就像主战派所说的，是一次幸运的机会，意大利不能让这个机会白白溜走。另一方面，随着书中内容的推进，我们可以越来越清楚地看到，奥莫代奥也把这次战争看成是他那代人的灾祸。他和他的同龄人"被接二连三发生的事情弄得不知所措"，他们冒着"无缘得到任何帮助；受到历史粗暴对待，就像宿命论中仁慈的上帝对待堕落的民众一样"的危险。[47]我们感觉到，奥莫代奥很羡慕他那代人中没有活着看到自己奋斗成果的那些人。他们一起做了自己该做的事,他们给后世留下了自我牺牲和爱国主义的优秀榜样,但是他们没能使意大利复兴。墨索里尼和马拉巴特这类人反而成了加罗内兄弟的追随者。这是为什么?

这本书越到后面,这个问题就越是突出,虽然奥莫代奥从未正面回答过这个问题。首先,奥莫代奥说,战争做了一次"逆向选择"。那些最优秀、最勇敢、最明智、最慷慨的人,那些公民意识和爱国情怀最强烈的人,那些最清楚国际问题的人——一句话,那些最有才华和最愿意奉献的人——和那些没有这些优秀品质的人相比,已经大量阵亡。奥莫代奥和其他人一样,用这个想法来解释为什么没有出现一个能解决战争遗留问题的"精英贵族"阶层。他说,战争残害了人性,摧毁了欧洲各民族的"大脑中枢"——那些有着强烈政治意识的中产阶级知识精英。"一整代人尚未履行他们的职责就被消灭了,前辈们的事业因此得不到继承和纠正。隔阂因此产生。"毫无疑问,奥莫代奥认为这种隔阂很大程度上正是欧洲文化危机产生的原因,他在描述这场危机的特点时,用了和奥尔特加类似的话,"精神混乱,缺乏指导和信仰,丧失传统和历史经验"。[48]

就这样,那些本该在战后给民众提供指导和价值观的人不在了;而活下来的人(就像奥莫代奥自己)却无力承担起这个责任,这很大程度上是因为战争给他们的肉体和精神造成了伤害。奥莫代奥在书的后面几章,用严肃客观,偶尔近乎绝望的笔调,记录了前线军官中出现的信仰减弱和意识迟钝现象,特别是那些19世纪90年代末出生的军官。玩世不恭、虚无主义、空虚、为行动而行动、对暴力的热爱开始取代加罗内兄弟的理想。热情让位给了冷漠、无动于衷和听天由命,对共同事业的信仰消失了。军官们对指挥部缺乏信心,而且不知不觉地把这种情绪传给了士兵。"军官中弥漫着一股强烈的赴死愿望;士兵——通常是优秀士兵——中则充斥着一股斯巴达克斯团（Spartacist）*式的疯狂。"由于看不到胜利的希望，再加上对领导失去信心，士兵们纷纷叛变和逃亡。结果便是卡波雷托大溃败。在前线沮丧的气氛中，维持爱国主义信仰是困难的，奥莫代奥没有掩盖这一点。就连欧金尼奥·加罗内也有过可怕的迷惘和郁闷。在说到有个1918年6月参加过战斗的军官不再相信任何信仰，甚至不相信自己时，奥莫代奥写道："和他同时代的人或多或少都有过类似的经历。在战斗和令人疲惫不堪的战争损耗中，他们看到了信仰、信念和制度的毁灭，而他们曾经不惜牺牲自己的性命去挽救这些东西。"奥莫代奥补充说，为了重振他们的希望和信仰，重新找回方向和力量，这代年轻人除了堕入虚无主义的深渊以外别无选择，他们就像一支队伍，发现自己正陷在一座被摧毁的城市之中。他们——人们认为他指的是巴尔博和马拉巴特这些人——试图用行动主义和玩世不恭来掩盖自己的空虚，但是他们内心深处渴望得到宗教般的友谊和真诚的鼓舞。他们的"冷漠"是为了适应废墟生活而做出的必要伪装。[49]

显然，奥莫代奥希望在"一战"战士和史诗英雄（从古希腊一直到意大利复兴运动的领导者）之间建立联系。卷首那句摘自索福克勒斯†（Sophocles）的《安提戈涅》（*Antigone*）的题词、书中使用的典故和比喻，以及我们对他性格的了解，无不证明了他的这个野心。‡奥莫代奥作品中的悲怆气质及其终极真相，正是源于奥莫代奥无法创建这种联系。

这种失败的一个典型标志，便是书中第四部分开头一段特别

---

* 斯巴达克斯团是1916年德国的激进社会主义者成立的一个团体，主张反战反帝，1919年改名为德国共产党。
† 索福克勒斯：雅典的三大悲剧作家之一。
‡ 这句引言写的是，"[我之所以这么做，是]因为我取悦死者的时间，要比取悦生者的时间长。"——原注

的话,奥莫代奥在这里用了一连串的比喻和视觉图像,来表现卡索(Carso)前线的惨烈和肮脏。奥莫代奥说,那些悲惨的人挖进深深的洞里,四周是"一朵巨大的烟灰色康乃馨,仿佛手榴弹在无声绽放",任何人(就像他从炮兵瞭望哨所看到的)看到这个场景必定会扪心自问,以前的那些"诗歌的调子"是怎么回事,那些诗歌即使在死亡的恐怖面前也要美化战争,并且使战士们产生一种被送上孤峰绝顶的感觉,从而导致他们"欣喜若狂,以为自己是超越了极限的人类榜样"。[50]

这是一个人英雄梦被击碎之后的哀号。但是这名历史学家和目击者记录下了自己的所见所闻,而不是战争结束后他或别人所认为的战争。奥莫代奥说,在第一次世界大战期间,那种成就一番伟大事业的观念已经不复存在。苦难已经和行动分离。那些在其他年代会被视为英雄的勇士都默默地死去了,不仅广大的战友没有注意到他们,后代也没有记录他们的事迹。

更加令人泄气的是,那些渴望战争并参加过"一战"的年轻人没有任何的知识储备可以理解这场战争的意义。事实证明,老师教给他们的那些19世纪后半叶的公理和概念根本就不够用。因此,肉体的折磨和不为人知的死亡给他们造成的痛苦,甚至不如思想上的混乱更令人难以忍受。战士们发现自己身处一个未知的世界。他们对一些自己曾经欣然接受,但是一旦真正发生却发现根本无法理解的事情感到不知所措。悲剧就是悲剧,死亡就是死亡,根本无处宣泄。战争已经变成一场反抗"冷酷势力"的毫无意义的斗争。任何希望创造历史并且曾经短暂沐浴在战争荣光中的人,都会发现自己"迷失在数也数不清的人群之中,没办法脱颖而出,而且无论从哪一方面来看,都与机关枪和大炮永远也吃不够的子弹和炮弹非常相似"。[51]

奥莫代奥在写下最后这句话的时候,内心肯定充满了煎熬。这句话把人类贬为单纯的物质，而且也与他的历史观相悖，因为奥莫代奥一向认为历史是要讲述道德理想战胜天性中的"迟钝阻力"的故事。因此，随着这场对"死者遗产"的漫长研究接近尾声，对奥莫代奥来说，找到这场战争的伟大之处就显得更为重要，因为它夺走了这么多人的生命，杀死了这么多前途无量的领袖人物。奥莫代奥发现战争的伟大之处在于道德品质（moral virtues），它使士兵们得以忍受痛苦和希望的破灭。奥莫代奥在倒数第二章行将结束时说，也许那些幸存者没有注意到战争真正伟大和美丽的地方。战争要求的不是激情和热忱——这些他和同龄人从小便仰慕的19世纪战士的高尚品质——而是默默地自我牺牲，虚心地奉献，一丝不苟地完成任务，顽强地挺过每一次幻灭，以及有信心弥补那些绝望者造成的损失。奥莫代奥接着说，这些高尚品质首先出现在那些如"积极而具有指导性的意志"一般，用自己的信仰鼓舞并渗透进庞大军队的人身上。现在"我们"——奥莫代奥此处的"我们"显然指法西斯主义者——用给它们加上英雄史诗这一古老元素的方式，扭曲了这些美德，并篡改了这场战争的真正含义，其结果便是未能理解这场战争的真正宏伟之处，那是整个国家为保存完美的文明而战斗的壮观景象。"所有这些，"奥莫代奥末了说，"都值得缪拉*（Murat）的骑兵队勇敢地向前冲，值得老近卫军†（Old Guard）慷慨赴死。"[52]

奥莫代奥在自己所研究的各种战争经历中寻找它们背后的共同点，他认为这是一种康德式的责任感。奥莫代奥说，意大利军人很自然地认为他们奋斗的理想高于他们那可以随意奉献的生命。在他们留下的只言片语中，残存着一些以帕特农神庙的雕刻为代表的古

---

* 缪拉：拿破仑的骑兵元帅，后来被拿破仑封为那不勒斯国王。
† 老近卫军：拿破仑麾下最精锐的部队，由法军的精英老兵组成。

典理想。死者留下的文字是"文雅的拉丁血统"创造的一种诗歌。这种"自主的责任观"（autonomous concept of duty）使得意大利在卡波雷托战役后迎来了第二次"神圣激情"，当时这个国家似乎第一次面临被击败的危险。这场战争有意义吗？它会提升人类的道德吗？有朝一日，我们会不会知道这么多人牺牲的原因？奥莫代奥对这些问题的回答充满了痛苦，而且他的答案更多地基于希望和情感，而不是历史分析。这名历史学家兼愤愤不平的反法西斯主义者不得不承认，卡波雷托战役后局势的好转只是暂时的，马志尼心目中的"优秀"意大利军官还没有出现。咄咄逼人的民族主义以及经济和政治独裁是这场战争最明显的后果。战败者的"尼伯龙根*式精神错乱"（the Niebelungen delirium）似乎传染给了战胜者。赢取战争所需的努力似乎使人们对参战的目的和愿望变得模糊不清。但是住在奥莫代奥体内的那个"马志尼继承者"和主战派却坚定地认为，这场战争的目的并不为其主角所知晓。他的结论是，必须抛弃战后选择的道路，重新恢复加罗内兄弟的传统。在研究死者内心想法的漫长过程中，奥莫代奥获悉了一个不为人知的秘密，那就是除非获胜的各个民族重归当初参战的信条，否则这场战争永远不会结束。西方人梦想着建立一个更加公平的世界，过上一种"更加人性"的生活，这一理想使他们战胜了"德国式的狂热"和"尼伯龙根式的本能"（Niebelungen instinct）。只有活在这种理想中并为之而活，胜利才有"意义和价值"。[53]

　　奥莫代奥这本书并不仅仅是一部伟大的历史著作。它属于那种反映了人类浩瀚体验的矛盾本质的珍贵文献，又在保存了许多细节的同时，反映了作者为全面把握这一体验所做的努力。它是那种只

---

* 尼伯龙根：德国民间传说中居住在"死亡之国"或"雾之国"、守护着大批宝藏的邪恶族类。

能从痛苦的个人煎熬中诞生的作品，而且或许只可能诞生于意大利。在意大利，主战派的完美理想和实际上庸俗透顶的法西斯主义之间的紧张关系，给意大利的知识分子带来了一个人人都必须面对的问题——不管他是法西斯主义者，还是反法西斯主义者。《战争时刻》是一部杰作，是一位敏感而独特的历史学家的作品。在材料的分析甚至选择上，奥莫代奥这本书必须接受大家的评判，然而人们对这本书并不满意。奥莫代奥明确提出了核心问题，并收集了一大堆精彩的事实作为佐证，他用文学的手法组织这些材料，并运用自己的经验和强大的历史想象力对它们进行研究和思考；但是尽管如此，他却无法对开篇的那个问题做出令人信服的回答。思维敏捷的他为战士幻想的破灭提出了一系列解释——逆向选择的作用、命运无情的诅咒、深不可测的历史规律、长年征战在外给人造成的无力感、希望的破灭、冷漠的蔓延、意大利军队沾染上了"尼伯龙根式的精神错乱"——这些解释虽然有些很重要也值得关注，但它们只不过掩盖了一个更加基本的问题，而且就连他自己精挑细选的材料也不约而同地指向这个问题：战前他那代人的文学和政治意识中，暗含或者说潜在的法西斯主义元素有多少？

　　奥莫代奥无法回答甚至无法直面这个问题，因为这么做就必须承认他在某种程度上认同或曾经认同那些导致法西斯思想的信念，包括相信"迟钝的群众"仅仅是那些"积极而活跃的名人"试图改造的反抗原型。他将不得不和秦梯利的唯心主义断绝关系，同时认识到经济和社会条件在"精神"发展中所起的决定性作用。他将不得不从社会利益的角度来理解个人思想。他将不得不承认"尼伯龙根式的本能"并非德国人的专属，行动主义在意大利的主战派和军人中并不是非主流。他将不得不承认，法西斯主义很大程度上是他自己那代人的产物。[54] 简而言之，他将不得不对自己的世界观做一次彻底的批判。这是他（和大多数人一样）所不愿做或者说做不到的。

因此，是另一代历史学家回答了奥莫代奥提出的这个问题，他们不那么拘泥于精英主义和自由主义理论，而是受到马克思主义和共产主义领导人安东尼奥·葛兰西思想的极大启发。

从家庭背景和最初的文化倾向来看，安东尼奥·葛兰西和奥莫代奥有着很多的共同点。他们俩的年纪差不多，同为岛民，同样出生于稳定的资产阶级家庭，葛兰西的父亲是政府部门的小职员，葛兰西对文学和历史也很感兴趣，并立志通过优异的成绩成为大学教授，获得崇高的社会地位。他早年同样卷入了克罗齐、秦梯利和萨尔维米尼发起的道德和文化革新运动。他和奥莫代奥一样，起初是一名理想主义者，相信历史可以取代宗教成为现代人的信仰。但是除此之外，他们之间再无任何相似之处。因为奥莫代奥一直都是一名自由主义者，而葛兰西则变成了一名革命者，认为世界是压迫者和被压迫者之间的永恒斗争。

葛兰西是局外人的一个典型代表，他在边远岛屿撒丁岛的一个小镇长大，对贫穷和文盲的滋味深有体会。葛兰西从小便接受了当地人对大陆的猜疑和仇恨。因此，在他的脑海里，自由主义政权从一开始便等同于撒丁岛人所说的"大陆人"的压迫统治，而青年葛兰西的第一次政治热情便是希望看到这些大陆人被扔进大海。而比出生地更重要的，是他那畸形的身体，这使他永远都和别人不一样。葛兰西是个驼子。一张许多人认为好看的脸和一副扭曲病态的身板连接在一起，显得特别不协调。葛兰西的童年似乎很不快乐。作为七个孩子中的一个，葛兰西觉得自己从小到大都得不到父母的重视，也不值得他们或其他任何人的爱。尽管成绩优异，11岁的葛兰西还是离开了学校，他被送去干活，以贴补家用，葛兰西的求学之路中断了，他认为这是一个充满敌意的社会对自己的侵犯。[55]

这些经历使年轻的葛兰西变成了一名反叛者；但如果不是因为

追求学业而去了都灵,他本来可以走一条政治意味不那么浓的、更加文学化的反抗道路。在都灵,他发现了一所充满活力的欧洲名校和意大利最自觉的现代工人阶级。这些工人具有高度的组织性,斗志旺盛,而且深受社会主义思潮的影响。他们强烈吸引着大学里的教职员工和学生;他们集会、罢工、游行、办报,成为浓雾笼罩的城市舞台上耀眼的明星。来到这座皮埃蒙特首府不到三年,葛兰西就成了一名社会主义者。坚持社会主义是这位撒丁岛年轻人向现代社会示忠的方式,也是他相信人类有一个比自己更光明的未来的明证。说得更具体一些,已经加入社会党的葛兰西接触到了一个联系紧密而又界限分明的组织,这个组织给孤苦无依的葛兰西提供了一个避难所,并很快为他提供了一份记者的工作,不仅把他从贫困的边缘挽救回来,还给了他一份意想不到的新职业。[56]

由于身体残疾的原因,葛兰西延迟了入伍,他利用这段时间提出了一套散发着浓厚的唯心主义和自愿主义(voluntarism)的社会主义构想。葛兰西1914年以前就读过《声音》,他认为新一代社会主义者的任务是把20世纪欧洲最先进的两种哲学思想,即马克思的唯物主义和克罗齐以及秦梯利的唯心主义结合起来。葛兰西认为,这两种思想结合后的一个重要原则,便是强调意识和意志的作用。葛兰西在早期的一篇文章中写道,人最重要的是精神,精神创造了历史。否则,考虑到剥削者和被剥削者一直存在这个事实,我们无法解释为什么社会主义理想至今没有实现。历史是关于人类解放的故事。人类一步一步地,一个阶层一个阶层地,慢慢地意识到自己的价值,并把自己从占统治地位的少数人手里解放出来。按照葛兰西的观点,这种自由意识并不是在"生理需要的鞭笞"下形成的;而是"聪明思考"的结果,这种思考首先发生在个人身上,然后才扩展到整个社会阶层。每一次革命爆发之前,都会出现激烈的批判运动、文化渗透,以及把思想有力地传播到一开始因为狭隘自私而有抵触情绪的人群中去的运动。葛兰西因此得出结论，建立社会主义社会的关键，在于教育和改变观念。当豪杰和精英们成功把新的价值观和习惯强加给那些冷漠而又没有组织的群众时，革命就会到来。"等待成为多数派是胆小鬼的做法，这种人指望由两位部长联署一道法令来实现社会主义。"鉴于葛兰西的这一历史观，这个时期他最崇拜的人物是那些散发出"无数火花"的"炽热"灵魂也就不足为奇了。例如埃内斯特·普西夏里、夏尔·贝玑、罗曼·罗兰、雷纳托·塞拉和墨索里尼，葛兰西一直狂热地支持墨索里尼，直到1914年11月，这名没有耐心的《前进报》（Avanti）编辑*突然离开社会党。[57]

听到俄国革命（Russian Revolution）的消息后，葛兰西的反应非常热烈，甚至有些想入非非。有篇关于俄国革命者打开监狱的报道，说有个监狱的普通犯人拒绝获得自由，并自己选了看守监视自己，葛兰西看了报道后欣喜若狂，他说这场革命是"人类历史上最壮观的奇迹……意味着思想的解放和新道德观念的建立……意味着一种与老师教给我们的一切相吻合的新秩序已经来临"。到了1917年7月，葛兰西已经成了布尔什维克的拥护者。他说，列宁及其追随者都是真正的革命者，因为他们知道必须用鞭子把无精打采的民众抽醒，并征服他们的思想。他们认识到，真正的革命思想否认进步在某种程度上取决于时间的流逝。十月革命发生后，葛兰西不仅大声叫好，还挑衅地说这是"一场反《资本论》（Das Kapital）的革命"。他说，布尔什维克反驳了卡尔·马克思，他们通过具体的行动和真正的成就证明了"历史唯物主义并不像人们所想的那么坚不可摧"。他们证明了革命在任何有革命意愿的地方都有可能发生。而且，虽然布尔什维克没有一成不变地遵循马克思主

---

* 指墨索里尼，1912年起墨索里尼成为意大利社会党官方日报《前进报》的编辑。

义的学说，但他们却一直忠于马克思主义的精神，"那是一种永不磨灭、和意大利以及德国的唯心主义思想一脉相承的精神，不像马克思的马克思主义已经受到实证主义和自然主义的污染"。这一观点是基于这样一个基本见解，即人类历史的进程并非由残酷的经济现实决定，而是人们有能力理解自己的经济状况，并根据自己的意愿对之进行调整。客观现实就像"沸腾的火山岩浆"，"需要时"，可以引导它"朝着人们希望的方向流淌"。几个月后，葛兰西甚至更加肆无忌惮地宣扬自己的异端言论。他说，马克思"打开了人类历史的智慧大门……"，他是一名"精神和道德生活大师，而不是一个拿着曲柄杖的牧羊人"。[58]

战争一结束，葛兰西便全身心地投入新的斗争，他想努力改变社会党，使其走向激进和革命的道路。葛兰西和几个朋友以及以前都灵大学的同学安吉洛·塔斯卡（Angelo Tasca）、帕尔米罗·陶里亚蒂（Palmiro Togliatti）、翁贝托·特拉契尼（Umberto Terracini）一起，创办了社会主义文化周刊《新秩序》（Ordine Nuovo）。《新秩序》撰文为布尔什维克辩护，并且宣称在都灵和米兰蓬勃发展的工厂委员会（factory councils）中发现了本地版本的俄国布尔什维克。葛兰西第一次同时具有工人阶级领导、记者和社会党知识分子三种身份。他在工人集会上发言，1920年9月工人占领菲亚特工厂时他也在场。葛兰西一如既往地努力培养无产阶级精英，呼吁形成集体意志，同时为未来工人国家的成立打下坚实的知识和文化基础。葛兰西一直以布尔什维克为榜样，并把后者对敌人的无情镇压理解为革命者不得不付给历史的"什一税"。[59]

在《新秩序》派的活动下，1921年1月，意大利社会党在里窝那（Livorno）分裂，葛兰西成为新成立的共产党的领导人之一。1922年5月，葛兰西被推选为意大利共产党的代表前往莫斯科，并在那里待了将近两年时间。有段时间葛兰西因身体虚弱、劳累过度和营养不良而需要休养，因此有几个月他是在乡村疗养院度过的，其间他爱上了一位俄罗斯姑娘，对方对他也有好感。葛兰西也首次了解了苏联生活的真实情况和共产国际（Comintern）内部错综复杂的政治斗争。在此期间，意大利法西斯已经掌权，葛兰西的政党变成了一个在违法边缘徘徊的半秘密组织，其领导人和成员随时有被逮捕和遭到法西斯迫害的危险。这些事件对作为情人和思想家的葛兰西产生了影响。诚然，在某些方面，两者之间是互相对立的关系。这名男子私下里向另一个人敞露心扉，流露了自己最深切的感情。但是作为公众人物，他却淡化了意识和文化，并展现出一种出人意料的党内政治天赋。教育家变成了组织者，知识分子变成了共产国际代表。[60] 他的两个自我的共同点——情人和政治家——就是对苏联的热爱。他对俄国意识形态的狂热因为他对朱莉亚·舒赫特（Giulia Schucht）的爱情而得以巩固。从葛兰西的朋友陶里亚蒂的经历来看，葛兰西只有到晚年才有可能恢复早期对文化和历史的兴趣——假如他能够顺利活到晚年的话。1926年11月，葛兰西被法西斯政府逮捕，他短暂的一生余下的几年几乎都是在法西斯的监狱里度过。

因此，葛兰西看待代际问题的角度和奥莫代奥颇为不同。葛兰西没有参加过战争。他对胜利没有思想压力。他没有获得过勋章，对前线生活也没有留恋。在苏联生活的几年坚定了葛兰西的马克思主义信仰，也使他与自己早先的克罗齐思想保持一定的距离。葛兰西加大了经济和物质因素的权重。他知道，道德和知识变革只有通过强大而有序的组织才能实现。但是与此同时，他又清楚地意识到意大利共产党的诞生很大程度上是代际反抗（generational revolt）的结果。[61] 被迫停止政治活动的葛兰西决心通过思考使自己的脑子保持清醒，他重新琢磨起自己当初加入社会党时思考过的一个问题：思想如何付诸行动？如何改变大型社会组织的集体意识？少数派——例如共产党——如何才能使那些通常保守而冷漠的民众接受自己的世界观？《狱中札记》(Quaderni del carcere)包含了葛兰西对这些问题的回答，为了得到答案他必须重新研究意大利1914年一代的历史。[62]

《狱中札记》的独到之处在于葛兰西使用了"历史集团"(historical bloc)和"霸权"(hegemony)这两个词。葛兰西相信，一个社会联盟或者说历史集团在成为政治上的统治者并夺取国家政权之前，必须通过其精英知识分子的行动，确立他们对民众的文化霸权。这里的知识分子，是指所有那些致力于维护优势群体的社会霸权和政治权力的人。因此，葛兰西把知识分子的概念扩大了，除了传统的知识分子阶层，例如小说家、诗人、文学评论家、哲学家和科学家，还包括公务员、法官、报社编辑、建筑师和律师。事实上，葛兰西对这个词的用法和奥尔特加的"少数优秀人士"(select minority)相似，都是指精英或者上流阶层，不同之处在于葛兰西没有把这些知识分子看成是独立和有自主权的，而是把他们看成占统治地位的社会和政治群体的"伙计"或者"跟班"。葛兰西还有一个和奥尔特加不同的地方是，他着重强调了知识分子阶层内部的"中间人"(intermediary cadres)所起的关键作用。葛兰西认为，这些中间人把克罗齐等大思想家的"哲学"转化成民众的"常识"，从而有助于维持社会和文化共识。[63]

这种把知识分子看成一个社会群体的观点决定了葛兰西对革命政治的态度。葛兰西相信，革命爆发之前，文化霸权总是会从一个社会联盟转移到另一个社会联盟。夺取国家政权这种事虽说不可避免，但却是后来才发生的。因此政治首先表现为"社会教育"和教学工作，而意大利历史上的主要政治问题，在于意大利知识分子无法或者说不愿破除世界主义和精英主义的文化观（教皇制度和文艺复兴留下的遗产），用一种群众能够感同身受的"民族—民间"文化在自己和群众之间建立起有机的民主联系。葛兰西认为，意大利近代史上知识分子失败最显著的例子是意大利复兴运动，当时，就连马志尼这类意大利最激进的革命者也无法把民众吸引到民族统一的斗争中来。因此，共产党的任务就是领导和组织一场"思想和道德变革"，只有这样，意大利人才有可能迎来一种更加成熟、社会融合度更高的现代文明类型。[64]

鉴于葛兰西对革命政治有如此看法，他对代际冲突的问题感兴趣也就不足为奇了。葛兰西的代际问题评论全部写于1929—1933年。这些评论虽然有时以奥尔特加特有的普遍性命题的形式写成，但它们却代表了葛兰西对意大利媒体讨论的所谓青年问题，以及年轻一代与上一代之间的所谓疏远问题的反应。葛兰西对代际问题的看法可以归纳和总结为以下几点：（1）上一代总是会肩负起教育下一代的责任，而年轻一代对上一代则总是表现出顺从的态度。（2）当上一代放弃自己的教育责任，未能使年轻人做好准备，迎接历史发展的现状时，代际冲突就会出现。（3）这种代际冲突将一直浮于表面——除非居统治地位的历史集团中的年轻人转而效忠于他们的敌对阶层。（4）这种一代人将感情从落后阶级转向进步阶级的做法，如果在全国范围内加以阻止的话，将会导致权力危机，并引发年轻人的不满和反常行为。（5）权力危机产生的原因是，旧的世界观对年轻人已经失去了吸引力，而新的世界观却因为武力的阻止而无法获得统治地位。（6）紧跟在思想陈旧一代之后的可能是思想幼稚一代，假如本该纠正上一代的错误、教育下一代的中间一代缺失或者数量过少的话。（7）这种模式更有可能出现在下层阶级中，其后果也更严重，因为他们的精英知识分子缺乏文化传统，还因为这些群体中那些正处于历史巅峰的少数人很难组建起一个能够有效对抗主流社会联盟霸权的思想核心。[65]

这些关于代际问题的看法没有多大意义，除非把它们放到葛兰西对自己那代人历史的解释中。他的解释是这样的：19世纪末占统治地位的历史集团——由北方的工厂主和南方的大地主组成，乔利蒂是他们的政治首领——失去了后辈的拥戴，因为他们的政治解决方案和社会政策过于保守，无法顺应时代发展的潮流。在反抗这些政策时，年轻的资产阶级知识分子或者说社会精英集体倒向了工人阶级及其组织，并且本能地谋求本阶级对工人阶级的领导权。处于工人运动外围的其他资产阶级知识青年则试图（例如帕皮尼和未来主义者）削弱旧的自由主义文化，并（例如普雷佐利尼和《声音》杂志社的一众同人）创造出一种涵盖更多社会阶层的真正的民族文化。例如，普雷佐利尼把克罗齐的唯心主义传播给资产阶级知识分子的中间阶层或者说"追随者"，从而为"思想和道德变革"奠定基础。几乎所有这些知识分子都来自乡下的小资产阶级家庭，都受到冒险和逃跑念头的吸引。他们经常散布一些革命性言论。但是在社会和经济利益上，他们却和那些集中在农村地区以及意大利中南部非工业城市的保守和寄生阶层有着千丝万缕的联系。不管他们在报纸杂志和革命演讲中怎么攻击这些阶层，他们却得感谢这些群体让他们过上了相对舒适的生活，使他们得以在那些目不识丁、营养不良而又劳累过度的普罗大众面前保持一种优越感。葛兰西认为，这种恩情解释了一个让人百思不得其解的事实，那就是，这些知识分子战前创办的刊物虽然文字和纲领均十分激进，但他们却从未自愿承认自己与南部的农民、北方的工人一样，都属于意大利社会唯一可能的革命阶级。他们从来都不愿迎合某个阶级，而是力图为所有阶级中那些"最优秀的人"说话，这就注定了他们无法实现自己的既定目标。[66]

1917—1920年，在俄国革命的影响下，统治集团的霸权似乎面临着下层革命的威胁，此时资产阶级青年放弃了工人运动，并回到了自己阶级的"子宫"里，如未来主义者马里内蒂、工团主义者米歇尔·比安奇（Michele Bianchi）和前社会党成员墨索里尼。而那些没有抛弃工人运动的，要么像社会党的领导层一样，尚未处于时代的巅峰，要么像《新秩序》的成员一样，因人数太少而无法围绕自己的"智囊团"组织一场成功的革命。就这样，没有一个领导核心（guiding center）来引领和指导受压迫的工人和农民自发产生的情绪，或者动员那些心怀不满的战士走向民主主义和社会主义。法西斯主义者因此得以通过一场反革命军事行动，维持自己在前历史集团中的统治地位，而他们在战争中学会的暴力手段和娴熟的指挥和进攻技巧此时也派上了用场，因为作为青年军官，他们都曾带兵打过仗。[67]

然而，由于政权伪装出来的革命性及其践行的保守主义之间的差距，法西斯主义者不久便遭到内部年轻人的反对。墨索里尼及其追随者高声赞美年轻人，并要求让年轻人居于领导地位；然而事实上上一代人继续把持政权，而且这种统治并没有为年轻人创造用武之地。青年知识分子不久便发现，法西斯主义者既没有带来革命，也没有带来工作。因此他们的淡漠，他们的冷言冷语，他们的焦躁不安和他们的不满情绪——所有这些"疯狂"反抗的表现，在葛兰西看来，都是表面上不合理、实质上却正当的。[68] 解决这场危机唯一长期有效的方法，是中产阶级青年从以前的历史集团转向工人阶级一方，发动社会革命，同时让资产阶级和工人阶级的青年看到新的"地平线"（和新的工作）。政府不仅拒绝这一方法，还竭力阻止它的实施。法西斯主义因此主要起到了负面和阻碍的作用：它可以阻止其他人（例如共产主义者）解决危机，但它自己却无法消除危机。葛兰西分析后得出三个结论：法西斯政权的脆弱性；必须成立一个以政党为中心，并与社会下层有着"有机"联系的工人阶级知识分子群体；争夺意大利社会文化霸权和意大利政权的战争很可能是一场长期消耗战，由共产党领导的进步联盟注定将在这场斗争中获胜。

葛兰西对法西斯主义者的代际言论丝毫不感冒，不管这些话是为讨好老年人还是年轻人而说的。他认为，一代人如果试图贬低前人（就像这代法西斯主义者正计划做的那样），将不可避免地显得"小气"和缺乏自信，即使他们做出"剑拔弩张的架势"，并装出伟大的样子。"强大而充满生机，努力工作并有意留下自己印记的一代人往往会凸显前辈的价值，因为他们自身的能力给了他们超越前人的自信。"对于马拉巴特的投机、自大、势利、浅薄和口头上的激进，葛兰西只有鄙视。《狱中札记》一开始有一段笔记就比较了马拉巴特这代人和帕皮尼以及普雷佐利尼那一代，并且认为前者不如后者："上一代知识分子失败了，但他们曾经有过活力四射的青春……现在的年轻一代甚至不曾拥有这种充满希望的辉煌时期：小小年纪便已是令人讨厌的蠢货。"四年后一群年轻的法西斯主义者的代际宣言甚至招致了更大的反感。葛兰西认为，年轻一代并非没有理想，只是他们的理想全都包含在法西斯的刑法典之中，他们以为这部法典将永远有效。[69]

葛兰西对奥莫代奥（以及全体自由主义知识分子）的评价几乎同样苛刻。在葛兰西看来，奥莫代奥是镇压南部农民的组织者和西西里地主的代表。《战争时刻》在《评论》杂志连载时，葛兰西对其中心论点提出了尖锐的质疑。他尖刻地写道，奥莫代奥试图向我们揭示，一种以自由民主传统为基础的强烈的民族认同感在1915年已经存在，并且在战争的痛苦中通过阵亡军官的书信和日记表现出来。葛兰西说，和克罗齐的意大利史类似，奥莫代奥意识形态上的目的同样是为了表明，受到了不公正和恶意对待的乔利蒂时代蕴含着一笔"不可替代的理想主义和英雄主义财富"，从而指责战争结束后的一切革命潮流均十分荒唐。在葛兰西看来，奥莫代奥的民族意识和民族认同理论过于狭隘，也太拘泥于阶级，因此没有什么说服力。他认为，奥莫代奥把民族意识的倡导者缩减为一小群高贵人士，这些人在友谊和良知的影响下，已经成功拥有一定程度的爱国感情和牺牲精神。葛兰西认为，奥莫代奥这么说是以牺牲集体意识为代价来拔高"道德自愿主义"（moral voluntarism），同时忽视了精英群体如何才能在自己和群众之间成功建立"有机联系"这个真正的问题。[70]

长达2848页的新版《狱中札记》中，没有一句提到奥尔特加或是他的任何作品。这种遗漏实在令人觉得不可思议，因为葛兰西对西班牙知识分子的特殊问题很感兴趣，他的西班牙语也非常好，完全可以阅读西班牙报章和《堂吉诃德》，而且他和奥尔特加有着许多共同关心的问题。[71]两人都对意识转变和文化复兴的条件感兴趣。两人都认为自己肩负着教育自己国民的使命。两人都希望去除祖国文化中的乡土气息，就像他们早前去除自己身上的乡土气息一样，从这点上看，两人都是"欧洲人"。两人都不愿把"思想"等同于哲学，都希望把思想的含义延伸到包括普通人眼中的世界观。两人在研究文化革新的过程中，都特别强调精英阶层在维护自己对民众的领导权方面成功或失败的过程。两人都对文化危机提出了自己的诊断意见。而且，两人都在一系列事件的压力下痛苦地意识到，传统和共识在阻碍社会和文化变革方面的力量。

然而他们俩的共同点也就仅此而已，我们很容易设想葛兰西对奥尔特加的代际理论可能会作何评价，假如他读过那些作品的话。首先，尽管葛兰西可能会承认15年的代际间隔准确描述了自己有生之年意大利的代际差异，但他肯定会质疑奥尔特加认为"人类生命的生物性结构决定了代际变化将定期发生"的观点。在葛兰西看来，这个观点有一丝实证主义和斯宾塞的社会理论*（Spencerian

---

* 斯宾塞的社会理论：指社会达尔文主义。

social laws）的嫌疑，也与他自己的观点相冲突，葛兰西认为，集体意识的变化总是与社会和经济结构的变化相对应，而社会和经济结构的变化永远都无法准确预测，因为它是社会群体所代表的人类意志活动（或不活动）的结果。葛兰西将会反驳说，重大的代际变化是社会进程中更深层变化的反应或表现，因此从其性质上来看，必定是无规律可循的。[72]

葛兰西将会发现，奥尔特加社会学理论的薄弱之处，在于他未能具体指明变革的主要参与者和意识变化转变为社会现实的过程。葛兰西和奥尔特加不同，他坚持认为那些有能力创造历史的优秀知识分子——即那些奥尔特加因为当代欧洲缺少了他们而感到遗憾不已的少数杰出人物——从来都不是独立的，而是始终和大型的社会群体有联系，而这些社会群体本身，则是根据它们与生产方式、生活方式和思想方式之间的关系来定义的。葛兰西认为，为了发挥作用，这些精英肯定不只包括那些提出新思想的大知识分子（例如克罗齐和奥尔特加），还应该包括把这些思想翻译成常识并使之融入流行文化的中间群体和文化传播者。西班牙政治教育联盟、《太阳报》和《西方评论》(Revista de Occidente) 是奥尔特加为组织、教育和扩充西班牙知识阶层干部队伍而做的努力。但是葛兰西将会像批评普雷佐利尼的《声音》杂志和萨尔维米尼的《团结报》一样，批评这些做法：也就是说，这类行动注定不会有结果，因为它们面向的社会群体压根就没有动力去改变社会。事实上，葛兰西甚至可能认为奥尔特加那强调认知而不是社会和经济结构的哲学思想，是克罗齐的唯心主义在西班牙的翻版，而葛兰西从1926年起便认为后者是意大利社会现状的意识形态堡垒之一。假如葛兰西读过奥尔特加的《论伽利略》，他可能会再次重申自己向来的观点，那就是，以提升下层阶级的素养为导向的革命政治，是20世纪欧洲道德和思想变革唯一有效的方式；而且他可能接下去会说，那些拒绝政治而耽于孤立思考的人，不管他们自己是否意识到，都是统治集团的思想工具。因此，葛兰西很可能对奥尔特加的代际理论不屑一顾，认为那是一个有趣但最终却使人迷惑不解的谜团，是西班牙知识分子社会处境的反映，这些西班牙知识分子渴望一种更高级和更丰富的文化，他们在努力使自己的国家摆脱落后和工业不发达的状态，但是却无法从中领悟到振兴文化的方式。

葛兰西可能怀疑，是出身背景决定了奥尔特加社会思想中的保守倾向，这不仅使他逐渐远离了早期对社会主义的支持，也使他对群众的态度变得既恐惧又不屑。在葛兰西看来，奥尔特加是"古罗马贵族"的绝佳代表：这种知识分子误以为自己是不受任何社会利益左右的自治组织成员，其传统可以追溯到柏拉图和亚里士多德。[73]

关于葛兰西认为资产阶级知识分子是统治精英代言人的观点，你可以有不同的看法；但是有一点却无可置疑，那就是他的《狱中札记》对奥尔特加野心勃勃的代际理论做了许多必要的修正。葛兰西的社会思想的可贵之处在于它的历史特殊性。他发现并指出，那些抱怨自己不得不经历文化危机的人绝大部分是中产阶级知识分子，他们的收入虽然不多，但是已经足以使他们过上舒适的生活，他们和乡村生活有着千丝万缕的联系，并且信奉这种前工业化社会盛行的精英主义和人本主义文化。正如奥尔特加因为写了《大众的反叛》而名声大噪，葛兰西对这场欧洲文化危机也提出了自己的看法：

> 社会上的旧知识分子和道德领袖感觉到脚下的土地开始移动，他们意识到自己的"说教"已经变成了单纯的"说教"，也就是说，变成了一堆与现实无关、只有形式而没有内容、只有骨骼而没有精神的东西；他们绝望、保守和谨慎的倾向由此产生：他们所代表的文明、文化和道德的特定形式正在瓦解，于是他们宣布一切文明、一切文化和一切道德均已死亡，他们要求政府采

取压制措施,他们自己也成立了一些孤立于真正的历史进程之外的抵抗组织,这么做延长了危机持续的时间,因为生活方式和思考方式的衰亡必然伴随着危机。

仿佛是事后才回想起来,葛兰西又加上一句:"出于对旧秩序的'理性'痛恨,酝酿中的新秩序代表会大力宣扬乌托邦和不切实际的纲领。"[74]

这段话虽然没有体现葛兰西的文学才华,但里面包含了一个非常重要的认识:葛兰西知道,知识分子所理解的"文化"和"文明"危机其实是他们自己对那种文明的领导出现了危机。葛兰西没有发现或者说他选择不说破的一点是,那些变得保守的知识分子和那些因为痛恨旧秩序而宣传乌托邦纲领的知识分子,大多数情况下来自同一个社会群体。事实上,1914年一代的意大利知识分子的明显特征是,他们既渴望革命,又有着浓浓的精英主义和保守主义价值观。一边是他们惧怕的工人阶级,另一边是他们鄙视的资产阶级精英,这代意大利知识分子夹在中间举棋不定,他们既渴望摧毁文化,又决心保护它免受群众的侵犯,必要时甚至可以采取专制手段。他们谈论革命,却又认为自己阶级的霸权是天赐和永恒的,一边又在暗中渴望纪律和秩序。他们想成为教师、先知和精神领袖,为温顺的农民提供指导,后者的主要优点是愿意追随那些有学问的人,并接受这些人统治。他们缺乏想象力,无法想象一个人人均可拥有文化的社会,他们无法理解文化并非少数特权阶层生来就有的权利,这反映了他们出身的社会背景给他们种下的偏见。他们感到痛苦,但他们的痛苦源于他们无法使自己的文化观向正在挤压他们的社会新势力妥协。于是他们虚构了一场思想革命,既可避免社会主义的整齐划一,又可避免同样可怕的企业资本主义的威胁。他们真诚地反对资本主义;然而,讽刺的是,他们的激进思想却是社会现状维持不变的原因之一。就在他们紧张地摆弄着灾难和危机的论调时,现代工业和企业组织的队伍正满不在乎地从他们身边走过。[75]

就连葛兰西自己也无法完全避免这些矛盾,他曾经立志成为其中一员的整个知识分子群体都在为这种不一致感到困惑。说到底,在提升意大利知识分子的地位方面,没有人的功劳可以比得过葛兰西。在葛兰西的思想体系中,知识分子将成为领导者和无产阶级革命的先锋队。葛兰西赋予了知识分子崇高的地位,这无疑解释了为什么法西斯政权垮台后,全体意大利知识分子可以毫不费力便倒向葛兰西所解释的马克思主义。但是葛兰西知道——他的成就很容易在哲学唯心主义盛行的文化中被低估——这场文化危机唯一持久的解决方法不是提出一套新思想,而是扩大生产和转变阶级关系。不是什么新的哲学思想,而是更广阔的社会地平线、新的公民习惯和更多报酬更高的工作。葛兰西并不是唯一一个明白这一点的人,但是这类"物质至上"的观点在1914年一代中非常罕见。

上图：乔瓦尼·帕皮尼。下图：朱塞佩·普雷佐利尼

我们决心不仅以个人的名义生活，还要以一代人的名义生活。

——朱塞佩·普雷佐利尼，1911

佛罗伦萨杂志《莱昂纳多》的创刊号

每当一代人开始在生命的平台上出现时,这曲世界交响乐似乎都不得不开启新的篇章。梦想、希望、进攻的计划、发现的狂喜、攀登一座座高峰、挑战、一时的傲慢——和一本杂志。

——乔瓦尼·帕皮尼,1913

1922年，贝尼托·墨索里尼（中）在那不勒斯召开的法西斯代表大会上，这是对几天后"进军罗马"的"总测试"

人生是一场战斗：昨天是为了抗击国外的敌人……今天是为了抗击国内那些潜藏在政治壕沟中的敌人。

——贝尼托·墨索里尼，1919

墨索里尼在法西斯政变"进军罗马"期间

青年！青年！
美好的青春时光！
　　　　　　　　——《法西斯党歌》

第一次世界大战期间的阿道夫·奥莫代奥

死者留下的这些文字使我深感震撼,我有种伤感和……对那段艰难而伟大,可能是我一生最高贵的岁月的半怀念之情。

——《阿道夫·奥莫代奥致朱塞佩·隆巴多·拉迪塞》,1929

1926年安东尼奥·葛兰西被捕之前

安东尼奥·葛兰西有一个革命者的头脑;他的肖像似乎由意志构成……他的脑袋大大超过了他的身体。

——皮耶罗·戈贝蒂(Piero Gobetti),1924

葛兰西《狱中札记》的首页

我的［狱中］生活和往常一样无聊。就连做研究也比你想象的要难……我要做点"永远"的事……这个思想一直追随着我。

——《安东尼奥·葛兰西致塔尼娅·舒赫特（Tania Schucht）》，1927

第六章
两个世界之间的漫游者

> 我生来便在两个世界之间游荡,一个已死,另一个无力出生,还以一种奇怪的方式,令两个世界都变成最糟糕的。
>
> 阿道司·赫胥黎(Aldous Huxley),1942

探讨"1914年一代"的最佳方式是把它看成代际思想的一个具体例子,即具有社会或历史意义的一代人。这一思想不应和那种认为家族两代人之间的间隔为30年的传统(而且现在依然很常见的)代际观念相混淆。和其他许多19世纪被采纳和普及的思想一样,历史上的代际思想为我们提供了一种理解社会的方式。它使人们关注各年龄组内部的一致性和年龄组之间的不连续性。它认为,出生日期即是命运。你的年龄和经历决定了你真正属于哪个群体。跨越代际界限的沟通永远是虚假的。正如乌纳穆诺所说的,年轻人无法理解自己的长辈,就像生病的人无法理解强壮的邻居所说的健康是什么意思一样。

一旦掌握了强大的代际思想,你就很容易理解,为什么所有的代际主义者都喜欢把自己那一代描写成独特、被献祭和迷惘的一代。因为这是代际思想的核心观点——各年龄组之间的不连续性——所要求的。早在第一次世界大战爆发之前，巴雷斯等人就已经宣布他们那代人是迷惘和被献祭的一代。20世纪20年代，当埃里希·玛利亚·雷马克和欧内斯特·海明威以此作为自己作品的主题思想时，他们也正走在这条有着悠久传统的道路上。没有任何迹象表明这种思想今天已经销声匿迹。历史上的每一代人都是"迷惘"的一代。

代际思想在1900年前后变得流行起来，并拥有一批狂热的支持者。使用它的人越来越多，使用的方法也五花八门。你可以从词典中追踪它的发展历程。19世纪初，"代"这个词主要用来指父子之间或者同时代人之间的关系。1863年，法国词典编纂家埃米尔·利特雷（Emile Littré）给"代"下的定义是，"大致生活于同一时期的所有人"。19世纪后半叶，这个词越来越多地被用来指同时代的人，尤其是令人联想到上一代人和"年轻人"之间的矛盾。从此以后，"新兴一代""崭新一代""年轻一代"这类词语的使用越来越普遍。这种用法上的改变非常重要。它暗示着社会按年龄划分为不同的区间或领域，同时提醒我们，存在着一个名为"年轻人"的重要群体。1912年亨利·马西斯发表的那份著名的调查报告，即呼应了这种用法上的转变，无论他自己是否意识到。虽然马西斯的灵感来自巴黎的一小群知识分子（其中大部分他私下认识），但他却凭着敏锐的直觉，把这些思想描绘为法国"年轻人"的心声。他在不知不觉中，从19世纪的代际定义滑向了20世纪的代际定义。[1]

几种长期趋势促进了代际思维的传播。虽然这些趋势并不完全相同，也无法归为同一类，但它们全都与1750年之后席卷西欧和中欧的现代化浪潮有关。代际意识最深的根源及其最初的诱因，在于18世纪末形成的新的时间观念和看待变化的态度；而代际思想最初吸引的，则是一小群致力于文化和政治革新的知识分子。启蒙运动告诉人们,只要学会利用内心丰富的理性储备,未来就会比现在更好,但首先必须铲除理性生活的种种障碍。从这套理论的范围可以看出,这些障碍的表现形式是迷信和传统习惯,它们是不太开明的过去在当前的残留。法国大革命及其余波为我们展示了如何才能摆脱过去的束缚——通过政治叛乱。与此同时,1789—1871年法国发生的一系列事件却使我们深刻体会到什么是历史发展的中断;因为革命和复辟如走马灯般交替出现,这说明每一个时代均有其不同于过去和将来的独特而真实的品质。这两种思想——为了未来而根除过去、人类存在的不连续性——都促使人们把年轻人等同于文化革新。如果未来将和过去有本质的不同,并且比过去更好,那么年轻人就代表着新生事物。他们是当下未来的领袖;而他们的父亲,那些成年人,则是过去在当下的化身,是对发展和改革极为有害的阻碍。因此,和上一代人的斗争就成了所有把未来视为自己事业的人的使命。19世纪的文化史和政治史证明,这场斗争的语言暴力和决心在不断升级。狂飙突进运动*的作家们、1830年法国的浪漫派作家、刚统一不久的意大利和德国的作家们,这些作家与屠格涅夫、陀思妥耶夫斯基笔下的俄国革命青年,以及尼采和他追随者已经准备并预想了一套话语系统,1914年一代将发现并用这套系统来描绘自己。因此,1900年,政治和文化斗争已经有了一套现成的语言,受其影响,欧洲的知识分子更倾向于从代际的角度来思考问题。年轻一代已经成为一种信仰。[2]

  大约在19世纪末,代际反抗的思想开始具体化,成为一种可以称之为"青年意识形态"(ideology of youth)的思想。这种思想是一个世纪以来追求社会解放的副产品。资产阶级解放之后,是农

---

* 狂飙突进运动:指18世纪60年代晚期到80年代早期德国新兴资产阶级青年发起的一次文学解放运动。

民的解放；农民解放之后，是一系列旨在解放工人、少数民族和妇女的运动；到了 1900 年前后，青年解放似乎成了自然而然的一件事。*在第一次世界大战爆发前的 20 年里，年轻人开始组织起来，集体反抗成年人的权威。事实上，青年组织和青年男女对成年人价值观的挑战，是战前那段时期最引人注目的一个方面。成年人让年轻人加入各种组织，往往是因为担心他们走上犯罪道路或者出于社会秩序方面的考虑，但是这些成年人成立的组织有时却不受他们的控制，而被年轻人用作反抗上一代人的工具。德国和奥地利的"青年运动"（Jugendbewegung）、法国民族主义的复兴、意大利青年社会党人反抗党领导的斗争，以及号召西班牙青年知识分子起来反抗既有政党的演讲，所有这一切，都表明了年轻人希望把自己的代际独特感融入社会运动之中，同时更好地掌握自己的命运。从这个意义来说，德国的青年运动显得尤其重要（虽然并没有许多德国历史学家所说的那么独一无二），因为它的领导者是年轻人，目的也是吸引年轻人。德国青年运动的目标是使年轻人免受成年人价值观的腐蚀，同时通过为高尚而非商业性的任务注入青春热情和激情的方式，达到改变整个社会的目的。青年运动的前提是，青年是人生最高级和最幸运的一个阶段，这个阶段一过就将迎来衰退。它的对手是与愚蠢和腐败社会联系在一起的成年和成年人。它并非仅仅肯定童年和青年有着不同的价值观，应该好好享受这些人生不同阶段的乐趣，而是声

---

* 令人惊讶的不是这件事的发生，而是它竟然拖了这么久才发生。早在 19 世纪初，汉娜·莫尔（Hannah More）就预见到法国大革命的信仰对父母和子女之间关系的影响。她在 1801 年出版的一部作品中写道："不仅儿子，就连女儿也吸收了那种独立和讨厌掌控的精神，这是时代的特征……到处都在讨论人权，直到我们时常感到厌倦。与此形成对照的，是作为启蒙运动发展的下一个阶段，同时也更为大胆和审慎地争取妇女权利的运动。按照目前人类事务发展的顺序，启蒙者照亮我们的下一束火把，将会向我们严肃阐明青年的权利、儿童的权利和婴儿的权利。"引自 F. 穆斯格罗夫（F. Musgrove）的《青年与社会秩序》（*Youth and the Social Order*, London, 1964），p. 61。——原注

称青年是人类存在的更高形式。一些更加激进的青年运动领导人甚至宣布要发动一场青年战争，向成年人的世界宣战。[3]

社会上出现的这些代际反抗运动，在1914年之前的十年显得非常突出，它们是由社会结构更深层的变动引起的。变动之一便是欧洲工业化国家中父子关系的变化。年轻人开始觉得难以忍受父亲的管制，并谴责这种管制为非法，这不是因为他们的父亲比以前更严厉或者没有以前慈爱，而是因为这些父亲再也无法保证自己的儿子平稳地进入社会。在社会和经济急剧变化的年代，适合父亲的那些技巧和行为模式在儿子看来常常毫无用处，尤其是当他属于受现代化浪潮冲击最厉害的社会中间阶层时。在一个竞争激烈的资本主义社会里，一旦做父亲的不再拥有儿子未来赖以成功的智慧和传统技能，那么他的种种严厉要求，例如顺从、尊敬、纪律和成就，在儿子眼里便成了令人无法忍受的专制行为，任何反抗都不为过。而且，这种反抗很容易实施并获得成功，因为它不会在物质上给儿子造成灾难性后果。社会流动和地域流动的可能性越来越大，儿子在经济上也不再依赖父亲。只有当传统的社会结构开始崩溃，每个15—20岁的人身上那股自主的生理冲动才可能演变为一场全面的代际反抗，并自己承认如此。[4]

然而父子间的冲突尚不足以解释19世纪末欧洲代际意识的兴起。对这一结果起关键作用的，是青年人数量的增加，以及他们与成年人生活、劳动的世界分离开来了。整个19世纪，"青年"都是指童年时代结束，进入工作和婚姻角色之前的人生阶段。大多数国家的人是在中学和大学度过这一阶段的。1880年以前，青年是奢侈品，只有贵族和那些拥有土地和收入的资产阶级才能拥有。19世纪末，随着工业社会的需求改变，中产阶级规模扩大，雇员和公务员等白领阶层的队伍不断壮大，青年成了迈向高薪体面工作的一个必经阶段。与此同时，随着越来越多的中学毕业生进入大学，政府干预企业雇用童工，以及规定所有的年轻人都必须服兵役，青年这个阶段变得越来越长。因此，虽然随着平均寿命的延长，大多数西欧工业国家的青年人口比例保持稳定或者逐渐减少，但是青年（指那些童年生活已经结束，却能够无忧无虑地享受婚姻、工作之前那段时光的人）的人数却在不断增加，这给老年人一种年轻人正对他们构成威胁的印象，同时也给年轻人一种不好的感觉，那就是，僧多粥少，竞争激烈，他们的名利之路要比前人难走得多。[5]

促进代际意识兴起的最后一个因素，是传统的社会认同形式的弱化和集体（与个人或者地方相对）命运观念的增强。从1870年到1914年，整个西欧的地方差异和宗教差异都在减弱。政治不再是精英俱乐部的私密事务，欧洲几乎每个地方的政治在一定程度已经向民众开放。社会壁垒受到攻击，有些轰然倒塌。国家语言削弱了地方方言。服装变得越来越统一。以奥斯曼*（Haussmann）的巴黎为模式重建的一座座城市，开始为居民提供相似的设施和保障。看报纸的人越来越多，读者们被联系在一起，并产生了一种掌握着共同信息源的感觉。教师向小学生灌输爱国思想；而随着农村地区学校的普及和义务教育年限的延长，受教育的学生人数每年都在增加。不同社会阶层的人在服兵役时都混在一起。

所有这些变化促成了民族意识的产生，同时也鼓励人们以代际思维的方式思考。曼海姆和奥尔特加都认为，一代人首先意味着共同的命运。现代历史学家很少愿意使用命运的概念，不管是集体的还是个人的。但是我们可以根据经验，给这一构想加上一些实质性内容，我们也许可以把曼海姆和奥尔特加的说法改成"集体命运感越强，认为自己属于历史性一代的倾向也就越大"。在这种情况下，我们可以说代际意识的兴起是大众社会到来的一个副产品。它就像

---

* 奥斯曼：法国城市规划师，主持了1853年至1870年的巴黎重建工作。

第六章　两个世界之间的漫游者

阶级观念一样，是集体主义和决定论的一种形式，但是却更强调时间位置而不是社会经济位置。[6]

视年轻一代为文化和政治变革先驱的19世纪传统，青年获得明确定义且具有人口统计学意义地以社会群体形式出现，其组织形式，以及其集体历史命运意识不断增强，所有这些在20世纪的前几十年汇聚在一起，产生了一股强大的代际思考浪潮。这股代际理论的浪潮在1928—1933年间达到顶峰，然后逐渐减弱，只在文学和回忆录中留下一些重要痕迹。然而在它风行的那几年里，不同阵营、不同国家的男男女女口中说的和笔下写的，都是代际思想。所有这些人都跟奥尔特加和T. E. 劳伦斯一样，为"一代人有一代人的命运，任谁也无法挣脱"这个发现感到震惊。"命中注定与一代人同生共死这一幕，" 1929年马丁·海德格尔（Martin Heidegger）写道，"使人类的存在这部戏变得完整。"[7]

作为这一时期讨论的主题，"1914年一代"出现的时间正好与这股代际思考的浪潮重叠。20世纪有关社会和文化变革最具原创性、最重要的代际理论也是在这一时期提出的。在剥去普遍性的伪装之后，芒特雷、曼海姆和奥尔特加的理论其实都是在试着理解代际意识及其引发的一系列变化。代际理论的阿喀琉斯之踵*，同时也是该理论的许多支持者承认的一个缺点，就是代际理论家们无法明确自己的调查对象。大多数代际理论家和芒特雷一样，在给"代"下定义时踌躇不定，不知道应该把它解释为一小群社会精英，还是广大的人民群众。然而代际理论家对这两种解释的矛盾心理，正好反映了1900—1933年间社会和政治现实潜在的一个特点。因为，正如奥尔特加意识到的，代际观念的基本特征在于它代表着杰出个体与

---

* 阿喀琉斯之踵：指致命的弱点。

大众之间的和解或者说"强有力的折中"。在一个欧洲精英意识到自己需要追随者的年代,代际思想提供了一种诱人的可能性,那就是一种新的大众群体构成形式,决定这一群体的将是年龄、思想和经历,而不是收入、地位和利益。代际观念认为,那些有能力影响人们看法的杰出个体和那些有能力通过政治行动实现这些意向的群众之间存在着潜在的联系。这种成立新型政治联盟的可能性,正是那些正在寻找阶级决定论的替代品的欧洲人对代际思想这么着迷的原因。

虽然"1914年一代"这个概念暗示着有可能出现一个跨越阶级的大众群体,但事实上这个概念是由某个特定的社会群体提出来的,而且大多数时候也直接指向这个群体:文学知识分子。这些知识分子本身并非一个社会阶层,他们因为受过中学教育和创造了一系列的符号和形象而为人所知,这些符号和形象被其他社会群体的成员用来诠释自己的生活并赋予其意义。由于这段时期大多数欧洲国家的中学生数量极少——在一些国家,不超过适龄人口的2%或3%——中学文凭使这些知识分子自动成为令人瞩目的社会精英。20世纪初的知识分子很少是有钱人。他们大多数靠给报纸撰稿为生,养家糊口的同时也培养自己的文学天赋。然而,不管是像西格夫里·萨松那样出身富裕,还是像乔瓦尼·帕皮尼那样努力挣钱,他们都小心翼翼地不让自己和"人民"以及那些靠双手谋生的人混淆在一起。他们认为自己是文化的传播者和化身——而且当他们使用"文化"这个词时,往往都会把第一个字母大写。这些人明确提出了1914年一代这个概念及其典型形象,这些形象后来获得了其他社会阶层成员的认同。[8]

那些批评代际观念的人甚至不时提出,代际理论家代表不了别人,他们只代表他们自己。这种看法是不对的;而且,事实上,这么说有可能严重误解了代际现象的本质和意义。20世纪初的知识分子并非唯一一群认为当时欧洲出现了停顿并对此做出回应的人。相反，他们的看法来自他们所接触的其他社会群体的成员——贵族、企业家、工程师、医生、律师、农民、工匠、店主和店员、公务员，有时（但很少见）甚至还包括工人。从这个角度来看，知识分子反映了整个社会的心态。但是，由于大部分知识分子往往来自社会的中间阶层，他们表达自己对这种停顿的感受，以及他们对过去、现在和未来的描述方式，都受到他们所属阶级特有的忧虑和愿望的影响。这一时期大部分西欧和中欧国家的中产阶级在欲望和恐惧中挣扎，他们渴望从过去的精英手里夺取权力，又担心爆发"大众的反叛"。这些阶层出身的知识分子梦想着发生一场精神革命，在消除剥削者和被剥削者同时，把社会各阶层融合为一个统一且没有矛盾的整体。他们被代际思想吸引，是因为它为这种精神革命的实现指明了方向。[9]

因此，"1914年一代"首先是欧洲社会演化过程中的一个特定时刻，由知识阶层内部一个界限明确的团体所绘制的一幅自画像。它既是知识分子对自我描绘的一种尝试，又是一个企图支配其他社会阶层的霸权计划，计划的可信度和说服力来自19世纪最后20年出生的欧洲人所处的独特环境。

代际理论家努力想找出一种可靠而又科学的方法，以便可以从时间上明确各"代"之间的界限。他们的目标是制定一个周期表，用一系列可以量化划分的"代"来阐明现代欧洲的历史。[10]这些努力都是徒劳，因为它们建立在对代际现象的误解之上。历史意义上的"代"不受时间或者边界的限制。它不是一个时间区域，也不是一群正穿越某段时光的同龄人。它更像是一个磁场，磁场的中心是一种经验或者一系列经验。它是一套参照和认同系统，这套系统更看重某些经验，同时忽视了其他的经验——因此相对来说和时代无关。这个以经验为基础的磁场的年代中心不需要固定不变，它可以随着时间推移。代际意识形成的关键，是一个共同的参照系统，这个系统提供了一种与过去割裂的感觉，将来还可以用它来区分一代人和后来的人。这个参照系统总是来自战争、革命、瘟疫、灾荒和经济危机等重大历史事件，因为正是这些历史事件提供了标识和信号，使人们可以强行改变过去的秩序，同时使个人的命运和自己生活于其中的集体命运联系在一起。

1880年至1900年出生的欧洲知识分子之所以认为自己是截然不同的一代，是因为他们的青年时期恰逢20世纪的开端，随后他们的人生又因为世界大战而出现了分岔。那些活着进入20世纪20年代的人觉得，自己的人生被清楚地划分为前、中、后三个时期，他们中的大多数人把这三个时期分别等同于人生的三个阶段：青年（youth）、初成年（young manhood）和成年（maturity）。把1914年一代联系在一起的，并不仅仅是他们在战争中的经历（就像他们中许多人后来所认为的那样），而是他们在那个发动战争的世界长大并提出了他们的第一个想法。这个由1900和1914两个年份所框定的世界，是一道"生命地平线"，他们在那里开始了有意识的历史生活（historical life）。[11]

那个世界最重要的一件事——同时也是年轻人首先注意到的一点——是它正在被科技快速地改变。欧洲人正逐渐摆脱自然界强加给人类的传统束缚。生活变得更加安全、干净、舒适，大多数人的寿命也变得更长。死亡还没有消失（虽然许多绝症已经被攻克），但它的到来变得更容易预测，而医生则和工程师一样，已经荣升为新文明的祭司。

在生活变得更有保障的同时，生活的脚步加快了，人与人之间的距离感也缩小了。就连休息也变成了娱乐。欧洲人不再到草地上野餐，或者在度假胜地的木板路上散步，而是开始骑自行车、游泳、滑雪和攀登陡峭的山坡。从技术的角度来讲，这一时期最大的事件，是汽车、摩托车和飞机的发明与普及。速度依然意味着浪漫和冒险，而尚未与交通事故、沉闷和污染产生联系。我们很难确定这些速度的变化对20世纪初成长起来的欧洲知识分子的认知有什么确切影响。但是，移动速度的加快肯定给他们带来了新鲜感，也使他们相信20世纪将和过去有着根本的不同，即使仅仅因为一切都变得更快。[12]

战前环境的第二个特点，同时也是每家日报头版的显著位置所报道的，是它正在经历一场政治和社会结构的变革。中欧和东欧的古老帝国正受到攻击。受压迫的民族吵嚷着要求建国。工人要求增加工资和缩短工作时间。农民要求得到土地或者实施对他们更为有利的分成模式。欧洲各地正在进行一场让更多人参与政治的运动。旧有的尊崇制度受到攻击，过去的社会精英被迫做出让步。不管是地主、工厂主、教士，还是作为一家之主的父亲，他们的权威都受到愤怒的质疑。正如奥尔特加后来所抱怨的，人们已经不再满足于命运指派给他们的位置。而由于欧洲的人口正在迅速增加，出现了许多关于"民众"和他们可能做什么的讨论。当时最主要的政治和社会运动是社会主义。似乎可以肯定，社会主义将在20世纪发挥重要作用，就像19世纪的自由主义一样。尽管1900年的时候，这种作用还很不清晰。下层阶级的野心尚未得到满足，他们组成的团伙冲击着欧洲各大城市街道的社会治安，这些都意味着革命的可怕阴影依然隐隐悬在中上层阶级的心头。然而，最著名的社会党领导人对和平民主的承诺，以及他们经常宣称的对暴力的厌恶，都使人们怀着一线希望，以为可以以一种对大家都有利的、毫无痛苦的方式进入新社会。

战前环境的第三个特点——现在理解起来特别困难的一点——是欧洲人虽然感受到了战争的威胁，但他们却从过去的角度来看待这场战争爆发的可能性，他们认为欧洲的战事将被限制在一个狭窄的范围内，因此绝对不会妨碍生活质量的提升。从欧洲几个主要国家来看，战争似乎不可避免（因为德国决心统治欧洲大陆，同时挑战英国对全球海洋和市场的控制权），但似乎又不可能发生（因为相互之间错综复杂的经济关系，已经使各国之间形成了一荣俱荣、一损俱损的局面）。这句自相矛盾的话，精确地解释了1900—1914年间欧洲各国之间的关系。冲突的征兆比比皆是。1895年之后，欧洲几乎每年都会定期爆发几场重大危机。布尔战争*（Boer War）、法绍达事件†（Faschoda）、日俄战争（Russo-Japanese War）、阿加迪尔危机‡（Agadir）、巴尔干战争§（the Balkan wars）——1914年一代正是伴随这些事件长大的。但是系统的崩溃最后被设法止住了，战争在人们心目中变成了一种危险运动，就像狩猎大型动物那样，由一些特别具有冒险精神的欧洲人在欧洲以外或者欧洲的周边地区进行。生活条件越来越舒适，加上国内外冲突的根源越来越多，这些都解释了欧洲的统治阶级为何一方面对未来抱乐观的态度，一方面又期待末日大决战（Armageddon）的到来，这两者为何可以"荒谬地结合在一起"。[13]

　　这就是1900—1914年间成长起来的年轻人遇到的那个世界，这就是那道限制着他们行动的生命地平线。为了了解他们对那个世界的看法，我们必须了解一下当时流行的文化状态。19世纪末，欧洲的高尚文化开始分裂为两个互相联系却又彼此对立的阵营：一方是官方的资产阶级文化，另一方是开拓型的先锋文化。19世纪最后20年出生的中产阶级知识分子强烈而自觉地反抗第一种文化，拥戴

---

* 布尔战争：指英国与南非布尔人（以17—19世纪移民南非的荷兰人的后代为主）1880—1881年间及1899—1902年间的两次战争。
† 法绍达事件：1898年英法两国为争夺非洲殖民地苏丹而爆发的一场战争危机，法绍达为苏丹的一个村落。
‡ 阿加迪尔危机：1911年德法两国为争夺摩洛哥的控制权而爆发的一场危机。
§ 巴尔干战争：指1912—1913年在欧洲东南部巴尔干半岛发生的两场战争。

第六章 两个世界之间的漫游者

第二种文化。青年知识分子正是从先锋派领袖那里学会了如何理解他们的世界，同时也从他们那里接受了对当代社会的批评和对未来的憧憬。这些文化革新者正在重新定义和构造欧洲文化。柏格森、庞加莱（Poincaré）、索雷尔、弗洛伊德、韦伯、詹姆斯、布隆代尔（Blondel）、莫斯卡、帕累托和克罗齐等人彻底改变了欧洲知识分子思考和看待思想成果的方式。获取确切知识的可能性受到了质疑。科学和社会领域的思想家已经指出，主体和客体之间的联系规律是想象出来的，因此并不存在真正的规律，除非人类用意志使之成为转瞬即逝的现实。为了使经验摆脱顺序决定论（the determinism of sequence）的束缚，人们从主观上重新定义了时间。真理的标准被抛弃了，取而代之的是功效论。个体意识与外部世界之间的桥梁被炸毁，就连自我的统一性也遭到质疑。作为一个业已消失的时代的产物，笛卡尔的《方法论》（Discourse on Method）成了错误思维的一个理想例子。

新文化最重要的一个方面，在于它是一种"对抗自然规律的文化"（culture of Anti-Necessity）。[14] 各种新理想主义为了获得欧洲精英知识分子的青睐而展开竞争，这些信仰体系的拥护者把他们的主要精力用于证明任何一个有自尊心的知识分子都不可能以唯物主义的观点看待这个世界。他们说，现实是一种观点和解释，而不是一种可以验证的事实或事物。人类不是自然和历史规律的执行者，而是自己生命的创造者，除了想象力匮乏和意志薄弱造成的困扰之外，他们没有任何限制。科学分析被认为是一种效力极其有限的思考工具，对人类现实多样性的直觉感知取代了它的位置，行动而非思考作为知识的一个来源受到欢迎。随着宗教组织的退缩和理智这个最大的幻术被揭穿，寻找生命的新基础和判断人类行为新道德体系的新基础就变得至关重要。指望历史的恩惠或者发展带来的稳定红利已经不再可能。思想成了知识分子统治和占领世界的一个工具；

文明则变成了一种不稳定的精神成就，必须不断地通过毁灭和再造获得新生。[15]

这些观点意味着与欧洲理性主义主要传统的决裂。然而这些以看穿了进步的假象和科学的故弄玄虚而自豪的知识分子，却令人费解地一直受到各种决定论的束缚，而且这些决定论本身的灵感就来自科学理论。他们中有些受到生物决定论的束缚，有些受到地理决定论的束缚，还有些受到历史或种族决定论的束缚。然而不管选择哪一种决定论，结果都将使他们痛苦地承认一个矛盾：人可以自由地创造自己的人生，就像小说家自由地创作一部小说一样；可他依然受到自身物质条件的摆布。19世纪末的大部分欧洲知识分子在试图摆脱这种困境，他们声称，如想避免受到决定论的束缚，唯一的方法就是把它们上升到意识的高度，接受它们，同时充满活力和热情地生活。

一些知识分子很快认识到这些观点的政治含义，并把它们推向了最极端的后果。他们不无遗憾地指出，民主和社会主义都建立在错误的前提之上。所有的社会都由贵族统治，所有的文明注定终将解体。那么，为什么还要关心大众的疾苦呢？痛苦是人类为文明付出的代价。进步就其存在而言，发生在个体思想中。那么，培养一个真正成功的人，要强于穷尽一生徒劳地追求一个人人平等的虚幻乌托邦。因为生命是一场奋斗，真理是个观点问题，毁灭却正在终点等着我们，我们应该像奥莫代奥说的那样，努力"在其他人身上打上我们的烙印，通过影响他们，使他们和他们的后代永远记住我们，并在一切东西上留下我们名字的不朽印记"。战争是文化的温床，是道德的基础，是一种使人类紧密团结在一起的社交形式。和平的到来，需要文化付出高昂的代价。这是许多人从尼采的学说中得到的启示；如果因为某种原因，他们被尼采格言表面的那层日耳曼术语，或者被尼采在传达箴言时种种疯狂的暗示吓倒，他们还

第六章　两个世界之间的漫游者

可以从其他许多地方得到同样复杂的看法，因为一流知识分子的观点和生命的悲剧意识无处不在。[16]

当然，学校是不教新文化的。新文化一直都被少数杰出人物占有：那些生活在欧洲各大城市，被雨果·冯·霍夫曼斯塔尔（Hugo von Hofsmannthal）称为年轻一代的"良心"的文学界和艺术界的领军人物。但是在战争爆发的前几年，人们发现，新文化开始在年轻的知识分子中传播。那些受到1914年一代承认的精神领袖和导师——法国的巴雷斯、贝玑、索雷尔和罗曼·罗兰，德国的尼采、朗贝（Langbehn）和穆勒·范登布鲁克（Moeller van den Bruck），英国的萧伯纳（Shaw）、威尔斯（Wells）和哈代（Hardy），西班牙的乌纳穆诺、阿索林和巴罗哈，意大利的邓南遮、克罗齐、秦梯利和帕累托，斯堪的纳维亚半岛的易卜生（Ibsen）和斯特林堡（Strindberg）——全都是新文化的拥护者。他们对新理想主义和生物决定论的综合运用、他们的精英主义、他们对西方文化未来的悲观态度，以及他们对民主和社会主义的批判，似乎正是1900年至1914年的最新思想。这种新文化的出现及其引发的骚动，导致1880—1900年出生的人意识到了代际分裂的问题；然而，诡异的是，代际思想掩盖了新文化在多大程度上是由上一代知识分子所创造的这个事实。"我不知道这一切到底是怎么回事，"卡尔·楚克迈尔（Carl Zuckmayer，1896）后来写道，"我只感觉到我们的时代、我们的世界、我们的生命意识（sense of life）一股脑地向我涌来，落在我身上，我突然意识到自己是新的一代，这种觉悟即使最聪明、最清醒和最公正的父母也无法感同身受。"楚克迈尔等青年知识分子所不知道的是，是他们父母那一代知识分子创造了这些新艺术和那些被他这代人认为是"启示"和"启蒙"的新思想。[17]

因此，正是从那些与父辈同龄的知识分子身上，1880—1900年间出生的人学会了把自己看成一代人。马西斯的这一想法来自巴雷斯；奥尔特加的这一想法来自乌纳穆诺和阿索林；普雷佐利尼和帕皮尼的则来自克罗齐和邓南遮。另外，教导学生如何看待他们生活于其中的那个社会的，也是这群知识分子。* 战前的欧洲青年知识分子在反抗舒适、安逸而又一眼望得到头的现代生活中长大。他们担心自己出生于一个衰落的世界，他们渴望冒险、危险和接受现实生活残酷的洗礼，他们相信真正的生活在欧洲城市以外的地方。1914年一代的最初形象是在战争爆发前的大约十年创造出来的，那不过是青年知识分子在逆转其父母那代人身上的特征，他们不喜欢或害怕那些特征。上一代喜欢思考，他们则喜欢行动。上一代在道德相对论中挣扎，他们则在平静的信仰中获得安慰。上一代软弱而又优柔寡断，他们则强硬且充满活力。由于团体运动的推广、生活节奏的加快、旅行机会的增多，以及随着社会变得更加复杂，就业和成功的机会变得更加多种多样，父亲对儿子的权威遭到削弱，这种所谓的性格变化表面上看似乎很有道理。

滋生并滋养着一代人的团结感（generational unity）的，是一种更加深沉的感情。使年轻人聚在一起并点燃他们心灵火花的，是共同的牢骚和不满。这种现象并不像许多代际理论家认为的那样经常发生。然而一旦发生，一个个立志匡正世界的同龄人群体就会形成。1914年之前这段时期，青年知识分子最经常发的牢骚是，他们不幸生于一个缺乏生机、活力和道德品质的垂死世界。这一年龄层的欧洲知识分子的特点是，他们意识到衰落的问题和民族危机有关。

---

* 我知道自己在这里规避了父母在1914年一代的教育和培养中所起的作用这个重要问题。不幸的是，对生于19世纪末的知识分子及其父母之间的关系做出归纳，尚缺乏有效的证据基础；而在这方面做毫无根据的猜测不仅没有意义，而且会产生误解。一个值得研究的议题是，母亲对儿子的影响，她们在自己儿子身上灌输了多少对当时社会的不满和英雄梦。这个方向的初步研究，请参考 Nicholas Mosley, *Julian Grenfell* (London, 1976)，以及 John Mack, *A Prince of Our Disorder* (Boston and Toronto, 1976)。——原注

第六章 两个世界之间的漫游者

他们认为国家软弱无力，道德废弛，摇摇欲坠，随时可能分崩离析。对国家改革以及更新其精神财富的渴望，通常伴随着对国家生活现状的极度无知。青年知识分子普遍对人民和他们的烦恼知之甚少。但是他们革新的愿望却非常强烈，而且这是一种能够激发人们付诸行动的信念。因此，第一次世界大战爆发之前的十年，民族复兴和民族主义运动才会那么流行和受欢迎。他们认为，必须想方设法使国家行动起来，各阶级和对立的派系之间必须和解，公民必须学会让社团和自己的私人利益服从于整个国家的精神利益。这就是1914年奥尔特加说西班牙社会必须民族化的含义，但他为落后的西班牙制定的纲领，同时也是马西斯和普雷佐利尼等欧洲各地知识分子的共同理想。

民族复兴的支持者认为，有两种方式可以实现他们的目标：一是实施社会主义的纲领，即要求政治制度民主化、扩大政治参与的范围、消除社会不平等和维护国际和平。从1900年到1914年，大多数青年知识分子受到这个纲领的吸引；许多人自称社会主义者，甚至参加了自己国家的社会党。在这些皈依社会主义的人中，有布鲁克、奥尔特加和葛兰西。然而这一代的大多数中产阶级知识分子没有加入社会党，或者加入后很快便退出，因为他们感觉到社会主义是一种平民运动，知识分子在里面没有什么地位，他们还担心社会主义胜利后会摧毁精英主义的价值观，并削弱民族凝聚力。1908年亨利·弗兰克私下对一位朋友说，社会主义可能是对生命、情感和艺术的救赎。它可以创造新的价值观并带来文明的复兴。但是如果社会主义者继续固守"刻板的马克思主义"和"卑鄙的唯物主义"，如果他们的行动只能得到"欲望、嫉妒和仇恨"，如果他们不愿用自己的生命去捍卫"那种名为法兰西的崇高的集体情感"，那么一切都行将结束。"有件东西的重要性甚至盖过了工人阶级的胜利，那就是法兰西的延续。"[18]

民族复兴和避免文明式微的另一种方式是通过突如其来的伤害或命运的打击。为了摆脱资产阶级的自满和倦怠，大部分欧洲青年所能想到的唯一方法，就是爆发一场全面战争。有些人急不可耐地接受了一个很不靠谱的臆测，认为只有在战场上和民族危机的紧要关头，民族意识才得以发展壮大，才会出现一批更加高尚、不那么商业化的新人来取代资产阶级和无产阶级，后两者都是这个可恨而自私的社会的产物，青年知识分子因为自己出生于这样的社会而诅咒不已。这种观点可能看起来有些奇怪甚至疯狂；但是，1815年之后所有欧洲战争持续的时间都非常短，都带来了进步的后果，而且至少在我们的记忆中都是英勇的，如果想到这些，你就不会觉得这种观点疯狂了。即使不是像瓦尔特·弗莱克斯那样的保守派，也会认为战争提供了一个方法，使人们得以打破战前的政治僵局，从无到有地产生一种民族团结感，同时培养"战士必需的美德，如牺牲、坚毅和果敢等，这些美德加上各种野蛮和残暴行径，使战士在那些骄奢淫逸之徒面前，成了无比优秀的人类榜样，反观那些精明的享乐主义者，则把和平崇拜看成是自己感性生活观的最佳体现"。[19]

这些心态解释了为什么欧洲的大部分青年知识分子会在1914年狂热地迎接战争的爆发。欧洲的年轻人并非主动要求战争；但欧洲的许多青年知识分子迫切希望改变，并且愿意为此付出自己（和他人）的生命。战前，有不止一名知识分子眺望未来，并预感到某种美妙的新事物即将来临。"就像风雨到来之前浓云密布的天空一样，不久，啊，很快，雷声将响彻大地。地平线上出现了一道道闪电，轰隆隆的雷声在空中回荡，然而那场巨大的暴风雨，那场使我们放弃平庸、摆脱琐碎的暴风雨还没有到来——但它很快就会降临到我们头上。"当战争在欧洲爆发时，知识分子们把它理解为一个救赎的时刻，一场净化的仪式和一次（可能是最后一次）避免文明没落与衰败的机会。这就是为什么布鲁克会高唱"现在，感谢上帝，

第六章　两个世界之间的漫游者

让我们配得上他的时间"；为什么德国诗人布鲁诺·弗兰克（Bruno Frank）会大声喊道"欢呼吧，朋友们！因为我们还活着"；为什么意大利作家贾尼·斯图帕里奇（Giani Stuparich）会喜极而泣；为什么德里厄·拉罗谢勒会对战争念念不忘，认为那是一个惊喜，是自己青年时期的意外成就；以及为什么奥尔特加会在8月5日看到战争爆发的新闻后，立刻把它理解为一个世界的结束和另一个世界的诞生。他写道："历史全身颤抖着，它的两肋被使劲掰开，因为一种新的现实即将诞生。"[20]

一些重大历史事件可以把社会上各个年龄层的人聚集起来，并让他们毫无差别地参加同一场战斗。年轻人和年长者可能发现他们正一起受苦。但第一次世界大战的情况却不是这样，这场大战导致了年轻人和年长者之间关系的恶化，并使1914年以前便已非常强烈的代际分裂感更趋严重。这并不是说只有那些生于1880—1900年间的人才受到战争的影响。所有的欧洲居民都面临着生活和语言的军事化、个人自由和社会差别的消失、经济生活的混乱、财富的流失、食品短缺造成的困难、集体主义和官僚主义的抬头、国际秩序的崩溃，以及攻击性行为和暴力行为的日益嚣张。西班牙的例子说明，即使非交战国也避免不了维也纳和柏林释放的龙卷风的破坏。然而，不同的年龄层在不同的生命周期，以不同的方式，从不同的角度感受着全球局势的这些变化，却是事实。对于一些生于1885—1895年间的人来说，战争爆发时，他们正从少年和青年走向初成年——也就是说，以芒特雷为例，他正开始体会到父母和老师提供的教育的不足之处，并准备创建一套自己的价值和思想体系。另外，这个年龄层的知识分子和前人以及后人不同的地方在于，他们中大多数上过前线，许多还是下级军官。因此，他们属于知识分子中唯一拥有战争经历的那一部分。可是，这种经历究竟有多重要，它对那些参加过战争的知识分子究竟有什么影响？

我们在阅读一些比较有名的战争书籍时，很容易产生这样的印象，即这场战争完全是一场无法挽回的灾难。巴比塞在《火线》中明确地说，战争在侮辱一切伟大思想、操纵一切罪行的同时，又屈服于一切罪恶的本能，包括"近乎病态的邪恶，近乎凶残的自私和对享乐近乎疯狂的需求"。雷马克在《西线无战事》中同样提出了这个主题，但是他只具体描述了自己那一年龄层所承受的战争恶果。他说，战争摧毁了他们这代人的身体和品行。雷马克解释说，在前线，人们学会了和死亡一起生活。以前那些重要的东西——荣誉、出身、教育——全都被抹去了，取而代之的是对生存的极度担忧。这一切使前线士兵变成了比非洲部落土人还要低级的动物。因为非洲的部落土人依然可以发挥他们内在的动力，而前线的士兵想尽一切办法让自己变得原始，目的只是为了活下去。雷马克对战争的影响和战争一代战后的前景并不乐观，理查德·奥尔丁顿和他有着同样的看法。奥尔丁顿叹息说，这场战争是个诅咒，是那些参加过战斗的人感情上的致命一击。就连奥莫代奥也不得不承认，尽管战争把加罗内兄弟这样的"优秀人物送往崇高的境界"，但同时也可怕地扩大了残忍和懦弱的范围。通过杀死那些最优秀、最仁慈的人，打破希望，在年轻人中传播玩世不恭的思想和"尼伯龙根式的精神错乱"，战争使一整代人都坠入了虚无主义的深渊，并毫无疑问地导致了文明的后退。[21]

知识分子发现战争最令人难以接受的一点，是它那机械般的冷漠。死亡和伤痛不是由面对面的格斗造成的，而是由某个看不见的敌人发射的子弹呼啸而过造成的。士兵们像动物一样连续几个小时挤在弹坑或掩体里，有时甚至好几天，他们一边等待着死亡，一边祈祷自己能活下来。炮弹的轰鸣声削弱了士兵的意志，伤害了他们的精神健康，并使他们最终崩溃；当进攻开始时，他们几乎如释重负，

第六章 两个世界之间的漫游者

仿佛从炮位的监禁和痛苦的等待中获得了解脱。正如奥莫代奥所说的，这种战争的真正挑战，在于忍受可怕的单调生活，在于看着朋友和同伴一个个死去、眼前却看不到任何希望的精神折磨之后，还能活下来。士兵们很快意识到，战争不是上场杀敌，而是忍耐和受苦。前线士兵认为自己是被命运击垮的麻风病人，人们把他们隔离在健康的人群之外，还把他们送到山洞里等死。必须抛弃英雄主义的观念，然后用新材料把它重新塑造出来。"这里没有英雄，只有牺牲；没有义务兵，只有志愿兵……我们所有人都是一台大机器上的齿轮，这台大机器有时向前转，没有人知道它转向何方，有时又向后转，没有人知道为什么。我们已经丧失了热情和勇气，连同我们的身份认同感也一并失去了。"生存的本能使最勇敢的人也成了懦夫，恐惧是士兵必须面对的最顽固的敌人。无处不在的丑陋削弱了他们对美的敏感，他们的头脑已经无法集中思考，年少天真被士兵固有的冷酷无情所掩盖，20岁的男孩在短短几周之内就把那个时代大多数人一生都不会经历的事情经历了一遍。最后，士兵甚至对死亡也没有了反应。[22]

但是，如果说知识分子认为战争意味着无尽的恐怖、灾难、暴力、受制于物质、恐惧、纯真和敏感的丧失，战前珍爱的幻想的坟墓，那么他们中同样有许多人认为战争是一次机会、一种恩典、一个启示。对战争的矛盾心理是那些最优秀、最诚实的"一战"文学作品的主要特点。那些控诉战争残酷无情的人，也经常承认他们热爱这场战争，并怀疑自己是否能从前线的魔咒中解脱出来。

知识分子能从丑陋的欧洲堑壕战和毫无意义的杀戮中发现什么重要意义呢？是什么隐秘的魅力吸引着他们？皮埃尔·泰亚尔·德·夏尔丹（Pierre Teilhard de Chardin，1881）神父是一名知识分子，他在军队里抬了四年担架，1917年9月，夏尔丹在一封写给表妹的信中，解释了前线的魅力：

前线对我们有着无法抗拒的吸引力,因为,一方面,它是横亘在你的已知世界和未成形世界之间的那道最远边界。你不仅看到了别处看不到的东西,还发现自己的内心涌动着一股清澈、汹涌和自由的暗流,这种暗流在日常生活的任何其他地方都绝难遇到——而精神也随即呈现出一种新的形态,即个体和众人一起过着准集体生活,履行着远高于个人的职责,同时又完全意识到自己的这种新状态。毫无疑问,在前线,你不会再用后方的那种方式看待事物;如果这么做,你看到的景象和你所过的生活将使你无法忍受。这种兴奋伴随着一定的痛苦。但它确实令人兴奋。这就是人们那么喜欢前线并怀念它的原因。[23]

这段话可以看作对战争的永恒魅力的注解;事实上,一些打过仗的知识分子倾向于从这个角度来解释他们对前线的迷恋。蒙泰朗写道:"战争将会一直存在,因为总会有 20 岁的男孩出于热爱,把它变成现实。"写出了优秀英文战争小说的作者弗雷德里克·曼宁也说过类似的话。他说:"生命是一次充满神秘的冒险,战争使人们对这两者的理解更加敏锐。"战争提供了一种冒险的可能性,使他们可以扔下父母、朋友、考试、职责、未婚妻和工作,到一片未知的辽阔水域航行。它给了年轻人一个测试自己勇气和男子气概的机会。它给了人们一个摆脱平时各种管制的良机,而对中上层阶级而言,则有可能获得控制别人命运的机会。在 1914—1918 年的这场世界大战爆发之前和之后,所有这些关于战争的说法都是正确的。但是,如果把战争的魅力简单地看成征服生活中一切琐碎事物,追求绝对真理对人类永恒的诱惑,那就错了,尽管这些因素确实存在。这场战争对 19 世纪末出生的知识分子来说有着特殊的意义,而且这种意义只能结合特定的历史时刻和特定的社会环境来理解。[24]

"一战"文学中频繁出现的一个主题是对同志情谊的发现。同志情谊和友谊不同。诺埃尔·考沃德（Noel Coward）称它是"一种美妙的不拘小节……把我们团结在一起"。他说，那种感情"甚至超越了你的心上人，是一种无形而有着凄凉之美的东西"。同志情谊的产生源于共同经历的患难和因理想"彻底无望"而产生的幻灭感。共同的快乐和对后方的疏离感加深了这种同志情谊——那些没有在场的人，那些没有看到这些恐怖景象的人，那些没有体会过死之恐惧和生之喜悦的人，他们因此永远无法理解幸存者脸上的表情。同志情谊赖以存在的，是一种相互的利己主义：希望自己的同伴能活下去，如果他们死了，为他们感到惋惜，但是心里明白，即使他们死了，生活也将继续；并进而意识到他们对你的感觉也是如此。[25]

同志情谊带来了情感上的强烈满足，它作为一种理想在战争结束后长期存在。只有放在特定的社会背景下，同志情谊才能获得正确的理解，因为在当时的社会，人与人之间存在着不可逾越的语言、服饰和教育壁垒。许多中上层阶级出身的士兵之前很少和底层的人接触。农民、工人，甚至工匠都没有被看成具体的人，而是一种特意用来满足上层阶级需要的生物——或者也可以说是沉闷大众的一员，他们日益增长的需求让人感到害怕，必须加以抵制，必要时甚至可以使用武力。现在，上层阶级和下层阶级的士兵在洞穴和掩体里一起生活，一起死去；他们发同样的誓；他们期待同样的快乐；而且他们的生命全都可以牺牲，或者至少全都成了牺牲品。在不长眼的炮火和机关枪面前，个体和阶级的特征难以继续维持。在泥泞的战壕里，人与人混在一起，而最初几场战斗之后引进的颜色沉闷的新制服——土黄、蓝灰、灰绿——更是给人一种一大群人无差别地挤在一起的印象。大多数知识分子认为这种群体归属感是一种收获和突破。他们和泰亚尔一样，觉得自己摆脱了个人趣味，达到了一种更高的境界。那些对这种同志情谊体会最深的人难以相信一切还会是老样子。不少士兵都说——并且相信——他们从前线的战壕友谊中第一次明白了国家的含义。[26]

战争被视为收获的另一方面,则与野蛮主义和原始主义有着密切关系,巴比塞和雷马克谴责这两种主义助长了人们表露内心的粗俗本能。那是一种被大大简化了的生活,抛弃一切形式,并回归到最基本的要素。许多知识分子从小便被教导舒适的生活条件是文明生活的必需品,他们惊讶地发现,自己在如此恶劣的条件下居然能活下来——而且活得更加淋漓尽致。他们学会了在战友的陪伴下享受最简单的食物、饮料、谈话和性,同时惊奇地发现,生活比战前更有滋味了。他们不再避谈生死,而是直面它们。他们意识到自己的自负,同时又发现自己能够做出牺牲,而以前他们从未想过自己有能力这么做。他们和大自然亲密接触,并学会了"忍受痛苦、赞美鲜血、苦难、伤口、饥饿、干渴、打击……了解事物的确切价值、季节变化、自然现象,判断和衡量那些对人生有着神秘的宿命意义的因素"。他们认为自己看到了文明的背面,并说他们已经回归根本,也就是"终极需求"(last things)。这种回归基本需求的想法,只有在社会习俗已经发展到成为一种负担、无法表达人们感受的时候才会出现。对现有模式的不满在战前已经出现,尤其是那些旨在推翻资产阶级文化的艺术运动。文化中已经出现了审美和价值观的破裂,但只限于一小群自视为先锋派的精英人物。战争向那些参加过堑壕战的人传播着反抗传统的思想。战争是一所学校,它教会人们分辨哪些东西重要,哪些不重要;就连那些痛恨战争的人,也认为战争对他们产生了持久的影响,既改变了他们的优先权体系,也使他们战前的文化态度得到了事实的检验。[27]

因此,许多回到家乡的士兵都和恩斯特·云格尔一样,认为自己已经变成了跟以前完全不同的更优秀的人。许多活着回来的士兵相信,他们将变得更加纯洁和正直;他们对生活的体验将更加强烈;他们对人类同胞的怜悯和爱将更多;他们对社会的了解将更深,对国家的需要也更加敏感。除此之外，他们还将因为青年时期的冒险经历和曾经冒着生命危险做了一番无益的事业而被永远打上"某种伟大"（a certain grandeur）的烙印。"我们一直都是，尤其是战争结束后，我们将成为……您梦寐以求的样子。"1917年11月，年轻的德里厄·拉罗谢勒写信向年迈的安德烈·苏亚雷斯描述自己那些从战场上回来的战友时，毫不客气地说。[28]

历史学家可能想赞美这些有关未来成就和道德复兴的过度幻想；不幸的是，现实不允许他这么做。看着那些幸存者的生活，你很难归纳出战争的影响。前线的经历似乎使一些人变得更弱，又使另一些人变得更强；似乎使一些人转向右翼，又使另一些人转向左翼；似乎使一些人喜欢上战争和暴力，又使另一些人不惜一切代价想维护和平；似乎使一些人同情死者，又使另一些人纵情享受生活；似乎使一些人变得更有慈悲心，又使另一些人变得更加残忍。并没有出现一种统一的影响方式。

然而有一样东西却是确定的：前线给那些理解代际主义的人上了难忘的一课。因为冒着生命危险上前线的绝大多数是年轻人，而那些在后方指挥和提供杀戮理由的，往往是上了年纪的老人。因此，年轻人和年长者之间的矛盾便笼罩着一股崭新而浓烈的情绪，而且成了区分前线受害者与后方无情的战争贩子和奸商的代名词。[29]

并不是说战争催生了"年轻一代"这个概念。这个概念是1914年之前十年的产物，它反映了科技创新、社会结构的变化、欧洲全面战争的威胁，以及新文化的出现带来的新奇气氛。但是战争的确强化和普及了年轻一代的概念，并通过制造一种与过去割裂的强烈感觉，使这种整体的概念显得合情合理。那些经历过"一战"的人，永远也无法摆脱一个看法，那就是1914年8月，一个世界结束了，另一个世界已经拉开帷幕。而前线的部分吸引力，恰恰来自这样一种感觉，即新世界正是在炮火中诞生的。[30]

与此同时，战争也改变了人们对年轻一代的看法。战前，一代人的楷模是一小群文化革新者，他们通常是文人；战后，人们普遍把一代人看成一支军队，里面既有军官，也有大量的普通士兵。战争也使代际思想变得国际化，因为它使数百万欧洲年轻人有了共同的经历。1914年以前，大多数代际思想家在提到时代共同体（community of age）时，都是指自己的国家，不管他有没有明确地说出来；1918年以后，这个词的意思变成了"欧洲的年轻人"或者全欧洲的"幸存者"。最后，战争把年轻一代的中心从19世纪80年代出生的人（如马西斯和普雷佐利尼），转移到了19世纪90年代出生的人（如云格尔、格雷夫斯、蒙泰朗和马拉巴特）身上，因为正是这些年轻人倾向于认同战争。年长者可以回到他们1914年留下的家庭、职业和妻子那里去。但是年轻人哪儿也回不去，而且这段使他们余生发生的一切都黯然失色的经历，成了他们难以忘却的记忆。正是这些年轻人试图把堑壕中的经历变成一个隐喻和一种适合普罗大众的生活模式，正如接受并强化了"迷惘一代"概念的也是他们一样。[31]

当我们想起20世纪20年代的退伍军人时，我们所看到的，是雷马克和海明威眼中的他们：一群身体和精神均被战争摧残过的人。许多人当然是这样的。然而，事实上，幸存者那种众所周知的讥讽和失望，很大程度上是战争结束后最初几年的产物。为了理解这种幻灭感，我们必须回忆起士兵们回家时一并带回来的看法和期待，这些看法和期待同样普遍存在于广大年轻人中间。

许多士兵和奥莫代奥一样，认为这场战争肯定有一个未来才能揭晓的神秘价值；他们觉得有必要相信自己的牺牲和苦难没有白费；而且他们一直坚信，事实将证明这场战争是一次有着积极效果的净化仪式。各国的政治领袖明白这种感受并意识到其重要性，于是纷纷鼓励士兵和平民不应该只期待和平是流血冲突的结束,还应该期待它使生活意义和质量真正改变和提升。据说(且有很多人对此深信不疑),阶级壁垒将会倒塌,自私将被合作取代,和谐将统治一切,国家之间的冲突将会停止,而且每个人的牺牲和痛苦将会以某种方式得到补偿。

这些期待经常被概括为一个词——"革命",但是不同社会背景的人对它有着不同的解释。政府的宣传助长了这些期待,1918年,威尔逊成了革新梦的化身。威尔逊对民主世界的憧憬,交织着一种同样模糊的革命思想,这场革命,是退伍军人以自己在战场上发现的男儿气概和自我牺牲的价值观的名义发动的。如果这场战争像许多士兵相信的那样,是一场重生的庆典,同时又促进了新价值观的形成,那么就有理由相信,那些曾经离它最近的人应该在战后的事务中发挥重要而特殊的作用。认为自己回家的同时也带回了启蒙之光的,并不只是冯·温鲁笔下凡尔登战场上的那些士兵。战争最后一年欧洲各地轰轰烈烈的退伍军人运动,正是在这些愿望的鼓舞下展开的,目的在于让幸存者在国家的政治舞台上发挥重要作用。[32]

战争结束后的最初几年,退伍军人的愿望几乎无一例外落了空。从代际理论的观点来看,我们可以很清楚地知道他们为什么会这样,以及为什么一定会这样。幸存者"落败"的一个说法是,那些"年长者"回来后夺取了年轻人的胜利果实。这纯粹是无稽之谈。那些年长者没有回来。他们压根就没离开过。而且20世纪20年代,大多数欧洲国家的掌权之人也没有那么老。1919年后发生的事情是政坛和文坛领袖的正常更新,战争的巨大损失给这个代际更迭的过程造成的影响,远没有大家想象的那么大。战后的欧洲领导人全都在1914年之前便已从政。希望他们把位置让给一群除了勋章和野心之外,身上别无长物的年轻人,实在有些不可思议。[33] 真实的情况是,大部分退伍军人,尤其是年轻人,缺乏战后重建所需的技能。他们必须接受和平年代的技术培训。多年的苦难和克制也使他们感到厌倦,他们渴望享受生活。而要在平民世界中做个有用或者快乐的人,他们首先必须把自己从死亡和战争的回忆中解脱出来。对他们中的大多数人来说,拯救自己已经很困难了,更不要说拯救他们回到的这个充满问题的世界。他们的处境因此才含有几丝幻灭的意味。不管过去还是将来,回家对年轻士兵来说都是困难的,而1919年的情况尤为如此,因为停战协议并没有立刻使国家之间或者国家内部的冲突停止。[34]

幻灭的形式有很多种。20世纪20年代欧洲幻灭的特殊形式,与政治局势的发展及天大的希望成为泡影有关。从1917年到1920年,一股革命的浪潮席卷欧洲各国。军队变得躁动不安,兵变时常发生;食品的短缺和高昂的物价引发了城市居民的暴动和骚乱;工会日益壮大,远远超过了战前的规模;工人开始挑战工厂主对生产的控制权。1917年3月,俄国专制政权被推翻,随后成立了一个民主共和国。这个新成立的共和国随即左倾,11月,列宁及其政党以社会主义革命的名义夺取了政权。第二年战争结束时,整个欧洲都处于剧烈的动荡和不安之中。1919年,都灵、阜姆、柏林、慕尼黑、维也纳、布达佩斯和格拉斯哥相继成立了苏维埃组织。奥匈帝国和奥斯曼帝国在战败后瓦解了。西边的农民占领了意大利和西班牙的大庄园。一群群愤怒的示威者涌上巴黎的香榭丽舍大街。一切似乎皆有可能。就连西格夫里·萨松这样保守的人都认为,欧洲一只脚已经踏进了"黄金时代"。

但是通往未来的大门"砰"的一声突然关上了。过去的阶级壁垒以惊人的速度耸现。既得利益者再次重申了自己对牺牲者的权益。雇主们一有可能便撤回了以前因害怕雇员而做出的让步。1919年春签订的《凡尔赛条约》是一份瓜分权益的帝国主义和约,并不能真正促进各国之间的和解或者国际和平。到了1920年底,西欧和中

第六章 两个世界之间的漫游者 341

欧的社会主义革命已经失败；而在那些革命没有失败的地方，例如俄国，革命的领导人也处于守势，并且被迫采取一些似乎与社会主义原则背道而驰的措施。重大变革和备受吹捧的价值观革命原来只是又一场梦。就这样，那些年轻士兵回来后发现，家乡已经没有什么值得留恋的东西，许多人因反感而逃离，开始了精神流亡或者说"无止境的逃亡"。就像萨松所说的，1919 年"在无所不在的困厄中艰难前行。人们对它的期望太高。这是无来由的重新开始和实打实的希望破灭交替出现的一年"。[35]

  欧洲的男女老少全都有这种幻灭感，然而这种背叛和挫败感在那些生于 19 世纪 90 年代的退伍军人中尤其强烈。巨大的落差令他们感到痛苦，而且年纪越小，就越是感到迷茫。1930 年，查尔斯·卡灵顿努力想找回这些感情的本质，当时它们正开始被埋藏在神话之下。"束缚了我们这么长时间的符咒已被打破；魔力消失了；一场幻觉哗啦一声在我们耳边破碎，我们被留在了一个陌生世界——我们可爱的黄金已经化为灰烬。"卡灵顿说，退伍士兵需要很长时间才能恢复平民的时间意识。战争期间的士兵只是活在当下。"很久以来，未来都只意味着边境线上的一系列行军，这些行军间或被天堂般的短期休整打断，休整期间，他们会和同伴一起喝酒说笑，这些同伴，有的不出一个月就会死去，其余的可能在一年之内丢掉性命，而活着挺过下一次堑壕战，再享受一次休整时间，或许再得到一次回英国休假的机会，便是他们人生的全部追求和希望，遥远的地平线上，'来年春天的进攻'已初见端倪。"未来，在士兵的心目中，就像天堂"一样渺茫和遥不可及"。后来战争结束了，士兵们简直不知如何是好。"朋友离别。生活显得宏大而空洞。你得设法谋生。你得重新开始，为未来的日子考虑，然而这么做并不容易，因为你原本并没有想到能活到明天。"一些虚假的预言家开始出现，他们想吸引你的注意力。"有人告诉你，你拯救了自己的国家，为了你的利益，这个国家应该立刻改造成一个乌托邦。还有人说你是个无赖，在为国王服役期间沾染了游手好闲和酗酒的毛病。所有这些都使这名年轻的士兵感到十分困惑，他刚在一所奇特的学校接受了教育，他刚刚承担了这些预言家碰也不会碰的沉重责任，他的道德品质一直承受着巨大的压力，早已疲惫不堪。幻灭伴随着和平而不是战争而来，和平从一开始就是徒劳的。"[36]

1917—1920年的事态变化使人们感到失望和沮丧，这些又导致了怨恨和怀疑情绪的产生，但是在年轻的退伍军人中，文化和政治革新的梦想并没有消失。19世纪最后20年出生的知识分子在文化危机山雨欲来的气氛中长大，他们年纪轻轻便经历了战争的严酷考验，战后几年又目睹了一波让古老帝国纷纷瓦解、每个欧洲政府都摇摇欲坠的革命浪潮，他们无法摆脱一种想法，那就是善恶大决战不过是推迟了，战后出现的任何复辟政权都只是暂时的。俄国革命政权的继续存在，欧洲各地成立的共产党，意大利法西斯运动的胜利，西班牙议会政府的垮台，英国和法国为重振战前雄风而遇到的困难，1929年全球经济危机的来临，凡此种种，无不使这些知识分子更加相信，他们儿时的那个世界已经不复存在，一个新的战后世界正徐徐开启。

这种认为自己正处于一个过渡期的想法虽然许多人都有，但是新的世界观并没有因此产生。整整一代人用以表达理想和愿望的新思想流派也没有建立。然而这段时期确实出现了一种思想并一直保持着活跃的态势，这种集体心态在20世纪20年代的语言和文学上留下了印记。战争一代的知识分子痴迷于旅行者的形象。他们把自己看成是没有旅行计划的漂泊者和流浪汉，因为日程表靠不住，而"旅行指南给出的信息都是错的"。他们"永远在不知疲倦地分析着'离开'这个词"，他们就和亨利·德·蒙泰朗一样，"始终在流浪，始终在追求什么，始终在逃避什么……已经沦为一切诱惑的牺牲品"。他们就像尼科斯·卡赞扎基斯（Nikos Kazantzakis）一样，"渴望逃走"。他们时刻准备着"抛弃一切"，"由高速公路离开"。他们内心"永远都渴望着一场伟大的旅程"。逃避的恶习使他们痛并快乐着，他们"渴望逃离任何地方，却又不知道要去哪里"。他们喜欢查理*（Charlot）那样的流浪生活和奇异经历，"流浪汉""无家可归者""难民""金矿勘探者"，这些人的使命就是抛弃一切自己珍爱的东西，他们的青春就是"发现世界"。他们还为尤利西斯[†]（Ulysses）的故事着迷，他们（如T. E. 劳伦斯）翻译《奥德赛》（Odyssey），或者对这些故事进行改写，使之更符合现代背景（如詹姆斯·乔伊斯[‡]和尼科斯·卡赞扎基斯）。他们和尤利西斯一样四处漂泊，从未真正希望有朝一日能够回到他们出发的那片海岸。[37]

这种对旅行的热衷，很大程度上可以用交通工具变得更新更快来解释。1880年之后出生的男男女女继承了一套非常完善的运输系统，这是一套振奋人心的新系统，同时它的效率也很高，可以把人们送往任何他们想去的地方。他们可以骑自行车探索欧洲的乡村，就像战前T. E. 劳伦斯为有关十字军城堡的论文收集资料时所做的那样。他们也可以坐上漂亮并且很可能准时的高速火车，飞快地穿梭于欧洲各大城市。[§]轮船和新运河使得人们和50年前相比，只需很短的时间就可以去到那些奇异的国度。孟买、新加坡、西贡、里约和旧金山，这些轮船停靠的神秘港口已经是稍微有点冒险精神的欧洲人可以抵达的地方——然而这些散发着浓郁异国情调的地方，依然会使旅行者感到不虚此行。1914年8月，当士兵们走上战场时，

---

* 查理为卓别林1915年拍摄的电影《流浪汉》中男主角的名字。
† 即希腊神话中的奥德修斯，史诗《奥德赛》的主角。
‡ 詹姆斯·乔伊斯是爱尔兰作家，《尤利西斯》是其1914年创作的长篇小说。
§ 此时回想起墨索里尼和意大利法西斯因使火车准点而受到称赞一事，并非完全无意义。速度、运动和对媒体的掌控是法西斯意识形态中最重要的三个因素，而法西斯的意识形态是由1914年一代提出来的。——原注

欧洲已经有超过200万辆汽车行驶在路上；1914年一代是第一批和汽车一起成长起来的人，他们理所当然地把它看成是从一地到另一地再正常不过的交通工具。20世纪20年代初，汽车依然昂贵，只有那些相对有钱的人才买得起；但是速度更快和更刺激的摩托车，却连贫穷的退伍军人和没有私人财产的年轻人也负担得起。20世纪20年代，到处都在建飞机场，飞机进入了一般的民用运输领域，林德伯格（Lindbergh）成功驾驶飞机飞越了大西洋。越洋电话、海底电缆和无线电广播已经不再是什么新奇的东西，人们在日常生活中早已司空见惯。而快节奏的电影则已经超越了慢吞吞的戏剧和歌剧，成为人们娱乐的首选——对知识分子来说是这样，对工人们来说也是这样——随之而来的，是一种新的变化节奏和一种更加断裂和跳跃的新的时空感。

战争一代的知识分子为这些机遇感到鼓舞，他们孜孜不倦地追求速度和变化。他们喜欢驾驶汽车时那种掌控一切的感觉。他们惊奇地发现，飞机夺走了他们所有的时空观念，只留下一种悬浮感。他们认为生活的脚步正在加快。有人抱怨说他们已经没有了距离感。然而对大多数人来说，发现新世界的兴奋，远比在明确划定的狭小范围内生活所带来的安全感来得重要。20世纪20年代，开阔的公路成了自由和摆脱城市的拥挤束缚的象征（对于那些有能力这么做的人而言）。"走吧。"一名狂热的速度党大声宣布，"沿着公路离开。让汽车在高速公路上狂飙……以每小时160［公里］的速度，直直地往前开，从一个路标到另一个路标，把世界撕成两半，就像你'沿虚线'撕开一张计划书一样。"[38]

这个时期最受欢迎的一些文学作品是以旅游报道的形式写成的，许多战争一代的作家利用这种对外国背景的兴趣，开始了他们的文学写作事业。海明威描写了巴黎的咖啡馆、西班牙的斗牛场和河里的鳟鱼，以及非洲的绿色群山。保罗·莫朗（Paul Morand）

狂热地描写纽约和上海。T. E. 劳伦斯讲述了自己在阿拉伯的冒险经历。圣-埃克苏佩里（Saint-Exupery）把他在巴塔哥尼亚（Patagonia）上空飞行的险状描绘得栩栩如生。塞利纳（Céline）让《茫茫黑夜漫游》（*Voyage au bout de la nuit*）的主角从"一战"的战场来到非洲，再到底特律，最后才让他回到巴黎郊区，继续过他那沉闷的中下层生活。蒙泰朗把西班牙和北非作为自己 20 世纪 20 年代的小说和散文背景。云格尔描写了达尔马提亚海岸（Dalmatian coast）、西西里、罗德岛*（Rhodes）和希腊群岛。

然而把逃避写得最为出色的小说家是布莱斯·桑德拉尔（Blaise Cendrars）。桑德拉尔（1887）经常写他自己，而且真实中往往夹杂着大量的幻想，他总是在去往某个异域国度的路上，或者正从那里回来。他的座右铭是"为了获得新知而驶向地底深处，驶向未知的万丈深渊"。行动是他唯一的人生信条，"那种听命于无数动机的行动，短暂的行动，那种受到一切可能和想象得到的偶然事件制约的行动，敌对的行动，生活"。对桑德拉尔来说，生活不是书本，不是理论，也不是惬意和领悟。它是"罪恶、盗窃、嫉妒、饥饿、谎言、诈骗、愚蠢、火山爆发、地震和成堆的尸体"。只有行动能使你获得解脱。行动解决了一切问题，而任何它无法解决的问题都不值得桑德拉尔考虑。"这就是为什么我总是参与人们的讨论并支持一方的原因，虽然我已不再相信任何事情。""我是那些社会和文化精英（Brahman）的反面，我喜欢在运动和变化中思考。"战争结束后，最吸引桑德拉尔的运动和变化便是周游世界，因为他自称懂所有语言，而且对每一个民族都非常了解。[39]

为什么这些人会这么迷恋旅行？首先，旅行为一种自身已无法维持、时刻处于崩溃边缘的精神生活提供了滋养。它为那些被自

---

* 指希腊的罗德岛。

我和时代的无望弄得不知所措的年轻人提供了一个解脱的机会。如果你一直在旅行，那么你就可以永远处于变化之中。你无须使自己安定下来或是做任何承诺——无论是对女人、朋友、职业，还是事业。对于那些自身业已失去平衡，且认为自己的时代出了问题的人，一个解决方法便是让他们处于一种全面的不安定状态。"当你旅行时，你经过的是一块移动的背景幕布，你从来不需要在一个地方逗留太久。"离开意味着"直面自己对这个世界的梦想"。也就是那"永远也无法满足的求知欲"。也就是"明天，永远的明天"。这是一种逃避决定、逃避自我的方式。这种旅行最重要的不是目的地，而是离开这件事。"'你要去哪儿'，人们有时会这么问那些正准备出发的人。去哪里真的这么重要吗？……对我来说，旅行不是到达：而是离开。"[40]

然而，当时作家提供的这些解释都只停留在问题的表面。正如泰亚尔·德·夏尔丹在解释自己对前线的怀念时所说的，对异国风情的描写只不过是在比喻某种更深层、更普遍的东西：渴望革新。把旅行和精神重生等同起来，是西方文化的一个古老主题。正是这种对重生和挣脱文明束缚的渴望把埃内斯特·普西夏里带到了非洲，把鲁珀特·布鲁克带到了大溪地，把 T. E. 劳伦斯带到了中东；战前几年的恩斯特·云格尔也是在这种愿望的驱使下，跑去马赛参加了外籍兵团。然而 20 世纪 20 年代更为新奇的一件事是，由于这些人的广泛宣传，人们普遍相信整个世界或文化即将焕然一新。战争一代的知识分子发现自己无法抗拒旅行意象的吸引，因为他们认为自己是"两个世界之间的游荡者"。他们和奥地利共产主义者恩斯特·费舍尔（1897）一样，认为自己正生活在"两个时代之间的无底深渊"。这也是他们如此热衷 T. S. 艾略特（1887）那首晦涩无比的《荒原》（"The Waste Land"），并选择这首诗作为他们时代的隐喻的原因之一。[41]

"一个已死，另一个无力出生"，这种命中注定将在两个世界之间游荡的坚定信念，产生了一系列贯穿于20世纪20年代的书籍和诗歌的设想：新的价值体系总有一天会形成；代表这些新价值观的"新人"将会出现；应该加速旧世界的灭亡；毁灭是创造的手段；积极行动永远好于消极被动；战争一代可能永远也无法活着看到那块"未知的应许之地"，他们的"头上阴云密布，四周浓雾笼罩，他们正在这混沌初开般的恶劣环境下"，朝那个地方艰难地走去；在这样一个硝烟弥漫的年代，一个人最重要的品质（也许也是唯一可能的品质），就是思考和尝试，并且有勇气接受和肯定自己的命运，不管它多么可怕。因为一个人唯一拥有的，也是他唯一能确定的，就是他的时代；明天，新的一代将会出现，他们对他的了解，不会超过他对上一代人的了解；而"思想和生命最高贵和唯一高贵的地方"，就在于和尤利西斯一样四海为家，"没有目标地四处游荡"。[42]

这种把欧洲分为新旧两个世界的看法，支撑和孕育了20世纪20年代和30年代初的乌托邦思想。一旦认为旧世界正在消亡，另一个世界即将诞生，那么这个文化接生婆自然就是年轻人，因为只有他们才拥有摆脱过去束缚所需的能力和自由。到了1920年，"青年"这个词只与年龄有着微弱的联系。"年轻"仅仅意味着勇于接受新事物，并拥有应对和驾驭危机所需的活力。相反，"年长"则意味着属于那个垂死的世界，属于19世纪的人。[43] 体育运动的推广，对打破田径、赛车和飞行纪录的热情，年纪较大的群体对时尚服装的兴趣，以及大西洋对岸那个"年轻"国家和意大利的"年轻"政权所展示出来的活力，这些都激发并巩固了把青年等同于文化革新的观念。青年已经成为一种精神状态，一种生活方式和——由于它并没有严格的年龄限制——一股潜在的政治力量，这股力量可以把欧洲从资产阶级政党和无产阶级运动之间毫无结果的冲突中解救出来。

一直以来，代际同盟这一理念都是奥尔特加、格伦德尔和吕歇尔这些政治天分薄弱的知识分子所追求的一个梦想。然而这个概念并非毫无实际影响和政治后果。布尔什维克革命的支持者利用它来削弱社会党的领导权，并导致了欧洲工人运动的分裂，这种分裂一直持续至今。墨索里尼发现它是吸引法西斯运动追随者不可或缺的法宝，后来还使之成为法西斯国家的意识形态基础。退伍军人运动的领导者利用它来维护自己的组织和为成员们争取特权。法国维希政府的领导人利用它来争取公众对自己政权的支持。而英国那些不惜一切代价支持绥靖和和平政策的人则发现，把自己说成是堑壕战士的真正代表和传人很有好处。事实上，如果没有1914年一代拥有共同政治理念的神话，两次世界大战之间的欧洲历史将变得难以理解。[44]

但是这个神话是否与现实相符？就连最大胆的代际理论家也不会贸然用年龄去判断人们的政治类型。社会和地理背景对政治态度的影响，要比年龄来得大。政治思想和政党为了变得强大，必须吸引不同年龄层的人，包括年轻人和老年人。一些政治问题连续牵动着好几代人的神经，例如个人与集体的关系，国家与某个更大型的政治组织之间的关系。另外，当一代人尚且年轻时，他们所表现出来的牢固的政治友谊，很快就会随着年龄的增长而分崩离析。我们知道在1914年一代中，既有葛兰西这样的共产主义者，布鲁克这样的社会主义者，奥尔特加这样的自由主义者，马西斯这样的保守主义者，云格尔这样的极端民族主义者，德里厄·拉罗谢勒这样的法西斯主义者，也有许多和蒙泰朗和劳伦斯一样，似乎根本就不在乎政治的人。

尽管如此，在一个年龄组的特定社会阶层中，似乎有一种政治倾向可能占主导地位，即使这种倾向可能主宰着不止一个政党或运动。对于那些认为自己属于1914年一代的知识分子而言，这种过渡期的想法使他们更容易接受激进的政治思想，另一方面也使他们对 19 世纪的一切政治运动均产生了怀疑，包括社会民主。

理论上，这种反自由主义的政治思想可能导致人们倒向极右或极左的政党。事实确实如此。那些 19 世纪最后 20 年出生的人在法西斯主义和共产主义政党的创建中起着关键作用。这两股浪潮均始于 1919 年，上述年龄层的人首次开始大批踏上政治舞台也是在这一年。法西斯主义和共产主义政党都利用了战争对人们心理的影响。而 1914 年一代的心态，他们的行动主义、实用主义，他们决心改变现实的信念，他们对过去的悲观态度和他们创建新世界和新人类的热情，使右翼激进分子和左翼激进分子觉得他们之间存在着某种秘密联系，也使他们可能从一个阵营转到另一个阵营，而他们中的许多人正是这么做的。[45]

但是，虽然 1914 年一代中的个别知识分子可能受到极左或极右政党的吸引，但大多数人还是觉得很难相信共产主义，要维持这种信仰更是难上加难。个中原因其实很好解释。按照俄国人的理解，共产主义显然是一种植根于 19 世纪的阶级意识形态，表面上和自由主义有一些相似之处。它的目标在于消灭国家，废除等级制度和精英阶层。理论上它主张实行严格的平均主义，虽然实践中并非一直如此，它宣称人的本质是完美的，并提出了建设一个没有冲突的社会的可能性。除此之外，它还宣称其基本观点均建立在可验证的科学真理之上，同时把国家利益置于以苏联（Soviet Union）为代表的国际工人阶级的利益之下。

这些共产主义的官方思想原则与 1914 年一代的观点、理想和经历都背道而驰。这一年龄层的知识分子从小便被教导应该敬爱国家，并且认定国家利益应该高于阶级或任何国际团体的利益。他们青年时期便已形成的抱负是，克服 19 世纪的思想意识，重振冒险精神，为精神价值而不是物质利益而活，同时把军人和有信仰者的美德结合起来。他们对工业和商业文明的厌恶是与生俱来的，但他们对前工业化时代的态度却非常矛盾。他们中许多人的目标是建立一个等级分明的社会，在这个模仿中世纪建造的、松散而浪漫的社会里，知识分子将取代过去的地主阶层和商业精英，成为群众的领导者。

1914—1920年发生的事件验证并强化了这些观念和想法。这一年龄层的许多知识分子认为战争已经证明，国家是一个比阶级更有约束力的观念，理智比本能和感情更脆弱，行动优于而且相对独立于思考，精神比肉体更强大，没有苦难和牺牲，将无法成就任何伟业，人类的恐惧是相同的，但克服恐惧的能力却有高低之分，和那些胆怯的民众相比，勇敢无畏的精英阶层将永远占据上风，冲突是人类特有的一种现象，生命离不开死亡，正是在试图消灭彼此的斗争中，人类展现出了无私奉献和大爱无疆的高贵品质。简而言之，他们认识到战争是美德的助产士，打仗是能力出众者脱颖而出的手段。那些来自这一年龄层又在前线战斗过的人对此深信不疑。他们无法摆脱战争的回忆，因为那是他们一生中看起来最崇高、最真实的时刻。他们的组织模式是士兵之间的同志关系，以及军官和士兵之间的上下级关系。法西斯主义吸引了许多这一年龄层的人，因为法西斯的思想似乎包含了这些价值观，而且法西斯主义承诺将发动一场革命，把金钱（资本主义）和暴民（工人阶级）都置于思想（由中上层阶级的知识分子所诠释）的统治之下。从这个意义上，可以说法西斯主义对1914年一代有着巨大的诱惑。[46]

然而，只要还有自由选择的权利，这一年龄层的知识分子中支持法西斯运动的相对而言却不多。德里厄·拉罗谢勒是个例外。大部分知识分子和奥尔特加一样，渴望有第三种方式，在保存自由主义精华的同时，又能超越它。他们为法西斯政党的煽动性言论和平民领导班子，为他们的暴力方式和庸俗宣传感到不安。他们的目标是新保守主义革命,而不是法西斯主义革命。*

但是,这场新保守主义革命失败了,意大利和德国的法西斯政党相继上台,而即使在那些它们没有掌权的地方,法西斯政党也对既有政府构成了严重威胁,不管是民主政府还是专制政府。许多1914年一代的知识分子都表示支持法西斯主义,或者说不愿意反对他们上台。为什么呢?因为法西斯主义为这些处境艰难的社会精英提供了保护,使他们免于受到威胁他们政治领导权、社会特权和生活方式的社会力量的伤害。因为通常来说,知识分子往往会把对中上层精英社会和政治地位的威胁,视为对"文化"和"文明"的威胁。另外,他们这么做并没有错,因为他们把文化和文明等同于西欧和中欧的资产阶级在18、19世纪掌权期间所信奉和崇尚的文化形式(forms)。确切地说,是这些形式受到了威胁,而诡异的是,正是为了保护它们,知识分子才构想了这场文化复兴之梦。

1914年一代的知识分子并不是唯一为法西斯运动推波助澜的人,他们也不是法西斯运动在意大利和德国取得成功的最大功臣。然而这些知识分子确实营造了一种文化氛围,从而也营造了一种政治氛围,许多人在这种氛围的影响下,放弃了那些旨在延续19世纪趋势的自由主义和社会主义信仰,转而支持法西斯主义。回想起来,这似乎是1914年一代对两次世界大战之间的政治最重要的贡献。

1914年一代所写的有关1933—1948年的回忆录,大多弥漫着一股失意的情绪。赫伯特·里德(Herbert Read)给自己的自传(出版于1948年)所起的标题"相反的经历"(The contrary

---

* 我知道有许多人认为"新保守主义革命"这个词本身就自相矛盾。我想他们说的没错。但我正试着尽可能准确地描述19世纪最后20年出生的欧洲知识分子的心愿。——原注

experience），可被视为对 1914 年一代的历史阶段的简要描述。不论以何种标准衡量，也不论从哪个年龄层的角度来看，对欧洲来说，这都是一段艰难岁月。1933 年 1 月，希特勒上台。不到几年时间，就有数百万的中欧人被迫离开自己的家园，向东西方国家寻求庇护。1934 年，欧洲大陆最大的社会党奥地利社会民主党（Austrian Social Democracy）被取缔。同一年，右翼和左翼的极端分子走上巴黎街头，并差一点摧毁了这个欧洲最古老的民主政体。1936 年 7 月，西班牙内战爆发，结束了第二共和国这段充满希望的日子。各地的政治变得两极分化，不是极左就是极右，除非一方成功消灭或压倒了另一方。随着英法两国无力阻止希特勒势力的野蛮推进，欧洲不可避免地滑向另一场大战。奥地利沦陷了，捷克斯洛伐克沦陷了，波兰沦陷了，挪威沦陷了。西班牙共和国败给了佛朗哥（Franco）。到 1940 年 6 月法国投降时，欧洲的命运已定。没有外界的援助，英国无法打败德国；它只能设法坚守，以挫败希特勒称霸欧洲的野心。为了达到这个目的，英国不得不向美国寻求经济和军事援助。然而这意味着即使英国打赢了战争，它也输了，因为欧洲各国注定将成为一个非欧洲国家的附庸。事实就是如此。到了 1948 年，在经历了羞辱、战败、蹂躏和贫穷之后，欧洲被置于美国和苏联两大帝国的控制和保护之下。

1933 年希特勒上台时，1914 年一代中最具代表性的成员的年龄是 40 多岁，而 1948 年东欧被纳入苏联集团时，这些人已将近 60 岁，或者还不止。40 岁到 60 岁这段时间，大部分都被用于实现他们人生前 15 或 20 年形成的计划和梦想。这是一个项目和计划实现的时间——对于那些毕生从事公共事业的人来说尤其如此。许多人在这个年龄段感到失望和幻灭。这始终是一种趋势，因为正如 T. S. 艾略特所说的，在想法和实现之间，总有一个阴影。然而对 1914 年一代来说，计划和成功之间那道永远存在的裂缝已经变成了鸿沟。

这不是因年龄渐长而产生的错觉。1914年一代为之奋斗的伟大事业都失败了。[47]

他们1919年从堑壕回家时便断定不会再有战争，而他们又失去了和平。法国和英国因为软弱而失掉了和平，德国和意大利因为受伤的自尊和鲁莽的民族野心而失掉了和平。但事实上，不论是英国左翼分子所支持的绥靖政策，还是德国和意大利的法西斯主义者所采纳的侵略扩张政策，都是1914年一代自己的心声，也是他们在"一战"战场上的经验总结。法西斯主义和共产主义是1914年一代巨大的政治冒险。法西斯主义的本意是为中产阶级提供一个代替马克思主义的社会变革方案。起初它的目标是发动精神革命，创造出一种新型的人类。到了1943年，1914年一代中除了那些最固执的保守主义者和反犹分子以外，所有人都清楚法西斯主义遭遇了可怕的失败。它不仅未能推动社会变革，反而变成了阻碍；它没能兑现自己的诺言，创造出一种新型的人类和一套新的价值观；它打开了暴力和侵略的潘多拉魔盒；它犯下了空前绝后的恐怖罪行；它使欧洲各民族国家陷入了一场悲惨的内战，这场战争耗尽了欧洲的财富，使欧洲变得软弱不堪。"二战"之后的共产主义名声没有以前那么坏，即便仅仅因为共产主义者（在最初的犹豫之后）显示出了他们是英勇无畏的反法西斯战士。但是，对于那些参加过共产党内部的冒险行动，经历过20世纪30年代的大清洗、共产国际代表在西班牙内战期间的恐怖行为，以及《苏德互不侵犯条约》（Nazi-Soviet Pact）冲击的人来说，共产党显然已经沦为（至少当时如此）苏联外交政策用来提高国家影响力和势力的工具，而不是社会革命的独立推动者。1933—1948年这一时期，最大的受益者无疑是美国。美国的财富、势力和威望都增加了，却只牺牲了极少的人。然而美国代表了工业资本主义的胜利，数量对质量的支配，精神对物质的服从，以及金钱和暴民的主导地位。这些恰恰是许多19世纪末出生的知识分子在青年时代便立志要推翻的19世纪价值观。简而言之，1914年一代实施计划的那些年，正是他们青年时代的梦想破灭、他们对未来最坏的担心——被证实的时期。难怪这么多这一年龄段的知识分子在步入人生的第七个十年时，会有一种挥之不去的幻灭感和绝望感。难怪他们会把自己的失败归咎于"迷惘的一代""优秀人才"的灭绝，或者年轻人向"老年人"肤浅的价值观投降等诸如此类的神话。

是哪里出了问题？是命运无情的惩罚吗，就像奥莫代奥所担心的？*或者更准确地说，是一代人未能抓住命运赐予的机会？奥尔特加强调，有些"代"未能完成历史交付它们的使命。他说，这些"代"注定将在痛苦的矛盾挣扎中带着自身真正的强烈愿望在世间走完他们的一生。当代读者理所当然地会对这个阐述表示怀疑，认为里面有不止一丝的黑格尔式的骗人花招。历史可不是分配任务，历史也不会因为没能完成任务而惩罚任何人。创造历史的是人，而不是反过来。但人们是在有限的范围内创造历史，其中最重要的一点便是他们的出生日期。每个人都出生在一个特定的历史环境中，其结构允许人们采取某些类型的行为，而排除了其他行为的可能性。另外，某个年龄层的人可能形成或者被灌输一些无法实现的理想或愿望，因为他们偶然出生于其中的那个历史环境已经注定如此。当这种情况发生时，大量的人可能会产生一种与自己、自己所处的时代，以及自己最真实的欲望格格不入的感觉。

1880年至1900年出生于欧洲主要国家的中上层阶级发现，摆在他们面前的是一系列艰巨的任务。他们不得不亲眼见证精英社会向平民和官僚社会转型，同时又不得不接受整个欧洲特别是自己国

---

* 经历过战争的这代人有可能因为历史的惩罚而无法享受舒适的生活，就像宗教宿命论中上帝对待堕落之人一样。阿道夫·奥莫代奥，《战争时刻》，p. 124。——原注

家实力的相对萎缩。将近成年时，他们按照规定，打了一场欧洲争霸战，这场战争的复杂后果使他们的一切行动都笼罩着一层阴影，并变得异常艰难。在目睹了自己出生的那个资产阶级世界解体之后，他们当中的有识之士很早就意识到必须研究出新的集体生活形式。

可惜，这些人所受的教育和他们的经历并不足以完成这些挑战和任务。这个年龄段的文学知识分子尤其如此。他们中绝大多数沉迷于英雄主义的幻想。虽然他们对历史和社会的理解难以摆脱实证主义的影响，但他们对工人和农民为改善自身生活、提高自尊而追求的"物质至上"却并不认同。他们对工业社会的态度是厌恶的，或者顶多是一种好恶参半的矛盾心理。他们把"精神"和"文化"置于尊严和需求之上。而且，他们依然受到1910—1920年这关键十年经历的影响。他们永远无法摆脱一个信念（因为战争，这个信念变得根深蒂固），那就是他们正在经历一场善恶大决战，而一种新的文化风格必定会从这场大战的硝烟和炮火中诞生。这种对文化复兴的执念暴露了他们的19世纪出身。他们还不明白生活于一个持续变化而不是偶尔变化的社会意味着什么。这导致他们夸大了资产阶级社会的弱点，并误判了发展的方向。他们很快掌握了周围的新情况，但他们对即将到来的平均主义和官僚主义社会的特点却不太了解。几乎没有人认为社会和经济组织值得分析。他们认为，思想和道德价值要比社会或经济的实际情况重要得多。这一观点使他们的社会思想带有一种乌托邦式和堂吉诃德式的特点，并且极端保守。他们一方面希望奔向未来，另一方面又渴望回归过去的等级制度和信仰，他们就在这两个极端之间摇摆不定。葛兰西无疑是对的，他说1914年一代的知识分子过于依赖资产阶级秩序，过于迷恋其思想、仪式和特权，不可能去推翻它。这个时期真正的革命者很少出现在他们当中。

1914年一代开始走上人生舞台时，并没有形成一套统一的看法、观点和信仰，事实证明，代际思想是这些思想中最消极的一种，这实在有些反常。因为，正如巴雷斯和乌纳穆诺这些19世纪末的知识分子所说的，代际思想令人联想到毫无社会现实依据的生物决定论；它暗示着人生舞台是个无法逃脱的囚笼，跨越年龄鸿沟的交流是不可能的；它认为不同年龄组之间的分歧要比其内部的分歧更为重要；它通过解释思想是经验的直接产物而贬低了思想的地位，并对其自主性提出质疑；它让阶级利益屈从于代际价值观，从而掩盖了社会分化的重要性；它无限夸大了文学知识分子的重要性，认为他们代表了整个社会的良知和先锋力量；它还使那些受它迷惑的人无法看清一个事实，那就是所有持续的历史行动都是对已存在事物的改变，是不同年龄层合作（和冲突）的结果。

这就是为什么"1914年一代"这个词最后必须加上引号，虽然我一开始希望把这个引号去掉。"1914年一代"是欧洲知识精英创作的一幅未能表现其自身万分之一的自画像，是一个只在意大利实现而且只实现了很短一段时间的社会和政治霸权计划，事实证明，"1914年一代"不足以充当19世纪末出生的人用以解释其自身历史的概念工具。这种代际解释的思想基础谬误太多，以至于无法支撑起整个解释框架。它的依据是理想主义和生物决定论，这两种理论的奇怪混合对我们理解这一时期的主要变化不仅毫无帮助，反而增添了许多阻碍。

然而解释的无力并不能抹杀这一思想的重要性，对于20世纪前三分之一的欧洲人来说，代际思想对他们的历史和观念都起着举足轻重的作用。奥尔特加认为，处在历史危机时期的人在跨越两种思维方式之间的那块蛮荒之地时，是注定不会有信仰的。他叹息说，人生在世，没有坚定的信仰是多么痛苦的一件事。奇怪的是，奥尔特加并没有顺着自己的推理方式，进一步思考一种可能性，那就是代际分裂和文化危机本身就是一种信仰，这种信仰在20世纪初的生命地平线上嵌得这么深,以至于大部分社会理论家从未停下来看它一眼。同一个年龄层的人的看法无论多么确定,都无法简化为一种思想、信条或是理论。1880年至1900年出生的人如此,今天的我们也是如此。然而,任何研究过这一时期出生的欧洲知识分子的作品和人生轨迹的人都不会怀疑,代际主义是"1914年一代"流传最广也最根深蒂固的信仰之一。[48]

注　释

序言　寻找迷惘的一代

1. Ezra Pound, "Hugh Selwyn Mauberley," in *Poems* 1918—21 (New York, 1921), p. 56.
2. "一切的表现形式——不管艺术还是政治——都包含有虚构的成分，人们利用它获得了政治效果，而它也随之变成了神话和谎言。" J. P. Stern, *The Führer and the People* (Berkeley and Los Angeles, 1975), p. 20.
3. 我开始写这本书时，有四种固定的代际历史写作模式可供选择。第一种是文学一代的写法，第二种是政治一代的写法，第三种是青年一代的写法，第四种则是群体理论。有关文学一代的写法，请参考 Julius Petersen, "Die literarischen Generationen," in *Philosophie der Literaturwissenschaft*, ed. E. Ermatinger (1930); Jean Pommier, "L'idée de génération," in *Conférences de Franz Cumont, Jean Pommier* (Paris, 1945); Henry Peyre, *Les générations littéraires* (Paris, 1947)；以及 Malcolm Cowley 最新修订的 *And I Worked at the Writer's Trade* (New York, 1978), pp. 1—20, 书中的这几页浓缩了他对这个问题的一生的思考。关于此方法在文学史研究方面的应用例子，请参考 Julius Petersen, *Die Wesen bestimmung des deutschen Romantik* (Leipzig, 1926); Malcolm Cowley, *Exile's Return* (New York, 1951 ed.); Pedro Laín Entralgo, *La generación del noventayocho* (Madrid, 1945); 以及 Claude Digeon, *La Crise allemande de la pensée française* (Paris, 1959)。政治一代的写法是 Marvin Rintala 在 "A Generation in Politics: A Definition," *Review of Politics* 25 (1963): 509—522 和 "Political Generations," *International Encyclopedia of the Social Sciences* (New York, 1968), VI, 92—95 中提出的。Rintala 在 "The Problem of Generations in Finnish Communism," *American Slavic and East European Review* 17 (1958): 190—202 和 *Three Generations: The Extreme Right in Finnish Politics* (Bloomington, Ind., 1962) 两篇文章中把这种方法付诸实践，结果喜忧参半。至于使用政治一代写法的其他例子，请参考 Rudolf Heberle, *Social Movements:*

An Introduction to Political Sociology (New York, 1951); Alex Inkeles, Claude Kluckhohn, and Raymond Bauer, *How the Soviet System Works* (Cambridge, Mass., 1956); Seymour Martin Lipset, *Political Man* (Garden City, N.Y., 1963), pp. 279—286; 以及 Victor T. Le Vine, "Generational Conflict and Politics in Africa: A Paradigm," *Civilisations* 18 (1968): 399—418。在青年一代的方法上取得重大突破的作品是 Helmut Schelsky 的 *Die skeptische Generation* (Düsseldorf and Cologne, 1963), 这是一本分析"二战"结束后德国青年心态的著作。还可参考 Ludwig von Friedeburg, ed., *Jugend in der modernen Gesellschaft* (Cologne and Berlin, 1965); Viggo Graf Blücher, *Die Generation der Unbefangenen* (Düsseldorf and Cologne, 1966); Friedhelm Neihardt, *Die Junge Generation* (Opladen, 1967); 以 及 Karl H. Bönner, *Deutschlands Jugend und das Erbe ihrer Väter* (Bergisch Gladbach, 1967)。在美国, 描写青年一代的著作主要受到 Erik Erikson 作品的启发, 尤其是 *Childhood and Society* (New York, 1963) 和 *Identity: Youth and Crisis* (New York, 1968)。将 Erikson 的方法运用得最成功的, 是 Kenneth Kenniston 对哈佛不合群学生的分析, *The Uncommitted* (New York, 1965)。关于群体理论的方法, 请参考 William M. Evan, "Cohort Analysis of Survey Data: A Procedure for Studying Long-Term Opinion Change," *Public Opinion Quarterly* 13 (1959): 63—72 和 Norman B. Ryder, "The Cohort as a Concept in the Study of Social Change," *American Sociological Review* 30 (1965): 843—861。Peter Loewenberg 在 "The Psychohistorical Origins of the Nazi Youth Cohort," *American Historical Review* 76 (1971): 1457—1502 一文中曾试着用群体理论解释德国青年拥护国家社会主义的行为。 Lewis Feuer 曾将代际观念用于研究学生政治运动和科技的变迁, 见 *The Conflict of Generations* (New York, 1969) 和 *Einstein and the Generations of Science* (New York, 1974)。关于代际理论的最新研究以及将之用于分析当代西德青年的尝试, 请参考 Nerina Jansen, *Generation Theory* (Johannesburg, 1975)。

在系统地阐述我对 1914 年一代的看法时, Renato Treves 的大作 "Il fascismo e il problema delle generazioni," *Quaderni di Sociologia* (April-June 1964): 119—147 给了我很大的帮助。据我所知, Treves 是第一个（也是唯一一个）研究代际修辞的用法, 并试图为代际思想的巨大魅力寻找原因的学者。虽然他的研究只局限于意大利, 但是他的结论可以推广到整个欧洲。

4. José Ortega y Gasset, *Obras completas* (Madrid, 1966), III, 38.
5. Lucien Febvre, *Le Problème de l'incroyance au 16e siècle: Le Religion de Rabelais* (Paris, 1968 ed.), p. 11.

第一章　法国：当代青年

1. "我们！我们！我清楚地知道自己说的不是整整一代人 [也就是说, 整个年龄层]。我说的是散布在欧洲各大城市的那几千个人。其中有几位的名气很大；有几位在写一些枯燥乏味, 有意吓唬人但却依然特别打动人、扣人心弦的书籍；有几位既害羞又骄傲, 他们只写信, 这些信将在五六十年后被发现, 并作为诚实的心理证据被保存下来；有几位什么也没留下, 就连在泛黄的书页空白处用铅笔写一句悲伤而残酷的格言或者一句孤单的评论也没有。然而, 这两三千人却有着一定的重要性：他们不一定非得包括当时的天才甚至伟人；他们不一定非得是一代人的领袖或者灵魂人物：他们只是一代人的良心。他们和现在的人一样感到清醒和痛苦；他们彼此理解，而这种属于知识分子群体的特殊待遇，几乎便是他们和其他人相比唯一的优越之处。然而，历史正是从这种他们交流彼此之间的小癖好、特殊愿望和重要感觉的秘密语言中，掌握了时代的流行语。"摘自 1893 年 Hugo von Hofmannsthal 写的一篇论加布里埃尔·邓南遮的文章，*Prosa*, I, ed. Herbert Steiner (Frankfurt, 1950), pp. 171—172。

2. Henri Massis, *La Pensée de Maurice Barrès* (Paris, 1909). 尤其值得注意的是下面这段话，马西斯在这里试着解释为什么巴雷斯对他那一代年轻人有着巨大的吸引力："怀疑论征服了我们当中最优秀的人，但是没有老师你一样可以提出质疑。我们在追求一种思想，在祈求心灵的平静，在寻找一种学说，这种学说不会让我们的自尊心受辱，还会使我们重新拥有来自意志的力量。正是 [巴雷斯的] *Sous l'oeil des Barbares* 和 *Un Homme libre* 给了我们获得解放的方法。我们怀着多么大的热情在书房里阅读这些小书，就好像这些书是专门为我们写的一样。我们在发现巴雷斯的那一天，也发现了自我。在这个教授拒绝和我们讨论普世道理 (universal reasons) 以外的任何知识的年代，我们发现了一个对着我们的心灵说话的作家。另外，某种难以形容的说话方式，某种抽象而又书呆子气的词语转换方式，使我们不禁怀疑这些书的作者是我们精神家族的一员。"(p. 19) 换言之，巴雷斯和那些被他的早期作品打动的年轻人一样，受过哲学和文学教育；他的嘲讽、他使用的文学典故和他的敏感，都能引起他们的共鸣。细心的读者会发现，阿尔弗雷德·德·塔尔德的姓和父亲的有差别。1789 年法国大革命后，塔尔德家族放弃了前面的词缀，但是阿尔弗雷德恢复了它。

3. Henri Massis, *Evocations* (Paris, 1931), p. 131. 关于反对"新索邦"运动，请参考 Agathon [Henri Massis and Alfred de Tarde], *L'Esprit de la nouvelle Sorbonne* (Paris, 1911)。原文首次发表于 1910 年 7 月 23 日至 12 月 31 日的《舆论报》(*L'Opinion*)。关于阿伽同行动的分析，请参考 Phyllis H. Stock, "Students versus the University in Pre-World War Paris," *French Historical Studies* 7 (Spring 1971): 93—110。

4. 引自 Agathon [Henri Massis and Alfred de Tarde], *Les Jeunes Gens d'aujourd'hui* (Paris, 1913), p. 57. 约瑟夫·阿乔治 (Joseph Ageorge) 在大约同一时间抱怨说，索邦当时的这种混乱现象以前从未出现过。"规则、计划、传统———一切均被'破坏殆尽'……索邦大学的文学、道德和语法教育可用'喧嚣'和'混乱'两个词来概括。" *La Marche montante d'une génération (1890—1910)* (Paris, 1912), pp. 6—7. 本质上，这些话是在指责"新索邦"的教授们已经不再教自己的学生尊重传统，但是又没有给他们提供一套道德规范。如果"传统"意味着教会等前共和时代的机构，那么第一条指责当然是对的。第二条则完全错了。大部分受到攻击的教授以道德家自居。如想了解当时这组令人印象深刻的名人梗概，请参考 Pierre Léguay, *Universitaires d'aujourd'hui* (Paris, 1912)。

5. Massis, *L'Honneur de servir: Textes réunis pour contribuer à l'histoire d'une génération (1910—1937)* (Paris, 1937), p. 10. 有关马西斯打算把对当代"广泛调查"的结果写一本小说的计划，请参考 *Evocations*, p. 267。

6. 马西斯在 *L'Honneur de servir*, pp. 3—21 详细描绘了他和德·塔尔德两人的合作经过，但有些地方却不太令人信服。这本书的许多段落原本是打算收入第二卷的 *Evocations* 的，后者是马西斯最重要的回忆录。

7. 从 1891 年到 1908 年，法国大学生的数量增加了一倍，从 19,821 人涨到了 39,890 人。人数涨幅特别明显的院系是法律、文学和科学。请参考 Antoine Prost, *L'Enseignement en*

France 1800—1967 (Paris, 1968), p. 230。

8. *Les Jeunes Gens d'aujourd'hui*, pp. 12, 117.
9. 关于马西斯对阿纳托尔·法朗士感到失望一事，见 *Evocations*, p. 18；关于他与德芒热的友谊，见 Massis, "Charles Demange," *Mercure de France*, 1909 年 9 月，pp. 245—246。从德芒热自杀前不久写的一句话中，我们可以一窥他的敏感："在婴幼儿时期的地毯上醒过来之后，我们应该保证我们成年的行为有足够的空间，即使梦想和神秘这类薄纱巧妙地掩盖了我们的敏感和脆弱、我们的讽刺和激情。"引文见 Massis, 同上，p. 249。
10. 关于马西斯与普西夏里的第一次会面，见 *Evocations*, p. 206。
11. 关于勒南的引文见 Ernest Renan, *Oeuvres complètes*, I (Paris, 1947), 557。我对普西夏里早期生活和家庭背景的描写依据的是 Henriette Psichari, *Ernest Psichari, Mon Frère* (Paris, 1933) 和 Raïssa Maritain, *Les Grandes Amitiés*, 2 vols. (New York, 1941—1944)。
12. Psichari, *Oeuvres complètes*, I (Paris, 1945), 186, 283.
13. Psichari, *Oeuvres complètes*, II (Paris, 1948), 272；III (Paris, n.d.), 36.
14. 同上，III, 226。
15. 关于弗兰克担心书本会毁了自己的个性，见 *Lettres à quelques amis* (Paris, 1926), pp. 91—93, 97；关于他的渴望与现实接触，同上，p. 272；关于他认为有必要和德国人打一仗，同上，pp. 127—128；关于弗兰克对马西斯的影响，见 *Evocations*, pp. 165—166；关于里维埃的引文，见 Jacques Rivière, "Le Roman daventure," *Nouvelle Revue Française* 9 (1913): 762。马西斯后来形容里维埃和朋友阿兰-富尼耶之间的公开通信为"我们人生这段时期最动人的见证"，*Evocations*, p. 158, n. 1。
16. 里维埃给阿兰-富尼耶的信写于 1905 年 11 月 5 日，见 Jacques Rivière and Alain-Fournier, *Correspondance, 1905—1914*, I (Paris, 1926), 105。
17. *Les Jeunes Gens d'aujourd'hui*, p. 147.
18. 在伦敦的法国记者的话见 Philippe Bénéton in "La Génération de 1912—1914: Image, mythe et réalité?" *Revue Française de Sciences Politiques* 21 (October 1971): 996, n. 92。关于罗曼·罗兰的描述，见 *Jean-Christophe* (Paris, 1931 ed.), III, 429, 381；关于罗杰·马丁·杜·加尔的描述，见 *Jean Barois* (Paris, 1921 ed.), pp. 440, 449—450。关于隔代之间的关系，罗兰写道："相邻的两代人总是对他们之间的分歧感触更深，而不是他们一致的地方；他们觉得有必要向自己证明自己的重要性和生存权，即使付出［对长辈不公］或者自我欺骗的代价也在所不惜。但是，按照当时的情况来看，这种感觉或多或少有些明显。在文明的力量短暂达到平衡的古典时期——那些四面都是峭壁的高台——相邻两代的高度差别并不明显。但是在文艺复兴或者衰落的时代，那些攀登或走下峭壁的年轻人则把前面一代人远远地甩在了后面。" *Jean-Christophe*, III, 524. 罗杰·马丁·杜·加尔坚持认为，认知状态过去每个世纪都会发生变化，现在则是每一代人都不一样："这是事实，我们必须接受它。" *Jean Barois*, pp. 438—439.
19. 关于巴雷斯的引述见 Bénéton, "La Génération de 1912—1914," p. 996；关于柏格森的引述见 Agathon, *Les Jeunes Gens d'aujourd'hui*, pp. 285—286; 关于布尔热的引述见 Bénéton, pp. 996—997。关于埃米尔·法盖的引文见 "La Jeunesse miraculeuse," *Revue des Deux Mondes*, 1913 年 4 月 15 日，p. 850。

20. *Les Jeunes Gens d'aujourd'hui*, pp. 32—33. 关于战争爆发前夕法国人的看法，请参考 Jean-Jacques Becker, *1914: Comment les français sont entrés dans la guerre* (Paris, 1977)。
21. Massis, *L'Honneur de servir*, pp. 164—165.
22. "我们在追踪阿伽同这个意象时感到困扰的不是它的混乱或者模糊，而是相反，它太过清晰了。它因过度一致而犯了大忌：它缺乏生命的色彩。"同上，pp. 8—9。
23. François Mentré, *Les Générations sociales* (Paris, 1920), p. 10.
24. Justin Dromel, *La Loi des révolutions* (Paris, 1862); Giuseppe Ferrari, *Teoria dei periodi politici* (Milan and Naples, 1874). 奥托卡尔·洛伦茨最先在 *Die Geschichtswissenschaft in Hauptrichtungen und Aufgaben kritisch erörtert* (Berlin, 1886) 一书中提出他的想法，接着又在 *Leopold von Ranke: Die Generationenlehre und der Geschichtsunterricht* (Berlin, 1891) 一书，尤其是 pp. 143—276 中捍卫并再次阐述了这些想法。在第二本书中，洛伦茨对遗传心理特征进行史学研究的愿望已经收敛了一些。
25. Mentré, *Les Générations sociales*, pp. 299—300, 289—299, 40. 尽管芒特雷提到了孩子和父母之间的斗争，却没有证据表明芒特雷读过弗洛伊德。他也没有考虑过父母欺压孩子的可能性。他着重强调了父母对子女的依恋，以及子女不可避免地以忘恩负义回报父母的牺牲。"遗忘是家族世代相传的法则。"（p. 188）芒特雷把家长的权威危机归咎于家长的懦弱和孩子的反叛，并且认为这和家庭规模受到限制有关（p. 193）。
26. 同上，p. 89。
27. 同上，p. 45。
28. 同上，pp. 41, 46。
29. 同上，pp. 40—41。
30. 同上，p. 317。芒特雷把"惯例"和"系列"区分开来。教育和法律制度都是惯例，文学和音乐则是系列。惯例相对固定，系列则经常变动。因此，代际变化更有可能清楚地体现在系列，尤其是像文学这样结构如家族王朝，且遵循一定的交替规律而不是发展规律的系列之中（pp. 226—240）。芒特雷认为有朝一日，终将可以从语法、词汇和词义中察觉出代际变化 (pp. 304—316)。
31. 同上，pp. 47—48。1920 年芒特雷的书出版时，只有 2.59% 的 11—17 岁之间的法国人上大学或高中。Viviane Isambert-Jamati, *Crises de la société, crises de l'enseignement* (Paris, 1970), p. 376.
32. *Les Générations sociales*, p. 246.
33. 1953 年，著名的法国中古史学家伊夫·勒努阿尔（Yves Renouard）写道："不幸的是，很少人读过弗朗索瓦·芒特雷的书，法国人不屑于进一步拓展他发现的概念。" "La Notion de génération en histoire," *Revue historique* 209 (1953): 3. 有关阿尔贝·蒂博代的引述，见 "Reflexions sur la littérature: l'idée de génération," *Nouvelle Revue Française* 16 (1921): 345—346. 毫无疑问，蒂博代 (1874) 打算讨论这个问题，而且他得出的结论将和芒特雷的不一样，即使仅仅因为他想强调代际之间的差异性 (p. 353)。不幸的是，那本他死后才出版的 *Histoire de la littérature française de 1789 à nos jours* (Paris, 1936) 令人很失望，主要因为他把"代"用作一种分期或者组织方式，而不是用它来解释每个时期内部一致或者冲突的地方。

34. 在阿尔贝·蒂博代的 *Histoire de la littérature française* 和 Christian Sénéchal 的 *Les Grands Courants de la littérature française contemporaine* (Paris, 1934) 中，可以看到这种对代际认知感到困惑的极好例子，而且这些例子也是按照代际顺序排列的。这两本书的作者在处理战争一代和战后一代的关系时，均感到极为吃力。请参考 Thibaudet, p. 299 和 Sénéchal, p. 378。

35. André Lamandé, *Les Lions en croix* (Paris, 1923), pp. 230—231。

36. René de la Porte (1895) 对这一代的定义是"年龄在 16 到 25 岁之间，踏进火炉 [意即战争] 的年轻人"。他还说，命运混淆了他那一代和年龄比他们大的"被献祭的一代"。*Nés de la guerre* (Paris, 1928), pp. 185, 186。这里的"被献祭的一代"可能指的是马西斯和普西夏里那一代。

37. Massis, *Au long d'une vie* (Paris, 1967), p. 162; *L'Honneur de servir*, p. 324。

38. 关于马西斯意识到自己是另一个时代的人，请参考 *Au long d'une vie*, p. 88；关于蒙泰朗决心把自己的一生献给自己的思想和灵魂，见 J. N. Faure-Biguet, *Les Enfances de Montherlant* (Paris, 1941), p. 83。认为蒙泰朗是战争一代的主要代表的作品有以下几部：Pierre Dominique, *Quatre hommes entre vingt* (Paris, 1924); Paul Archambault, *Jeunes Maîtres* (Paris, 1926); Frédéric Empaytaz, *Essai sur Montherlant ou la génération de trente ans* (Paris, 1928)。

39. 只有在查阅了蒙泰朗这一时期与祖母的大量往来书信之后，我们才能真正了解战争对蒙泰朗的影响和改变有多大。与此同时，蒙泰朗的朋友和传记作者 Jean de Beer 在 *Montherlant ou l'homme encombré de Dieu* (Paris, 1963), pp. 37—54 中，做了一些有趣且基本上令人信服的猜测。

40. 请参考蒙泰朗的小说 *Le Songe* (Paris, 1922), 收录于 Montherlant, *Romans* (Paris, 1949), pp. 110—111; 以及他后来写的散文 "Service inutile"，收录于 Montherlant, *Essais* (Paris, 1963), pp. 571—735。普西夏里相信"非洲受难者的血液是有用的"。他认为"什么也不会从世界上消失，一切会回来，一切都会被完整地发现；因此，所有英雄的高尚行为成了他 [普西夏里自传体小说中的主人公] 的一种公共资本，而资本的利息则在无形之中还给了无数陌生的灵魂"。Psichari, *Oeuvres complètes*, II, 164。蒙泰朗的高中哲学老师 Paul Archambault 抱怨说："拜蒙泰朗等人所赐，一个没有基督和福音书，没有信仰、希望和仁慈之心的天主教的可怕理论已经形成，而且颇有大行其道之势。" *Jeunes Maîtres*, p. 23, n. 1。关于蒙泰朗喜欢前线生活和他认为战争将永远存在的观点，请参考 *Romans*, pp. 21, 77；关于他论"虚无骑士"的散文，见 *Essais*, pp. 595—598。

41. 1923 年 6 月，蒙泰朗给 *Nouvelles Littéraires* 写了一篇文章，题目是 "Une génération casquée" [戴头盔的一代]。1923 年 7 月 7 日，这篇文章发表后一周，蒙泰朗给杂志写了一封公开信，否认对这个标题承担任何责任。"我偶尔会受到'戴头盔的一代'这种说法的短暂诱惑。但我会将它驱除，因为说实话，这种说法可能没有任何意义。而且就算戴头盔的一代确实存在，我也认为自己没有资格替他们说话。况且，人们滥用和误用了'代'这个词。"关于蒙泰朗自己对这个词的滥用，见 *Essais*, pp. 164—166, 183, 560—562, 1251。关于德里厄·拉罗谢勒，请参考他写的 *Mesure de la France* (Paris, 1922), p. 14。这本奇特的小书仿佛一幅法国代际历史的印象派速写。"在诗歌领域，书里写了七星诗社*(Pléiade)、

---

* 七星诗社：16 世纪中期法国的一个文学团体，由七位人文主义诗人组成。

1660年那批人、浪漫派、还有象征派。在政治领域,书里写了百科全书派*(Encyclopedists)、1848年那批人和法兰西行动。有些人当时正好20岁;对他们来说,同一张女人的脸,在大致相同的季节里,给了他们同样的青春。在一些人看来,观点并不重要。这个世界依然令他们感到惊喜,充满了他们以前从未见过的奇迹。国家在他们的怀里融化了。我要说的就是这些,这就是我们剩下的一切……我们是一代人"(pp. 137—139)。请注意,德里厄通常把"那些年轻人……参加过战斗的人"和七星诗社、象征派诗人以及法兰西行动等为数不多的文学和政治精英混为一谈。

42. 此处对德里厄战前思想的描写,基于他的自传 *Etat-civil* (Paris, 1921), *Rêveuse bourgeoisie* (Paris, 1937) 和他写的其他小说和故事中的章节,特别是 *Drôle de voyage* (Paris, 1933) 和 *La Comédie de Charleroi* (Paris, 1934)。德里厄是一名"抽泣的资产阶级"的说法见 *La Comédie de Charleroi*, p. 25。

43. *La Comédie de Charleroi*, pp. 54, 57, 59—60.

44. 引文见 Pierre Andreu, *Drieu: Témoin et visionnaire* (Paris, 1952), p. 43。

45. Pierre Drieu la Rochelle, *Interrogation* (Paris, 1917), pp. 86, 98, 53, 69—74.

46. 有关年轻士兵在从事一项冒险的体育运动的比喻,见 Pierre Drieu la Rochelle, *Plainte contre l'inconnu* (Paris, 1924), pp. 118—119。因未能改变平民生活而投降和感到内疚是20世纪20、30年代年轻退伍军人文学的两个常见主题。尤其可以参见 Roland Dorgelès, *Le Réveil des morts* (Paris, 1923)。关于年轻的退伍军人是些"可怜孩子"的说法,见 Drieu la Rochelle, *La Suite dans les idées* (Paris, 1927);关于匆忙准备的和平、他们的举动背后令人沮丧的现实和他们的逃避,见 *Plainte contre l'inconnu*, pp. 13—14, 84, 160。

47. 关于突然想放松一下的冲动,见 Frédéric Empaytaz, *Essai sur Montherlant*, pp. 122—123。

48. 有关马塞尔·比卡尔的说法,请参考他写的 *Paroles d'un combattant* (Paris, 1930) 和 *Les Etincelles*, 后者是比卡尔和 Maurice de Barrail 负责的一本期刊。在 *Témoins: Essai danalyse et de critique des souvenirs de combattants édités en français de 1915 à 1928* (Paris, 1929) 中, Jean Norton Cru 对1928年以前的法国战争文学做了一番特别彻底的研究和分析。Antoine Prost 在其博士学位论文 *Les Anciens Combattants et la société française 1914—1939*, 3 vols., (Paris, 1977) 中, 分析了法国退伍军人运动的历史、社会学和意识形态。还可参考 Robert Soucy 给 Stephen R. Ward 编辑的 *The War Generation* (Port Washington and London, 1975), pp. 59—103 的投稿。

49. Henri Daniel-Rops, *Notre Inquiètude* (Paris, 1927), p. 61. 事实上,这种对代际描写和年轻人兴趣的热情——他们是怎么想的,他们的感受如何,他们在做什么,他们未来可能怎么做——是如此浓厚,以至于一名作家在被问到欧洲的青年大学生都在想什么时,他的回答是,如果"下一代"有什么任务的话,那就是彻底地消除代际观念,根据 Daniel Halévy 给 *Ecrits par André Chamson, André Malraux, Jean Grenier, Henri Petit* (Paris, 1927), pp. xii-xiii 一书所写的序言中的描述。

50. Marcel Arland, *La Route Obscure*, 第二版 (Paris, 1930), p. 105 和 *Essais et nouveaux essais critiques* (Paris, 1952), p. 22; Daniel-Rops, *Notre Inquiètude*, pp. 72—73; Jean Luchaire, *Une*

---

* 百科全书派:18世纪法国一部分启蒙思想家形成的派别,因他们都参加了《百科全书》的编纂工作,故称。

Génération réaliste (Paris, 1929); André Malraux, "D'une jeunesse européenne," 收录于 Halévy, *Ecrits par Chamson, Malraux, Grenier, Petit*, p. 153。如想更深入了解主要由这一年龄层的年轻人所做的自我分析，请参考 *Examen de conscience* (Paris, 1926)。

51. Daniel-Rops, *Notre Inquiètude*, pp. 68—69. 年轻的退伍军人很清楚自己和下一代之间的这种紧张关系。"在我们那些 20 岁的弟弟眼里，" Empaytaz 抱怨说，"我们已经是老人了。" *Essai sur Montherlant*, p. 18.

52. 这类文学中最著名和广为阅读的一本是马塞尔·阿尔朗的小说 *L'Ordre* (Paris, 1929)。同样的主题，莫里斯·贝茨（Maurice Betz）那部未完成的三部曲 *Jeunesse de siècle* 的处理手法则比较细腻，贝茨的三部曲有两册已经出版，分别是 *Le Rossignol du Japon* (Paris, 1931) 和 *Le Ressac* (Paris, 1932)。贝茨 (1898) 是以退伍军人和战争一代的年轻成员的身份写作的。

53. Jean Prévost, *Dix-Huitième Année* (Paris, 1929), pp. 56—57.

54. André Chamson, *La Révolution de dix-neuf* (Paris, 1930).

55. 关于让·吕歇尔的父亲对儿子青年时代和早期经历的描写，见 Julien Luchaire, *Confessions d'un français moyen*, II (Florence, 1965 ed.), 49—51, 237—240, 311—313。

56. 关于两代人之间的鸿沟，见 *Notre Temps*, 1927 年 6 月 20 日, p. 1；关于年轻一代必须避免妥协和与长辈结盟，同上，1929 年 12 月 31 日，p. 44。

57. 关于克鲁泽，同上，1930 年 1 月 15 日, col. 193；1930 年 4 月 15 日, col. 391；1930 年 5 月 1 日, cols. 401—406。1942 年多米尼克曾经写道："让我们接受吧，让我们尊重两代人之间总是互相对立这一永恒的规律吧。更重要的是，因为它构思巧妙，允许一个世纪内发生大约三次价值观、信仰和爱憎方面的显著改变。"多米尼克肯定地说，代际冲突的重点，并不只是对"世界果实"的控制，还在于一种新的人生观。"我们这个时代的戏剧性，与其说体现在两代人之间的敌意，还不如说体现在他们之间的缺乏共性上。"多米尼克相信代际冲突正变得愈加严重，他认为这和一种新型的社会和文明正在到来有关。"地球正在变成一个巨大的城市；一种快速、喧嚣而危险的城市生活正在取代慢速、宁静和相对和平的乡村生活。而［上下两代的］人们身上都相应地具有这两种生活方式的特点……无论哪一方都无法完全地了解对方。" *Quatre Hommes*, pp. 9—10. 但是，到了 1930 年，多米尼克却不再认为重大历史运动本身具有代际性，并举了宗教改革运动（Reformation）作为例子，宗教改革运动的领袖年龄相差都有几十岁。见 Dominique, *La Querelle des générations* (Paris, 1930)。

58. *Notre Temps*, 1 May 1930, cols. 401—406.

59. 涂尔干读过芒特雷的手稿，并做了"很有价值"的评价。按照 Steven Lukes 的说法，涂尔干是在 1914 年前后开始赋予集体观念更大的自主权和重要性的。他在 1911 年写道："最重要的社会现象……无非是价值体系以及由此而产生的各种理想。社会学便是从理想的领域开始的。理想其实是社会学研究的特殊领域……社会学……把理想看成是既定事实和研究对象，并试着对它们进行分析和解释。"引自 Steven Lukes, *Emile Durkheim* (New York, 1972), p. 235. 这正是芒特雷的观点，假如他这个观点不是来自涂尔干的话，那他肯定通过后者的著作和报告证实了自己的观点。

60. 关于亨利·弗兰克，见 *Lettres à quelques amis*, pp. 242—243, 269—285 和他 1912 年写的诗歌 *La Danse devant l'arche* (Paris, 1917)，特别是 p. 125，他在里面把一代人比喻为旅行者，

注　释

他们在夜幕降临时赶到客栈，在那里寻欢作乐，喝酒聊天，第二天又分道扬镳；关于普西夏里和他 1912 年 9 月 30 日写给亨利·马西斯的信，见 Psichari, Oeuvres complètes, III, 232; 关于里维埃和他那封"致亨利·马西斯的公开信"，见 Nouvelle Revue Française 23 (1924):425。即使在阿伽同调查时，那些和法国青年有过接触的人也能看出阿伽同的总结不是很有说服力。正如马西斯的母校孔多塞高中（Lycée Condorcet）的一名教师所言，如果阿伽同真的想对年轻一代进行准确的描绘，他应该试着收集不同的类型。他写道，一代人是由不同的群体组成的，这些群体"通常差别很大，有时难以简化"，彼此之间可能有也可能没有交集。这些圈子有他们自己的逻辑，他们自己的引力场，有时喜为人先的个性、创意的火花和从一个圈子跳到另一个圈子的行为，使他们融合在一起，并形成一个更大的整体。"当代年轻人形成的政治和宗教组织给了我们这种奇怪的重叠印象。这正是你们的调查应该留意的地方。"这名老师说，阿伽同所刻画的，是一群极为保守的人，"基本上是资产阶级那一类型"。Agathon, Les Jeunes Gens d'aujourd'hui, p. 281. 1919 年贡扎格·特鲁克（Gonzague Truc）说了类似的话："1912 年前后，法国分裂为两个群体，一个由没有组织和基本不识字的普通民众组成，他们正被社会主义引向一个未知世界，另一个由年轻的保守主义者组成，他们尚未找到为之献身的事业，因此对天主教和君主制怀有好感。" Une Crise intellectuelle (Paris, 1919), pp. 13—14.

61. Les Jeunes Gens d'aujourd'hui, p. i. 蒂博代在评论芒特雷的书时，似乎一直在探索这样一种代际历史观："事实上，一代人形成了一个巨大的整体，这是一种年轻人的辩论会和老年人的议会，里面有右派、中间派、左派和极左派。里面没有左翼或者右翼一代。尽管如此，每一代人确实都有他们独特的风貌，然而这种风貌却是从行动中产生的，它不可能从任何物体或者观念中衍生出来。" Nouvelle Revue Française 16(1921):353.

62. Maurice Barrès, Un Homme libre, 收录于 Oeuvres complètes, I, 149。在思考这个问题时，欧仁·韦伯（Eugen Weber）那篇未出版的文章"Barrès: un héritier"给了我很大的帮助。

63. "地球的运转似乎加快了。走得更快更远，一边快速地移动，一边大口大口地呼吸咸的空气，冲破云霄，劈开海水，这些就是我们的身体在摆脱了焦虑和内心的犹豫后想做的事。就连休息也跟以前不一样了。它已经变成了与大自然的残酷接触：在烈日下晒日光浴，或者是攀登危险的山峰，这一切都使性格温和的老一辈怒不可遏。" De la Porte, Nés de la guerre, p. 183.

64. Massis, L'Honneur de servir, p. 8. 伊曼纽尔·贝尔（Emmanuel Berl）是亨利·弗兰克的堂弟，阿伽同调查期间正在巴黎上学，他为马西斯和德·塔尔德使用的方法留下了有趣的见证。"今天我依然可以看到，一些历史著作认为阿伽同那次著名的调查站得住脚。但是对于它所激起的保留意见，我却心知肚明。两位作者也咨询过我的意见。我的回答不合他们的意，于是他们干脆连提也不提。然而我可以肯定地说，我并不是朋友当中唯一一个不希望特洛伊战争发生的人；我为'三年法'的实施感到遗憾；为公众对鲁维埃（Rouvier）和后来对卡约（Caillaux）的忘恩负义感到羞耻，他们俩出色地解决了法德之间的纠纷，为我们国家争取到了有利的解决方案，但是却被认为是历史罪人。" A contre-temps (Paris, 1969), p. 155. 蒂博代同样认为 20 世纪初的法国代际作品具有政治和工具性质。他谴责芒特雷对代际宣言的理解流于表面，他说："作家口中的'我们这一代'往往和部长口中的'共和国政府'是同个意思。这是一种冠冕堂皇而又迂回曲折的说法，指的无非就是他们自己。" Nouvelle Revue Française 16(1921):353.

65. 关于巴尔扎克、德·缪塞和圣-伯夫的代际思想，请参考 Henri Peyre, Les Générations

littéraires (Paris, 1948), pp. 53—68。早在佩尔（Peyre）之前，蒂博代就认为代际思想是浪漫主义的遗风，可以追溯到司汤达（Stendahl）和德·缪塞。*Nouvelle Revue Française* 16 (1921): 350—351。关于布尔热，请参考 *Essais de psychologie contemporaine*, 2 vols. (Paris, 1883—1885)。在1885年第二卷的前言中，布尔热解释说，他只研究了十位作家，因为他们看起来最有可能证明他的论点，即"新一代特有的思想状态隐藏在前一代的理论和梦想中。年轻人从长辈那里继承了感受生活的方式，他们根据自己的体验对这种方式稍作修改之后，又把它传给下一代。文学和艺术作品是传递这种精神遗产最有力的方法。因此，这些作品适合研究它们的思想意义和心灵意义"（p. xx）。关于吉罗，请参考 *Les Maîtres de l'heure*, 2 vols. (Paris, 1911—1913)。吉罗有意模仿布尔热的写作模式，他在序言中说，他希望把主人公的思想道德史写进他们所属的代际历史。"我所思考的正是这种集体历史，当我的调查结束时，我所要做的，我希望的，就是把结果汇总起来，从而看到我们前面一代人的思想道德史在一个个重要的特征的勾勒下逐渐成形。"同上，I, xii。

66. 巴雷斯在他出版的第一本书，*Les Taches d'encre* (Paris, 1884) 中，间接提到了"我们父辈"的失败，以及接他们未完成的任务，摆脱德国霸权主义威胁的必要性。在第二本小说 *Un Homme libre* (Paris, 1889) 的前言中，巴雷斯痛苦地写道，上一代人从未真正地理解年轻人的作品：他们之间的认识差异是巨大的（p. 10）。大约在同一时间，巴雷斯把布朗热将军（General Boulanger）的行动描写为年轻一代的政治表达，并试图号召"青年领袖"起来反对议会制。见 Zeev Sternhell, *Maurice Barrès et le nationalisme français* (Paris, 1972), pp. 115—119。和巴雷斯同时代的约瑟夫·阿乔治讨论了《离开本根的人》一书的作者成为一代领袖的技巧。"他知道如何向社会推销自己，令人惊奇的是，他在走运的同时，他那一代人也跟着交了好运。他想靠自己的力量塑造当代人的认知方式。" *La Marche montante d'une génération*, p. 101. 简而言之，巴雷斯试图成立一个新的社会团体，并由他充当这个团体的代言人和领导者。阿乔治说的没错，巴雷斯有这个想法，然后利用这个想法来为自己谋利。1928年，弗雷德里克·恩佩塔（Frédéric Empaytaz）发表了一篇有关蒙泰朗和年轻的战争一代的文章，他在里面深刻地评论了巴雷斯对他那一代人的影响。"我们一整代人都朝这股迷人的泉水伸出了自己的杯子。在我们之前的杰罗姆和让·塔罗（Jerome and Jean Tharaud）、欧仁·马桑（Eugène Marsan）、亨利·马西斯、勒内·本杰明（René Benjamin），其他许多人！都是这个精神家族的成员。而我们这个时代的人也依次延伸了这根链条，从蒙泰朗到德里厄·拉罗谢勒，从狂热迷恋新古典主义的年轻的法兰西行动成员到信奉超现实主义的狂暴的虚无主义者。" *Essai sur Montherlant*, p. 37. 恩佩塔没有注意到的是，代际思维的趋势正是巴雷斯留下的遗产之一。后来，在20世纪30年代，罗伯特·布拉西拉赫（Brasillach, 1908）和蒂埃里·莫尼耶（Thierry Maulnier, 1909）又进一步延伸了这根链条。他们将一起起草一份代际宣言，1939年，布拉西拉赫将以马西斯的 *Evocations* 为范本，撰写代际回忆录 *Notre Avant-Guerre*。

67. 就像夏尔·贝玑在1913年所说的，当时他说他这一代是被献祭的一代，因为他们不得不忍受当代历史的平庸。*L'Argent* (Paris, 1932), pp. 46—47. 就像让·吕歇尔在1930年所说的，当时他警告同龄人说，他们这一代将会被献祭，因为他们的工作"本质上如昙花一般转瞬即逝"。"他们最大的错误在于相信自己的作品会成为永恒，更恰当地说，他们的作品只是些测量图和草图，而不是坚固的砖石建筑。" *Notre Temps*, 1930年1月15日，p. 123. 丹尼尔—罗普斯在1927年发表的一篇文章提醒人们注意"代"这个词目前的用法和一种集体断裂感之间的联系。"'代'这个模糊的词语在平常的使用中已经有了确切的含义；它体现了主导历史群体演变的间断性。" *Notre Inquiètude*, p. 61.

68. *Les Jeunes Gens d'aujourd'hui*, pp. ii—iii.
69. 加斯顿·里乌（Gaston Riou）把"文学和生活的日渐脱节"归咎于文学这个行当的商业化。他说，写作已经变成一种产业，作家们写一些他们认为公众喜欢看的东西，描绘现实已经不再是他们的职责。*Aux Ecoutes de la France qui vient* (Paris, 1913), p. 266. 但是，我自己在研究这一代的知识分子时却发现，问题没这么简单。作家们既对法国社会正在发生的事情缺乏判断，又对自己向广大群众描绘现实的能力感到失望。于是他们退而求其次，转为描写自己的经历，希望能以此种方式表现更大的群体。德里厄·拉罗谢勒是一个绝佳的例子，从他身上我们可以看到这个困扰着许多法国作家的难题。虽然他时不时地往反方向努力，但他从未成功或主动地描写过任何人，除了他自己。关于巴雷斯，请参考 "M. le général Boulanger et la nouvelle génération," *Revue Independante* 7 (April 1888): 55—63。"让其他人对着广大公众发表自己的意见吧；我只想和我的朋友说，和那些跟我志同道合的人说……我的抱怨、我的希望，而我的理由很特别；因为我想接触的是一小部分公众，而且还是那些天分出众的公众：青年领袖"(p. 57)。巴雷斯认为有几千名和他一样的年轻人，他们可以"服务或者损害国家"，这取决于他们的要求是否得到满足 (p. 57)。有关这一时期知识分子曲解法国社会现实的例子不胜枚举，请参考 Theodore Zeldin, *France 1848—1945* (Oxford, 1977), vol. II。
70. Arland, *Essais et nouveaux essais*, p. 23. 亨利·佩尔（Henri Peyre）*Les Générations littéraires* (Paris, 1948) 一书中，对法国文史学家和文学评论家的代际著作做了有用的总结。这些著作中最重要的是让·波米耶（Jean Pommier）所写的随笔 "L'Idée de génération"，收录于 *Conférences de Franz Cumont, Jean Pommier* (Paris, 1945)。波米耶特别强调了一代人内部的差别，这似乎对克劳德·迪容（Claude Digeon）那份杰出的代际研究报告 *La Crise allemande de la pensée française* (Paris, 1959) 有着重要的影响。关于法国历史学家和社会学家对代际概念的警惕，尤其可以参考吕西安·费弗尔的短评 "Générations"，收录于 "Projets d'articles du vocabulaire historique," *Bulletin du Centre International de Synthèse*, no. 7, 1929 年 6 月, p. 41。费弗尔反对代际概念，因为它毫无理由地认为知识分子和政治领袖与其他社会成员有着同样的觉悟。费弗尔意识到很难用代际思想来解释早期那些没有详细文字记录的时代，例如中世纪和古代社会。他认为，代际观念无法提供一种新的历史分期法。但是他最不满的还不是这些。他认为，社会上存在许多"代"，就像存在许多阶级和社会分类一样。而"代"指的是某个特定的时间内，一组特定的个体所受到的共同影响。费弗尔的反应很好理解，我们记得他和马克·布洛赫（Marc Bloch）既写过农民史，也写过知识分子的历史，既写过器物史和技术史，也写过思想史。这些著作都有着明显的民主和民粹主义色彩。你能够感觉到费弗尔的结论中的政治含义，他说，代际思想是"一种相当贵族化的历史观"。

马克·布洛赫显然与他的同事和朋友不一样，他对代际思想没有敌意。他认为"代"中可以提供一种划分历史时期的新方法。但是他警告说，代际差异并非在所有的社会环境都能体现出来，一代人的出现并没有什么规律可循，个体对同一件事的反应并不一定都一样。*Apologie pour l'histoire* (Paris, 1949), p. 95. 虽然布洛赫认为它很有价值，但是自从第二次世界大战以来，代际思想似乎对法国历史研究的方向没有什么实际影响。伊夫·勒努阿尔在 *El método stórico de las generaciones* (Madrid, 1949) 一书中读到朱利安·玛利亚斯对奥尔特加思想的总结之后，才重新发现了代际观念。Renouard, "La notion de génération en histoire," *Revue historique* 209 (1953): 1—23.

71. 1925年秋，格特鲁德·斯坦因对突然来访的海明威及其几个朋友十分气恼，因为他们都喝得醉醺醺的，而且吵吵闹闹，争论不休。她借用了从修车厂老板那听来的一个短语，对这些吵闹的客人说他们全都是迷惘的一代。"你们就是这样的人。你们全都是这样的人……你们这些参加过战争的所有年轻人。你们都是迷惘的一代。"接着她又加上一句，"你们什么都不尊重。你们把自己喝死了。" Hemingway, *A Moveable Feast* (New York, 1964), p. 29. 30年后再次回忆起这件事时，海明威说他对这段形容自己和同伴的概括性话语感到不服气就走了："我想到了斯坦因小姐和舍伍德·安德森（Sherwood Anderson），想到了自我、精神懒惰和纪律之间的冲突，我在想，谁在说谁是迷惘的一代呢？……我认为每一代人都会感到迷失，过去会，以后也会。"同上 p. 30。尽管如此，这个短语当时却给海明威留下了很深的印象，以至于他准备把它作为他那本描写移居巴黎的美国人和潘普洛纳（Pamplona）斗牛节的小说的标题。最终他放弃了这个想法，改为用《太阳照常升起》（*The Sun Also Rises*）作为标题，但他仍然在小说的两处引言中加上了这个短语。请参考 Carlos Baker, *Ernest Hemingway: A Life Story* (New York, 1969), p. 155。

第二章　德国：年轻一代的使命

1. Eduard Spranger, *Psychologie des Jugendalters* (Stuttgart, 1945 ed.), p. 93.
2. 关于"青年"一词含义的变化，请参考 Manfred Marfkefka, *Der Begriff der Jugend in der deustschen Nachkriegsliteratur zum Problem der Jugend*（1963年科隆大学经济和社会科学系的博士学位论文），pp. 9—11。哈里·普罗斯（Harry Pross）说，直到20世纪，青年总是与特定的社会阶级联系在一起。我们有青年农民、青年军官和青年贵族，但是却没有一个名为"青年"的独立的社会群体。*Jugend, Eros, Politik* (Bern, Munich, Vienna, 1964), p. 17。在下面这句话中，赫伯特·布鲁门萨尔（Herbert Blumenthal）对"青年"一词的使用似乎指的就是这种变化，"青年浪漫主义意味着个体解放和病态的时代已经一去不复返；我们正在经历——和创造——一代人的浪漫主义，一个历史事件。" *Der Anfang*, 1919年9月, p. 136。
3. Werner Kindt, ed., *Grundschriften der deutschen Jugendbewegung* (Düsseldorf and Cologne, 1963), p. 93。古斯塔夫·维内肯在1913年的一次演讲中甚至说，通过把年轻人对父母的抗争从个体上升到全体，并赋予其组织形式，"漂鸟"运动实际上已经"领悟到"，青年是人生的一个阶段。同上, p. 118。用英语把青年运动解释得最清楚的是 Walter Z. Laqueur, *Young Germany* (London, 1962)。德国这方面的著作则多得不计其数，Pross, *Jugend, Eros, Politik* 中有很有价值的参考书目。
4. 有关朗贝和穆勒·范登布鲁克的引述，见 Fritz Stem, *The Politics of Cultural Despair* (Garden City, 1965), pp. 169, 234；有关马克斯·韦伯的引述，见 Arthur Mitzman, *The Iron Cage* (New York, 1971), p. 141；有关迈斯讷山集会的召集令，见 *Der Anfang*, 1913年9月, p. 129。
5. 有关哈森克勒费尔的引述见 Walter H. Sokel, *The Writer in Extremis: Expressionism in Twentieth-Century German Literature* (Stanford, 1959), p. 100；有关罗伊·帕斯卡的引述见 *From Naturalism to Expressionism: German Literature and Society 1880—1918* (London, 1973), pp. 227—228。

6 有关普费姆费尔特的引述，见 1912 年 12 月 11 日和 1913 年 10 月 11 日的 Die Aktion。赫尔姆特·普莱斯纳（Helmut Plessner）在 "Nachwort zum Generationsproblem" 一文中讨论了青年这一概念的政治用途，这篇文章原本题为 "Het probleem der generaties"，见 Soziologisch Jahrboek (Leiden, 1949)，再版时收入 Diesseits der Utopie (Düsseldorf and Cologne, 1966), p. 83。瓦尔特·吕埃格（Walter Rüegg）认为把青年等同于文化革新是德国知识分子的传统，尤其是受赫尔德（Herder）的影响；但他说青年的意象仅限于德国却是错的。请参考他的文章 "Jugend und Gesellschaft um 1900"，收录于 Walter Rüegg, ed., Kulturkritik und Jugendkult (Frankfort am Main, 1974), pp. 47—59。

7. 科恩菲尔德的文章见 1913 年 3 月 26 日的 Die Aktion；关于恩斯特·费舍尔的故事，见 Errinerungen und Reflexionen (Reinbeck bei Hamburg, 1969), pp. 48—51；关于韦伯反抗父亲的故事，见 Mitzman, The Iron Cage。

8. 关于德意志帝国的脆弱，见 Michael R. Gordon, "Domestic Conflict and the Origins of the First World War: The British and German Cases," Journal of Modern History 46 (June 1974): 209—213。1908 年弗里德里希·库默（Friedrich Kummer）出版了一部德国文学史，书中他试图通过文学 "代" 的概念，反驳一个普遍存在的观点，即 19 世纪末 20 世纪初的德国作家都是些二流角色，无法和魏玛以及浪漫主义时期的巨人相提并论。他说，每一代人都值得尊重；而对民族精神的发展贡献最大的，并不总是那些伟大的作家。"在一代又一代人的起落和兴亡之中，存在着……一个永远不变的民族核心，新的核心都围绕着它产生。" Friedrich Kummer, Deutsche Literaturgeschichte des neunzehten Jahrhunderts dargestellt nach Generationen (Dresden, 1908), p. 18。"一个永远不变的民族核心，新的核心都围绕着它产生" 也是芒特雷的重要主题，也是他支持法国的中学教育使用代际观念的根本原因。

9. 关于迪德里希斯，见 Kindt, Grundschriften der deutschen Jugendbewegung, p. 94；关于维内肯，同上, pp. 116—128, 148—162。

10. 有关宾定的引文，同上, p. 431；如想查阅对 "突袭朗格马克" 的高度浪漫化描写，请参考 Hermann Thimmermann, Der Sturm auf Langemarck (Munich, 1933)。蒂默曼（Thimmermann）强调说，德国士兵非常年轻，他们缺乏训练，而防守的英军则用 "印度" 战术击退了进攻者。

11. 有关弗莱克斯的引述，见 Konrad Flex, Walter Flex (Stuttgart, 1937), pp. 31, 68。

12. 有关武尔歇的描写，见 Walter Flex, Der Wanderer zwischen beiden Welten (Munich, 1917), p. 12；关于弗莱克斯和出版商打交道的事，见 Walter Eggert-Windegg, ed., Briefe von Walter Flex (Munich, 1927), pp. 207—208；关于《两个世界之间的游荡者》的销售额，见 Konrad Flex, Walter Flex, p. xx。

13. 关于弗莱克斯对武尔歇的看法，见 Der Wanderer, p. 44 和 Eggert-Windegg, Briefe von Walter Flex, pp. 181—182；关于武尔歇对战争的解释，见 Der Wanderer, pp. 40, 84。

14. 关于弗莱克斯认为战败能够体现道德优势的观点，见 Walter Flex, Gesammelte Werke, I (Munich, n.d.), xxi-xxii。弗莱克斯 1917 年阵亡时正在酝酿他的最后一部小说，他在这部小说的草稿中肯定地说，仅仅带着刺刀和宣传上战场是不够的。每个人都有责任通过增加自己的知识和道德价值，使自己的国家拥有 "全世界最强" 的存在权。这只能通过 "不断的自我努力" 来实现。同上, p. 241。弗莱克斯愤怒地否认自己是一名 "狂热的民族主义者"。他在自愿到西线服役后，写信告诉一位朋友说，他所指的，是道德要求。Eggert-Windegg, Briefe von Walter Flex, pp. 280—281。关于一名年轻志愿兵写的信，见 Philipp Witkop, ed., *Kriegsbriefe gefallener Studenten* (Munich, 1928; second ed., 1933), pp. 23—24。剧作家卡尔·楚克迈尔后来以支持左翼而著称,他也证实了激励德国中产阶级志愿兵的"道德"目标的存在。"我们认为,战争的意义在于从内部把整个国家从过时的习俗中解放出来,在'突破'进入某个未知领域,进入某种崇高的冒险事业,不管它将吞噬多少生命。这就是使我们激情燃烧的东西。征服的企图和权力的考虑——这些对我们来说根本不重要。" *A Part of Myself* (New York, 1970), p. 148.

15. 当温鲁向一群参谋朗读《牺牲的仪式》一书时,总参谋长冯·克诺伯斯多夫将军(General von Knobelsdorf)突然大发雷霆,他下令温鲁指挥一支步枪连,向凡尔登的杜奥蒙堡发起进攻。幸亏陆军司令及时介入,才使温鲁免于接受这项无异于送死的任务,因为克诺伯斯多夫将军的本意,是要让他的写作生涯戛然而止。Alvin Kronacher, *Fritz von Unruh* (New York, 1946).

16. 海姆的日记引自 Walter Z. Laqueur, *Weimar: A Cultural History 1918—1933* (New York, 1974), p. 115。

17. 温鲁叙述自己向反战主义的转变见 Manfred Durzak 的文章,收录于 Wolfgang Rothe, ed., *Expressionismus als Literatur* (Bern and Munich, 1969), p. 496。温鲁从自己早年的参战经历得出的教训主要体现在诗歌 *Vor der Entscheidung* 中,这首诗写于 1914 年秋,但是直到 1919 年才发表。见 Sokel, *The Writer in Extremis*, pp. 178—179 和 Friedrich Rasche, ed., *Fritz von Unruh: Rebell und Verkünder* (Hanover, 1960), pp. 40—42。

18. Fritz von Unruh, *Opfergang* (Frankfurt am Main, 1925), p. 126.

19. 同上,p. 62。

20. 关于温鲁的剧作,见 Sokel, *The Writer in Extremis*, pp. 184—185, 202—205; Rothe, *Expressionismus als Literatur*, pp. 497—502 和 Hanns Martin Elster 给 Fritz von Unruh, *Sämtliche Werke*, III (Berlin, 1973) 一书写的后记,395—435。关于托勒尔,见 Sokel, pp. 180—183, 196—201; and Rothe, pp. 572—584。关于格罗皮乌斯,见 Barbara Miller Lane, *Architecture and Politics in Germany, 1918—1945* (Cambridge, Mass. 1968), pp. 41—68。关于德国共产主义和战争经历的关系,请参考 Hermann Weber, *Die Wandlung des deutschen Kommunismus* (Frankfurt am Main, 1969), II, 26, 57—353。

21. 原有的现役军官中,有超过一半死于"一战"。即使没有伤亡,对陆军军官的需求也远远超过了既有的供应。为了弥补差额,有 20 多万人经过短暂训练后被任命为军官。其中包括许多弗莱克斯和武尔歇这样来自中产阶级家庭的志愿兵。还有一些人被授予士官长和副官等临时军官身份。许多刚刚接受任命的军官无疑会一直待在军队里,假如《凡尔赛条约》没有把德国军官的人数限制在 4000 人以内的话。在参加战争的 9000 名巴伐利亚军官中,"自由军团"的活跃分子分别占到了全部少尉和全部中尉的 22.6% 和 27.6%。见 Robert G. L. Waite, *Vanguard of Nazism: The Free Corps Movement in Postwar Germany 1918—1923* (New York, 1969 ed.), pp. 45—49。描写"自由军团"及其参与者的经典作品是 Ernst von Salomon, *Die Gedchteten* (Berlin, 1930)。"命运是什么,人是什么"那段引文摘自 Hans Zehrer, "Die zweite Welle," *Die Tat* 21 (1929—1930): 578。Waite 在 *Vanguard of Nazism*, p. 267 中引用了泽尔特说的话。

22. 有关云格尔喜欢冒险的事迹,见 Ernst Jünger, *Werke*, VII (Stuttgart, 1961), 53; 有关他对非洲的憧憬,同上,p. 60。

23. 有关云格尔对战争爆发的反应，见 Hans-Peter Schwartz, *Der konservative Anarchist: Politik und Zeitkritik Ernst Jüngers* (Freiburg im Breisgau, 1962), p. 64；有关他出发到前线去的描写，同上，p. 64 和 Jünger, *The Storm of Steel* (London, 1929), p. 1。1929 年英语版和 1930 年法语版的《在枪林弹雨中》都是根据 1924 年的版本翻译的，但是这一版很多重要的地方和 Jünger, *Werke*, I (Stuttgart, 1961), 11—310 有出入。它比早前和后来的版本都更加强调战争在创造一代新人方面发挥的作用，这些人"在烈火中经历了其他'代'几乎从未经历过的捶打和锻炼"，他们能够"直接走进生活，就像从铁砧上下来一样"。但是，云格尔对自己参军时的感受的描写却出奇地没有变化。关于云格尔修改自己的战争记录这个复杂问题，请参考 Ulrich Böhme, "Fassungen bei Ernst Jünger," *Deutsche Studien* 14 (1972): 7—59。伯梅（Böhme）证实云格尔从未把《在枪林弹雨中》当作文献，而是一而再再而三地对它进行润色和修改，以期达到更好的文学效果。很显然，作者后来带着政治和意识形态的目的修订了 1924 年的版本，而我在讨论云格尔对前线一代的神话的影响时，使用的正是这个版本。有关战争伊始云格尔缺乏政治意识的描写，请参考 Schwartz, *Der konservative Anarchist*, p. 59 和 *The Storm of Steel*, p. 1。

24. 1924 年版的《在枪林弹雨中》淡化了这种矛盾，并有意强调了云格尔的军人气质和他相信普鲁士人的纪律性以及下级绝对服从上级的必要性。我们有充分的理由相信，这一时期的云格尔有意压制了自己内心的潜在审美。因此，他向世界展示了一种堪称"新人类"典范的军人生活，而这种生活刚刚被他抛弃，因为他选择了动物学和文学。

25. *The Storm of Steel*, pp. 235, 255。有关突击队员的描写，"一种新型人类，一种有着强烈阳刚之气的男子"，见 Franz Schauwecker, *Das Frontbuch: Die deutsche Seele im Weltkriege* (Halle, 1927), pp. 284—285。云格尔和绍维克尔（Schauwecker）都忽略了一个事实，1918 年的突击队员享有特权，他们不必和其他士兵一样受到纪律约束，因此往往引来那些必须跟随他们战斗的士兵敌视的眼光。见 Walter Struve, *Elites against Democracy* (Princeton, 1973), p. 393。有关云格尔认为自己是一名流寇和流浪骑士的描写，见 *Werke*, V (Stuttgart, 1961), 71。

26. 截至 1925 年，《在枪林弹雨中》卖出了 16,000 多本；截至 19 世纪 20 年代末，这本书又卖出了 15,000 本，按照当时的标准，这是个很不错的成绩，虽然没有弗莱克斯的《两个世界之间的游荡者》或埃里希·玛利亚·雷马克的《西线无战事》那样大卖，但也算取得了成功。不管怎么说，云格尔出版的战争书籍和他给报纸杂志写的文章为他提供了稳定的收入，从而使他得以自由地追求自己的政治和文学事业。有关战后几年云格尔的活动和心态，请参考他给哥哥弗里德里希·格奥尔格（Friedrich Georg）写的信，这些信收录于 Armin Mohler, ed., *Die Schleife: Dokumente zum Weg von Ernst Jünger* (Zurich, 1955), pp. 58—77。

27. 云格尔的政论见 Schwartz, *Der konservative Anarchist*, pp. 309—315，查阅起来非常方便。关于他作为战争一代代言人的崇高地位，同上，pp. 104—105, 279—280, n. 19; Kurt Sontheimer, *Antidemokratischen Denken in der Weimarer Republik* (Munich, 1962), p. 128。关于云格尔认为自己的经历具有代表性，见 *Werkey* VII, 27—28；关于云格尔对待公众和对待手下士兵的类似态度，见 Schwartz, p. 45。玛丽亚塔·希尔塔拉（Marjatta Hietala）在 *Der neue Nationalismus in der Publizstik Ernst Jüngers und des Kreises um ihn 1920—1933* (Helsinki, 1975) 一书中已对云格尔的政论做了详细的量化分析。希尔塔拉证实战争经历对云格尔世界观的形成起着重要作用，她指出了战争经历和民族主义以及精英主义

之间存在的密切联系，并最终解释了为什么云格尔能够坚持不懈地解释那些广泛存在的共同情感和回忆，并因此而成为某个圈子的领导人物和 1925—1933 年德国极端保守派的重要思想家，特别参考 pp. 175, 185, 199, 225—226。

28. 《战争是一种内在体验》首次出版于 1922 年，后来又于 1926 年重新修订过。此处引述自 Werke, V, 13—22。关于人类是最危险、最嗜血和最有意结果的生物，见 p. 106；关于人类像一片史前的原始森林，见 p. 16；关于两个民族在战场上交战时的紧张激烈，见 p. 43；关于战争是一所巨大的学校，见 p. 77；关于战争是一种创造性力量，见 p. 70；关于毁于山崩地裂的一代人，见 Schwartz, Der konservative Anarchist, p. 265, 文中引用了云格尔 1923 年的小说 Sturm。

29. 关于战争是一场永恒的宗教仪式，见 Jünger, Werke, VII, 118—119；关于人是一个载体和从过去驶来的一艘船，同上，V, 17。

30. 关于突击队员是世界上战斗力最强的人，同上，V, 40。"我们是——我们每天都更加坚信这一点——一代新人，一个新的种族［Geschlecht］，在这场历史上最伟大战争的烈火和大锤的烧炼和击打之下，内部发生了变化。虽然所有各方都在腐烂和瓦解中走向终点，但是我们已经在用一种全新的方式思考、感受和生活，毫无疑问，随着自我意识的增强，我们将把这种方式强加于外部世界。因此，我们也是新国家需要的斗士……个体行动必须和民族主义阵线保持一致的时刻已经到来……为此我呼吁各位领导（而我还将继续在一个固定的圈子里继续这种呼吁）按照命运的意愿行动。这是此刻的紧急要求！承认这个重要的时刻已经到来，把个人的顾虑抛到脑后，让自己迷醉于未来的思考，这样，你就能不受日常生活引发的种种个人需求的影响。我们必须前进，只要我们心中的青春之火仍在燃烧！"引自 Franz Baumer, Ernst Jünger (Berlin, 1967), p. 36。关于新秩序由地、火两大元素组成的比喻见 Jünger, ed., Krieg und Krieger (Berlin, 1930), p. 30。

31. 从 1929 年到 1932 年《劳动者》(Der Arbeiter) 出版这段时间，云格尔逐渐淡出了政治舞台。1932 年之后，他全身心地投入文学创作，并与所有的政治人物都断绝了联系，尤其是纳粹，他们蛊惑人心的行为令他感到厌恶。"实现人类伟大和热血梦想的时代已经过去"这句话来自 Erich Maria Remarque, Drei Kameraden (Amsterdam, 1938), p. 61。"强大的战争一代"这个问题是马克斯·齐泽 (Max Ziese) 提出来的，埃德加·荣格在文章 "Die Tragik der Kriegsgeneration," Süddeutsche Monatshefte 27 (May 1930): 530 中引用了这句话。

32. 发出这声有关青年的感叹的作家叫 Jonas Lesser, 见 Von deutscher Jugend (Berlin, 1932), p. 9。当被逼问青年王国的确切定义是什么时，几乎没有几个战斗"联盟"的领导人能说得上来。有人说它既不是路德的神权领域，也不是刚刚在政治上实现统一的德意志共和国，虽然这两种因素都有。更准确地说，它是"神在俗世的代表，这个神是一代驯良之人拥有新观点之后所信奉的神灵，战斗'联盟'是该神灵的生命意志在微观世界的象征和反映"。引自 Felix Raabe, Die bündische Jugend (Stuttgart, 1961), p. 121。

33. Eduard Wechssler, "Die Generation als Jugendgemeinschaft," 收录于 Geist und Gesellschaft: Kurt Breysig zu seinem sechzigsten Geburtstag (Breslau, 1927), I, ed. Richard Peters, 80, 91。韦斯勒绝望地喊道："群众总是被时代精神、专业精神、外国文化风气，以及各种各样的妖魔鬼怪所迷惑，而忘了我们的青年知识分子就其认真努力和公正思考而言，是当今德国唯一的价值所在。" (p. 96)

34. Eduard Spranger, Psychologie des Jugendalters, p. 93.

注　释　　　　　　　　　　　　　　　　　　　　　　　　　　　　375

35. 《行动报》的发行量从 1929 年的不到 1000 份（当时的主编是汉斯·齐勒），增长到 1933 年的 25,000 多份。见 Laqueur, *Weimar*, p. 104 和 Struve, *Elites against Democracy*, p. 356。在 1930—1933 年这段时间，它可能比其他任何周刊都更能代表青年大学生的倾向。关于齐勒，请参考 Ebbo Demant, *Von Schleicher zu Springer: Hans Zehrer als politische Publizist* (Mainz, 1971), 关于 Struve, 请参考 pp. 353—376。
36. Hans Thomas [Hans Zehrer], "Die zweite Welle," *Die Tat* 21 (1929—1930): 577—582.
37. Hans Thomas [Hans Zehrer], "Absage an den Jahrgang 1902," *Die Tat* 21 (1929—1930): 740—748. "1902 年阶层"这个词来自 Ernst Glaeser 写的一本畅销小说 *Jahrgang 1902* (Potsdam, 1928), 这本书描写了一个生于 1902 年，由于年纪太小而没有参加战争的年轻人青春期的故事。也许书中最经常被人引用的一句话，是战争爆发前夕一名法国朋友对身为德国人的主人公说的那句话："战争是我们的父母。"
38. Edgar Jung, "Die Tragik der Kriegsgeneration." *Die Herrschaft der Minderwer-tigen* 于 1927 年首次在柏林出版。1929 年出版的第二版增加了许多内容。这本书是为"那些在战斗中牺牲了的人"和"那些在战争中挺住了的人"而写的。荣格在文中坚决认为平等的原则对生活有害无益，社会应该由"最优秀的人"进行管理，并详细阐述了那些从中欧战场上获得重生的"新德国人"的信仰。和文中那些沉默寡言的幸存者不同，荣格对平民生活相当适应。他获得了法学博士学位，在茨韦布吕肯（Zweibrücken）从事法律工作，并与当地的商业集团保持着良好的关系。见 Struve, *Elites against Democracy*, pp. 319—321。出版于 1929—1932 年的另外四部重要作品均表达了对战争一代觉醒的期望：Franz Schauwecker, *Aufbruch der Nation* (Berlin, 1930); Jünger, ed., *Krieg und Krieger*; von Salomon, *Die Geächteten*; 和 Edwin Erich Dwinger, *Wir rufen Deutschland* (Jena, 1932)。这些书全都强调前线一代必须分析自己的感受和经历，并对战争做出新的解释。正如绍维克尔所说的，"我们必须学会思考我们今天才感受到的东西！我们现在只知道服从命令。然而没有人给我们下命令"（p. 339）。绍维克尔（p. 402）说，必须让前线一代血液里的东西进入他们的意识。"让我们把它唤醒吧。血液和意识必须在生命中重叠。然后精神才会诞生。其他的一切都是次要的——无论是理智、反应，还是单纯的词语——都是死的。让我们把它扔到一边！它完全没有价值！"
39. Uttmann von Elterlein, "Absage an den Jahrgang 1902?" *Die Tat* 22 (1930—1931): 202—206.
40. Hans Hartmann, *Die junge Generation in Europa* (Berlin, 1933 ed.).
41. Frank Matzke, *Jugend bekennt: so sind wir!* (Berlin, 1930).
42. Leopold Dingräve [Ernst Wilhelm Eschmann], *Wo steht die junge Generation?* (Jena, 1931), pp. 7—8, 53—54.
43. 同上，p. 11。
44. 为了表达清晰的缘故，我过于简化了格伦德尔的论证。格伦德尔在一次详细讨论有关不同子代之间的时间界限和特点时承认，要想准确，就必须对三个子代再做进一步的细分。有关格伦德尔把一代代人定义为一拨又一拨的人类，见 *Die Sendung der jungen Generation: Versuch einer umfassenden revolutionären Sinndeutung der Krise* (Munich, 1932), p. 14。
45. 按照格伦德尔的说法，战时青年一代有 630 万人，这个数字比年轻的前线青年一代多出了将近 200 万人，比战后一代也多出了 130 万人。格伦德尔估计，前线青年一代最有才华的 10,000 人中，有多达 7000 人死于战争，还有几十万人义无反顾地追随他们而去。

46. Gründel, *Die Sendung*, pp. 8—9, 13.
47. 同上，p. 87。
48. Spranger, *Psychologie des Jugendalters*, p. 149.
49. 有关格伦德尔把生物学意义上的人视为原料，以及他认为新的社会将由三个阶级构成的观点，见 *Die Sendung*, pp. 307—318, 414。
50. 有关格伦德尔对共产主义和国家社会主义的批评，同上，pp. 255—263, 295—296。
51. 有关希特勒对老一辈的保证，见他 1933 年 2 月 10 日的柏林演讲，演讲的摘要收录于 *Adolph Hitler spricht: Ein Lexikon des Nationalsozialismus* (Leipzig, 1934), p. 157。
52. 有关 1933 年埃德加·荣格对希特勒和纳粹组织的评价，见 Struve, *Elites against Democracy*, pp. 344—352。1933 年，荣格同意担任弗里茨·冯·帕彭（Fritz von Papen）的秘书，但是却在罗姆清洗（Röhm purge）中被害，原因可能在于他对新的纳粹政府缺乏热情。
53. 关于这些文献的有用总结，请参考 Detlev W. Shumann, "Cultural Age-Groups in German Thought," *Publications of the Modern Language Association* 51 (1936): 1180—1207。
54. 曼海姆在前一年发表的著名文章中，为我们展示了他这种方法的功效，见 "Das konservative Denken: Soziologische Beiträge zum Werden des politisch-historisch Denkens in Deutschland," *Archiv für Sozialwissenschaft und Sozialpolitik* 57, no. 102 (1927): 68—142，这篇文章再版时收录于 Kurt H. Wolff, ed., *Karl Mannheim: Wissenssoziologie* (Berlin, 1934), pp. 408—508。
55. 狄尔泰在研究德国浪漫派时第一次受到代际问题的吸引。他为不同出身、不同性格和不同地区，在有些情况从未见过面的人，在他这个文化史学者的眼里居然有着如此多的共同点感到吃惊。他认为，是他们成长的环境这一决定因素把他们联结在一起，并赋予他们统一的风格和主题。见 Wilhelm Dilthey, "Novalis," 首次发表于 1866 年的 *Preussicher Jahrbuch*，后来重版时收录于 *Das Erlebnis und die Dichtung* (Göttingen, 1965 ed.)，尤其是 pp. 187—190。狄尔泰后来的两篇文章中又再次谈到了代际问题："Über das Studium der Geschichte der Wissenschafte vom Menschen, der Gesellschaft und dem Staat," 收录于 *Gesammelte Schriften*, V (Leipzig and Berlin, 1924), 36—41；和 "Archive der Literatur in ihrer Bedeutung für das Studium der Geschichte der Philosophie," 同上，IV (Leipzig and Berlin, 1921), 561—565。
56. Wilhelm Pinder, *Das Problem der Generationen in der Kunstgeschichte Europas* (Berlin, 1926), p. 154. 平德尔的"隐德莱希"理论，某种程度上和芒特雷的"系列"思想非常相似（见 p. 243, n.30）。
57. 曼海姆在批评那些用精神来解释一切的德国学者时，可能想到了韦斯勒。韦斯勒提出了一套核心理念为青年精神、时代精神和团结精神的世界史理论。韦斯勒 1927 年写了一篇论文，收录于布莱西希（Breysig）所编的 *Festschrift*, *Geist und Gesellschaft* 一书中，这篇论文的主旨在于遏制专业精神在德国大学蔓延，以及遏制以盎格鲁—撒克逊式为主导的时代精神在整个德国社会蔓延。他本人希望回归真正的德意志民族精神，这里他指的是文化，而非技术，而且这种民族精神将定期由青年精神进行更新。韦斯勒特意指出，这些更新和大多数人所理解的"进步"无关。

58. 曼海姆没有在这篇文章中提到弗洛伊德，但此时他因为妻子，心理学家 Julia Láng 的关系而对弗洛伊德的潜意识理论非常熟悉。
59. Mannheim, "Das Problem der Generationen," 首次出版收录于 *Kölner Vierteljahrshefte* 7, nos. 2—3 (1928—1929): 157—185, 309—330；后来再版时收录于 Wolff, ed., *Karl Mannheim: Wissenssoziologie,* pp. 509—565。有关代际现实的讨论，同上，pp. 542—543。曼海姆对农村青年和城市青年的划分，使农村青年有可能在同一社会中塑造出不同的代际背景。
60. "基本意图和行为原则，"曼海姆解释说，"是社会历史发展中的最主要的社会化因素。人们必须成长于其中，才能真正参与集体活动。"*Wissenssoziologie,* p. 545.
61. 同上，pp. 550—551。
62. 曼海姆的话没有考虑一个事实（可能他不知道），那就是人口的发展很少有规律性，这个事实本身可能会对代际形成的过程产生影响。
63. 彼得森那部分引起曼海姆注意的作品是 *Die Wesenbestimmung der deutschen Romantik* (Berlin, 1926)。曼海姆有关"代"和时代精神之间关系的讨论，见 *Wissenssoziologie,* pp. 551—555。曼海姆给时代精神下的定义是"一系列代际背景（Generationszusammenhänge）之间持续的动态连接"。
64. *Wissenssoziologie,* p. 526.
65. 同上，pp. 549—550。这一时期对曼海姆影响至深的一部卢卡奇作品是 *Geschichte und Klassenbewusstein* (Berlin, 1923)。
66. 云格尔在其他场合曾用"我们"指代"这片土地上那些知识渊博、精力充沛，同时又充满热情的年轻人"。也许这里的热情是对云格尔提出的纲领而言。最重要的是区分精英分子和普通大众。见 *Im Stahlgewittern* (Berlin, 1927), p. 283 的最后一段，这一段在后来的版本中被删除了。
67. 曼海姆有关智力竞赛的论文，见 "Die Bedeutung der Konkurrenz im Gebiete des Gestigen," 收录于 *Verhandlungen des sechsten deutschen Sozio-logentages vom 17. bis 19. September 1928 in Zürich* (Tübingen, 1929), pp. 35—83, 重版时收录于 *Wissenssoziologie,* pp. 556—613；关于他对意识形态的定义，见 Mannheim, *Ideology and Utopia* (New York, n.d.), pp. 192—194。
68. 曼海姆 20 世纪 20 年代所写的文章均秉持着一个信念，即他这代人生活的时代，特别有利于吸收并超越 19 世纪的政治冲突。有关这一观点的详细描述，见 *Wissenssoziologie,* p. 607。

第三章　英国：迷惘的青年军团

1. "对共同奋斗持鄙视和超然的态度，"这句话来自约翰·巴肯（John Bechan）为 Raymond Asquith 写的挽诗，被 Correlli Barnet 引用在 *The Collapse of British Power* (London, 1972), p. 427 一书中。有关英国最优秀的战争一代"都是学者、运动健儿和诗人——即使他们从不写诗"的观点，见 E. B. Osborn, *The New Elizabethans* (London, 1919), p. 3。"他们的信念是应该诗意地生活。他们有着伊丽莎白时代的热情奔放。在生活的艺术上，他们和以前伊丽莎白时代的人一样多姿多彩、永不满足和喜欢冒险，希腊过去的大门和罗马未来的大门，在他们面前，都豁然敞开着。"

2. Christopher Hassall 的传记作品 *Rupert Brooke* (New York, 1964) 重现了布鲁克的早年生活，书中的描写非常详细，虽然有些过于崇敬。

3. 同上，p. 146。布鲁克 1910 年 9 月 20 日写给同学兼费边社好友本·基林（Ben Keeling）的信表明，他正强烈感受到代际变化，并看到它与政治行动之间的联系。"近来，在阅读伊丽莎白时期和另外一两个时期的作品时，我比以往任何时候都更诧异于事物变化的方式。即使是和 70 岁的叔叔谈论维多利亚时期的人，结果也令我感到震惊。每一代人的整个生活方式的变化，以及每个阶级和每一类人思想的变化，都超出了我们的认识。我对"进步"不是很肯定。我只知道变化一定会发生。这些老实巴交、不苟言笑的乡下人和老女佣，还有商人，我周围看到的这套固定不变的秩序终将化为灰烬。所有眼下让人无法抗拒的现实，有朝一日都会消失，变得和裙衬或者"用茶托喝茶"（a dish of tay）一样古怪而荒诞。必然会有什么东西取代它。而那种东西是什么则取决于我。有这么出色的工作等着我去做，再加上与此有关的种种疯狂冒险，以及用余下的片刻时间（这种时间有很多）沉迷于这个充满了真实事物（不是你在天堂看到的那种镀金赝品）和真实人类的世界，即使只是一刹那——我没有时间悲观。" *The Letters of Rupert Brooke*, ed. Geoffrey Keynes (London, 1968), pp. 259—260。

4. Virginia Woolf, "Rupert Brooke," *Times Literary Supplement*, 1918 年 8 月 8 日, p. 371；关于弗朗西斯·达尔文把布鲁克形容为金发阿波罗以及她后来的重新评价，见 Hassall, *Brooke*, pp. 159, 277—278。

5. *Letters*, p. 491。

6. 布鲁克对精神流浪汉的定义，见 Hassall, *Brooke*, p. 122；关于他忘记了所有的艺术和文学，*Letters*, p. 534；关于他渴望进行一些不同寻常的冒险活动，同上，p. 568；关于他对伦敦和自己的心已破碎的描述，同上，p. 573。

7. 关于那封写给凯瑟琳·奈斯比特的信，见 Hassall, *Brooke*, p. 453。大约在同一时间，布鲁克写信告诉自己的好友雅克·拉维拉（Jacques Raverat）说："你要是知道我一直在祈祷，你就会放心了。一天里有 12 个小时我祈祷自己可以爱上某个人。一天里有 12 个小时我又祈祷自己千万别爱上任何人。无论哪种选择，似乎都难以忍受。" *Letters*, p. 597。凯瑟琳·奈斯比特对自己和布鲁克关系的说法稍微有些不同，请参考 *A Little Love and Good Company* (Owing Mills, Md., 1977), pp. 60—88。

8. 关于战争令布鲁克变得消沉一事，见 *Letters*, p. 601；关于他决定入伍并参加战斗，觉得这才是唯一高尚的做法，同上，p. 608。和布鲁克同一个部队的西里尔·阿斯奎斯（Cyril Asquith）后来告诉凯瑟琳·奈斯比特："他们几乎全都认为自己就是十字军，他们在做一些必要的事情时会有一种成就感和满足感。他们身上全都有一种公共精神。他们或多或少都觉得有愧于社会，同时对生命给予他们的美好东西，对自己的才华和接受的良好教育心存感激。" Nesbitt, *A Little Love*, p. 84。

9. 关于布鲁克写给奈斯比特的信，见 *Letters*, p. 631；他的十四行诗刊载于 *1914 and Other Poems* (London, 1915)。

10. 这些引文均来自布鲁克 1914 年写的那些十四行诗。

11. *Letters*, pp. 654—655。布鲁克说乔治·杜哈曼已经牺牲，其实是谣传。

12. 关于布鲁克的葬礼，见 Hassall, *Brooke*, pp. 512—513。和布鲁克同为军官的查尔斯·李斯特（Charles Lister）写信告诉朋友，说："墓在一棵橄榄树下，树枝低垂在坟墓上，仿佛天使在哭泣。这样的结局对于一个心灵和作品如此纯洁的人来说是可悲的，他的作品干净利落，简洁优美，毫不做作，一如他那张始终未因忧虑而产生一丝皱纹的脸。也许从某些方面来说，阿喀琉斯岛（Island of Achilles）是那些前往特洛伊平原的人合适的安息之所。" Laurence Housman, ed., *War Letters of Fallen Englishmen* (London, 1930), p. 172. 参加布鲁克葬礼的五位朋友中，只有两位在战争中幸存下来。

13. 关于圣保罗大教堂的主教引用布鲁克的诗句一事，见 Hassall, *Brooke*, p. 502；关于布鲁克的一众朋友对谢里尔·谢尔拍的那张照片的反应，同上，p. 390。

14. 丘吉尔的称赞见 Hassall, 同上, p. 515。在《剑桥评论》（Cambridge Review）报道布鲁克死亡那天，他的名字只是一长串名单中的一个，包括62名死者和42名伤员。同上，p. 514。

15. Robert Nichols, ed., *Anthology of War Poetry 1914—1918* (London, 1943), pp. 34, 25；关于奔赴法国战场的年轻人因为自己被选中而心存感激，见 Housman, *War Letters*, p. 177。英国人购买和阅读布鲁克的诗集，并把它铭记在心。维拉·布里顿记得自己第一次听到布鲁克的十四行诗，是1915年5月她的剑桥导师给她朗诵的，当时她的未婚夫刚刚在法国阵亡。"这些著名的十四行诗……那时才刚刚开始震惊世界……当时我的悲伤和焦虑还没有过去，我发现这些诗歌如此摄人心魂，如果我早知道自己难以保持冷静，我不会把它们找出来读。我一边努力控制自己的情绪，一边默默地听着英语老师用严肃而从容的嗓音朗诵那些十四行诗，这些热情洋溢而又切中现实的理想主义诗歌中，有一股鲜活、勇敢和几乎摧毁一切的力量。" Vera Brittain, *Testament of Youth* (London, 1933), p. 155.

16. 关于战争是最伟大的冒险，见 Osborn, *The New Elizabethans*, pp. 64—65；关于他们为自己的光荣和骑士冒险梦想感到欣慰一事，见 Herbert Asquith, "The Volunteer," 收录于 I. M. Parsons, ed., *Men Who March Away* (New York, 1965), p. 41；关于朱利安·格伦费尔的诗，同, p. 38；关于伊恩·海伊的诗，见 *The First Hundred Thousand* (Boston and New York, 1916), p. xi。

17. 不过请注意，英国政府直到1915年5月才允许战地记者进入战区。这一事实使那些归国士兵的陈述显得更加重要。见 John Terrine, *Impacts of War: 1914 and 1918* (London, 1970), p. 95。

18. 格伦费尔德诗文摘自 Parsons, *Men Who March Away*, p. 28。奥斯伯特·希特维尔爵士（Sir Osbert Sitwell）的父亲写信对他说："根据保险公司的说法，与德军作战的军官一年内牺牲的比例是11比1，因此我希望你可以平安地回来。" Sir Osbert Sitwell, *Laughter in the Next Room* (Boston, 1948), p. 88. 罗伯特·格雷夫斯说："在战争的某些阶段，陆军中尉在西线平均待的时间只有大约三个月；也就是说，三个月后，他不是负伤就是阵亡了。大约每一人牺牲就有四人受伤。在这受伤的四个人中，有一人伤势严重，其他三人伤势较轻。三名伤势较轻的会在几个星期或者几个月后重返前线，然后再次经受命运的考验。" *Good-bye to All That* (London, 1929), pp. 89—90. 用威尔弗雷德·欧文的话来说，这解释了为什么前线的人会"逐渐失去"勇气，就好像淋了几年雨之后，最牢固的沙袋也会漏沙一样；但它也解释了战争头两年士兵依然高涨的原因，因为生病的士兵和轻伤人员有时会在远离战壕的地方待上几个月。

19. 关于文学传统对经验表现形式的影响，请参考 Paul Fussell, *The Great War and Modern*

Memory (New York and London, 1975); Bernard Bergonzi, *Heroes' Twilight* (New York, 1965); John H. Johnston, *English Poetry of the First World War* (Princeton, 1964); Vivian de Sola Pinto, *Crisis in English Poetry 1880—1940* (London, 1967); 以及 Arthur E. Lane, *An Adequate Response* (Detroit, 1972)。就连早期英国最优秀的战争诗人也倾向于用传统的比喻和意向来描写自己的经历。查尔斯·索利（Charles Sorley）就是一个很好的例子。父亲是剑桥大学哲学教授的索利（1895）不喜欢布鲁克的十四行诗，觉得它们过于感伤，过于强调布鲁克的牺牲而不是当时不可避免的可怕义务。*The Letters of Charles Sorley* (Cambridge, 1919), pp. 262—263. 然而，虽然不愿和布鲁克一样，把这场战争看成是上帝的馈赠，但是索利也没有高明多少，他把这场战争描写成一次集体冒险，和他同龄的人都必须毫无怨言地接受这场冒险，并在不知不觉中成为人质。索利的看法，完全符合英国统治阶级的官方态度，那就是"抛开遗憾和悔恨"，"想一想你的行军方向"和"死很容易"。Charles Hamilton Sorley, *Marlborough and Other Poems* (Cambridge, 1919), pp. 57, 69. 索利没来得及修改自己的观点就死了。1915 年 10 月，他在一次进攻卢斯的过程中被一名狙击手杀死。

20. 引文摘自 Nicholas Mosley 所写的 *Julian Grenfell* (London, 1976), p. 116。
21. 1916—1918 年的战争诗人承认自己对战争的刻画并不为一般人所接受。请参考奥斯伯特·希特维尔爵士的著作，他写道，自己和威尔弗雷德·欧文的友谊很快变得成熟，因为"我们对战争及其执行的看法完全一致——那几年 [1917—1918] 因反叛而产生的惺惺相惜之感使一些怀疑战争的人聚集在一起，其力量堪比把早期基督徒团结在一起的那股信仰的力量"。*Noble Essences* (Boston, 1950), pp. 101—102. 关于英国中尉对战争的平均态度有一个惊人但可能不失准确的描述，请参考 Richard Aldington, *Death of a Hero* (London, 1929), pp. 329—331。
22. Siegfried Sassoon, *The Old Huntsman* (New York, 1918), p. 31.
23. 我对萨松生平的描述，依据的是他的六本回忆录：*Memoirs of a Fox-Hunting Man* (London, 1928); *Memoirs of an Infantry Officer* (London, 1930); *Sherston's Progress*, 收录于 *The Memoirs of George Sherston* (New York, 1937); *The Old Century and Seven More Years* (London, 1968 ed.); *The Weald of Youth* (London, 1942); 和 *Siegfried's Journey, 1916—1920* (London, 1946)。关于对这些自传体文字和萨松诗歌的分析，请参考 Michael Thorpe, *Siegfried Sassoon: A Critical Study* (London, 1967)。由于前三本回忆录是以小说的形式写的，后三本才是正式的自传，而且由于这两套书的内容并不完全一致，因此显然我们在努力重现萨松的一生时，必须带着某种怀疑的态度阅读全部这些作品。例如，为了强调战前和战后两个世界的反差，他在小说和自传中都夸大了自己 1916 年之前的天真和幼稚，这实在令人难以相信。
24. 关于战争爆发前夕萨松的心情，请参考 *The Weald of Youth*, pp. 246—259。
25. 关于萨松对这段理想生活的回忆，见 *Fox-Hunting Man*, p. 245；关于必须暗中感受那种冒险气氛，同上，p. 285; 关于免费到法国度假，见 *Infantry Officer*, p. 18。
26. Sassoon, *Infantry Officer*, p. 110.
27. Sassoon, *Siegfried's Journey*, pp. 13—14。
28. 关于萨松早期的战争诗和他发现自己具有写作讽刺诗的天赋，同上，p. 29。
29. 关于萨松不再相信战争的正义性，同上，p. 41; 关于萨松为战友的牺牲感到难过，*Infantry*

Officer, pp. 190—192；关于萨松决心把战争的真相公之于世，*Siegfried's Journey*, p. 40；关于《将军》("The General")一诗，*Counter-Attack* (London, 1918), p. 26。

30. 萨松的反战宣言写道："我之所以执意和军方作对，发表这份宣言，是因为我认为那些有权终止这场战争的人正有意延长它。我是一名士兵，我相信自己的举动代表了士兵们的心声。我认为这场我以防卫和解放的名义参加的战争，现在已经变成了一场侵略战和征服战。我和战友们参加这场战争的目的应该非常明确，因而也是不可能更改的，如果是这样的话，那么这些目标现在已经可以通过谈判达成。我目睹而且亲身经历过军队所受的折磨，因而再也无法站在支持战争的一方，为了那些我认为邪恶且不合理的目的而延续这些苦难。我不是反对战争这一举动，而是反对那些让战士们付出了生命代价的政治过失和虚伪行为。现在，我代表那些正在遭受苦难的战士提出抗议，反对正在他们身上实施的欺诈行为；我还相信自己可能有助于摧毁后方大部分人的看法，他们并没有受过这种苦楚，也没有足够的想象力去体会它，但他们却冷酷而又自满地看着它继续下去。" *Infantry Officer*, pp. 284—285. 萨松的前线朋友并不赞成这份声明。虽然他们敬佩萨松坚持信念的勇气，也和他一样讨厌后方的政客，但他们认为萨松的做法有些不合时宜。"和现在一点用处也没有。" 1917年7月11日，一位朋友写信告诉萨松："他［德国佬］依然非常强大，会先袭击和吞噬那些无法抵挡他的弱小国家。战争很可怕——没有人比你更清楚这一点——但是恐怕我们与猪战斗的目的是——为了保全我们自己——战争必须持续下去——直到我们有能力实现和平，直到我们能够确定，德国觉得自己足够强大就发动战争的事情不会再次发生。" 这位朋友警告萨松不要被他在英国认识的那些"悲观"知识分子误导。"他们可能支持德国人——谁知道呢！" 1917年7月11日，Joe Cottrill 写给 Sassoon 的信，伦敦帝国战争博物馆萨松档案室藏。

31. Graves, *Good-bye to All That*, pp. 322—323.
32. 萨松最有感染力的描写，主要见 *Counter-Attack*。
33. 有关萨松为某种模糊的愿望献身的想法，见 *Siegfried's Journey*, p. 42。
34. 关于欧文的诗作《1914》，见 *The Collected Poems of Wilfred Owen*, ed. C. Day Lewis (London, 1963), p. 129；关于欧文觉得自己背叛了英国和法国，见 *Wilfred Owen: Collected Letters*, ed. Harold Owen and John Bell (London, New York, and Toronto, 1967), p. 345；关于欧文1915年以前的生活，见 Jon Stallworthy, *Wilfred Owen* (London, 1974), pp. 1—125。
35. 有关欧文对军官面部表情的印象，*Collected Letters*, p. 422；关于他在无人之地的经历，pp. 427—428；关于丑陋的景象，p. 431；关于他的大衣被洞穿，p. 450；关于在前线的12天，pp. 452—453。
36. 同上，p. 461。
37. 关于欧文对萨松的战争诗的评价，同上，pp. 484—485；关于萨松对欧文的影响，*Siegfried's Journey*, pp. 58—63；关于《火线》一书对欧文诗歌意象的影响，Stallworthy, *Owen*, pp. 242—246；关于欧文写给妈妈的信，*Collected Letters*, p. 521。
38. *Collected Poems*, p. 40.
39. 同上，p. 35。
40. 关于欧文认识到基督教的思想和隐喻对自己的影响，见 *Collected Letters*, p. 534；关于他认为自己在折磨手下的士兵，p. 562。有关上一代人让年轻人去送死这一主题的其他诗歌，请参考萨松的 "The Fathers"、理查德·奥尔丁顿的 "The Blood of Young Men"、奥斯伯特·希特维尔的"Hymn to Moloch"和埃兹拉·庞德的"Hugh Selwyn Mauberley"。关于《老人和年轻人的寓言》这首诗，见 Owen, *Collected Poems*, p. 42。这类诗理所当然地触怒了那些因年纪太大而没有参战的人。著名爱国诗人亨利·纽博特爵士（Sir Henry Newbolt）在读完萨松 1921 年整理出版的欧文诗集后写道："欧文和其他身心疲惫的人在痛斥那些让年轻人去送死的老家伙们：他们受着可怕的折磨，但是是精神上而不是感情上——他们没有经历过也无法想象人类这种极端的痛苦——'谁让我替你而死，押沙龙啊，我儿，我儿。'那些 50 岁以上的英国人，除了做父亲的，有哪个宁可自己去堵枪眼，也不愿让年轻人去替自己送死？"引自 Bergonzi 的 *Heroes' Twilight*, p. 122。不消说，这名年轻的战争诗人觉得自己的论据没什么说服力。1917 年，罗伯特·格雷夫斯设想了一种情况，那就是只有 45 岁以上的人才能上场打仗。"'哎哟，亲爱的父亲，一想到您是一名为了国家不惜献出自己生命的勇敢绅士，我就感到无比自豪！我多么希望自己和您一样年纪；我多么希望穿上盔甲，和那些残暴的非利士人一战！当然，照目前的情形看来，我无法幸免；我必须留下来，为你们这些幸运的老家伙管理战争办公室。'当这些以前的孩子唱着《蒂珀雷里之歌》，带着一纸征兵令奔赴前线时，大卫会感叹：'我做了多大的牺牲啊！那里有我的父亲和萨尔默叔叔，还有我的祖父和外公，他们全都在服现役。我必须把这些写在一张卡片上，然后贴在窗户上。'" *Goodbye to All That*, pp. 288—289.

41. 事实上，早在 1928—1933 年这些书出现之前，C. E. 蒙塔古（C. E. Montague）就已经出版了 *Disenchantment* (New York, 1922)，这本书对战士的心态做了有力而深入的调查。蒙塔古本着客观的精神试着解释为什么士兵会感到不满——例如，因为军队的规模或者前线军队的孤立——但是许多 1928—1933 年的作者却满足于谴责上一代人的愚蠢和嗜血成性。萨松在《反攻》（*Counter-Attack*, p. v）中引用了巴比塞的话。

42. 关于布兰敦，请参考 *Undertones of War* (Garden City, 1929), p. 236；关于迪克·提尔伍德是他那代人的典范，见 Sassoon, *Fox-Hunting Man*, pp. 268—269；关于谢尔斯顿在 1916 年复活节那个星期天的思考，同上，p. 313。

43. 关于埃里希·玛利亚·雷马克笔下的士兵，请参考 *All Quiet on the Western Front* (London, 1929), p. 143；关于他写给伊恩·汉密尔顿爵士的信，见 Douglas Jerrold, *The Lie about the War* (London, 1930), p. 26。

44. 关于评论家对格雷夫斯这本书的反应，见 1929 年 11 月 28 日的《泰晤士报文学副刊》，p. 991；关于前线战斗对军官的影响，见 *Good-bye to All That*, p. 221；关于格雷夫斯写的这封信，见 Graves, *But It Still Goes On* (London and Toronto, 1930), pp. 40—41。

45. 有关维多利亚时代的虚伪，见 *Death of a Hero*, p. 253；有关温特伯恩的英勇牺牲，同上，p. 429；有关《英雄之死》的评论，见 1929 年 9 月 19 日的《泰晤士报文学副刊》，p. 713。《英雄之死》这本书最近再次获得了不错的评价，John Morris 的评论收录于 Holger Klein, ed., *The First World War in Fiction* (London, 1976), pp. 183—192。

46. Henry Williamson, *The Patriot's Progress* (London, 1968 ed.), pp. 151—152, 128。另一本 1930 年面世且多次再版的重要战争书是劳伦斯·豪斯曼（Laurence Housman）的 *War Letters of Fallen Englishmen*。豪斯曼显然为一些书信作者的战争热情感到尴尬，他在序言中不厌其烦地指出，战争不可能是"美好的"。"认为战争本身具有某种高贵属性，就好像因为那些为了治疗而献身的人的技术、热忱和自我牺牲精神，或者因为患者的耐心，而认为癌症或麻风病具有某种高贵属性一样，是一种乱七八糟的思想。"这种"乱七八糟的思想",他承认,出现在这些书信的部分作者身上 (p. 6)。

47. Jerrold, *The Lie about the War*, p. 38; Carrington, *A Subalterns War*, p. 208; Paul Deane, "The Tragedy of the Survivors," 见 1930 年 10 月的 *The Nation* 杂志, p. 102。
48. 有关这名记者对大英帝国未来的信心,见 Osborn, *The New Elizabethans*, p. 64。
49. 关于莫斯利,请参考 Robert Skidelsky, *Oswald Mosley* (London,1975), p. 275。
50. Vera Brittain, *Testament of Experience* (London, 1957), p. 77.
51. 关于偏好用中世纪传奇故事的结构来讲述自己的经历,请参考 Fussell, *The Great War and Modern Memory*, pp. 135—144;关于布里顿笔下主人公的纯真, *Testament of Youth* (London, 1933), p. 17;关于他们回来的描述,同上, p. 663;关于他们拒绝遗忘,同上, pp. 645—646;关于《青春誓约》一书的销量,请参考 1978 年 2 月 13 日 Victor Gollanz Ltd. 的总裁 John Bush 写给作者的私人信件。Poith Holland 的小说 *The Lost Generation* (London, 1932), 结构和布里顿的回忆录几乎一模一样,结尾也差不多。"[20 世纪 20 年代末]唯一要做的,就是为新的一代做好准备,同时努力使他们不再重蹈覆辙。"(p. 308)。
52. 关于把幸存者赶出英国,请参考 Deane, "The Tragedy of the Survivors," p. 103;关于伍德沃德的失望,见 Stephen R. Ward, ed., *The War Generation* (Port Washington, N.Y., 1975), p. 23; Reginald Pound, *The Lost Generation*, pp. 275—276; Robert Skidelsky, *Mosley*, p. 225。
53. 关于英国和法德两国阵亡人数的比较,请参考 Correlli Barnett, *The Collapse of British Power*, p. 425;关于每一千人中男性数量的下降,请参考 Arthur Marwick, *The Deluge* (Boston and Toronto, 1965), p. 290。奇怪的是,1911 至 1921 年的年平均死亡率却比 1901 至 1911 年的低——前者为 1.44,后者为 1.62——尽管战争造成了大量的人员伤亡。Barnett, p. 426.
54. 引文摘自 Brittain, *Testament of Youth*, p. 646。请同时注意小说家康普顿·麦肯齐(Compton Mackenzie)在 1968 年写道:"我们在不知不觉中陷入了第二次世界大战,因为我们失去了自己的青年精英,政治野心家太多了。当我回想起自己的同龄人有那么多死于战争时,我明白了,这就是第二次世界大战爆发的一个原因。" George A. Panichas, ed., *Promise of Greatness* (London, 1968), p. 247. 1930 年, Herbert Read 在评价萨松的 *Memoirs of an Infantry Officer* 时解释说,作者是"被现代历史上最大的一场灾难摧毁的一代人中敏感的一员;由于这代人已经遭受了灭顶之灾,他们永远也无法为自己辩解。现实主义者可能会持反对意见,认为这种说法过于玄幻;他们会说,虽然牺牲了一千万,但是仍有不少人活了下来,其中肯定有些人过得很愉快。但是在精神事务方面,我们不算人头,被毁灭的是一代人的精神或者说重要信仰,而不仅仅是他们的肉体"。引述见 Samuel Hynes, *The Auden Generation* (London, 1976), pp. 39—40。
55. *Good-bye to All That*, pp. 397—398. 理查德·奥尔丁顿认为自己非常幸运,才在战争中幸免于难,他的话支持证实了格雷夫斯的观点:"在两个月的时间里,我偶然获得了一个晚上的休假;而就在那个晚上,一颗炮弹落在了我们的一群军官和跑步者身上,所有人不是死就是伤,除了卡尔[一个朋友]和他的军官。一颗炮弹在我旁边的一个矿坑爆炸时,我恰好低下了头,因此没有被碎片击中脑部,只是头盔被打穿了。就在一颗子弹即将粉碎我的踝骨前的一瞬间,我移动了一下脚步,结果只是损失了一根脚趾。我站在战壕里,转过头和后面的一个人说话,就在这时,一颗巨大的炮弹擦着我的脸颊呼啸而过,距离近得我都能感受到它那刺鼻而恐怖的气息。最后一次进攻时，我的双筒望远镜偶然移到了我的肚子上——当我想用时，发现它已经被打得变形了。最后（虽然这么说并非完全正确），我恰好错过了那年最惨烈的两次战斗中最激烈的阶段。" Aldington, *Life for Life's Sake* (New York, 1941), pp. 186—187. 关于军官和士兵阵亡人数的比较和分析，请参考 Samuel Durnas 和 K. O. Vedel-Petersen, *Losses of Life Caused by War* (Oxford, 1923), pp. 66—68。

56. 关于 1914 年以前和参加 "一战" 的英国军队的比较，请参考 John Keegan, *The Face of Battle* (New York, 1976), pp. 215—225。

57. 关于 "一战" 期间英国社会阶层和服兵役之间的关系，请参考 J. M. Winter, "Britain's 'Lost Generation' of the First World War," *Population Studies* 31 (1977): 452—456。Winter 认为，虽然英国的统计数据未把处境危险的下级军官和他们那些待在战线后方的长官区分开来，但是我们有充分的理由相信下级军官的伤亡要比全体军官严重 (pp. 456—460)。我们确实知道，整个战争期间，军官的阵亡比例要远远高于其他等级，从头几个月的 14.2%—5.8%，到结束时的 6.9%—4.0%(p. 458)。这解释了为什么人们会普遍认为下级军官的阵亡人数是普通士兵的两到三倍。Winter 的数据进一步证实了牛津和剑桥毕业生的死亡率几乎是全国参战人口平均死亡率的 1.5 倍。随着开学的到来，死亡率变得更高了。1913 年被牛津录取的服役新生中，有 31% 牺牲了，而 1900—1904 年这个数字是 18%(p. 463)。就连那些最失望的战后作家也不否认英国下级军官所表现出的献身精神。理查德·奥尔丁顿如此描写自己的下级军官上司："他愚蠢到了让人气愤的程度，但是他很诚实，友善，也很尽责，他可以服从命令同时又命令他人，他不辞辛苦地照顾手下的人。在领导绝望的反攻和坚守至最后一刻方面，他绝对是可以信赖的人选。有成千上万的人喜欢他。" *Death of a Hero*, p. 331.

58. Nichols, *Anthology of War Poetry*, pp. 53—54；Guy Chapman, *A Kind of Survivor* (London, 1975), pp. 44—45. 有关贵族以及他们经历的丧子之痛，请参考 Winter, "Britain's 'Lost Generation' of the First World War," p. 464。

59. 关于灾难幸存者的负疚感，请参考 Robert Jay Lifton, *Death in Life* (New York, 1967)。按照 Lifton 的说法，灾难的幸存者往往会对那些死者心生怜悯，并把生死的界限从自己脑海中抹去。他们想象着同伴没有死，活下来会是什么样子，并努力按照这种样子思考、感受和行动。在欧洲所有国家战争一代创作的文学作品中，有大量这种例子，然而"迷惘或消失一代"的思想在英国比在其他任何欧洲国家都更根深蒂固。这些用来描写两次世界大战之间这段时期的短语来自 Robert Graves 和 Alan Hodges, *The Long Week-End* (London, 1940)；Leonard Woolf, *Downhill All the Way* (London, 1968)；和 Herbert Read, *The Contrary Experience* (London, 1963)。

60. T. E. 劳伦斯吸引了许多传记作者，包括与他同时代的几位名人。罗伯特·格雷夫斯、巴兹尔·李德·哈特（Basil Liddell Hart）、理查德·奥尔丁顿、查尔斯·卡灵顿（Charles Carrington）和维多利亚·奥坎波（Victoria Ocampo）全都写过他的传记。Phillip Knightley 和 Colin Simpson 在 *The Secret Lives of Lawrence of Arabia* (London, 1969) 一书中公开了一些和劳伦斯有关的新鲜有趣的资料和推测。从认真记录的角度，尤其是劳伦斯的家庭背景、早年生活和战后参加皇家空军和坦克部队等方面，所有这些作品都比不上 John E. Mack 的 *A Prince of our Disorder* (Boston and Toronto, 1976)。但是 Mack 的叙述应该用 Desmond Steward 的 *T. E. Lawrence* (New York, 1977) 进行修正，后者对劳

注　释　　　　　　　　　　　　　　　　　　　　　　　　　　　385

伦斯的传奇故事进行了细致入微（可能也是高度不确定）的考察。劳伦斯生平资料的主要来源，除了牛津博德莱安图书馆（Bodleian Library）收藏的 1922 年出的未删节版《智慧七柱》(Seven Pillars of Wisdom) 外，就是他的书信了，这些书信主要收集在下列三部作品中：The Letters of T. E. Lawrence, ed. David Garnett (London, 1938)；The Home Letters of T. E. Lawrence and His Brothers (Oxford, 1954)；以及 Robert Graves 和 Basil Liddell Hart, T. E. Lawrence to His Biographers (Garden City, 1963)。博德莱安图书馆和大英博物馆还另外藏有一些未出版的书信。A. W. Lawrence 编纂的 T. E. Lawrence by His Friends (New York, Toronto, and London, 1963) 对于理解劳伦斯的复杂性和他的交游甚广很有帮助。J. M. Wilson 编纂的 T. E. Lawrence, Minorities: Good Poems by Small Poets and Small Poems by Good Poets (New York, 1972) 一书揭示了劳伦斯浪漫敏感的气质。萨松、索利（Sorley）和格雷夫斯书中均有提及，但是布鲁克和欧文则没有。

61. 欧内斯特·巴克的引述见 The Home Letters of T. E. Lawrence, p. 397；关于劳伦斯形容自己是个蹩脚的艺术家，同上，p. 147。

62. 关于劳伦斯沙漠作战的争论，请参考 Mack, Prince of Our Disorder, 以及 Stewart, T. E. Lawrence。

63. The Letters of T. E. Lawrence, p. 692。

64. 由 David Garnett 摘自牛津版的《智慧七柱》，同上，p. 262。大约在写这第一篇序的同一时间，劳伦斯还发表了一篇评论，批评英国的中东政策，同时声称，战争对外交部、印度事务部和战争办公室的影响是："使年轻人更年轻，老年人更老。有时，在那些打过仗并且希望其他人以后不必再打仗的人的宽容面前，老年人——他们从未参加战争——对我们不久前的敌人的杀戮欲奇怪地减轻了。"引自 Mack, Prince of Our Disorder, p. 289。这一声明和萨松、格雷夫斯以及威廉森在回忆录中所写的那种对上一代人的疏离感正好相吻合。

65. 关于劳伦斯认为征服蓝天是他那代人的使命，见 Basil Liddell Hart, The Liddell Hart Memoirs 1895—1938 (New York, 1965), p. 348；关于劳伦斯参加皇家空军的原因，Mack, Prince of Our Disorder, pp. 319—331。

66. The Letters of T. E. Lawrence, p. 692。

67. 关于劳伦斯认为战争在回忆时才显得更加可怕的说法，请参考 Mack, Prince of Our Disorder, p. 382；关于他对雷马克那本小说的驳斥，见 Henry Williamson, Genius of Friendship: 'T. E. Lawrence' (London, 1941), pp. 27, 32—33；关于他对战争一代的自我放纵感到不满，同上，p. 20；关于他把战争形容为一个过度紧张的年代，The Letters of T. E. Lawrence, p. 362；关于他认为周围仍有许多优秀的战争一代，同上，p. 583。虽然劳伦斯早年曾批评过老年人在公共生活中的视野过于狭隘，但他和长辈们的关系私下里还是不错的。他对 C. M. 道蒂（C. M. Doughty）、D. G. 贺加斯（D. G. Hogarth）、约翰·巴肯（John Buchan），和皇家空军司令休·特伦查德（Hugh Trenchard）等大人物的尊敬和奉承也众所周知。没有这些人和其他人的帮助，劳伦斯将无法完成那些使他成为同龄人英雄的事迹。他自己也知道这一点，并在 20 世纪 20 年代中期避免发表任何与代际有关的言论，尽管他一直对同龄人的问题和独特习气很感兴趣，他认为自己身上也有这些问题和特点。事实上，那种使一代人团结在一起的力量给劳伦斯留下了深刻印象。在一封写给威廉·罗森斯坦的信中，劳伦斯讨论了温德姆·刘易斯（Wyndham Lewis）的画，他说："喜欢一个人的所作所为，但是却极力反对他喜欢的一切东西，这不是很奇怪吗？或者这就是生活在一代人中的自然结果。在未来的人看来，你的作品将会完完全全反映你的时代：所有与你同时代的人的作品都将如此。他们中研究成果最丰硕、革命性最强的时期，全都在 1880—1930 年这个阶段……这不是很奇怪吗？一个人这 50 年的产出意味着什么，如果时代对他的影响如此之大？我想，总的来说，它意味着任何对变化（作为目的本身）的追求和努力都是徒劳。"同上，p. 556。

68. Correlli Barnett 在 The Decline of British Power 中指出，虽然"二战"期间英国轰炸机司令部（British Bomber Command）损失了 55,888 人，但是并没有人想到称呼他们为消失的一代。原因可能在于这些人来自更为广泛的社会阶层。

69. Henry Williamson, The Sun in the Sands (London, 1945), pp. 108—109.

第四章　西班牙：我们时代的主题

1. 关于"我是我和我周围的环境"，请参考 Meditaciones del Quijote (1914), 收录于 Ortega, Obras completas (Madrid, 1966), I, 322。对奥尔特加外貌的描述出自他的密友拉蒙·佩雷斯·德·阿亚拉（Ramon Pérez de Ayala），引自 Pierre Conard, "Ortega y Gasset, écrits politiques (1910—1913)", 收录于 Mélanges de la Casa Velásquez 3 (1967): 417。作家阿索林后来回忆了《公正报》的重要地位："当时［1900 年前后］报界名气最大的是《公正报》。西班牙历史上还从未有过一份影响力如此之大的日报。政府工作人员都在仔细聆听《公正报》说些什么。《公正报》的观点在议会起着举足轻重的作用。内阁危机因《公正报》而起，而获得《公正报》支持的政府则可以高枕无忧。在文学方面，这份日报的影响力同样巨大。《公正报》每周会出版一个文学专栏。没有一个作家不希望在上面发表自己的文章。" Azorín［Martínez Ruiz 的笔名］, Madrid (Madrid, 1941), pp. 71—72。这份报纸是奥尔特加的外祖父创办的，1900 年之后由奥尔特加的父亲 José Ortega Munilla 管理。关于这份报纸的历史，请参考 Manuel Ortega y Gasset, El Imparcial: Biografía de un gran periódico español (Zaragoza, 1956)。遗憾的是，目前还没有一本可靠的奥尔特加传记。Manuel Ortega y Gasset, Niñez y mocedad de Ortega (Madrid, 1964) 记录了他少年和青年时期的一些轶事。对奥尔特加的生平及其文学作品介绍得最好的英语作品是 Robert McClintock, Man and His Circumstances: Ortega as Educator (New York, 1971)。但是，读者必须注意，这是一本极度个人化的书，并不是完整的传记。我和所有奥尔特加的学生一样，从 Julian Marias, Ortega: Circunstancia y vocación (Madrid, 1973), 2 vols., 和 Ciriaco Moron Arroyo, El sistema de Ortega y Gasset (Madrid, 1968) 这两本书中获益良多。我们迫切需要进行一项研究，以正确的顺序认真重建奥尔特加的思想和行动。在这项工作完成之前，所有介绍奥尔特加的作家，尤其是那些介绍他的政治态度的作者，都将不得不（和我一样）大量依赖推测。

2. 根据 Ramond Carr 在 Spain 1808—1939 (Oxford, 1966), p. 426 中引述 J. Sendador Gómez 的说法。但是 Carr 又补充说 Sendador Gómez 的话有些夸张："大多数村庄都有警察和道德，无论其他东西多么匮乏。"

3. 有关西班牙政治制度的合理评价，请参考 Miguel Martinez Cuadrado, La burguesía conservadora (1874—1931) (Madrid, 1974), p. 370。Cuadrado 认为"西班牙资产阶级的保守—自由主义模式无疑和它的英法前辈不同，它没那么富裕，发展程度也没那么高，但是在任何绝对意义上，它都没有不和谐，甚至还领先于当时欧洲占主导地位的一般模式。"

4. 关于 1900 年前后西班牙局势的独特之处，请参考 Jaime Vicens Vives, Approaches to the

History of Spain (Berkeley, 1970), pp. 141—147。希内尔·德·罗斯里尔斯模仿的是伊顿、牛津和剑桥,他的目标是培养"一小部分精英人士",从而形成一个类似英国的那种新统治阶级。Manuel Tuñón de Lara, *Medio siglo de cultura española* (1885—1936) (Madrid, 1970), pp. 55—56。关于对启蒙观念和理想的敌视,请参考 J. B. Trend, *The Origins of Modern Spain* (New York, 1934), pp. 60—62。

5. 关于经济和政治精英的联姻和结合,请参考 Manuel Tuñón de Lara, *Historia y realidad del poder* (Madrid, 1967), pp. 36—40。

6. 有关科斯塔努力想建立"中立阶层",请参考 Rafael Pérez de la Dehesa, *El pensamiento de Costa y su influencia en el 98* (Madrid, 1966), pp. 222—229;有关他认为西班牙只拥有现代国家的外表的论证,Manas, *Ortega*, I, 61;有关他认为政府违背了自然法则,Enrique Tierno Gal van, *Costa y el regeneracionismo* (Barcelona, 1961), p. 233;有关他认为西班牙已经没有天生的贵族,Pérez de la Dehesa, *El pensamiento de Costa*, p. 126。

7. 引文见 Marías, *Ortega*, I, 66。

8. Azorín, "Dos generaciones" 再版收录于 Azorín, *Sin perder los estribos* (Madrid, 1944—1963), IX, 1140—1143;Azorín, "La generación de 1898" 再版收录于 *Clagenerational concept*。阿索林在 1902 年出版的小说 *La voludad*[意志] 中,写到了一个和自己极为相似的人:"最后阿索林决定离开马德里。他要去哪?地理上,阿索林知道自己的脚步将迈向何方;但是在思想和道德方面,他的困惑与日俱增。阿索林几乎成了一个象征;他的迷惘、他的焦虑和他的痛苦完全可以代表一整代人,这些人没有意志,没有活力,犹豫不决,优柔寡断,既没有浪漫主义一代的大胆,也没有自然主义一代的坚定信念。"引自 Pedro Laín Entraigo, *España como problema* (Madrid, 1956), p. 42。

9. Azorín, "Generaciones de escritores" (1912) 收录于 Azorín, *Obras completas* (Madrid, 1944—1963), IX, 1140—1143;Azorín, "La generación de 1898" 再版收录于 *Clasicos y modernos* (Madrid, 1913), pp. 283—314。

10. 有关 1898 年一代争论的适当总结,请参考 H. Ramsden, "The Spanish 'Generation of 1898': 1. The History of a Concept," *Bulletin of the John Rylands University of Manchester* 56 (1973—1974): 463—491;有关 1898 年一代的真实情况,还可参考 Tuñón de Lara, *Medio siglo de cultura española*, pp. 100—102。

11. 有关这些思想的详细讨论,请参考 Pedro Laín Entralgo, *La generación del noventayocho* (Madrid, 1945);有关丹纳的影响,请参考 H. Ramsden, *The 1898 Movement in Spain* (Manchester, 1974), pp. 42—95。按照 Ramsden 的说法,乌纳穆诺和后来的奥尔特加正是从丹纳那里知道历史的本质是心理学,以及西班牙的问题首先是道德问题。丹纳在谈到艺术作品时曾经写道:"当这种资料非常丰富且人们知道如何解读它时,就会在其中发现某种人的心理,通常是一个世纪的心理,偶尔会是一个种族的心理。"引自 Ramsden, 同上, pp. 156—157。

12. Miguel de Unamuno, *En torno al casticismot*, 收录于 Unamuno, *Obras completas* (Madrid, 1950), III, 111。

13. Laín Entralgo, *España como problema*, pp. 315—326。

14. 关于乌纳穆诺深信进步取决于年长者被他们的后辈所取代,请参考 "Viejos y jovenes" (1902), 收录于 Unamuno, *Obras completas*, III, 373—387;关于必须打破束缚新人类的那层包囊，同上，HI, 271—272；关于新人类从文明的废墟中诞生，同上，III, 271。阿索林也认为文明即将毁灭，新人类即将出现。他在 La volundad 一书中，曾对野蛮人到来后艺术、科学和历史的遭遇感到好奇："当我想到这些人类的最高成就时，我就感到悲哀；我想到它们将在这次轮回（palingenesis）中受到的恶ర对待，而这次轮回将在其他方面非常高产，这些产品同样非常高级，非常符合人类的特点，也非常合理。"引自 Laín Entralgo, La generación del noventayocho, pp. 425—426。Palingenesis 这个词由希腊语 palin（再次）和拉丁语 genesis（出生）组成。20 世纪初的拉丁国家经常用这个词来表示文化复兴。

15. 有关奥尔特加对乌纳穆诺的仰慕，请参考 Ortega, Obras completas, I, 117—118；有关乌纳穆诺对思想的贬低，请参考 "L'ideocracía"（1900），收录于 Unamuno, Obras completas, III, 216—226，乌纳穆诺在这篇文章中声称 "所有的专制中，最让人感到恶心的……是思想的专制"；有关奥尔特加写的这封信，同上，III, 472。

16. 1905 年 5 月 28 日和 30 日奥尔特加写给 Francisco Navarro Ledesma 的信，收录于 Ortega, Epistolario (Madrid, 1974), pp. 38—45。奥尔特加批评 1898 年一代是一群否定者和野蛮人，奥尔特加在和老友们通信时肯定经常提到这个问题，因为拉米罗·德·马埃斯图在一封 1910 年从伦敦发出的信中曾愤怒地回应了这些指控。马埃斯图肯定地说，多亏了 1898 年一代，这个国家才摆脱了谎言，新式报刊才成为可能，年轻人才能重新开始。"然而即使认为我们的贡献不算什么，尽管看上去可能有些消极，但我们的这项工作不是很有建设性和值得认可吗？你不是也有义务承认这一点吗？"见 1910 年，马埃斯图写给奥尔特加的信，收藏于奥尔特加档案馆，马德里《西方评论》(Revista de Occidente)。在另一封写于 1911 年 10 月 18 日的信中，马埃斯图抱怨奥尔特加喜欢把他和其他作家混为一谈，把他们都归为 "我这一代"。他说，1898 年只有科斯塔和他自己反对西班牙的堕落。马埃斯图的抗议似乎对奥尔特加产生了影响，因为他在 1914—1916 年写的一篇未发表的文章中，修正了对 1898 年一代的批判，这篇文章现收录于 Obras completas, IX, 477—501。特别是 p. 494，奥尔特加把乌纳穆诺、贝内文特、威尔-因克兰、马埃斯图、阿索林和无趣的巴罗哈说成是 "国内野蛮人一次意料之外的突袭"。

17. 关于这名哲学专业的学生从自己的研究中发现了 "公共和个人行为的准则"，请参考 1914 年 9 月 16 日发表于奥尔特加创办的杂志《西班牙》(España) 上的一篇介绍科恩的未署名文章，这篇文章的作者似乎是奥尔特加，要不就是受了他的启发；关于奥尔特加感到羞耻，请参考 "La cuestión moral"（1908），收录于 Obras completas, X, 73。

18. 关于德国人缺乏和谐和个性，请参考 "Las dos Alemanias"（1908），收录于 Obras complétas, X, 22—23；关于他们贪财，同上，X, 24；关于他们喜欢集体形式的社会组织，"La solidaridad alemana"（1908），同上，X, 26—27；关于德国自由主义者的懦弱，"Nuevas glosas"（1908），同上，X, 87；关于德国文化正在衰退的观点，请参考 1907 年 1 月 27 日奥尔特加写给乌纳穆诺的信，这封信收录于 Epistolario, pp. 76—79；关于西班牙的一切都是假的这一观点，请参考 1908 年 7 月 14 日马埃斯图写给奥尔特加的信，收藏于奥尔特加档案馆；关于西班牙知识分子必须成为政治家这一看法，请参考 "La pedagogía social como programa político"（1910），收录于 Obras completas, I, 507；关于奥尔特加信奉社会主义，请参考 1907 年奥尔特加写给乌纳穆诺的信，这封信收录于 Epistolario, pp. 76—77 和 1908 年马埃斯图写给奥尔特加的信，这封信收藏于奥尔特加档案馆，在后面这封信中，马埃斯图指责奥尔特加想用社会主义去 "恐吓资产阶级、神父和女人"。

注　释

19. 关于这代人没有精神上的师长，请参考 "Competencia" (1913)，收录于 Obras completas, X, 226；关于奥尔特加认为上一代人的心理不可能改变，"Los problemas nacionales y la juventud" (1909)，同上，X, 105；关于西班牙是痛苦和不幸的根源，"La pedagogía social como programs político" (1910)，同上，I, 495；关于上一代人未能使西班牙欧洲化，X, 108；关于政治是教育这个观点，I, 503—521；关于欧化是复兴西班牙的手段这一结论，I, 521；关于社会主义和马克思主义的区别，"La conservación de la cultura" (1908) 和 "La ciencia y la religion como problemas políticos" (1909)，同上，X, 46, 119—127；关于激进民主主义和社会主义的使命是避免发生革命，X, 117；关于年轻一代缺乏活力和热情，X, 107—110；关于能力革命的必要性，X, 226—227。

20. 关于奥尔特加被尊为他那一代西班牙人的领袖，请参考 1910 年 6 月 11 日和 28 日 Luis Arasquistain 写给奥尔特加的信，和 1912 年 11 月 26 日保罗·谢弗写给奥尔特加的信，两封信均收藏于奥尔特加档案馆。谢弗邀请奥尔特加加入他自己、尼古拉·哈特曼、罗伯特·穆齐尔（Robert Musil）和马丁·布伯（Martin Buber）的行列，创办一本专门探讨欧洲年轻一代思想的双月刊。有关奥尔特加对梅尔基亚德斯·阿尔瓦雷斯领导的改良派的态度，请参考奥尔特加对西班牙政治教育联盟写给未来成员的一封信的说明，Obras completas, X, 249，奥尔特加说联盟虽然和任何政党都没有关系，但是却"对共和改良派（Reformist Republic party）的成立寄予厚望，因为相信后者的呼声反映了联盟自己的渴望"。奥尔特加档案馆中有一封 1914 年 4 月 15 日梅尔基亚德斯·阿尔瓦雷斯的来信，信中称奥尔特加为"我亲爱的朋友和教友"，并希望他能帮改良派筹款。

21. "Vieja y nueva política" (1914), Obras completas, I, 271.

22. 同上, I, 273—274, 284。

23. 1908—1913 年之间奥尔特加曾被亚历杭德罗·勒鲁（Alejandro Lerroux）的共和党所吸引。他和勒鲁等共和党领导人参加了反对政府领导人安东尼奥·莫拉（Antonio Maura）的斗争，莫拉是保守派，在 1909 年"悲剧一周"的骚乱中曾镇压过左派。直到 1913 年 2 月，奥尔特加才放弃共和主义，转投改良主义，改良主义认为，国家不是被攫取或征服的阶级工具，而是一个可以通过普选权来控制的中立机构。1913—1930 年，奥尔特加不再批评君主制或君主，而是把火力集中在西班牙的政治风气上。请参考 Conard, "Ortega y Gasset, écrits politiques"。

24. Obras completas, I, 286.

25. 有关马埃斯图对西班牙的强烈愿望，请参考 1908 年 7 月 14 日马埃斯图写给奥尔特加的信，这封信现藏奥尔特加档案馆。

26. 关于奥尔特加对"一个更加富裕、更加多元、更加合理、更加高贵、更加从容的时代"的憧憬，请参考 1916 年他给 El Espectador 第一卷所写的序，这本书收录于 Obras complétas, II, 20；关于他的社会主义概念，请参考 "La ciencia y la religión como problemas políticos" (1909) 和 "Socialismo y aristocracia" (1913)，同上，X, 119—127, 238—240。在后面这篇写西班牙社会党报纸 El Socialista 所写的文章中，奥尔特加宣布："我是因为热爱贵族才成了一名社会主义者。""社会主义无非是试图战胜、征服和摧毁资本主义。那么，资本主义可以定义为不可能实行贵族制的社会状态。""阶级会再回来的，谁会怀疑这一点？但是它们在本质上并不是经济的，不会把人分为富人和穷人，而是分为更好和更坏。艺术、科学、教养和道德力量将再次成为社会价值。社会主义将肩负起为地球做准备的任务，以便新的贵族可以喷涌而出。"

27. 关于奥尔特加的精英主义，请参考 Guillermo Morón, *Historia política de José Ortega y Gasset* (Mexico City, 1960)；Tierno Galvan, *Costa y el regeneracionismo*；Tuñón de Lara, *Medio siglo de cultura española*；Antoni Jutglar, *Ideologíes y clases en la España contemporanea* (Madrid, 1971), vol. II；以及 Gonzalo Redondo, *Las empresas políticas de José Ortega y Gasset* (Madrid, 1970), 2 vols。西班牙政治教育联盟的最初成员名单见 Marías, *Ortega*, I, 269—271, n. 18。其中包括 Manuel Azaña, Pablo de Azcárate, Américo Castro, Manuel García Morente, Salvador de Madariaga, Ramiro de Maetzu, Antonio Machado, Ramon Pérez de Ayala, 和 Frederico de Onís。

28. Ortega, *Obras completas*, I, 307.

29. 关于正确性、连贯性和严谨性对于思想的重要意义，请参考同上，X, 301；有关冰山的比喻，Marías, *Ortega*, I, 291。《西方评论》1946年开始出版奥尔特加的《奥尔特加作品全集》（*Obras completas*），但是直到1969年才完成这套11卷本的出版。奥尔特加的笔记和大学讲稿迄今仍未出版，人们猜测还有一些书信没有包括在那本1974年出版的 *Epistolario* 中，这些书信将在以后的奥尔特加全集中单独成一卷。

30. 1909年奥尔特加已经注意到，在任何特定的历史时刻，"历史现实"都会以一代成熟男人的形象出现。要了解这种现实，就必须研究他们的思考方式、欲望和感情的由来。历史现实不是简单地堆砌事实。历史学家必须说明事情发生的原因和事件的意义。一代人的历史现实在于，他们位于"曾经培养他们的上一代人和他们所衍生的下一代人之间的交汇点：每一代人都是上一代的弟子和下一代的老师。这种老师和学生的双重功能才是历史上最重要和最严肃的事。" *Obras completas*, X, 109。奥尔特加1914年以前的著作一直都在强调代际之间的这种教学关系，这也是他和同时期其他代际理论家不同的地方。

31. 有关埃克斯库尔的思想及其对奥尔特加的影响的讨论，请参考 Marías, *Ortega*, II, 147—155。奥尔特加还经常提到杜里舒，而此时恩斯特·云格尔正在跟杜里舒学习。关于奥尔特加被认为是西班牙文艺复兴的领袖，请参考1927年11月26日 Ricardo Baeza 写给奥尔特加的信，这封信现藏奥尔特加档案馆。Baeza 希望可以送一本书给奥尔特加。书的献词是这样写的："献给这次文艺复兴的领袖，唐·何塞·奥尔特加·伊·加塞特。"关于《太阳报》的创办，请参考 Redondo, *Las empresas políticas*, I, 11—99。

32. Vicens Vives, *Approaches to the History of Spain*, p. 147.

33. 有关上层的混乱和不稳定以及军队忠诚的描述，请参考 Gerald H. Meaker, *The Revolutionary Left in Spain 1914—1923* (Stanford, 1974), p. 96；关于谋杀的描述，同上，p. 339。

34. 关于西班牙和俄国是最粗鄙的两个国家，请参考 *España invertebrada* (1921) 收录于 *Obras completas*, III, 35—128；关于国家由贵族管理的人民所构成，同上，XI, 13。

35. 关于奥尔特加怀疑自己并不适合政治，请参考 *De puerta de tierra* (1912) 收录于 *Obras completas*, X, 207—213；关于怀疑西班牙的悲剧可能也是欧洲的悲剧，请参考第二版的 *España invertebrada* (1922), 同上，III, 39—40。

36. 同上，III, 146。

37. 同上，III, 147。

38. 同上，III, 148。

39. 同上。

40. 同上，III, 148—150。
41. 有关深沉思考的首要地位，见同上，III, 146；有关文化是一种生物手段，同上，III, 177—178。
42. 有关德国读者对《我们时代的主题》的理解，请参考 Walter Scheidt, *Lebensgesetze der Kultur!* (Berlin, 1929)。奥尔特加 1920 年为 El Espectador 写了一篇文章 "Biología y pedagogía"，这篇文章的读者会觉得奥尔特加的兴趣主要是思想和精神活力。"Vital phenomena begin where mechanical [that is, purely biological] phenomena finish." *Obras completas*, II, 290, n. 1; 296.
43. 关于空想家是那种拒绝接受自己对现实看法的人，请参考 *Obras completas*, III, 200；关于不好的社会结构总好过没有，"Democracia morbosa" (1917)，同上，II, 137—138。"现在在全世界大获全胜的平民主义正欺压着西班牙。因为任何形式的暴政都不可忍受，我们应该发动一场革命，以反抗平民主义这个最令人难以忍受的暴君。"奥尔特加警告说，如果左翼民主党和社会党的纲领依然是全然的否定和论战，依然把摧毁传统的社会结构作为唯一目标，那么"敏锐的道德精神"(temperaments of delicate morality)将会诅咒民主，并把它们的感情转向过去，过去固然建立在迷信的基础上，但归根结底却是为了对抗混乱和社会分裂的威胁。
44. 在《我们时代的主题》一书中，奥尔特加并没有试着说明当时西班牙的代际顺序，也没有解释他自己那一代和 1898 年一代的关系。但是在一篇写于 1917 年的文章中，奥尔特加曾明确说过每个时代都同时存在着三代人：祖父、父亲和儿子。"因此，我们和[第一]共和国时期的人、复辟时期的人，以及和我们一样手里依然拿着没有纹章的空白盾牌的人一起，生活在同一个时间段。跟那些恢复君主制的人相比，我们这些手拿空白盾牌的人觉得和 1869 年那批人[共和国时期的人]更为亲近，好吧，也许没有什么比这更清楚地说明了西班牙的未来。吸引我们的当然不是他们的共和国，而是他们的生活道德观，以及他们对知识和思想的渴望。相比之下，那些复辟时期接受教育的人看起来既沮丧又轻浮，他们缺乏好奇心和求知欲。共和国时期的人都是教授、作家、书友和思想上的朋友。复辟时期的人则都是（过去是，现在依然是）律师、商人和喜欢搞小阴谋的人。" "Don Gumersindo de Azcárate ha muerto" (1917)，同上，III, 12。
45. "Ideas políticas" (1924)，同上，XI, 35。
46. 关于小资产阶级的统治地位，请参考 "Vaguedades" (1925)，同上，XI, 51—52；关于必须强化国家，"Entreacto polémico" (1925)，同上，XI, 58—65。
47. "El error Berenguer" (1930)，同上，XI, 278—279。
48. 关于"为共和国服务小组"的宣言，请参考同上，XI, 126—127。有关奥尔特加对即将到来的共和国的态度存在巨大的分歧。巴罗哈后来写道，君主制垮台的前几个月（可能在奥尔特加那篇宣称君主制已不适合统治的文章发表之后），奥尔特加曾对重新恢复西班牙政治生活的可能性表现得非常乐观。"他相信国家会发生神奇的变化。"引述见 Redondo, *Las empresas políticas*, II, 196, n. 137。奥尔特加的哥哥爱德华多（Eduardo）是推翻君主制的共和党联盟的最早成员，他说奥尔特加欣赏"人民以各阶级联合的方式，宣告他们的共和国成立，这种优雅而简单的形式"。但是奥尔特加的弟弟曼努埃尔（Manuel）则说，共和国降临的时间和方式，都不是他和奥尔特加所希望的；他说，奥尔特加认为"这东西来得太快了。西班牙还没做好准备"。同上，II, 264。

49. "Un aldabonazo" (1931)，同上，XI, 387。

50. 关于这股世俗之风，请参考 "Trólogo a una edición de sus obras" (1932)，同上，VI, 353；*La rebelión de las masas* (1930)，同上，IV, 111—278。

51. 详情请参考 Redondo, *Las empresas políticas*, II, 203—281。1931 年后奥尔特加为之投稿的那份报纸叫 *Crisol*。

52. 关于共和国需要一个新政党，请参考 "Rectificación de la República" (1931)，收录于 *Obras completas*, XI, 416。

53. 关于奥尔特加无法吸引追随者，请参考 Redondo, *Las empresas políticas*, II, 446—447。Guillermo Morón 在少量研究和过量政治热情的基础上也得出了类似的结论。他说，奥尔特加 "指出了一条道路，却没有一个人想走这条路"。*Historia politica de Ortega*, p. 166. Morón 指出，传统主义西班牙国家工团主义进攻委员会方阵（Falange Española Tradicionalista and the Juntas de Ofensiva Nacional-Sindicalista）的 26 条纲领包含了许多奥尔特加式的观点和比喻；却未能证明方阵的创立者何塞·安东尼奥·普里莫·德里维拉和奥尔特加有任何重要的历史渊源，除了何塞·安东尼奥仰慕这位老人。Morón 因此只能得出一个没有什么说服力的结论，那就是，何塞·安东尼奥会是奥尔特加政治理念的积极拥护者，假如他没有受到法西斯主义诱惑的话。这种说法到底是什么意思？你可以选择与谁为敌，却不可能同样严格地划定自己的仰慕者的圈子。不管怎么说，在法西斯主义这个问题上，奥尔特加的态度从不含糊。他从一开始就谴责法西斯主义是一种倒退和反动的思想，注定失败，西班牙人民应该不惜一切代价避免这种倾向。

54. "Rectificación de la República" (1931)，收录于 *Obras completas*, XI, 409。

55. 关于每个生命都是一堆废墟的讲话，见 "Pidiendo un Goethe desde dentro" (1932)，同上，IV, 401；关于议会政治只适合二流人才的观点，XI, 496—500；关于奥尔特加认为西班牙正朝着灾难奔去，XI, 522；关于当公共生活的一切都是谎言时，唯一能拯救我们的只有每个人都忠于自己，见 1915 年 4 月 23 日的 *España* 杂志。

56. 关于人是他身上发生了什么和他做了什么，见 *Historia como sistema* (1941)，收录于 *Obras completas*, VI, 41；关于信念的定义，*En torno a Galileo* (1947)，同上，V, 32。

57. 奥尔特加首次在他的演讲中提到时代辩证法创造历史这个观点，见 "Por qué se vuelve a la filosofía?" (1930)，同上，IV, 89—93；关于"目前"包含了三个维度，见同上，V, 37；有关"代"的比喻来自 "Para la historia del amor" (1926)，同上，III, 441。

58. 关于年龄是日期区间，见同上，V, 41。

59. 同上，V, 44。关于代际关系这个问题，奥尔特加非常恰当地指出自己在解决代际问题时的一个特点，这个特点自 1905 年以来就在他的思想中占有重要地位，而且他早在 1909 年就已首次对其做了系统的描述。见前注第 31 条。

60. 关于杂技表演的比喻和一代代人是部分重叠或者交织在一起的这一观点，见同上，V, 45, 49。

61. 请参考 "Para la historia del amor" (1926)，同上，Ill, 439—442. 这篇文章包含了奥尔特加有关代际理论最重要的阐述之一，这些阐述产生于《我们时代的主题》和《论伽利略》的系列演讲之间。

62. 同上，V, 53。

注 释 393

63. 同上，V, 77。
64. 关于我们不知道发生了什么的讲话，见同上，V, 93；关于欧洲人的生活是否会失去理性这个宏大问题，同上，V, 89。
65. 同上，V, 116—117。奥尔特加拒绝说出的那个词是否就是"法西斯主义"？如果是，那么听他演讲的学生一代中将有很大一部分人会做出回应。对于那一代人所感到的不确定性的描写，请参考 Lain Entralgo, *España como problema*, p. 435。
66. 关于思想和技术是决定生命地平线最重要的两个变量，请参考 *Obras completas*, V, 26。
67. 关于 20 世纪西班牙的代际观念，请参考 Luis Olariaga, "Tres generaciones intelectuales de España"，刊登于 1929 年 6 月 3 日、5 日和 25 日的《太阳报》；关于近来有关西班牙代际问题的讨论，Juan Marichal, "Manuel Azaña and the Generation of 1914"，刊登于 1961 年 3 月 15 日的 *Ibérica*, pp. 3—7, 和 "La'generación de los intelectuales'y la política (1909—1914)"，收录于 *La crisis de fin de siglo: Ideología y literatura. Estudios en memoria de R. Pérez de la Dehesa* (Barcelona, 1975), pp. 25—41。
68. *Obras completas*, V, 70—71。奥尔特加对处于危机中的人的分析可能源于他通过维多利亚·奥坎波知道了皮埃尔·德里厄·拉罗谢勒及其作品。1929 年 3 月 5 日，奥尔特加写信告诉奥坎波，他依然抽不出时间写一篇文章，评论德里厄的那本 *Genève ou Moscou*，他显然向奥坎波和德里厄做过这样的承诺。"另外，"他又补充说，"这并不仅仅是一篇'书评'，而是某种更加重要的东西。我认为他[德里厄]的心态很有代表性，我很赞同他的心态。"*Epistolario*, p. 148。我们只能认为，奥尔特加对德里厄的心态及其典型特征的分析大部分写进了他关于人的危机的讲稿里面。关于奥尔特加不赞成德里厄后来倒向法西斯主义，见同上，p. 155。
69. 有关西班牙知识分子对 20 世纪 20 年代末和 30 年代初危机的不同反应的出色总结，请参考 Tuñón de Lara, *Medio siglo de cultura española*, pp. 264—265。

第五章 意大利：青年！青年！

1. 关于帕皮尼的抱负是成为未来意大利的向导，请参考 Angelo Romanò, *La Voce (1908—1914)* (Turin, 1960), p. 19, n. 1；关于他把目光投向的那几百人，请参考 Delia Frigessi, *Leonardo, Hermes, Il Regno*, (Turin, 1960), p. 313。
2. 关于形容普雷佐利尼是没有学校的学者，请参考 Giovanni Papini, *Un uomo finito* (Florence, 1952 ed.), p. 69；关于普雷佐利尼从帕皮尼那里得到的教训，Giuseppe Prezzolini, *V'italiano inutile* (Milan, 1953), p. 59。
3. Papini, *Un uomo finito*, pp. 95—96.
4. 同上，pp. 99—100。
5. 有关《莱昂纳多》的计划，请参考 "Programma sintetico" (1903), 收录于 Frigessi, *Leonardo, Hermes, Il regno*, p. 89；关于帕皮尼认为哲学应该着手征服世界，"Cosa vogliamo" (1904), 同上，p. 185。
6. "Campagna per il forzato risveglio" (1906)，同上，pp. 314—315。
7. 乔利蒂的引述见 Christopher Seton-Watson, *Italy from Liberalism to Fascism* (London, 1967), p.

245；关于乔利蒂的政绩，请参考同上，pp. 295—296；关于阿曼多拉对青年知识分子看法的总结，Emilio Gentile, *La Voce e l'età giolittiana* (Milan, 1972), p. 20。

8. 关于渴望找到一种信仰和重获青春，见 Maffio Maffii, "Senescit iuventus" (1904)，收录于 Frigessi, Leonardo, *Hermes, Il Regno*, p. 412；关于把目前的伟大构想转化为对未来复兴的期望，Giovanni Amendola, "Il convegno nazionalista" (1910)，收录于 Romanò, *La Voce*, p. 261；关于对克罗齐的错误理解，Eugenio Garin, *Cronache di filosofia italiana 1900—1943* (Bari, 1966 ed.), p. 300；有关广大意大利青年更喜欢邓南遮而不是克罗齐的观察来自 Giuseppe Borgese, 引自 Garin, 同上，p. 298。

9. 《青年意大利报》(*Giovine Italia*) 的引述见 Gary Crippin 的文章 "Pietro Nenni from Republicanism to Socialism: A Generational Approach" (博士学位论文，UCLA, 1975), p. 33；马里内蒂的话由 Eugen Weber 译成英文，见 *Paths to the Present: Aspects of European Thought from Romanticism to Existentialism* (New York, 1960), p. 246。

10. 《声音》创办的由来，请参考 Giuseppe Prezzolini, *La Voce 1908—1913: Cronaca, antologia e fortuna di una rivista* (Milan, 1974), pp. 27—44。1905 年，帕皮尼曾写信给普雷佐利尼，抱怨自己无法理解普雷佐利尼对意大利文化和提升民众总体水平的热情。"对个人责任的尊重，更重要的是，对所有人个性的尊重，给了我一种有违于我们阶级观念的平等感觉，我们的阶级观念认为，一个阶级可以而且必须改变其他阶级，而不仅仅是帮他们做些他们喜欢做的事。""我还认为你太在乎学校的哲学教育了……为什么因为热爱一万个白痴，就要对一百个白痴如此愤怒呢？" 1905 年 9 月 20 日乔瓦尼·帕皮尼写给朱塞佩·普雷佐利尼的信，收录于朱塞佩·普雷佐利尼编的 *Storia di un'amicizia* (Florence, 1966), p. 108。形容普雷佐利尼受到清晰的梦魇困扰的是 Scipio Slataper，但帕皮尼在 1908 年 3 月的一封信中同样注意到了这个特征。同上，p. 177。关于 Slataper 的引述，见 Gentile, *La Voce e l'età giolittiana*, p. 80；关于普雷佐利尼对克罗齐思想体系的解释，见 *L'italiano inutile*, p. 142, 和 Romanò, *La Voce*, pp. 433—437。

11. 关于《莱昂纳多》和《声音》的发行量，见 *Storia di un'amicizia*, p. 233 和 Henri Giordan 编辑的 *Romain Rolland et le mouvement florentin de La Voce* (Paris, 1966), p. 237, n. 1。帕皮尼对《声音》一直没有普雷佐利尼那么热心，部分原因无疑在于这本杂志并不是他创办的，但更主要的原因是，他自己的文学事业这个时候正处于危机和彷徨之中。但他确实经常从布恰诺（Bulciano，他和妻儿隐居于此）的山间居所给《声音》投稿，1912 年，他同意代替普雷佐利尼短期担任主编。《声音》期间两人的关系有些冷淡，当时普雷佐利尼正大步朝着意大利文化生活的最前线挺进，而帕皮尼则在担心自己江郎才尽，但他们后来又和好如初，直到 1956 年帕皮尼去世。

12. 普雷佐利尼一开始想给杂志命名 "L'Italia che pensa" [思考意大利]。他有意把《声音》办得像夏尔·贝玑的《半月刊》，虽然一些投稿人更希望它像夏尔·莫拉斯的《法兰西行动》(Action Française)。请参考 Prezzolini, *Il tempo della Voce* (Florence, 1960), pp. 155, 307。

13. Prezzolini, "Che fare?" (1910)，收录于 Romanò, *La Voce*, pp. 206, 210。第二年普雷佐利尼更加坚定地阐述了自己的结论："我们决心不仅作为个人生活，还要作为一代人生活：民众必须明白我们是一代人。"引自 Romano, 同上，p. 62。换言之，如果一代人的成就无法在人们的心中留下痕迹，如果没有值得付出努力的生活和工作，那么仅有个人的成就是远远不够的。普雷佐利尼对革命政治的反感似乎和奥尔特加很像。他在 1914 年写道，我们中有许多人把希望寄托在革命上。这个革命从来就没有实现过。这个大家认为应该和天主教对立的国家，却和天主教徒做起了生意，并容忍了对方的存在。教会也反过来容忍这个本该被它谴责为反宗教的政权，并从中获益。为了换取改革，社会主义和政府达成妥协。为了确保自己免受可能发生的革命波及，资产阶级把一些重要的职位让给了社会党人。他最后总结说："意大利饱受这种不断上演的虚伪游戏的折磨，在这个游戏里，没有一个人的位置是对的。""La guerra tradita" (1914), 同上 , p. 713。

14. 关于普雷佐利尼的教育理念，请参考"La politica della Voce" (1911), 同上 , pp. 393—395 ; 关于萨尔维米尼写的那封信，Prezzolini, *Il tempo della Voce*, pp. 443—444 ; 关于帕皮尼写的那篇文章，"Dacci oggi la nostra poesia quotidiana" (1912), 收录于 Romanò, *La Voce*, pp. 448—452。

15. 关于斯拉泰伯，请参考他那本由 Giani Stuparich 编辑的 *Epistolario* (Milan, 1950), p. 301。1914 年 8 月 15 日，索菲奇给普雷佐利尼写了一封信，阐明自己的参战立场："按照我们［帕皮尼和他自己］的看法，意大利只有一个义务，那就是团结一切力量，向以法、英、俄（是的，连俄国也包括在内）为代表的文明欧洲靠拢，以彻底击败和制服德奥蛮种，这两个恶心的民族始终代表着野蛮、愚蠢和残忍。意大利的中立必须在我们做好行动准备时停止，而行动意味着尽快向奥地利宣战，把特伦托（Trento）、的里雅斯特、伊斯特里亚（Istria）和发罗拉（Valona）从它手里夺回来。"普雷佐利尼在 *Il tempo della Voce*, p. 625 重述了这段话。这段话生动地体现了大部分参战运动的特点，即参战既有意识形态上的目的，又有帝国主义的目的。大部分主战派希望为文明而战，反抗德国人的野蛮行为，同时实现自己国家的领土扩张。正是这种矛盾导致了理想主义受伤和民族主义日趋严重的气氛，早期的法西斯运动即是从这种氛围中诞生并发展壮大的。索菲奇自己变成了一名法西斯激进分子，后来又成为该政权的一名知识分子。

16. Filippo Tommaso Marinetti, *Futurismo e fascismo* (Foligno, 1924), pp. 96—97.

17. Paolo Marconi, *Io udii il comandamento* (Rome, 1919), pp. 64, 66; Renato Serra, *Scritti* (Florence, 1958), G. de Robertis 和 A. Grilli 编辑 , p. 415。马可尼和塞拉都死于这场战争。

18. 引述见 Lucia Strappini 的文章 "Cultura e nazione: Analisi di un mito"，收录于 Lucia Strappini 等 , *La classe dei colti: Intellettuali e società nel primo novecento italiano* (Bari, 1970), pp. 115—116。

19. Garin 的引述见 *Cronache di filosofia*, p. 313。葛兰西在 1918 年 3 月曾写道，虽说有些善变和任性，帕皮尼仍然值得我们好好研究，因为他预见了意大利普通资产阶级的观点。Antonio Gransci, *2000 pagine di Gramsci*, Giansiro Gerrata 和 Niccolo Gallo 编辑 (Milan, 1964), I, 278。

20. 关于参战运动的矛盾，请参考 Roberto Vivarelli, *Il dopoguerra in Italia e l'avvento del fascismo 1918—1922* (Naples, 1967), pp. 1—114。

21. 战争爆发后，意大利最高指挥部（Italian High Command）发布的第一份通告曾呼吁无条件服从，同时对一切违反纪律的行为进行"直接而强硬的镇压"。从 1915 年 5 月到 1916 年 5 月，有 23,016 人因违反军法而被判处死刑；从 1916 年 5 月到 1917 年 5 月，这个数字是 48,296 人；从 1917 年 5 月到 1918 年 5 月，这个数字是 82,366 人。整个战争期间，记录在案的潜逃者 128,527 人，其中 55,034 人是在第三年逃跑的。请参考 Piero Melograni, *Storia politica della grande guerra* (Bari, 1969), pp. 53, 293, 305。

22. 关于墨索里尼引用马志尼的话，见 *Opera omnia*, Edoardo 和 Dulio Susmel 编辑 (Florence,

1956—1964), XXXIV, p. 78；有关他对运动和行动的热爱，Emilio Gentile, *Le origini dell'ideologia fascista* (1918—1925) (Bari, 1975), pp. 6—7。

23. Mussolini, *Opera omnia*, 140—141。
24. 关于战争给墨索里尼带来的变化，请参考 1917 年 2 月 26 日 Da Arcangelo di Staso 写给朱塞佩·普雷佐利尼的信，这封信收录于 Prezzolini, *Il tempo della Voce*, p. 719；关于墨索里尼的"堑壕一族"概念，请参考 *Opera omnia*, XI, 243 和 Vivarelli, *Il dopoguerra in Italia*, p. 279, n. 141。
25. 关于战斗精神，请参考 Gentile, *Le origini dell'ideologia fascista*, pp. 95—109 和 Michael A. Ledeen, "Italy: War as a Style of Life", 收录于 Ward, *The War Generation*, pp. 104—132。Angelo Lanzillo 在他的书 *La disfatta del fascismo* 中对比了两个意大利之间的不同，这本书出版于 1918 年，秦梯利在 *Le origini dell'ideologia fascista*, p. 80 中引述了该书的观点。
26. 关于退伍军人团体的民主信仰，请参考 Giovanni Sabbatuci, *I combattenti nel primo dopoguerra* (Bari, 1974)；关于"敢死队"和邓南遮的军团，Ferdinando Cordova, *Arditi e legionari dannunziani* (Padua, 1969)。
27. 有关墨索里尼承诺将保护贝尔萨格里步兵营，请参考 *Opera omnia*, XII, 79；Vivarelli 在 *Il dopoguerra in Italia*, p. 293 中引述了法西斯的第一次呼吁。1919 年 3 月首次列出了八条法西斯纲领，其中一条呼吁推迟选举，直到退伍工作完成，另外一条要求将参加议会选举的最低年龄从 31 岁降到 25 岁。
28. 这段话的内容来自巴尔博在 *Diario 1922* (Milan, 1932), pp. 5—8 中对自己的刻画。
29. 秦梯利在 *Le origini dell'ideologia fascista*, p. 298 中引用了博泰的诗歌；关于他当选为议员和参加罗马的游行，请参考 Giordano Bruno Guerri, *Giuseppe Bottai: un fascista critico* (Milan, 1976), pp. 36, 43—48。
30. Mussolini, *Opera omnia*, XIV, 126, 133。这两段话均可追溯到 1919 年 11 月。
31. 关于法西斯主义是一场现实的运动，请参考 *Opera omnia*, XIII, 220；关于法西斯主义对正寻找"第三条路"的中产阶级和中下层阶级的吸引力，请参考 Gentile, *Le origini dell'ideologia fascista*, pp. 204—206；有关墨索里尼对法西斯主义受青年欢迎的解释，*Opera omnia*, XIII, 220；关于他澄清并非只有军人才能参加法西斯，同上，XV, 76；关于他把法西斯的选举名单形容为一股青年浪潮，同上，XVI, 286。
32. 关于罗马那些认为明天属于年轻人的未来主义者，请参考 Gentile, *Le origini dell'ideologia fascista*, p. 127；关于马里内蒂宣称法西斯主义满足了未来主义的要求，*Futurismo e fascismo*, p. 16；关于沃尔佩把法西斯主义理解为意大利精神的复兴，"Giovane Italia", 收录于 1923 年 1 月的 *Gerarchia*, p. 689。那些非法西斯主义者甚至反法西斯主义者都同意沃尔佩的分析。把法西斯主义解释为年轻一代最野心勃勃的尝试，见阿尔贝托·卡帕（Alberto Cappa）写的四篇题为"La lotta delle generazioni"的系列文章，这四篇文章刊载于 1923 年 9—10 月皮耶罗·戈贝蒂的 *La rivoluzione liberate* 上，后来又以 *Le generazioni nel fascismo* (Turin, 1924) 的书名重新出版，作者署名为 Grildrig。卡帕不认为法西斯主义是社会党组织的一场中小资产阶级反抗群众的斗争，他试图表明，最好把法西斯主义理解为两个年龄层之间的合作。卡帕所说的老一辈法西斯主要由 19 世纪 80 年代出生的人，这些人在 20 岁时都参加过社会党；这些人后来都抛弃了社会主义，转而倒向民族主义、工团主义和未来主义等运动；再后来，他们从战场回来，并创建了法西斯主义。按照卡帕的看法，现在这批年近四十的老法西斯愿意在新政权的统治群体中充当保守派的角色。年轻一辈的法西斯——那些 1900 年后出生，因年纪太小而没有上过战场的人——则被迫生活在哥哥们的阴影下。他们难以忘记这场他们无法参加的战争，于是他们苦苦寻找，并给自己的行动渴望找到了出口：先是参加阜姆的远征，邓南遮的远征军即以他们为主体；然后是参加各种法西斯主义小分队。虽然法西斯主义迎合了他们迷惑而矛盾的内心冲动，但是吸引他们加入小分队的唯一清晰明确的动机却是他们想发动战争：开枪、戴头盔，过军人的生活。现在法西斯主义者已经掌权，他们被"不幸地排除在"政权之外。卡帕警告，未来这些年轻人可能会对他们帮助上台的政党构成威胁。

从理论的角度来看，卡帕的文章最显著的一个特点在于他坚持认为代际冲突首先是本能的冲突，其次才是观念意识的冲突。试图推翻父亲并取而代之是儿子的天性，而阻止儿子的这种企图则是父亲的天性。卡帕说，了解这些本能，是研究和理解历史最好的准备。卡帕的编辑皮耶罗·戈贝蒂（Piero Gobetti，1901 年生）不同意卡帕对自己所属的"最年轻一代"的刻画。他说，除了"那些［法西斯］社团"外，还有另外一个年轻一代。这群人在战争中幸免于难，而且逐渐成熟，他们在过去五年（1918—1923）艰苦地完成了自己的学业，没有要求任何优待，也没有要求工作。"我们感兴趣的是，当我们把我们的神秘性和学识跟他们的言论对比时，墨索里尼和法西斯主义会作何反应。" 1923 年 9 月 25 日的 *La rivoluzione liberate*。戈贝蒂不久就死了，死于法西斯暴徒的袭击。

33. 有关马拉巴特运用代际理论对法西斯革命的解释，请参考 *La rivolta dei santi maledetti* (1921) 和 *Ritratto delle cose d'Italia, degli eroi, del popolo, degli avvenimenti, delle esperienze e inquietudini della nostra generazione* (1923)，这两本书再版时收录于 Enriquo Falqui 编辑的 *L'Europa vivente* (Florence, 1961) 一书中；关于他声称法西斯革命针对的是知识分子，请参考他给 Ardengo Soffici, *Battaglia fra due vittorie* (Florence, 1923), p. xxii 所写的序言；关于他对自己那一代受到不容忍、反抗和英勇激荡的精神所感动的描写，*L'Europa vivente*, p. 152；有关他断言自己那一代在英雄主义方面超越了其他所有人，请参考 1928 年 3 月的 *La Conquista dello Stato*。有关马拉巴特文学生涯的评价，见 Gianni Grana, *Malaparte* (Florence, 1968)；Giampolo Martelli, *Curzio Malaparte* (Turin, 1968)；以及马拉巴特本人为 Palmiro Togliatti 写的一段自传，马拉巴特死后这段自传重版时收录于 1957 年 7—8 月的 *Rinascita*, pp. 373—378 和 1957 年 9 月的 *Rinascita*, pp. 473—479。

34. 关于莫拉维亚的那本小说，请参考 Alberto Moravia, *Gli indifferenti* (Rome, 1929)；有关年长的法西斯主义者和年轻的法西斯主义者之间的讨论，请参考 Ugo d'Andrea 对 Gherardo Casini 的回复，刊载于 1927 年 10 月 15 日的 *Critica fascista*, p. 388。这场讨论的一个实质性结果便是 1930 年 10 月 "法西斯战斗青年团"（Fasci giovanili di combattimento）的成立，这个组织只接收 18—21 岁的年轻人。

35. 有关对法西斯的青年政策的重要讨论和大量文献资料的摘要，请参考 Gino Germani, "La socializzazione politica dei giovani nei regimi fascisti: Italia e Spagna," *Quaderni di sociologia* 18 (1969 年 1—6 月): 11—58 和 Michael A. Ledeen, "Fascism and the Generation Gap," *European Studies Review* 1 (1971 年 7 月): 275—283。关于墨索里尼的成功及其局限性，请参考 Renzo de Felice, *Mussolini il duce: Gli anni del consenso 1929—1936* (Turin, 1974), pp. 22S—246。关于那份谴责年长的法西斯主义者的怀旧和伤感情绪的刊物，请参考 1933 年 1 月的 *Il Saggiatore*, p. 464。这篇文章是一项长期调查得出的结论，在这次调查中，主要的法西斯知识分子被问及他们在多大程度上看到了精神复兴在新一代中的萌芽，以

及他们是否认为和"正常的"代际间断相比,目前的代际分歧是"明确且具有决定性意义的"。调查的结果发表在 1932 年 3 月至 1933 年 1 月的 *Il Saggiatore* 上。

36. 关于奥莫代奥的理由,请参考 *Momenti della vita di guerra* (Turin, 1968), p. 8。

37. 有关奥莫代奥的家庭背景,请参考 Eva Omodeo Zona, *Ricordi di Adolfo Omodeo* (Catania, 1968), pp. 16—17;关于秦梯利的影响,同上, pp. 13—15 和 Aldo Garosci, "Adolfo Omodeo, I," *Rivista storica italiana* 77 (1965): 184;有关奥莫代奥认为史学研究是精神最为振奋的时刻和他对未来的看法, Omodeo, *Lettere 1910—1946* (Turin, 1963), pp. 14, 16。

38. 关于奥莫代奥认为自己是被一群顽固不化的民众围在中间的贵族知识分子,请参考 Omodeo, *Lettere*, p. 62;关于他支持参战,同上, p. 100。据奥莫代奥的妻子说, 1915 年 5 月和 6 月他在切法卢(Cefalù)组织了几次参战运动。Zona, *Ricordi*, p. 18。

39. 关于 1918 年 6 月奥莫代奥的英勇表现,请参考他的一名战友的描述,引述见 Zona, *Ricordi*, pp. 22—25;关于他讨厌那些正毁掉意大利的政治流氓,也无法从历史和道德方面证明这场战争的正当性,请参考 Omodeo, *Lettere*, pp. 266, 137。

40. 关于奥莫代奥在适应平民生活时遇到的问题,请参考同上, p. 370 和 Zona, *Ricordi*, pp. 21—22, 27—28;关于他认为自己这一代受到了诅咒, Omodeo, *Lettere*, p. 365;有关他抱怨意大利统治者的愚笨无能, pp. 344, 368;关于他担心自己智慧已经耗尽, p. 360;关于他担心自己很难获得教授的职位, p. 364;关于他认为这个世界已经失去了一切道德良知, p. 371;关于他相信年轻人会找到解决意大利问题的方法, p. 366;关于他 1920 年写的一系列文章,"Educazione politica",再版时收录于 Omodeo, *Libertà e storia: Scritti e discorsi politici* (Turin, 1960), pp. 18—30。这些文章首次发表于 *L'Educazione Nazionale*,这是一份由前《声音》杂志社成员创办的刊物,目的是恢复"新一代的良知"。这份刊物创立的前提是,历史是由"少数大胆而又有理想的人创造的,他们给自己定了一个明确的目标,并以不可动摇的决心立志将其实现"。1920 年 1 月 15 日的 *L'Educazione Nazionale*。在首次呼吁成立"Fascio di Educazione Nazionale"的倡议书上签字的有皮耶罗·雅耶、贾尼·斯图帕里奇、朱塞佩·普雷佐利尼、乔瓦尼·阿曼多拉、朱塞佩·隆巴多—拉迪塞、乔瓦尼·秦梯利和皮耶罗·戈贝蒂。*L'Educazione Nazionale* 的编辑隆巴多—拉迪塞一再强调杂志的政治目的,他说创办杂志的目的是教育意大利的教育工作者。

41. 没有明确的证据表明奥莫代奥曾受到法西斯运动的吸引。他的妻子在回忆录中写道, 1922 年 10 月,奥莫代奥听说墨索里尼当选总理时,惊叫了一声:"可怜的意大利!" Zona, *Ricordi*, p. 29。有关奥莫代奥注意到法西斯主义缺乏道德原则而且具有颠覆性,请参考 *Lettere*, p. 419;关于他恳求秦梯利与法西斯主义断绝关系,同上, p. 418。之所以人们会以为 1924 年以前的奥莫代奥支持法西斯运动,那是因为他在谈论秦梯利对待法西斯主义的态度时用了第一人称的复数形式。因此奥莫代奥写信告诉秦梯利,"我们"被误导和欺骗了,"我们"必须和法西斯主义决裂。但是奥莫代奥的妻子说,她的丈夫是有意使用这些词语的,目的是使自己的老师更容易从日益恶化的局势中退出来。更重要的是,法西斯运动初期奥莫代奥过着一种几乎与世隔绝的生活。他似乎不太清楚国家的政治,而且主要还是受到意大利正走向灾难这一模糊(但却准确)的直觉的影响。Zona, *Ricordi*, pp. 27—35.

42. 关于奥莫代奥对战争的怀念和他写作这本书的野心,请参考 *Lettere*, p. 445。

43. 有关奥莫代奥对自己的书不受欢迎感到失望,请参考同上, p. 544;关于这本书对年轻

注　释

的反法西斯主义者的影响，Leo Valiani, "Adolfo Omodeo nel trentesimo anniversario della morte," *Annali della Facoltà'di lettere e filosofia dell'Università di Napoli*, 1976—1977, p. 55。

44. 有关奥莫代奥对意大利参战的解释，请参考 *Momenti*, p. 60。
45. 关于加罗内兄弟的信件，请参考 Giuseppe 和 Eugenio Garrone, *Ascensione eroica: Lettere di guerra dei fratelli Giuseppe ed Eugenio Garrone*, Luigi Galante 编辑 (Milan, 1919)；关于奥莫代奥认为社会群体应该根据他们达到的理想高度来判断，*Momenti*, p. 83。
46. 关于奥莫代奥对"好牧师"这个词的使用，请参考 *Momenti*, p. 127；关于他相信意大利军人的道德优势和意大利有统治其他民族的权利，同上，p. 57。
47. 同上，p. 124。
48. 同上，pp. 124—125。奥莫代奥和许多幸存者一样，为阵亡者的记忆所困扰。书的最后几页，他回忆了 1917 年一个春夜发生在前线一个安静地方的一件事。他正在圣米迦勒山（mount of San Michele）的一个山谷中溜达，那里是意大利战争最激烈的几场战斗发生的地方。远处炮声隆隆。伊松佐河（Isonzo River）的河床绕过荒凉的战场，奔向圣马蒂诺·德卡索（San Martino del Carso）那片废墟，那里是几千名士兵阵亡的地方。奥莫代奥向河边望去，月光下可以看见巨大的斯德罗西纳（Sdraussina）墓地，那里为圣米迦勒战役的无数死者提供了庇护。伊松佐的夜莺在灌木和坟墓间歌唱。在这个曾经发生过激烈战斗，此时却平静得不可思议的大坟场，奥莫代奥感到既恐惧又不安。"我感到一阵揪心的疼痛。我感到最优秀的那些人全都被杀死了，他们退入了一种封闭式的沉默之中，且把成千上万支部队进攻这座无情之山的动力和信仰也带走了。那些白色的坟墓仿佛多次风暴留下的泡沫。我们将成为他们的追随者，但是却没有他们的神秘力量。我的灵魂跪下来问那些死者，他们的秘密是什么，他们的安慰是什么，是什么使他们得以从永恒的战争梦魇中解放出来。"同上，p. 260。在一封 1916 年 11 月写给妻子的信件中，奥莫代奥把圣马蒂诺·德卡索遗址形容为"最恐怖"的一幕。"没有一面完整的墙，没有一块石头不在诉说那场殊死的战斗。" Zona, *Ricordi*, p. 20。
49. 欧金尼奥·加罗内对战争的疑问并没有出现在公开发表的书信中，但在他那些未发表的日记中却有提及，奥莫代奥也证实了这一点。请参考 *Momenti*, pp. 199—200。关于加罗内那代人的幻灭感，请参考同上，p. 232。
50. 同上，p. 45。
51. 同上，p. 180。
52. 关于战争所需要的优秀品质，请参考同上，p. 239；关于这些品质首先出现在军官身上的论断，pp. 239—240；关于奥莫代奥认为第一次世界大战和拿破仑战争一样伟大，p. 240。
53. 关于奥莫代奥认为死者留下的文字是一种诗歌，请参考同上，p. 258；关于他认为战败者的价值观感染了战胜者，以及死者的秘密，p. 259。
54. 奥莫代奥试图区分战争一代中优秀分子的自愿主义和外围分子的行动主义，可是没有什么说服力。他说，那些优秀分子都受到宗教观念的启发。同上，p. 250。
55. 关于葛兰西的家庭背景，请参考 Giuseppe Fiori, *Vita di Antonio Gramsci* (Bari, 1973 ed.)；Salvatore Francesco Romano, *Antonio Gramsci* (Turin, 1965)；他姐姐 Teresina 在 Mimma Paulesu Quercioli 编辑的那本 *Gramsci vivo* (Milan, 1977), pp. 11—21 中的回忆；以及葛兰西出版的著作，尤其是他在监狱里写的那些信。关于葛兰西认为历史可以代替宗教成为

现代人的信仰，请参考 2000 pagine di Gramsci, pp. 218—219。

56. 关于葛兰西转向社会主义，以及他从自己的生活经历出发认为社会主义所具有的重要意义，请参考 Romano, Gramsci, pp. 91—92。

57. 关于葛兰西认为马克思主义和克罗齐的唯心主义是 20 世纪欧洲最先进的两种思想，请参考同上，pp. 203—204；关于他认为每一次革命爆发之前，都会出现激烈的批判运动，2000 pagine di Gramsci, p. 191；关于他拒绝等待成为多数派，同上，p. 240。葛兰西第一篇发表在社会主义刊物的文章，为墨索里尼抨击社会党官方在战争期间绝对中立的立场进行了辩护。同上，pp. 177—180。有关葛兰西早期对墨索里尼有好感的论述，请参考 Romano, Gramsci, pp. 118—119。

58. 关于葛兰西把俄国革命理解为思想的解放，请参考 2000 pagine di Gramsci, p. 254；关于他声称布尔什维克知道必须征服思想，以及他对真正的马克思主义精神的解释，pp. 255—256；关于马克思是一名精神和道德生活大师，p. 291。

59. 同上，pp. 380—384。

60. 1925 年 4 月 1 日，葛兰西写道："我们是一个战斗组织……学习和文化对我来说只是从理论上认识我们最迫切和最高的目标，以及从理论上认识到把这些目标变为现实的最佳方式。"同上，pp. 741—742。

61. 葛兰西在被捕前几个月写的一篇文章中说，正是因为共产主义者都非常年轻，同时也因为他们与社会党的传统和统一组织没有利害关系，他们才能"[比塞拉蒂（Serrati）这些老社会党人] 更明显地意识到，上一代人无法完成反动风暴即将来临时所必须完成的工作"。同上，p. 771。

62. 对《狱中杂记》的解释出现了巨大的问题。这些杂记由许多的断简残篇组成，长度一般为一到两段，其中有些修订过、重新组合过，或者仅仅是在后面的杂记中重写了一遍。我们很难知道葛兰西打算用这些笔记做什么。他一开始写是作为一种思维训练，以对抗思想迟钝的影响。可是他又在信中说自己想做些高于现在的政治热情的脑力工作，也就是那种永恒的工作。后来他意识到这些笔记包含了对自己的政治和文化经历的思考，可能有普世价值，或者至少也有民族价值。但是他又不止一次警告说，不要把那些作者死后才出版因而永远也无法修改的作品看得过于重要。一部已经完成的作品永远不能和为准备文稿而收集的原始资料相混淆。当 Valentino Gerratana 编辑，由罗马的葛兰西学院（the Gramsci Institute in Rome）赞助出版的四册 Quaderni del carcere (Turin, 1975) 面世时，这些理解上的问题大部分消失了。Gerratana 的简介 (IV, xi—xli) 为我们了解原文的由来提供了很大帮助。

63. 有关对"历史集团"和"霸权"这两个词的详细研究，请参考 Angelo Broccoli, Antonio Gramsci e l'educazione come egemonia (Florence, 1972)。葛兰西认为常识是伟大知识分子的思想和大众风俗之间的一种调节。思想正是透过这种机制渗透到大众当中，并变成他们世界观的一部分。"常识不是一种时间和空间均相同的单一的概念。它是民俗式的哲学，而且和民俗一样有着数不清的形式。它最基本和最典型的特征在于，'即使在最杰出的头脑中'，它也只是一种符合大众社会和文化地位的分散、不连贯且前后矛盾的概念，这就是大众的哲学。"引自 Broccoli, p. 124, n. 54。换句话说，葛兰西的"常识"和奥尔特加的"信念"意思非常接近，但前者提供了一些方法，使我们得以凭经验确定这些信念如何体现在不同社会阶层的思维模式中。

64. *Quaderni*, III, 1560.
65. 关于上一代对年轻一代的教育，请参考同上，I, 115；关于代际冲突的原因，同上，I, 340, 以及 Broccoli, Gramsci, pp. 156—157；关于将感情转向自己的敌对阶层，以及阻止落后阶层将感情转向进步阶层的后果，*Quaderni*, I, 115—116；关于权力危机产生的原因，I, 311；关于中间一代缺失或软弱无力将导致的情况，以及下层阶级组建思想核心所遇到的困难，III, 1829—1830。
66. 关于资产阶级青年试图获得对工人阶级的领导权，请参考 *Quaderni*, I, 396—397；关于普雷佐利尼为奠定思想和道德变革的基础所做的努力，III, 2109—2110, 2188—2189。葛兰西对乡下和资产阶级寄生阶层的知识分子的批判，一直是 *Quaderni* 全书一个持续而统一的主题，请参考 II, 707—708；III, 2109—2110, 1880, 2204—2205；尤其是 III, 1692—1693, 他写道, 意大利知识分子无法建立一种民族团结感, 因为他们中绝大多数属于乡下资产阶级, 而这个阶级的经济地位只有靠榨空广大农民才能维持下去。因此, 要让这些人从言论转向行动, 就必须"彻底摧毁"他们自身的经济基础。
67. 关于资产阶级青年回到自己阶级的子宫，请参考同上，I, 396—397；关于缺少一个领导核心，I, 331。
68. 同上，III, 1717—1718。
69. 关于强大的一代会凸显前辈价值的说法，请参考同上，II, 947—948；关于马拉巴特这代人与普雷佐利尼以及帕皮尼那一代之间的比较，I, 8；关于年轻一代没有理想的说法，III, 1812—1813。
70. 关于葛兰西对奥莫代奥的看法，请参考同上，II, 1010—1011 和 III, 1983；关于他指责奥莫代奥以牺牲集体意识为代价来拔高自愿主义, III, 2212—2213。葛兰西认为, 自愿主义在意大利已经成为民众参与国家事务的代名词。伊塔洛·巴尔博写了一篇文章, 赞扬年轻志愿者在意大利历史上发挥的作用, 葛兰西在评论这篇文章时写道: "自愿主义的解决方案是专制的, 是自上而下的, 是形式上被人们习惯所说的'最佳'共识合法化了的。但是为了创造持久的历史, 仅有'最佳'并不足够；还需要更广泛和更多的民族—民间力量。"同上, III, 1998—1999。葛兰西在另一段笔记中分析了意大利知识分子（奥莫代奥即在其中）的家长式态度, 这些人用"下等人"（gli umili）这个词来指代老百姓。"对意大利的知识分子而言, '下等'（umili）这个词暗示着一种家长和族长式的保护关系、对自己无可争议的高尚地位'洋洋得意'的态度、上等人和下等人这两个种族之间的关系、旧式教育中大人和孩子之间的关系, 更糟糕的是,'防止虐待动物协会'（S.P.C.A）或盎格鲁—撒克逊救世军（Anglo-Saxon Salvation Army）对待新几内亚（New Guinea）食人族的关系。"同上, II, 1197。
71. 1932年, 葛兰西提到, Salvador de Madariaga 那本介绍当代西班牙的书新近翻译成意大利语, 书名叫做 *Spagna: Saggio di storia contemporanea*, 这本书有助于了解知识分子在君主制垮台过程中所起的作用。"近来西班牙肯定出现了大量关于这个问题的文学作品, 因为西班牙共和国是一个知识分子的共和国。西班牙的现象有它自身的特点, 这是由西班牙广大农民的特殊状况决定的。但是, 我们还是要把它和俄国知识分子、复兴运动期间的意大利知识分子、法国统治期间的德国知识分子, 以及18世纪法国知识分子所起的作用进行比较。然而, 西班牙知识分子在政治方面所起的作用有其自身的明显特点, 值得我们仔细研究一番。"同上, II, 1200。葛兰西显然没有开始这些研究, 也许是因为缺乏资料；他后来对欧洲和美国知识分子的比较分析 (III, 1513—1540), 并没有包括西班牙。

72. 葛兰西在《狱中杂记》一书中讨论的四代人——克罗齐那一代、普雷佐利尼那一代、马拉巴特那一代和20世纪30年代的年轻人——其间隔大致为15年。有关葛兰西对经济基础和历史变革之间关系的看法，请参考同上，III, 1917。与老师和学生之间那种正常而健康的摩擦不同的是，重大的代际变化使关系彻底破裂。葛兰西和奥尔特加对有效教学的理念其实非常相似。两人都认为，好的教师象征着他那个时代所能提供的最好的东西，这样才能使学生通过挑战老师而实现独立，并超越老师。学生的挑战，反过来也促进了老师的进步。在葛兰西看来，这也是两代人之间最合适的关系。曼海姆在一篇有关代际问题的文章中也提出了类似的观点。
73. 同上，III, 1514—1515。
74. 同上，II, 862—863。
75. 关于意大利知识分子既渴望革命又无法摆脱精英主义和保守主义的价值观，请参考Mario Isnenghi, *Il mito della grande guerra* (Bari, 1970), pp. 42, 83—85。还可参考他那篇虽然简短却颇为深刻的文章 *Giovanni Papini* (Florence, 1972)。Romano Luperini 在 *Letteratura e ideologic nel primo novecento* (Pisa, 1973), pp. 31—50, 75—78 中进一步阐述了 Isnenghi 的论点，并特别提到了《声音》杂志社的那批人。在描写20世纪初的意大利知识分子时，Luigi Salvatorelli 的 *Nazionalfascismo* (Turin, 1923), pp. 21—25 给了我很大帮助。Salvatorelli 对马克思主义者把法西斯主义解释为资本主义资产阶级（capitalistic bourgeoisie）的表现形式表示异议，他说，墨索里尼政党的力量和意识形态特色来源于受人文主义训练的小资产阶级知识分子对以无产阶级和工业资产阶级为代表的现代科学世界的反抗。Salvatorelli 说，小资产阶级把这些富有生产力的社会阶层贬为物质主义，这么做是在创造一个不再存在阶级的民族共同体的反神话。他没有把自己看成自己阶级的成员——因为小资产阶级并没有形成真正的社会阶层——而是把自己归为普通的爱国者或战斗者这一类。Salvatorelli 的分析存在一个缺陷，那就是没有明确解释小资产阶级的社会构成；但是，如果我们像意大利学者在20世纪70年代所做的那样，把它理解为受教育阶层（la classe dei colti），那么 Salvatorelli 的概念便和葛兰西描绘的知识阶层的中间群体一样，包含了同样松散的社会类别：律师、医生、官僚、建筑师、记者、中学教师和大学教授。

第六章 两个世界之间的漫游者

1. 关于利特雷对"代"的定义，请参考 Emile Littré, *Dictionnaire de la langue française*, I, part 2 (Paris, 1863), 561。
2. 有关启蒙运动和代际思想之间的关系，请参考 Theodor Litt, Das Verhältnis der Generationen ehedem und heute (Wiesbaden, 1947)。Ugo Spirito 在回忆"一战"爆发前盛行于意大利的文化革新氛围时写道："我们觉得自己正在做一件前所未有的事，虽然对转变有些担忧，但我们还是很高兴发现了一条新路。《青年》这首歌没有什么华丽的辞藻，[歌中]对春天和美的描写都很直接而且毫无保留。因此，对我们来说，年轻人的问题就是实际而丰满的人生本身的问题。我们就是年轻人，未来就是我们的未来。其他议题都是次要而有争议的。" Ugo Spirito, *L'avvenire dei giovani* (Florence, 1972), p. 12.（Spirito 的斜体字。）考虑到利特（Litt）的观点，Spirito 这本书的书名有了新的含义，因为利特认为在

注　释

19 世纪和 20 世纪的形势下，未来属于年轻人，因为他们是未来在现在的有形化身。关于代际主义和 19 世纪海外罗马尼亚学生中产生代际思维传统的有趣研究，请参考 Patrick H. Griffin, *Fathers and Sons in Nineteenth-Century Romania: A Study in Generational Thinking*（博士论文, University of Southern California, 1969）。

3. 关于青年组织，请参考 John R. Gillis, *Youth and History* (New York and London, 1974), pp. 133—183 ; John Springhall, *Youth, Empire and Society* (London, 1977) 和 Thomas Nipperdey, *Gesellschaft, Kultur, Theorie* (Göttingen, 1976), pp. 338—359。

4. 关于 19 世纪代际冲突的经济和社会原因，请参考 Friedrich H. Tenbruck, *Jugend und Gesellschaft* (Freiburg im Breisgau, 1962)；Karol Szemkus, "Gesellschaftliche Bedingungen zur Entstehung der deutschen Jugendbewegung"，收录于 Walter Rüegg 编辑的 *Kulturkritik und Jugendkult* (Frankfurt am Main, 1974), pp. 39—46；Bruno Bettleheim, "The Problem of Generations," *Daedalus*, 1962 年冬, pp. 68—96；以及 Fred Weinstein 和 Gerald M. Piatt, *The Wish to Be Free* (Berkeley, 1969), pp. 146—147, 179。

5. 关于青年被排除在成年人生活和工作的世界之外和人口发展的趋势对年轻人态度的影响，请参考 F. Musgrove, *Youth and the Social Order* (London, 1964), pp. 58—85；关于青年作为人生阶段在概念上的变化，Gillis, *Youth and History*, pp. 1—35, 98—105；关于青年包含的年龄范围不断增加，Tenbruck, *Jugend und Gesellschaft*, p. 47；关于欧洲各国和各年龄组人口的分类明细，B. R. Mitchell, *European Historical Statistics* (New York, 1976), pp. 28—54。

6. Richard Alewyn 在他那篇重要的文章 "Das Problem der Generation in der Geschichte," *Zeitschrift für deutsche Bildung* 10 (1929): 519—527 中解释了各种形式的特殊主义（particularisms）的衰落和代际意识的兴起之间的联系。有关 1870—1914 年间地方衰落和民族意识的兴起的案例研究，可以参考 Eugen Weber, *Peasants into Frenchmen* (Stanford, 1976)。

7. Martin Heidegger, *Sein und Zeit* (Halle, 1928), p. 394。

8. 我把知识分子看成一种社会类型的概念，主要是受到葛兰西的 *Quaderni*，尤其是 III, 1413—1440 的影响；但是我发现有必要把那些靠写作为生和不靠写作为生的知识分子区分开来，而不是像葛兰西那样，把传统和有组织的知识分子区分开来。我们需要对 20 世纪初欧洲形形色色的知识分子做类型学上的划分。 Theda Shapiro 在 *Painters and Politics: The European Avant-Garde and Society, 1900—1925* (New York, 1976) 一书中指出，在对待社会的态度方面，画家和作家可能有着很大的不同。

9. "知识分子阶层只是在文学作品中表现他们自己……因此，我们必须明确知道知识分子通过其特定的职业手段服务于何种利益。这种利益是人的基本利益：与他的职业和职位直接挂钩的利益；他所属群体的利益；他所依赖的那些人所施加的物质和道德压力；日常工作、恐惧、野心和嫉妒等心理情结；具体的精神利益；等等。因此，当我们尝试在思想史上确立每一代人的先后次序时，一定不要犯以偏概全的错误，而说出'某某和某某如此认为，所有人肯定都如此认为'这样的话。思想史比这更细致；为了完整地描述它，我们必须扩展我们的研究，查阅那些中立的档案，也就是说，那些诚实地反映了我们祖先'思想多元化'的档案。" Jaime Vicens Vives, *Approaches to the History of Spain*, p. xx.

10. 事实上奥尔特加为 1521—1611 年这段时期制作了这样一个表格。这个表格出现在 *Obras completas*, VIII, 660—661。

11. 理查德·奥尔丁顿这么描写他自己那一代："成年人的生活被清楚地分为三个部分——战前、战争期间和战后。奇怪的是——也许没那么奇怪——许多人会跟你说战前的生活已经完全从他们的记忆中抹去。战前就好像是史前一样。在那些无比遥远的日子里，我们都做了什么，有些什么感受，我们活着是为了什么。人们觉得必须以考古的态度对待1900—1914年那段时期，由专家通过分析蛛丝马迹艰难地向我们重现。"Aldington, *Life of a Hero*, pp. 224—225.

12. "上到脑袋，下到心脏和胃，生活节奏极大地影响着人们的生活质量；生活节奏本身受到普通交通节奏，也就是人们从一地到另一地的正常移动速度的巨大影响。在描述童年时代时，我会说在19世纪的80、90年代，当你在育儿室里睡着时，你听到的伦敦交通节奏，是单马四轮马车、单马双轮马车和四轮马车走在伦敦街道上发出的嘚嘚的马蹄声，这种节奏和步调进入了你的血液和大脑，因此某种程度上我从未完全适应伦敦那些呼啸而过的汽车的节奏。1886年的生活节奏是马蹄声，比今天呼啸而过的汽车要悠闲得多。" Leonard Woolf, *Growing* (London, 1967), p. 31. Woolf 生于1880年；大部分自称为1914年一代的知识分子都在汽车声和引擎的声音中长大。例如，奥斯伯特·希特维尔(1892)在回忆录中提到"他们[他母亲]那一代和接下来一代那种毫无目的的对速度的激情——也可以说包括我这个汽车迷——将变得如此强烈，以至于不以60公里/小时或者更高的速度行驶，他们不会感到快乐"。Sitwell, *The Scarlet Tree* (Boston, 1946), pp. 232—233. 有人怀疑希特维尔那一代是这样，但他妈妈那一代不是。

13. Nicholas Mosley, *Julian Grenfell*, pp. 113—114.

14. "对抗自然规律的文化"这个短语来自欧仁·韦伯那篇未发表的文章"Barrès: un héritier"。

15. "20世纪初的人再也不能把历史奉为上帝，但他也不能让自己沉迷于晚期的神秘浪漫主义；简而言之，他再也不能满足于跪在拿破仑或帕西法尔（Parsifal）面前。" Giovanni Amendola, *Etica e biografia* (Milan-Naples, 1953 ed.), p. 168.

16. 关于我们应该在其他人身上打上我们的不朽印记这一说法，请参考 Miguel de Unamuno, *Tragic Sense of Life* (New York, 1954 ed.), p. 278。

17. 关于楚克迈尔，请参考 *A Part of Myself*, p. 127。

18. 亨利·弗兰克，*Lettres à quelques amis*, pp. 135—137。弗兰克又说，"我们资产阶级永远无法看到应许之地，无法把自己和人民的英勇事迹积极联系在一起，无法成为人民的一部分，因为我们很久以来就不属于他们了，我们的作用——我的职责……是，为他们将要建造的文明让路，向他们指出那些不该摧毁的东西和那些必须尊重的价值观"(pp. 137—138)。可是，如果确信人民无意挽救和尊重那些神圣的价值观，这些资产阶级将会作何反应？这将成为弗兰克这一年龄层的许多知识分子的困境。

19. 这段引文来自自由主义者乔瓦尼·阿曼多拉的文章"La grande illusione" (1911)，收录于 Romanò, *La Voce*, p. 304。

20. 有关战争和风雨来临前的比喻，见 *The Diary of Otto Braun* (London, 1924), p. 19。这类比喻比比皆是。有个法国人回忆说："这种焦躁不安……不是那种预感到风雨欲来并开始在黑压压的天空下四处活动和刨土的动物，而是振作起来准备殊死一搏的斗士。" Pierre Dominique, *Quatre hommes entre vingt*, p. 129. 1913年有个意大利人写道："我们的生命和文化中，有个东西像阴沉的天空一样悬在我们头上。" Giovanni Boine, 刊载于 Romano,

La Voce, p. 576。有关鲁珀特·布鲁克的引述，见 *1914 and Other Poems*, p. 11；有关布鲁诺·弗兰克的引述，Jack J. Roth, *World War I: A Turning Point in Modern History* (New York, 1967), p. 8；有关贾尼·斯巴里奇的描写，*Il ritorno del padre* (Turin, 1961), pp. 175—176；有关德里厄·拉罗谢勒德描写，*Interrogation*, p. 86；有关奥尔特加的描写，*Obras completas*, X, 251。Max Scheler 在 1914 年写下下面这句话时，只是有些夸大："我们在调查这场战争的起因时，永远不应该忘记它首先是年轻一代的战争——欧洲青年的战争！"引自 Otto-Ernst Schüddekopf, *Linke Leu te von rechts* (Stuttgart, 1960), p. 104。

21. 萨松在 *Counter-Attack*, p. v 中引述了巴比塞的话；关于雷马克，请参考 *All Quiet on the Western Front*, pp. 162—163；关于奥尔丁顿，*Death of a Hero*, p. 227；关于奥莫代奥，*Momenti della vita di guerra*, p. 145。

22. 关于战争是受苦而不是上场杀敌，请参考 Emmanuel Berl, *A contretemps* (Paris, 1969), pp. 166—167；关于把前线士兵比喻为麻风病人，Carl Zuckmayer, *Als wär's ein Stück von mir* (Frankfurt and Hamburg, 1969 ed.), p. 193；关于失去热情和身份，Ernst Toller, 引述自 Hanna Hafkesbring, *Unknown Germany: An Inner Chronicle of the First World War Based on Letters and Diaries* (New Haven, 1948), p. 66。

23. Pierre Teilhard de Chardin, *The Making of a Mind: Letters from a Soldier-Priest* (New York, 1965), p. 205。还可参考泰亚尔的文章"La Nostalgie du front"，收录于 Teilhard de Chardin, *Ecrits du temps de la guerre* (Paris, 1965), pp. 203—214。对前线的怀念当然混合着对国内平民的疏离。很少有士兵像盖伊·查普曼 (1889) 这样客观地捕捉到这种疏离的本质。查普曼于 1916 年秋回到英国，这是他第二次休假。"现在每一次轮到休假，我都会发现英国的明显变化。或者这只是我自己个人的感觉？尽管战争对我造成的负担要比其他人轻得多，但也已经足够沉重。我就像暖房里的植物一样逃无可逃。出发时的纯真已经消失得无影无踪。我的成长速度比我所知道的要快。在这个过程中，我离英国越来越远了。要让那些没有经历过这场战争的人通过所有的感官来理解这场战争，因为必须理解它，我认为——我想现在依然是——是不可能的。坐在沙包和波纹形铁皮构筑的掩体下，冷得瑟瑟发抖，看着堑壕壁上冰冻的皱褶，听着天空被爆炸声撕裂，被枪炮声捶打，闻着上百种恶臭的气味，动物的和矿物的，在泥浆中混在一起，舌头因为长期吸烟而发苦，我任由自己的思绪逐渐地远离家乡。我发现信中没什么好说的。一切交流都是'失礼'，就像句子被子弹打碎了一样。因此回到伦敦的我，感到非常陌生，我像中国人一样，用新奇的目光打量当地人，痛苦地忍受着来自其他文明的全部偏见。随着战争横扫整个法国，美丽的风景被涂上污泥，平民的生活也受到了玷污。伦敦看起来更甚，声名更加狼藉。它的威仪因为紧张而消失了。它已经腐烂。海外的士兵和国内的平民和士兵之间正滋生着一股敌对情绪；海外的士兵认为，那些人在抓紧机会千牟取暴利、纵酒、吸引女人的勾当。到处流传着高价倒卖煤炭、面粉、羊毛、茶叶等生活必需品的丑陋故事，以及农民获利、酿酒商赚得盆满钵满的故事。1914 年的价值观已经变质了，英国人正学会只尊重一样东西，钱，而且最好是快钱。法国的情况要好一点。那里评判一个人的标准是他的品德，而不是他的成就。你发现自己萌生出了对这些守在家里的英国人的厌恶之情。人们也许会想起，和敌人做生意是自马尔伯勒时代以来英国人的习惯。拿破仑军队穿的鞋不就是英国提供的吗？但是，当武装起来的是整个国家而不是某个王朝时，这种人类的习惯性贪婪似乎无法成为谅解的理由。寒冷刺骨的冬夜，当我们乘坐一辆窗户早已不见踪影的火车缓缓驶向前线时，我脑子里翻腾的正是这些令人沮丧的思绪。" Guy Chapman, *A Passionate Prodigality*, pp. 138—139.

24. 关于蒙泰朗对战争起因的描述，请参考 Romans, p. 77；关于曼宁，Her Privates We, p. 83；关于战争是一趟驶往未知世界的旅程，Teilhard de Chardin, Ecrits du temps de la guerre, pp. 204—206。

25. 有关诺埃尔·考沃德对同志情谊的评述，请参考 "Post Mortem," 再版时收录于 Play Parade (London, 1934), I, 632, 617。

26. 正如恩斯特·云格尔一样，他参加了四年战争后回到了家乡，他发现"在自己没有思考的情况下，祖国的概念已经从所有这些苦难升华为一种更加清晰和明亮的精神。这是一场经常被押上所有赌注的比赛取得的最终胜利：对我来说，国家不再是一个隐藏在符号后面的空洞思想。" Jünger, The Storm of Steel, p. 316. 在后来出版的德语版本中，这段话被删除了。

27. 这段有关学会了解事物的确切价值的引述摘自 Curzio Malaparte, L'Europa vivente, pp. 443—444。牛津大学的古典学者 Maurice Bowra 后来写道，战争使他学会了保护自己的精神生活免受一切外来的侵扰，并给了他一种与其他阶层和等级的人休戚相关的感觉。"入伍之前的我，在一个非常高贵的特权阶层中生活，对其他人的生活方式一无所知也丝毫不感兴趣。战争使我看到了人类的基本相似之处和那些人为造成的差别的荒谬之处。就连家长式的照顾也毫无意义，因为虽然照顾手下是我的职责，但照顾我的经常是他们，比我更有能力处理突发危机的也是他们。" C. M. Bowra, Memories 1898—1939 (London, 1966), p. 91. 法国文学评论家 Jean Paulhan 解释说，战前他梦想着逃离文明，去一个野外和野蛮人的世界，战争使他实现了这个梦想，虽然情况和他预想的正好相反。然而，尽管战争的残酷狠狠地嘲笑了他战前的看法，但他还是很快有了一种富足和安宁之感。这种感觉并不像他战前所想的那样，源于原始生活提供的自由，而是源于自然界和敌人强加的限制。在能够摆脱这些限制的有限几个瞬间里，他的精神世界得到了极大的丰富。"环绕我们四周的广袤土地那时参与了我的精神生活。我想象着它的宏伟和变化：草地、森林、可利用的土地，其方式和我想象自己的感觉时完全一样，而且同样轻松自在。" Paulhan 说，这种对战争的"赞同"，源于战争使他的优先权体系变得清晰。无处不在的子弹和炸弹使人们不再认为自己的幸福取决于阳光雨露这些偶然性因素。就连脱离危险的片刻瞬间也给精神带来了一种"深刻而柔软的感觉"。Jean Paulhan, Le Guérrier appliqué (Paris, 1962), pp. 49—50.

28. Drieu la Rochelle, Sur les écrivains (Paris, 1964), p. 88.

29. 有两段引述阐明了这个观点，一段是一个支持左翼的人说的，另一段是一个后来支持法西斯主义的人说的。第一段摘自 Ernst Toller 的自传。"在那片死亡之地，我们一起蹲在矮墙下，或者在地下掩体里挤成一堆，在炸毁的林子和村庄里，在纷纷掉落的弹片下方，在星光下，我们不是向我们的朋友发过誓吗？我们那时不是以一切最神圣的东西发过誓，要让战争诞生一件好事———一场青年的革命吗？欧洲必须重建，必须重新铺设它的地基。我们的父辈背叛了我们，而那些尝过战争滋味的年轻人，那些坚韧不拔而又冷酷无情的年轻人，他们将开始彻底的清理。如果我们没有权利这么做，谁有？" I Was a German (London, 1934), pp. 94—95. 第二段来自德里厄·拉罗谢勒虚构的战争回忆录。德里厄设想了自己和朋友母亲的一次对话，后者试图说服他去竞选下议院（Chamber of Deputies）。她表示愿意提供金钱和人脉，但是德里厄拒绝了。这个女人仍不死心，于是有了下面这段对话："'但我不是左翼。''那你是右翼吗？这完全没有关系。''我也不是右翼。''那你的政治立场是什么？''我反对那些老年人。''我明白了，就是这样。''可

注 释

是不对啊，夫人，那些老人既支持左翼又支持右翼。'" Drieu la Rochelle, *La Comédie de Charleroi*, p. 97. 1922 年，德里厄把自己那一代定义为在战壕中发现自己的年轻人。"一块铁幕使他们与世隔绝，与善良隔绝，同时憎恨自己。后方的老年人觉得只有他们自己才有想法。这就是我们留下的全部，这个可怕的现实：我们应该怎么称呼它，团体精神（l'esprit de corps）？……我们是一代人。" *Mesure de la France*, p. 139.

30. "任何生于，比如说，1904 年之后的欧洲知识分子，都是在一个他们认为危险而残酷的世界度过了他们的青少年时期。但是如果你跟我一样生于1894 年，你会突然发现镜子上有一道锯齿形的巨大裂缝。从那以后，你将无法摆脱一个想法，那就是1914 年一个世界画上了句号，而另一个世界则在1919 年前后开启，它们之间隔着一片处于合理的时代之外的、由烟雾和烈焰组成的荒野。" J. B. Priestley, *Margin Released* (London, 1962), p. 88. 关于新世界诞生于前线这一观点，请参考 1917 年 9 月 23 日皮埃尔·泰亚尔·德·夏尔丹写给侄子的一封信，信中说："我认为人们可以证明前线并不仅仅是火线，不仅仅是因两国交火而遭到破坏的裸露区域，而是把人类世界送往新命运的'潮头'。当你结束了白天比平时更多的行动，夜里凝视着那个被信号弹照亮的地方时，你似乎感觉到自己正处于已经取得的成就和正努力展现的事物之间最后的分界线上。不仅行动在一种强烈而又完全平静的爆发中达到高潮，并扩大至庞大的规模（它在其中发挥作用），头脑也获得了某种类似于对人类整体前进的总体看法，而且并没有感到迷失。" Teilhard de Chardin, *The Making of a Mind*, pp. 203—204.

31. "如果我们 1916 年带着我们所受的苦难和经验的力量回到家乡，我们可能会掀起一场风暴。现在如果回去，我们将感到困乏、沮丧、疲惫、无家可归和没有希望。我们将再也找不到自己的出路。人们将无法理解我们——因为我们前面那一代虽然这些年一直和我们待在这里，但他们已经有家，也有工作；现在他们将回到他们原来的职业，这场战争将被他们遗忘——而我们后面那一代将对我们感到陌生，并把我们推到一边。我们甚至对自己也毫无意义，我们将会变老，少数人将会调整自己，另一些人将只知道屈服，更多的人将感到不知所措——一年年过去，到头来我们将一无所有。" Remarque, *All Quiet on the Western Front*, pp. 317—318.

32. 没有哪个诗人像 Maurice Betz 一样准确地捕捉到年轻退伍军人对未来的期望，以及这些期望带来的焦虑。请参考他的诗歌 "Nous"，收录于 *Scaferlati pour les troupes* (Paris, 1921), pp. 104—106。

33. 我认为，这种不可思议的期待解释了，为什么阐述退伍军人改造平民生活失败的书大部分不尽如人意。例子可以参考 Roland Dorgelès, *Le Réveil des morts and Bleu horizon* (Paris, 1944)；Philippe Barrès, *Ainsi l'albatros* (Paris, 1933) 和 Edwin Erich Dwinger, *Wir rufen Deutschland: Heimkehr und Vermächtnis* (Jena, 1932)。这些作者为老兵"落败"给出的理由——他们的人数太少，被上一代人背叛，被享乐的幻想所吸引，被逆向选择的过程剥夺了天然的领导权，或者被他们自身的力量击垮——没有一个经得住推敲。整个 20 世纪 20 年代，对幸存者的状况分析得最有说服力的退伍军人，据我所知，只有 Lucien Romier。Romier 指出，有一条几乎固定不变，且在法国屡屡奏效的历史规律证实，一代人只有在完成他们的知识和道德教育二三十年后，才能对公共事务施加重要的影响。年轻人所能做的，就是为自己未来的角色做好准备。因此，谴责年轻人消极顺从或者说他们被上一代人打败都是不切实际的。Romier 和大多数幸存者一样，为损失了大批潜在的统治精英感到担忧。Romier 说，战争对代际机制的影响有三个。通过摧毁这么多一流的

292 年轻头脑，战争加重、增加和分散了幸存者的任务，使他们失去了变革的可能性；战争使他们更容易受到上一代人的吸引，从而打破了他们群体内部的同质性；最后，战争使他们失去了群众的支持，这些人本来随时可以使他们的行动获得大批支持者。由于这些损失，幸存者那一代也许注定只能充当教育者的角色。也许他们所能做的，就是让下一代为他们的任务做好准备。但是 Romier 依然相信，总有一天，"被毁灭的一代"会掌握社会各个角落的控制权，即使只是为了保证文化传统的延续性，并在他们的长辈和后代之间架起一座桥梁。与此同时，Romier 又建议自己这代人开始工作。只有放弃夜间娱乐的诱惑，他们才能完成自己的使命，那就是建立现代信仰，并恢复权威的基础。Lucien Romier, *Explication de notre temps* (Paris, 1925), pp. 267—268.

34. 萨松的同僚朱利安·多德（Julian Dodd）在读完 *Memoirs of an Infantry Officer*（萨松书中给他起的名字是朱利安·多利，Julian Dorley）之后，给萨松写了一封信，追忆了回归平民生活的难处。这封信特别有意思，因为多德努力想从十年平民生活的角度重新评价这场战争的意义。"至于这场世界大战的普遍问题，虽然它是我人生中迄今为止最大型的一次经历，但总体上却让人感到厌烦和恐怖，只有日常生活中似乎离我们很远、几乎完美的战壕精神，才能使我们摆脱那种彻头彻尾的兽性。回来后很长时间我都觉得自己像一条在马路上被车碾过的爬虫，但是通过在尘土和污垢中不停扭动，终于来到了安全的地方。我现在知道自己只是一个普通和有良知的人，当面对反常的突发情况时，只是迎难而上，而且幸运地没有因为慌张而做出什么不光彩的行为。我还认为，经过这一切之后，我们的写作和思考中多了一些追求真诚的真正努力，我们被告知，这说明和好战的游牧民族比起来，更接近文明的人才是更顽强的斗士。我担心，这种论证方式过于昂贵，那些数据也不一定有很大的内在价值。" 1929 年 1 月 7 日多德写给萨松的信，现藏伦敦帝国战争博物馆西格夫里·萨松信函部。关于这场战争对退伍军人记忆和感性认知的影响，请参考 Richard Aldington, *Life for Life's Sake*, pp. 188—189。奥尔丁顿形容某些气味、声音和情景就像"被鞭打的羊群"冲破了"辛辛苦苦建造起来的遗忘之墙"，使战争的记忆在战争结束后很久依然没有消失。

35. Sassoon, *Siegfried's Journey*, p. 160. *Flight without End* 是 Joseph Roth 写的一本小说，德语版于 1927 年面世。这本书讲述了 Roth 的朋友 Franz Tunda 的故事，Tunda 与 Roth 气味相投，且和 Roth 一样生于 1894 年，战争结束后他漫无目的地从一个城市转到另一个城市。"他没有工作，没有爱情，没有欲望，没有希望，没有野心，甚至没有自我。在这个世界上，没有人像他这么多余。" *Flight without End* (Garden City, 1930), p. 299.

36. Charles Carrington, *A Subaltern's War*, p. 208. 理查德·奥尔丁顿的声明证实了卡灵顿的话。"我很快意识到，我回来的伦敦和我 1914 年离开时的伦敦不一样，更不用说战前的伦敦了。一切都是扭曲的。街道又脏又破——没有人打扫，而且已经多年没有维修或者油漆了。主干道上甚至出现了坑洞。体面、整洁而友好的伦敦人，已经变得和那些受了更大煎熬的法国人一样暴躁和自私。除了回来的士兵和债务，其他一切东西都短缺。人们在不完善的交通系统中争夺位置——一个习惯给女士让路的男士是无法挤上公共汽车的。食物稀少且非常昂贵。几乎不可能找到公寓或寄宿的地方，因为伦敦挤满了大量的'战争工人'，这些人依旧赖在自己的职位上不肯离开。人都在争先恐后地争夺新世界的金钱和职位，那种无节制的程度，在我这个见识过以前严肃的英国的人看来，实在是不可思议。我惊讶地看着国人的堕落，这种堕落只有我自己能看到，他们看不到，因为我长期不在这里。我不安地问自己是否没有堕落，在我看来，我也堕落了。" *Life for Life's Sake*, pp. 203—204.

注　释

37. 有关旅行指南靠不住的观点，请参考 Joseph Roth, Romane, *Erzählungen, Aufsätze* (Cologne and Berlin, 1963), p. 514；关于蒙泰朗，*Romans*, p. 632；关于卡赞扎基斯，*Report to Greco* (New York, 1965), p. 243；关于逃离的渴望，Louis-Ferdinand Céline, *Voyage au bout de la nuit* (Paris, 1952 ed.), p. 231；关于对查理的迷恋，Philippe Soupault, *Charlot* (Paris, 1957)。

38. Blaise Cendrars, *L'Homme foudroyé* (Paris, 1945), p. 288.

39. 关于桑德拉尔德座右铭，请参考 *Emmène-moi au bout du monde* (Paris, 1964), p. 194；关于他唯一的人生信条，*Moravagine* (Paris, 1956), p. 393；关于他自称是社会和文化精英的反面，*Une nuit dans la forêt* (Paris, 1964), pp. 15—16。

40. 关于渴望走过一块移动的背景幕布，请参考 Jean Cave, *Examen de conscience* (Paris, 1926), p. 45；关于离开的定义，for the definitions of departure, Roland Dorgelès, *Partir* (Paris, 1926), p. 25。"动身！动身！他重复着……多么醉人的一个词。你几乎要说它是一个人在世界上打开的一扇门。同上，p. 155。

41. 关于泰亚尔·德·夏尔丹，请参考 *Ecrits du temps de la guerre*, p. 206；关于恩斯特·费舍尔，*Errinerungen und Reflexionen* (Reinbeck bei Hamburg, 1969), p. 10。

42. 有关对战争一代可能永远无法活着看到应许之地的担心，请参考 Adriano Tilgher, *Storia e antistoria* (Rieti, 1928)；有关和尤利西斯一样流浪是思想和生命最高贵的地方，Emmanuel Berl, *La Mort de la pensée bourgeoise* (Paris, 1929), pp. 9—10。有关英国人把 20 世纪 20 年代描写为两个世界之间的一块荒原，请参考 Ruth Holland, *The Lost Generation*, pp. 175—176, 226, 尤其是 p. 231, 作者写道："以前那些应该开花结果的幸福状态，都被一扫而空。没有什么东西可以依附，没有什么安全感可以让生命在其中生根发芽和茁壮成长。生命是从饥饿、紧张、疲倦的手中飘出的一缕缕丝絮和影子。"

43. "当我说'年长'这个词时，我并不是指一种时间的先后顺序。我认为有些人生来就是老了，有些人 20 岁就老了，精神和肉体都行将就木，而有些人 70 岁了……却依然有着阳刚青年的活力和热情。Mussolini, *Opera omnia*, XI, 81. 墨索里尼于 1918 年写下这段话。第二年，当时 43 岁的穆勒·范登布鲁克甚至走得更远："青年和年龄没有关系。青年和态度有关。青年想要进步。青年是不相信一切现存的和他认为做得不好的东西。1919 年一代将重新拾起 1872 年一代未能完成的工作。一代人在另一代人身上继续存在。现在 1888 年那一代的局外人［例如穆勒］匆忙赶来加入 1919 年一代，就像 1872 年一代在 1888 年那代人身上继续存在一样。" Arthur Moeller van den Bruck, "Die drei Generationen," 1919 年 12 月 1 日的 *Der Spiegel*, pp. 9—10。

44. 关于法国布尔什维克革命的支持者对代际思想的运用，请参考 Robert Wohl, *French Communism in the Making* (Stanford, 1966), pp. 114—207；关于法国退伍军人组织对代际思想的运用和解释，Antoine Prost, *Les Anciens Combattants et la société française* (Paris, 1977), 特别是 III, 135—137；关于英国、美国、法国、意大利和德国的退伍军人组织，Ward, *The War Generation*。

45. 有关论述共产主义和法西斯主义政党领导层中相对年轻群体的历史文献，请参考 Juan J. Linz, "Some Notes toward a Comparative Study of Fascism in Sociological Historical Perspective"，收录于 Walter Laqueur 编辑的 *Fascism: A Reader's Guide* (Berkeley and Los Angeles, 1976), pp. 43—47。关于吸引德国右翼和左翼激进分子的思想意识，Schüddekopf

在 *Linke Leute von rechts* 一书中作了详细分析。

46. "金钱"、"暴民"和"思想"是经常出现在奥斯瓦尔德·莫斯利爵士的法西斯主义著作中的三个词，它们表达了所有法西斯主义观点的核心思想。关于法西斯主义思想的概述，请参考 Emilio Gentile, *Le origini dell'ideologia fascista*。

47. 按照 Daniel J. Levinson 的观点，所有人都必须在 40—45 岁之间修改自己对未来的梦想和憧憬。对于像恩斯特·云格尔这样生于 1895 年的人来说，他们的中年危机将出现在 1935—1940 年之间。事实上，云格尔的政治观点确实在这一时期发生了根本的变化。有关中年危机的理论，请参考 Levinson 等人，*The Seasons of a Man's Life* (New York, 1978)，特别是 pp. 191—304。Levinson 发现，奥尔特加的生命周期和代际顺序理论和自己对 1923—1934 年出生的美国人进行采访后所得出的结论非常吻合。请参考 pp. 28—29, 323。

48. 1914 年一代的成员很少评论代际思想以及他们对这种思想的使用。奥斯瓦尔德·莫斯利爵士是个例外。作为一名直到 20 世纪 40 年代末都不思悔改的代际主义者，莫斯利在 1968 年的自传中有几页描写了有趣的"青年放荡生活"。这名前法西斯领导人承认自己在职业生涯初期得到了英国政界领导人的支持，他说："代际之间的斗争比阶级之间的斗争还要愚蠢，因为根本就没什么理由。它几乎总是意味着一方或者另一方知识上的不足：到了某个知识水平，代际冲突将戛然停止。"莫斯利又说，导致政治中产生青年崇拜的，是年轻人逃离垂死社会的野心和本能渴望。"当前的老年人和那些虚假的年轻人已经声名狼藉，因为他们试图执行的政策注定会失败。"Mosley, *My Life*, pp. 134—135。这两件事无疑说明莫斯利在其职业生涯之初运用过这一理念。莫斯利在最初的政治行动中，有一次向青年和社会进步联盟（League of Youth and Social Progress）演讲时谴责了"那些仿佛从古墓中走出来的死老人们"。同上，p. 128。关于莫斯利后来在演讲中对代际言论的使用，请参考本书的第三章和 Sir Oswald Mosley, *Mosley: The Facts* (London, 1957)。

图片及引文出处

图片

P63 下行右图：*The Generation of 1914*/Portrait of Henri Franck in 1905 by Jacques Briss. From the frontispiece to La Danse devani l'arche (Paris, 1912). Bibliothèque Nationale

P66 下行左图：*The Generation of 1914*/New York Times News Service

P66 下行右图：*The Generation of 1914*/Bibliothèque Nationale

P125 至 P126：*The Generation of 1914*/Archiv für Kunst und Geschichte, Berlin

P128 上图：The Digitized Collections of the Staatsbibliothek zu Berlin

P130：Alamy/ 视觉中国

P185 下行图：*The Generation of 1914*/Courtesy, Rupert Brooke Trustees, King's College, Cambridge

P189 上行右图：*The Generation of 1914*/Radio Times Hulton Picture Library

P308：*The Generation of 1914*/Courtesy, Professor Giuseppe Prezzolini and Rusconi Editore

P311 上图：*The Generation of 1914*/Professor Pietro Omodeo

P312：*The Generation of 1914*/Courtesy, Istituto Gramsci

其余图片源自 Wikimedia Commons. Public domain

引文[*]

谨对以下材料出处表示感谢：

维拉·布里顿，*Testament of Youth*，1933；经 Victor Gollancz Ltd. 允许。

鲁珀特·布鲁克，*The Letters of Rupert Brooke*，主编 Geoffrey Keynes，1968；经 Harcourt Brace Jovanovich, Inc. 和 Faber and Faber Ltd. 允许。

T. S. 艾略特，"Gerontion"，选自 *Collected Poems 1909—1962*，1936 年的版权所有者为 Harcourt Brace Jovanovich, Inc.；1963 年和 1964 年版的版权归 T. S. 艾略特所有。再版得到了 Harcourt Brace Jovanovich, Inc. 和 Faber and Faber Ltd. 的许可。

安东尼奥·葛兰西，*Quaderni del carcere*，1975；经 Giulio Einaudi Editore 允许。

T. E. 劳伦斯，*The Letters of T. E. Lawrence*，主编 David Garnett，Jonathan Cape Ltd.，1938；经 Letters of T. E. Lawrence Trust 允许。

阿道夫·奥莫代奥，*Lettere 1910—1946*，1963 和 *Momenti della vita di guerra*，1968；经 Giulio Einaudi Editore 允许。

何塞·奥尔特加·伊·加塞特 *Man and Crisis*，1962；经 W. W. Norton & Company, Inc. 和 Soledad Ortega 夫人允许。

威尔弗雷德·欧文，*Collected Poems*，编辑 C. Day Lewis，1946 年和 1963 年版的版权所有者为 Chatto and Windus Ltd.；再版得到了 New Directions, Chatto and Windus Ltd. 和 The Owen Estate 的许可。

威尔弗雷德·欧文，*Collected Letters*，主编 Harold Owen 和 John Bell，1967 年版的版权所有者为 Oxford University Press；再版得到了 Oxford University Press 的许可。

埃兹拉·庞德，*Personae(Collected Shorter Poems)*，1926 年版的版权为埃兹拉·庞德所有；再版得到了 New Directions 和 Faber and Faber Ltd. 的许可。

西格夫里·萨松，*The Old Huntsman*，William Heinemann，1917 和 *Counter-Attack*，William Heinemann，1918；经 G. T. Sassoon 和 Sir Rupert Hart-Davis 许可。

西格夫里·萨松，*Collected Poems*，1918 年版的版权所有者为 E. P. Dutton and Co.，1946 年西格夫里·萨松续了版权；经 Viking Penguin Inc. 允许。

西格夫里·萨松，*Memoirs of a Fox-Hunting Man*，1967 年版的版权所有者为 Siegfried Lorraine Sassoon，1956 年版的版权所有者为西格夫里·萨松，1929 年版的版权所有者为 Coward-McCann, Inc.；使用 Giniger/Stackpole 1967 年出版的 *The Memoirs of George Sherston* 时经得了版权方和 Faber and Faber Ltd. 的同意。

西格夫里·萨松，*Memoirs of an Infantry Officer*，1967 年版的版权所有者为 Siegfried Lorraine Sassoon，1957 年版的版权所有者为西格夫里·萨松，1930 年版的版权所有者为 Coward-McCann, Inc.；使用 Giniger/Stackpole 1967 年出版的 *The Memoirs of George Sherston* 时经得了版权方和 Faber and Faber Ltd. 的同意。

---

[*] 本附录原为英文版引文出处页，中文版根据英文原书译出。——编注

索 引

（按汉语拼音顺序排列，页码见本书边码）

1885 年一代（Generation of 1885）8, 9, 10, 16

1898 年一代（Generation of 1898）125, 127—128, 156, 158, 273n44

1902 年阶层（Class of 1902）见"代""战后"

1914 年一代（Generation of 1914）：迷惘的一代（as lost）2, 4, 45, 110—116, 135, 203, 222, 250n71；被献祭的一代（as sacrificed）5, 9, 17—18, 65, 135, 203, 244n36；消失的一代（as missing）112—116, 120—121；这一说法的模糊之处（ambiguity of the term）2, 17—18, 22—23, 244—245n41；内部的区分（divisions within）23—32, 60, 62—65, 58—69, 82；这一代的年轻人（youth of）210—212；父母在这一代人的教育中所起的作用（parental role in education of）214n；这一代的导师（mentors of）212—214；认为国家正在衰落（sense of decadence of）214—215；对国家的态度（attitude toward the nation）215—216；对宗教的态度（attitude toward religion）8, 12—13, 15, 25, 26, 30—31, 37, 86, 161, 164, 165—166, 179, 191, 213, 277n13；与第一次世界大战（and the Great War）216—222；适应平民生活（adjustment of to civilian life）223；幻灭感（disillusionment of）223—225；认为自己正处于过渡期（sense of interregnum of）225, 229；与旅行（and travel）226—229；与自由主义（and liberalism）230—231；与保守主义（and conservatism）232；与社会主义运动（and the Socialist movement）215—216, 230；与共产主义运动（and the Communist movement）230—231；与法西斯主义运动（and the Fascist movement）231—233；失败的事业（lost causes of）233—235；基本价值观（underlying values of）235—236

《1919 年革命》[夏默森]（*La Révolution de 1919* [Chamson]）32—33

A

阿贝茨，奥托（Abetz, Otto）35

阿卜杜拉［外约旦埃米尔］（Abdullah, emir of Trans-Jordan）117, 119

阿尔朗，马塞尔（Arland, Marcel）30, 36, 40

阿尔萨斯—洛林（Alsace-Lorraine）46

阿尔瓦雷斯，梅尔基亚德斯（Alvarez, Melqutades）131, 271n20

阿方索十三世［西班牙国王］（Alfonso XIII）143, 144

阿伽同（Agathon，亨利·马西斯［Henri Massisand］和阿尔弗雷德·德·塔尔德［Alfred de Tarde］使用的笔名）5—18, 36—41, 204

阿拉贡，路易（Aragon, Louis）24

阿兰（Alain，埃米尔·沙蒂尔［Emile Chartier］的笔名）10

阿兰—富尼耶［亨利·阿尔班—富尼耶］（Alain-Fournier [Henri Alban Fournier]）14, 17

阿曼多拉，乔瓦尼（Amendola, Giovanni）163, 166, 167, 281n40

阿乔治，约瑟夫（Ageorge, Joseph）241n4, 248—249n66

阿萨尼亚，曼纽尔（Azafia, Manuel）147

阿索林［何塞·马丁内斯·鲁伊斯］（Azorín [José Martínez Ruiz]）125, 135, 156, 214, 270n16

埃尔特林，乌特曼·冯（Elterlein, Uttmann von）65

埃克斯库尔，雅各布·冯（Uexküll, Jacob von）136

埃斯曼，恩斯特·威廉（Eschmann, Ernst Wilhelm）66—68, 71, 72, 82

埃斯皮纳斯，阿尔弗雷德（Espinas, Alfred）

19

艾登，安东尼（Eden, Anthony）115

艾略特，T. S.（Eliot, T. S.）1, 229, 233

《爱国者的历程》［威廉森］（The Patriot's Progress [Williamson]）108

《爱和死亡》［沃茨］（Love and Death [Watts]）96

安德森，舍伍德（Anderson, Sherwood）250n71

安齐洛蒂，安东尼奥（Anzilotti, Antonio）165

奥尔丁顿，理查德（Aldington, Richard）107—108, 218, 266n60

奥尔迈耶，维托·法齐奥（Allmayer, Vito Fazio）165

奥尔特加·伊·加塞特，爱德华多和曼努埃尔（Ortegay Casset, Eduardo and Manuel）274n48

奥尔特加·伊·加塞特，何塞（Ortegay Casset, José）122—159, 3, 4, 62：教育（education of）128—129；与1898年一代（and generation of 1898）127—128, 270n16；对民众的态度（attitude toward the masses）130, 137—138, 146, 211；对第一次世界大战爆发的反应（reaction to the outbreak of the Great War）217；与社会主义运动（and Socialist movement）129—130, 132—133, 138, 146—147, 215, 271n26；与法西斯主义运动（and Fascist movement）133—134, 146, 154, 274n53, 275n68；与第二共和国（and Second Republic）144—148；政治目标（political objectives）147；代际理论（generational theories of）135—136, 138—141, 142—143, 148—152, 154—159, 207, 208, 272n30,

索 引

273n44；与马西斯比较（compared to Massis）134—135, 215；与帕皮尼比较（to Papini）161；与奥莫代奥比较（to Omodeo）187；与葛兰西比较（to Cramsci）195, 198—201；与普雷佐利尼比较（to Prezzolini）215；对其危机论的评价（theory of crises assessed）237

奥坎波，维多利亚（Ocampo, Victoria）266n60, 275n68

奥拉尔，阿方斯（Aulard, Alphonse）6

奥利弗，劳伦斯（Olivier, Laurence）111n

奥莫代奥，阿道夫（Omodeo, Adolfo）181—191, 194, 218, 223, 235

B

巴比塞，亨利（Barbusse, Henri）23, 103, 105, 217—218, 220

巴尔博，伊塔洛（Balbo, Italo）175—176, 177, 180, 188, 284n70

巴尔扎克，奥诺雷·德（Balzac, Honoré de）38

巴克，欧内斯特（Barker, Ernest）116

巴肯，约翰（Buchan, John）259n1, 267n67

巴雷斯，莫里斯（Batres, Maurice）9, 14, 16, 17, 24, 27, 32, 37, 129；与马西斯（and Massis）6, 10, 240—241n2；作为一名代际主义者（as generationalist）39, 40, 203, 236, 248—249n66

巴黎和会与《凡尔赛条约》（Versailles Peace Conference and Treaty）54, 70, 118, 119, 224

巴林，莫里斯（Baring, Maurice）94

巴罗哈，皮奥（Baroja, Pío）125, 135, 214, 270n16, 274n48

白里安，阿里斯蒂德（Briand, Aristide）34

柏格森，亨利（Bergson, Henri）6, 9, 13, 16, 22, 162, 212

柏拉图（Plato）19, 200

《半月刊》（Cahiers de la Quinzaine）13, 27n12

保皇主义（Royalism）见"君主制与君主主义"

鲍德温，斯坦利（Baldwin, Stanley）110

贝玑，夏尔（Péguy, Charles）9, 13, 17, 90, 192, 214, 249n67, 276n12

贝伦格尔，达马索（Berenguer, Dámaso）144

贝内文特，哈辛托（Benevente, Jacinto）125, 270n16

被献祭的一代（Sacrificed generation）见"1914 年一代"

本杰明，勒内（Benjamin, René）249n66

比安奇，米歇尔（Bianchi, Michele）197

比卡尔，马塞尔（Bucard, Marcel）29

彼得森，威廉（Petersen, Wilhelm）79, 82

俾斯麦，奥托·冯（Bismarck, Otto von）45n, 46, 49

表现主义（Expressionism）5, 44, 45, 46, 51, 52, 53, 66

宾定，鲁道夫（Binding, Rudolf）48

波德莱尔，夏尔（Baudelaire, Charles）86

波恩，乔瓦尼（Boine, Giovanni）165

《波尔—洛亚尔》[蒙泰朗]（Port-Royal [Montherlant]）25

博泰，朱塞佩（Bottai, Cuiseppe）175—176, 177, 180

布伯，马丁（Buber, Martin）271n20

布尔热，保罗（Bourget, Paul）16, 39, 40

布拉西，勋爵和夫人（Brassey, Lord and Lady）99

布拉西拉赫，罗伯特（Brasillach, Robert）

249n66

布兰登，埃德蒙（Blunden, Edmund）106, 111

布朗热，乔治（Boulanger, Georges）248n66

布勒东，安德烈（Breton, André）24, 29

布里顿，维拉（Brittain, Vera）110—111, 260n15

布龙，阿诺特（Bronnen, Arnolt）：剧作（plays of）44

布隆代尔，莫里斯（Blondel, Maurice）212

布鲁克，鲁珀特（Brooke, Rupert）86—92, 98, 99, 100, 106, 116, 117, 215, 217, 230, 260n15

布鲁姆斯伯里圈子（Bloomsbury group）86, 87

布鲁诺，斐迪南（Brunot, Ferdinand）6

布洛赫，马克（Bloch, Marc）250n70

布兹，布鲁诺（Buozzi, Bruno）179

《步兵军官回忆录》[萨松]（*Memoirs of an Infantry Officer* [Sassoon]）108

C

《查拉斯图拉》[尼采]（*Zarathustra* [Nietzsche]）47, 50

查普曼，盖伊（Chapman, Guy）115, 288—289n23

查普曼，托马斯（Chapman, Thomas）116, 118

超现实主义（Surrealism）24, 156, 249n66

《晨报》[巴黎]（*Le Matin*）34

楚克迈尔，卡尔（Zuckmayer, Carl）214

D

达达主义（Dadaism）24, 156

达尔文，弗兰西斯（后来的康福德）（Darwin, Frances [later Cornford]）87

达拉第，爱德华（Daladier, Edouard）34, 35

达里奥，鲁本（Dario, Ruben）125

大萧条[和1929年经济危机]（Great Depression [and economic crisis of 1929]）62, 67, 69, 82, 180, 226

《大众的反叛》[奥尔特加]（*The Revolt of the Masses/La rebelión de las masas* [Ortega]）129, 146, 148, 200

代（Generation[s]）：芒特雷的定义（defined by Mentre）19—21；马西斯和德·塔尔德的定义（by Massis and de Tarde）37；哈特曼的定义（by Hartmann）65；马茨克的定义（by Matzke）66；埃斯曼的定义（by Eschmann）67；格伦德尔的定义（by Cnindel）68；曼海姆的定义（by Mannheim）76—80；奥尔特加的定义（by Ortega）139—140, 151, 272n30；作者的定义（by the author）210；那些批评阿伽同的人所下的定义（by critic of Agathon）247n60；文学一代（literary generations）239n3；政治一代（political generations）239n3；青年一代（youth generations）239—240n3；把一代人看成一个群体（generations as cohorts）240n3

代际思想（Generational idea）：分析解释（analyzed）36—38, 81—82, 203；日益普及（growth in popularity of）203—207；吸引人的原因（reasons for the appeal of）82—84, 208；运用（uses）38, 82—83, 115—116, 134—135, 160—162, 168—170, 173, 178—179, 209；作为一种解释性概念所存在的缺点（weaknesses of as an explanatory concept）208, 236, 248n64, 250n70, 286—287n9

索 引

代际主义（Generationalism）:定义（defined）5n

丹纳，伊波利特（Tame, Hippolyte）9, 20, 126

丹尼尔-罗普斯，亨利（Daniel-Reps, Henri）30, 31—32, 34, 36, 249n67

《当代青年》[阿伽同]（*The Young People of Today/Les Jeunes Gens D'aujourd'hui* [Agathon]）5—18, 37—40, 204

道蒂，C. M.（Doughty, C. M.）267n67

道森，欧内斯特（Dowson, Ernest）86

德国（Germany）：代际理论（generational theories in）3, 4, 42—47, 53—55, 63—84, 154；与法国文化的"日耳曼化"（and "germanization" of French culture）6, 8；第一次世界大战期间（in Great War）14, 16—18, 23—31, 37, 48—64, 89, 93, 113, 168, 171, 183, 185, 211, 253n21, 257n45, 262—263n30；代际冲突（generational conflict in）43—46, 55, 63, 65, 67, 72；国内的分歧（disunity in）46, 48, 62；工业化（industrialization in）47；与战争中的伤亡人数（and war losses）48, 113, 253n21, 257n45；魏玛共和国（as Weimar Republic）53, 54, 58, 60—64, 70—72, 81, 83, 252n8；民族主义（nationalism in）54, 110, 185, 255nn27, 30；自由军团运动（Freikorps movement in）54, 62, 64；退伍军人组织（veterans' organizations of）54—55, 58, 60, 71, 72, 83；革命（revolution in）70—72, 73, 83；和西班牙比较以及对西班牙的影响（compared to and influence on Spain）128—129, 130, 135, 156, 158；意大利与德国的结盟，以及对德国的反感（Italian alliance with, aversion to）168, 175, 182；法西斯主义（Fascism in）232, 234；与第二次世界大战（and Second World War）233, 234；另见"纳粹党/国家社会主义党""漂鸟运动"

德雷福斯，阿尔弗雷德（Dreyfus, Alfred）11

德里厄·拉罗谢勒，皮埃尔（Drieu la Rochelle, Pierre）26—29, 36, 217, 221, 230, 232, 249nn66, 69, 275n68

德林克沃特，约翰（Drinkwater, John）90

德罗梅尔，贾斯汀（Dromel, Justinn）19, 74, 154n

德芒热，夏尔（Demange, Charles）10—11, 13, 14

德意志青年团（Jungdeutsche Order）71

邓南遮，加布里埃尔（D'Annunzio, Gabriele）164, 170, 174, 178, 214, 279n32

狄尔泰，威廉（Dilthey, Wilhelm）257—258n55, 74, 154n

迪德里希斯，欧根（Diederichs, Eugen）47, 62

笛卡尔，勒内（Descartes, René）152, 153, 158, 212

第一次世界大战（Great War）：伤亡人数（losses in）16—17, 48, 91, 94, 97, 112—115, 120, 253n21, 257n45, 261n18；另可见各个国家的条目

蒂博代，阿尔贝（Thibaudet, Albert）22, 247n61, 248nn64, 65

丁尼生，阿尔弗雷德（Tennyson, Alfred）103

杜哈曼，乔治（Duhamel, Georges）23, 90, 260n11

杜里舒，汉斯（Driesch, Hans）58, 272n31

杜梅格，加斯东（Doumergue, Gaston）35

多德，朱利安（Dodd, Julian）292n34

多米尼克，皮埃尔（Dominique, Pierre）34—35

多热莱斯，罗兰（Dorgelès, Roland）23, 245n46

E

俄国（Russia）67, 137, 168, 277n15, 284n71；另见"苏联"

俄国革命（Russian Revolution）137, 193, 197, 224, 226, 230

F

法弗尔，儒勒（Favre, Jules）11

法盖，埃米尔（Faguet, Emile）16, 40

法国（France）：代际理论（generational theories in）3, 5, 9—10, 18—23, 32—35, 36—41, 73, 74, 82, 245nn41, 49；教育（education in）6—7, 8, 11, 13, 37, 243n31, 252n8；与第一次世界大战（and Great War）14, 16—18, 23—31, 37, 101, 113, 168, 233；退伍军人运动（veterans' movements in）29, 40；第二次世界大战和维希政府时期（in Second World War and Vichy government）35, 230, 233, 234；与中东（and Middle East）118；战后，以及巴黎的骚乱（postwar, and unrest in Paris）224, 226, 233

法拉利，朱塞佩（Ferrari, Giuseppe）19, 74

法兰西行动（Action Francaise）9, 15, 37, 245n41, 249n66, 277n12

法朗士，阿纳尔尔（France, Anatole）6, 8, 10, 24

《法西斯主义评论》（Critica Fascista）180

《反攻》［萨松］（Counter-Attack [Sassoon]）95, 99, 100

反战主义（Pacifism）59, 98, 99, 101, 103, 253n17

《方法论》［笛卡尔］（Discourse on Method [Descartes]）212

菲尔波特，格林（Philpot, Glyn）99

费边主义者（Fabians）5, 87

费弗尔，吕西安（Febvre, Lucien）4, 250n70

费萨尔一世［伊拉克国王］（Faisal I）117, 118, 119

费舍尔，恩斯特（Fischer, Ernst）46, 229

弗莱，罗杰（Fry, Roger）86

弗莱克斯，瓦尔特（Flex, Walter）48—50, 51, 52, 53, 55, 58, 59, 216

弗兰克，布鲁诺（Frank, Bruno）217

弗兰克，亨利（Franck, Henri）13—14, 37, 216

弗洛伊德，西格蒙德（Freud, Sigmund）38, 212, 243 第 25 条注释, 258n58

佛朗哥，弗朗西斯科（Franco, Francisco）233

福斯特，E. M.（Forster, E. M.）86

甫斯特尔·德·库朗日，N. D.（Fustel de Coulanges, N. D.）20

G

改良派［西班牙］（Reformist party [Spain]）131, 138

敢死队（Arditi）174—175

钢盔团（Stahlhelm）55, 58, 60, 71

高斯，埃德蒙（Gosse, Edmund）96

戈贝蒂，皮耶罗（Gobetti, Piero）279n32, 281n40

哥伦比亚大学（Columbia University）161n

歌德，约翰·W·冯（Goethe, Johann W.

索引

von) 49, 50, 134, 148
格奥尔格,斯特凡(George, Stefan) 47
格莱泽,恩斯特(Glaeser, Ernst) 34, 256n37
格雷夫斯,罗伯特(Graves, Robert) 106—107, 1, 98, 111, 113—114, 117, 222, 267n60, 267n64
格伦德尔,E.冈瑟(Cnindel, E. Gunther) 69—72, 82, 83, 142, 230
格伦费尔,朱利安(Grenfell, Julian) 92, 93, 94
格罗皮乌斯,瓦尔特(Cropius, Walter) 53
葛兰西,安东尼奥(Crarnsci, Antonio) 191—202, 4, 230, 236
工党(英国)(Labour party [England]) 109, 110, 113
工团主义运动(Syndicalist movement) 156, 164, 174, 184, 197, 279n32
《公正报》(*El lmparcial*) 122
共和党(Republican party):西班牙(Spain) 132, 144, 145, 147;意大利(Italy) 175
共和党青年联盟[意大利](Republican Youth Federation [Italy]) 164
《广场》[温鲁](*Plaza* [Unruh]) 53
国际联盟(League of Nations) 34
国际学术合作研究所(Institute of International Intellectual Cooperation) 33

H

哈代,托马斯(Hardy, Thomas) 214
哈森克勒费尔,瓦尔特(Hasenclever, Walter) 44
哈特曼,汉斯(Hartmann, Hans) 65—66
哈特曼,尼古拉(Hartmann, Nicolai) 130, 271n20
海德格尔,马丁(Heidegger, Martin) 208

海明威,欧内斯特(Hemingway, Ernest) 1, 41, 203, 223, 227
海姆,格奥尔(Heym, Georg) 52
海伊,伊恩(Hay, Ian) 92, 93
汉密尔顿,伊恩(Hamilton, Ian) 106
豪斯,E. M.(House, E. M.) 118
赫胥黎,阿道司(Huxley, Aldous) 203
《黑暗的路》[阿朗](*The Dark Road/La Route obscure* [Arland]) 30
侯赛因·伊本·阿里[麦加谢里夫](Hussein Ibn Ali [Sheriffof Mecca]) 117
《后代》[温鲁](*The Progeny/Das Geschlecht* [Unruh]) 53
《火线》[巴比塞](*Under Fire/Le Feu* [Barbusse]) 103, 105, 217—218
霍布斯,托马斯(Hobbes, Thomas) 152
霍夫曼塔尔,雨果·冯(Hofsmannthal, Hugo von) 214
霍格思,D. G.(Hogarth, D. G.) 267n67

J

吉卜林,鲁德亚德(Kipling, Rudyard) 88, 90
吉罗,维克多(Giraud, Victor) 40
济慈,约翰(Keats, John) 103, 104
加尔多斯,佩雷斯(Caldós, Pérez) 125
加里波第,朱塞佩(Garibaldi, Giuseppe) 179
加罗内,朱塞佩和欧金尼奥(Garrone, Giuseppe and Eugenio) 185—187, 190, 218
教育(Education):法国(French) 6—7, 8, 11, 13, 37, 243n31, 252n8;德国(German) 44, 45, 71;英国(English) 85, 86, 107, 120, 268n4;西班牙(Spanish) 123—124, 128—130, 135, 144, 156;意大利(Italian) 160, 163, 165—167, 169, 192, 201, 281n40;教育的普及(spread of) 206, 207;另见"精

英主义"

《教育家伦勃朗》[朗贝]（Rembrandt as Educator/Rembrandt als Erziehet [Langbehn]）44

杰克逊，加布里埃尔（Jackson, Gabriel）145n

杰罗尔德，道格拉斯（Jerrold, Douglas）108—109

精神分析（Psychoanalysis）45, 46, 69

精英主义（Elitism）：文学（literary）11, 41, 162, 214；代际观念中的精英主义倾向（elitist bias of the generational concept）21, 37, 208—209, 250n70；法国的精英（French elites）37—38；德国的精英（German）70—72, 80, 82, 254n25, 255n27；英国的精英（English）86, 109, 110, 113—116, 120—121；西班牙的精英（Spanish）122—125, 130, 134, 137, 139—140, 142, 199；意大利的精英（Italian）160—165, 170, 173, 178, 180, 183, 187, 192—196, 200, 201；另见"教育""社会阶层"

君主制与君主主义（Monarchy and monarchism）：法国青年的态度（attitude of French youth toward）9, 13, 247n60；西班牙青年的态度（Spanish）123, 132, 143—145, 146, 284n71；意大利青年的态度（Italian）170, 173

K

卡灵顿，查尔斯（Carrington, Charles）109, 225, 266n60

卡帕，阿尔贝托（Cappa, Alberto）279n32

卡约，约瑟夫（Caillaux, Joseph）248n64

卡赞扎基斯，尼科斯（Kazantzakis, Nikos）226

凯恩斯，杰弗里（Keynes, Geoffrey）86

康德，伊曼努尔和康德哲学（Kant, Immanuel, and Kantian philosophy）128, 189

康拉德，约瑟夫（Conrad, Joseph）88, 90

考沃德，诺埃尔（Coward, Noel）220

科恩，赫尔曼（Cohen, Hermann）128, 130

科恩菲尔德，格哈德（Kornfeld, Gerhard）46

科拉迪尼，恩里科（Corradini, Enrico）162, 164, 166, 167

科斯塔，华金（Costa, Joaquin）124, 125, 134, 135, 270n16

克劳塞维茨，卡尔·冯（Clausewitz, Karl von）104

克里孟梭，乔治（Clemenceau, Georges）118, 173

克鲁泽，盖（Crouzet, Guy）34, 35

克罗齐，贝尼代托（Croce, Benedetto）164, 165, 179, 184, 198, 199, 212, 214；与克罗齐的唯心主义（and Crocean idealism）162, 167, 168, 191—196, 200, 212—214

克洛岱尔，保罗（Claudel, Paul）6, 28

孔德，奥古斯特（Comte, Auguste）19, 74

库尔诺，安东尼（Coumot, Antoine）19

L

拉丁青年联盟（Latin League of Youth）33

拉芒代，安德烈（Lamandé, André）25—24

拉维拉，雅克（Raverat, Jacques）259n7

拉维斯，埃内斯特（Lavisse, Ernest）6

《莱昂纳多》（Leonardo）162, 164, 165

《莱采巴》[期刊]（Lacetba）167

莱德斯马，纳瓦罗（Ledesma, Navarro）150n

莱塞，约纳斯（Lesser, Jonas）42

朗贝，尤利乌斯（Langbehn, Julius）44, 214

索引

朗松，古斯塔夫（Lanson, Gustave）6
浪漫主义和新浪漫主义（Romanticism and neoromanticism）：德国（German）55, 73, 74, 75, 79, 252n8；法国（French）204, 245n41, 248n65；意大利（Italiann）287n15；另见"诗人和诗歌"
劳合·乔治，大卫（Lloyd George, David）118
劳伦斯，T. E.（Lawrence, T. E.）116—121, 208, 226, 227, 229, 230
劳伦斯，弗兰克和威尔（Lawrence, Frank and Will）117
劳伦斯，萨拉（Lawrence, Sarah）116
《老猎人》［萨松］（The Old Huntsman [Sassoon]）95, 103
勒鲁，亚历杭德罗（Lerroux, Alejandron）145n, 271n23
勒南，埃内斯特（Renan, Ernest）7, 8, 9, 11, 13
勒努阿尔，伊夫（Renouard, Yves）243n33, 250n70
雷马克，埃里希·玛利亚（Remarque, Erich Maria）106—107, 1, 60, 203, 220, 223, 254n26
《离开本根的人》［巴雷斯］（The Uprooted/ Les Déracinés [Barrès]）39
李格尔，阿洛伊（Riegl, Alois）75
李凯尔特，海因里希（Rickert, Heinrich）73
里德，赫伯特（Read, Herbert）233, 265n54
里维埃，雅克（Rivière, Jacques）14, 17, 37
立体主义（Cubism）156
利特雷，埃米尔（Littré, Emile）19, 203
《两个世界之间的游荡者》［弗莱克斯］（Der Wanderer zwischen beiden Welten [Flex]）48—50, 52

列宁，V. I.（Lenin, V. I.）193, 224
《猎狐人回忆录》［萨松］（Memoirs of a Fox-Hunting Man [Sassoon]）96, 106
林德伯格，查尔斯（Lindbergh, Charles）227
《灵魂》［哲学评论杂志］（L'Anima）167
刘易斯，温德姆（Lewis, Wyndham）267n67
《流动的盛宴》［海明威］（A Moveable Feast [Hemingway]）41
隆巴多·拉迪塞，朱塞佩（Lombardo-Radice, Guiseppe）165, 185, 281n40
卢卡奇，格奥尔格（Lukács, Georg）73, 81
鲁维埃，莫里斯（Rouvier, Maurice）248n64
《伦理学》［克罗齐］（Ethics [Croce]）165
《论伽利略》［奥尔特加］（En tomo a Galileo [Ortega]）148—154, 157, 158, 200
罗兰，罗曼（Rolland, Romain）15, 192, 214
罗马尼亚（Romania）：代际思维（generational thinking in）286n2
罗曼，儒勒（Romain, Jules）23
罗姆，恩斯特（Röhm, Ernst）54, 257n52
罗森斯坦，威廉（Rothenstein, William）120
罗素，伯特兰（Russell, Bertrand）99
洛伦茨，奥托卡尔（Lorenz, Ottokar）19, 154n
吕歇尔，让（Luchaire, Jean）33—35, 31, 36, 40, 230, 249n67
《旅程终点》［谢里夫］（Journey's End [Sherriff]）111
旅行（Travel）226—229

M

马埃斯图，拉米罗·德（Maetzu, Ramiro de）125, 134, 135, 150n, 270nn16, 18
马茨克，弗兰克（Matzke, Frank）66, 69, 82
马丁·杜·加尔，罗杰（Martin du Gard, Roger）15—16

马丁内斯·鲁伊斯，何塞（Martinez Ruiz, Jose）见"阿索林"

马尔罗，安德烈（Malraux, André）31

马可尼，保罗（Marconi, Paolo）169

马克思，卡尔（Marx, Karl）104, 130, 192, 193

马克思主义（Marxism）138, 172, 254, 285n75：社会主义运动和（Socialist movement and）33, 216；葛兰西和（Gramsci and）191, 194, 201

马拉巴特［库尔奇奥·祖克特］（Malaparte [Curzio Suckert]）179, 181, 187, 188, 198, 222, 285n72

马拉尼翁，格里戈里奥（Marañon, Gregorio）145

马里内蒂，菲利波·托马索（Marinetti, FilippoTommaso）164, 168—170, 174, 178, 197

马利丹，雅克（Maritain, Jacques）11, 13, 14, 37

马伦，阿图尔（Mahraun, Arthur）54

马桑，欧仁（Marsan, Eugene）249n66

马什，爱德华（Marsh, Edward）88, 89

马泰奥蒂，吉亚科莫（Matteotti, Giacomo）184

马西斯，亨利（Massis, Henri）5—18, 23—26, 30, 36, 134—135, 222, 214—215, 230

马西亚斯·帕卡维亚，里卡多（Macias Pacavea, Ricardo）125

马辛厄姆，H. W.（Massingham, H. W.）99

马志尼，朱塞佩（Mazzini, Guiseppe）63, 168, 179, 195：与马志尼主义思想（and Mazzinian ideology）172, 175, 182, 185, 189—190

玛利亚斯，胡立安（Marias, Julian）135

麦克米伦，哈罗德（Macmillan, Harold）115

麦克唐纳，拉姆齐（MacDonald, Ramsay）110

麦肯齐，康普顿（Mackenzie,Compton）265n54

曼，海因里希（Mann, Heinrich）44

曼海姆，卡尔（Mannheirn, Karl）73—84, 62, 66, 154, 155, 157, 159, 207, 208, 285n72

曼宁，弗雷德里克（Manning, Frederick）108, 120, 219

芒特雷，弗朗索瓦（Mentré, Francois）18—23, 3, 36—39, 40, 73, 74, 80, 208, 217, 252n8

《茫茫黑夜漫游》［塞利纳］（Journey to the End of the Night/Voyage au bout de la nuit [Céline]）227

美国（United States）：德国对美国的态度（German attitude toward）61；美西战争（and war with Spain）122, 124, 125；与第二次世界大战（and Second World War）233, 234

蒙泰朗，亨利·德（Montherlant, Henry de）25—26, 36, 222, 226, 228, 230, 249n66

"迷惘的"一代（«Lost» generation）见"1914年一代"

《迷惘的一代》［庞德］（The Lost Generation [Pound]）113

《民族》（The Nation）99, 112

民族主义（Nationalism）：法国（French）6, 205；德国（German）54, 110, 185, 255nn27, 30；西班牙（Spanish）133, 134, 147, 215；与意大利的民族主义运动/政党（and Nationalist movement/party in Italy）166, 167, 168, 173, 176, 178, 189, 279n32

索引

缪拉，约阿希姆（Murat, Joachim）189
缪塞，阿尔弗雷德·德（De Musset, Alfred）38
摩尔，G. E.（Moore, G. E.）86
莫迪利亚尼，伊曼纽尔（Modigliani, Emanuele）179
莫尔，汉娜（More, Hannah）205n
莫朗，保罗（Morand, Paul）227
莫拉，安东尼奥（Maura, Antonio）271n23
莫拉，加布里埃尔（Maura, Gabriel）125
莫拉斯，夏尔（Maurras, Charles）6, 9, 13, 156, 276n12
莫拉维亚，阿尔贝（Moravia, Alberto）180
莫雷尔，奥托琳（Morrell, Ottoline）98, 99
莫尼耶，蒂埃里（Maulnier, Thierry）249n66
莫斯卡，加埃塔诺（Mosca, Gaetano）160, 212
莫斯利，奥斯瓦尔德（Mosley, Oswald）10, 112—113, 294n48
墨索里尼，贝尼托（Mussolini, Benito）172—181, 143, 162, 164, 184, 187, 192, 197, 226n, 230, 285n75
穆勒，约翰·斯图尔特（Min, John Stuart）19
穆勒·范登布鲁克，亚瑟（Moeller van den Bruck, Arthur）44, 70, 214
穆齐尔，罗伯特（Musil, Robert）271n20

N

拿破仑一世［波拿巴］（Napoleon I [Bonaparte]）142, 287n15, 289n23；与拿破仑战争（and Napoleonic wars）282n52
纳粹党 / 国家社会主义党（Nazi Party/National Socialist Party）60, 65, 67, 81, 234, 255n31；法国的支持（French sympathy for）35；崛起（rise of）54, 62, 71；党内青年（youth of）66, 72
纳托普，保罗（Natorp, Paul）128
奈斯比特，凯瑟琳（Nesbitt, Cathleen）88, 89
尼采，弗里德里希（Nietzsche, Friedrich）44, 47, 50, 126, 141, 172, 204, 213, 214
尼科尔斯，罗伯特（Nichols, Robert）92, 115
年龄组 / 层（Age-group [s]）：和社会之代（and social generations）19—20, 65—66, 73, 78, 81—82；战争一代的（in war generation）23—24, 32；（战后）法国文坛的后起之秀（younger [postwar] French literary）30—33；青年（youth as）43；与理智的解决方案（and intellectual solutions）77；奥尔特加给年龄下的定义（Ortega's definition of age）151；与政治（and politics）230；墨索里尼关于年龄的引述（Mussolini quoted on age）293n43；另见"代""青年"
《年轻一代的立场是什么？》［埃施曼］（Where Does the Young Generation Stand?/Wo steht die junge Generation? [Eschmann]）66
《年轻一代的使命》［格伦德尔］（The Mission of the Young Generation/Die Sendung der jungen Generation [Gründel]）68—71
《牛津英语诗歌选》（Oxford Anthology of English Verse）93
纽博特，亨利（Newbolt, Henry）263n40

O

欧文，威尔弗雷德（Owen, Wilfred）100—105, 115, 117, 261nn18, 21, 266n60
《欧洲的年轻一代》［哈特曼］（The Young Generation in Europe/Die Junge

Generation in Europa [Hartmann]）65

P

帕累托，维尔弗雷多（Pareto, Vilfredo）160，212, 214

帕彭，弗里茨·冯（Papen, Fritz von）257n52

帕皮尼，乔瓦尼（Papini, Giovanni）160—162, 164, 167, 168, 170, 196, 198, 209, 214, 274n10

帕斯卡，布莱士（Pascal, Blaise）6

帕斯卡，罗伊（Pascal, Roy）44

《帕西法尔》[瓦格纳]（Parsifal [Wagner]）61, 287n15

庞德，雷金纳德（Pound, Reginald）113

庞加莱，雷蒙（Poincare, Raymond）212

佩雷斯·德·阿亚拉，拉蒙（Pérezde Ayala, Ramon）145, 268n1

漂鸟运动［德国青年运动］（Wandervogel [German Youth Movement]）43—47, 50, 53, 55, 61, 73, 76, 79, 205；与代际冲突（Generational conflict）46, 68；战争中的伤亡人数（war losses of）48

平德尔，威廉（Pinder, Wilhelm）74—75, 77, 79, 82, 151, 154

《评论》（La Critica）181, 198

普费姆费尔特，弗朗茨（Pfemfert, Franz）45, 46

普雷沃，让（Prévost, Jean）32

普雷佐利尼，朱塞佩（Prezzolini, Guiseppe）160—168, 196, 198, 199—200, 214, 215, 222, 281n40, 285n72

普里莫·德里维拉，何塞·安东尼奥（Primo de Rivera, José Antonio）274n53

普里莫·德里维拉，米格尔（Primo de Rivera, Miguel）143, 144, 156

普西夏里，埃内斯特（Psichari, Ernest）10—13, 14, 17, 26, 36, 37, 40, 192, 228

普西夏里，让和诺埃米（Psichari, Jean and Noèmi）11

Q

齐勒，汉斯（Zehrer, Hans）62—65, 68, 72, 82, 83

启蒙运动（Enlightenment, the）123, 204

《起点》[月刊]（Der Anfang）45

《前进报》（Avanti）192

乔利蒂，乔瓦尼，及其统治（Ciolitti, Giovanni, and regime）162, 163, 196, 198；对其之敌意（hostility to）164—168, 170, 175, 182, 183, 198

乔伊斯，詹姆斯（Joyce, James）226

切基，埃米利奥（Cecchi, Emilio）165

秦梯利，乔瓦尼（Gentile, Giovanni）164, 182—185, 190—192, 214, 281n40

《青春誓约》[布里顿]（Testament of Youth [Brittain]）110—111

青年／年轻人（Youth）：作为一种社会类别（as social category）40, 135, 204, 205, 207, 251n2；作为象征［德国］（as symbol [Germany]）42, 45—46, 61, 67；纳粹和（Nazis and）72；被视为"精英"（as "elite"）130, 160；意大利的青年（Italian）164, 168—170, 175—181, 184, 197；墨索里尼和（Mussolini and）175, 177—179, 180—181, 197；意识形态（ideology of）205；19世纪的概念（19th-century conception of）206；在20世纪20年代成为一种精神状态（as state of mind in 1920s）229；另见"年龄组／层"

索 引

《青年的诞生》[布龙]（Birth of the Youth/ Die Geburt der Jugend [Bronnen]）44

《青年的奋斗》（La Luttes des Jeunes）40

青年和社会进步联盟（League of Youth and Social Progress）294n48

《青年揭秘：这就是我们的方式！》[马茨克]（Youth Revealed: This Is the Way We Are/ Jugend bekennt: so sind wir! [Matzke]）66

《青年心理学》[斯普朗格]（Psychologie des Jugendalters [Spranger]）42, 61

"青年意大利"团体（Young Italy group）179

《青年意大利报》（Giovine Italia）164

青年运动（Jugendbewegung）见"漂鸟运动"

青年运动［德国］（Youth Movement [German]）见"漂鸟运动"

丘吉尔，温斯顿（Churchill, Winston）89, 91, 119

R

《让·巴洛瓦》[马丁·杜·加尔]（Jean Barois [Martin du Card]）15—16

饶勒斯，让（Jaurès, Jean）11

热纳瓦，莫里斯（Genevoix, Maurice）23

《人类与危机》[奥尔特加]（Man and Crisis [Ortega]）见"《论伽利略》"

荣格，埃德加（Jung, Edgar）64, 65, 68, 70, 72, 82, 146

荣格，卡尔（Jung, Carl）69

茹弗内尔，贝特朗·德（Jouvenel, Bertrand de）34, 40

S

萨尔维米尼，盖塔诺（Salvernini, Gaetano）165, 167, 168, 191, 200

萨兰德拉，安东尼奥（Salandra, Antonio）170

萨松，西格夫里（Sassoon, Siegfried）95—100, 85, 101, 102, 104, 105, 106, 108, 109, 111, 121, 209, 224, 225, 267nn60, 64

塞拉，雷纳托（Serra, Renate）165, 192

塞利纳，路易·费迪南（Celine, Louis Ferdinand）227

赛诺伯，夏尔（Seignobos, Charles）6, 22

桑德拉尔，布莱斯（Cendrars, Blaise）228

《少女们》[蒙泰朗]（Les Jeunes-Filles [Montherlant]）25

《社会代际问题》[曼海姆]（«Das Problem der Generationen» [Mannheim]）73—80

社会阶层（Social class）：德国军队（of German troops）48, 51, 54, 60；与"代"的比较（«generation» compared to）76, 81, 82, 84, 208—209；与英国的阶级意识（and English class-consciousness）86, 91, 99, 107；西班牙的"中立阶层"（Spanish «neutral classes»）124；与革命的威胁（and threat of revolution）134, 211；西班牙的工人运动（Spanish working-class movement）138, 142, 158；与欧洲的"衰落"（«decline» of Europe）146；意大利的工人阶级（Italian working/industrial）163, 173, 192, 193, 196—197；意大利［军队中］的农民（Italian peasant [in army]）171, 173, 183；战争中的同志情谊（solidarity of, in war）220；与战后的阶级壁垒（and postwar class barriers）224；另见"教育""精英主义"

《社会阶层》（Gerarchia）179

社会学（Sociology）：和代际问题（and generation problem）38, 73—74, 75—76, 80, 247n59

《社会之代》[芒特雷]（Social Generations/ Les Générations sociales [Mentré]）18—22

《声音》（La Voce）165—169, 178, 181, 182, 192, 200

圣一埃克苏佩里，安托万·德（Saint-Exupéry, Antoine de）227

圣一伯夫，夏尔 A.（Sainte-Beuve, Charles A.）38

诗人和诗歌（Poets and poetry）：法国（Franch），11, 13, 17, 28, 245n41, 290n28, 291—292n32；英国战争一代（of English war generation）84—105, 115, 259n1, 261n19；颓废派（Decadent）86, 176；西班牙（Spanish）125, 165；德国（German）129；意大利（Italian）167, 176, 188, 189；另见"文学""浪漫主义和新浪漫主义"

《十八岁》[普雷沃]（When I Was Eighteen/Dix-Huirième Année [Prévost]）32

《十字架上的狮子》[拉芒代]（Les lions en croix/Lions on the Cross [Lamande]）24

时代精神（Zeitgeist）60, 73, 74, 79, 84, 256n33

《时光大师》[吉罗]（The Masters of the Hour/Les maîtres de l'heure [Giraud]）39, 248n65

实证主义传统（Positivist tradition）21, 74, 76, 164, 199, 235

《弑父》[布龙]（Patricide [Bronnen]）44

舒赫特，朱莉亚（Schucht, Ciulla）194

司汤达[马里·亨利·贝尔]（Stendhal [Marie Henri Beyle]）248n65

斯宾格勒，奥斯瓦尔德（Spengler, Oswald）136, 146

斯基德尔斯基，罗伯特（Skidelsky, Robert）112—113

斯拉泰伯，西皮奥（Slataper, Scipio）165, 168, 276n10

斯普朗格，爱德华（Spranger, Eduard）42, 61, 62, 69, 70, 77

斯坦因，格特鲁德（Stein, Gertrude）41

斯特拉奇，詹姆斯（Strachey, James）86

斯特林堡，奥古斯特（Strindberg, August）214

斯图帕里奇，贾尼（Stuparich, Giani）217, 281n40

斯温伯恩，阿尔加农（Swinburne, Algernon）86

松尼诺，西德尼（Sonnino, Sidney）170

苏波，菲利普（Soupault, Philippe）24

苏格拉底（Socrates）6

苏联（Soviet Union）194, 231, 233, 234；另见"俄国"

苏亚雷斯，安德烈（Suarez, André）221

索邦（Sorbonne）6—7, 13, 19, 37

索菲奇，阿尔登格（Soffici, Ardengo）165, 167, 168

索福克勒斯（Sophocles）：《安提戈涅》（Antigone）188

索雷尔，乔治（Sorel, Georges）9, 178, 212, 214

索利，查尔斯（Sorley, Charles）267n60

索尼克罗夫特，哈默（Thomycroft, Hamo）96, 98

T

塔迪厄，安德烈（Tardieu, André）34

塔尔德，阿尔弗雷德·德（De Tarde, Alfred）6, 5—18, 23, 27, 37—40

塔尔德，加布里埃尔（Tarde, Gabriel）6, 8, 241n2

塔罗，杰罗姆和让（Tharaud, Jerôme and

索引

Jean）249n66
塔斯卡，安吉洛（Tasca, Angelo）193
《太阳报》（*El Sol*）136, 143, 144, 146, 199
《泰晤士报文学副刊》（*Times Literary Supplement*）107, 108
泰亚尔·德·夏尔丹，皮埃尔（Teilhard de Chardin, Pierre）219, 220, 228
《堂吉诃德沉思录》[奥尔特加]（*Meditations on Don Quijote/Meditaciones del Quijote* [Ortega]）131, 199
陶里亚蒂，帕尔米罗（Togliatti, Palmiro）193, 194, 280n33
特拉契尼，翁贝托（Terracini, Umberto）193
特伦查德，休（Trenchard, Hugh）267n67
透视主义（Perspectivism）156—157, 213
突击队（Storm troopers）60, 82, 254n25；与意大利的敢死队（and Italian Arditi）174, 175, 176, 177
涂尔干，埃米尔（Durkheim, Emile）6, 8, 19, 20, 36
屠格涅夫，伊万（Turgenev, Ivan）204
土耳其和土耳其人（Turkey and the Turks）117, 119, 163, 175, 224
《团结报》（*L'Unità*）167, 200
退伍军人运动（Veterans' movements）223, 230；French（French）29, 40；德国（German）54—55, 58, 60, 68, 71, 72, 83；意大利（Italian）174—175
托勒尔，恩斯特（Toller, Ernst）53
托马斯，洛厄尔（Thomas, Lowell）118
托马斯主义（Thomism）13
陀思妥耶夫斯基，费多尔（Dostoyevsky, Fedor）204

W

瓦格纳，理查德（Wagner, Richard）:《帕西法尔》（*Parsifal*）61
瓦拉蒂，乔瓦尼（Vailati, Giovanni）162
王尔德，奥斯卡（Wilde, Oscar）86
威尔斯，H. G.（Wells, H. G.）86, 87, 214
威尔逊，伍德罗（Wilson, Woodrow）118, 137, 174, 223
威尔-因克兰，拉蒙（Valle-Inclán, Ramón）125, 270n16
威廉森，亨利（Williamson, Henry）108, 110, 120
韦伯，阿尔弗雷德（Weber, Alfred）66
韦伯，马克斯（Weber, Max）44, 46, 212
韦伯，西德尼和比阿特丽斯（Webb, Sidney and Beatrice）86, 87
韦斯勒，爱德华（Wechssler, Eduard）61, 62, 68, 82, 258n57
维多利亚时代（Victorian age）见"英国""
维内肯，古斯塔夫（Wyneken, Gustav）47, 251n3
维森斯·维沃斯，哈梅（Vicens Vives, Jaime）136
维特科普，菲利普（Witkop, Philipp）51
为共和国服务小组[西班牙]（Group in the Service of the Republic [Spain]）145
未来主义运动（Futurist movement）5, 164, 167, 169, 174, 178, 196, 197, 279n32
魏德金，弗兰克（Wedekind, Frank）44
文学（Literature）:英国的战争经历与（English war experience and）1, 94, 95, 99, 104—105, 106—111, 120, 219；各个国家不同的文学形式（national forms of）3；与文学精英主义（and literary elitism）11, 39—41, 162, 214；与"代际认知"（and "generational

sensibility")16, 18, 21, 23—24, 30—34, 37—38, 40—41, 73, 125—126；与法国"战争一代"的代言人（and French spokesmen of "war generation"）17, 23—24, 29—34, 36, 40, 221；德国的代际言论（German generational rhetoric）44—45, 58, 64—66, 68, 73, 79, 82；与西班牙的复兴（and regeneration of Spain）125—127；与意大利的复兴（and regeneration of Italian）165—166, 169, 181；战后对旅行的描写（postwar travel accounts）227—229；见"诗人与诗歌"

温鲁，弗里茨·冯（Unruh, Fritz von）51—53, 58, 223

文艺复兴（Renaissance）70, 153, 186, 195

《我们的时代：新一代评论》（Notre Temps: La Revue des Nouvelles generations）34—35, 40

《我们时代的主题》[奥尔特加]（The Theme of Our Time/Die Aufgabe unserer Zeit/El Tema de nuestro tiempo [Ortega]）138—142, 143, 154

《我们是她的士兵》[曼宁]（Her Privates We [Manning]）108

沃茨，G. F.（Watts, G. F.）96

沃尔佩，乔亚基诺（Volpe, Ciocchino）179

乌纳穆诺，米格尔·德（Unamuno, Miguel de）126—127, 123, 125, 129, 134, 135, 203, 213, 214, 236, 270n16

乌托邦主义（Utopianism）77, 83, 142, 201, 213, 229, 236

伍德沃德，E. L.（Woodward, E. L.）112

伍尔夫，弗吉尼亚·斯蒂芬（Woolf, Virginia Stephen）86, 87

武尔歇，恩斯特（Wurche, Ernst）48, 49—51, 53, 57, 58, 59

X

西班牙（Spain）：代际理论（generational theories in）3, 4, 125—135, 138—143, 149—159, 199, 200；与美西战争中落败（and defeat by U.S.）122, 124, 125；复辟制（Restoration system in）123, 126, 132, 137, 140, 150n, 273n44；革新运动（Regenerationist movement in）124—126, 130；第一次世界大战后的政治危机（political crisis after Great War）136—138, 146, 153, 205；与西班牙内战（and Spanish Civil War）159, 233, 234；另见"奥尔特加·伊·加塞特，何塞"

西班牙政治教育联盟（League for Spanish Political Education）131, 132, 133, 134, 138, 199

《西方的没落》[斯宾格勒]（The Decline of the West [Spengler]）136, 146

《西方评论》（Revista de Occidente）199

西塞罗（Cicero）158

《西线无战事》[雷马克]（All Quiet on the Western Front/Im Westen nichts Neues [Remarque]）106, 120, 218

希内尔·德·罗斯里尔斯，弗朗西斯科（Giner de los Rios, Francisco）123

希特勒，阿道夫（Hitler, Adolf）54, 62, 71, 83；上台（comes to power）68, 72, 73, 80, 233

《牺牲的仪式》[温鲁]（Way of Sacrifice/Opfergang [Unruh]）51—53

《下等人的统治》[荣格]（The Domination of the Inferior/Die Herrschaft der Minderwertigen [Jung]）64, 146

索引

夏默森，安德烈（Chamson, André）32—33
萧伯纳（Shaw, George Bernard）86, 214
萧条（Depression）见"大萧条"
《小巴黎人报》（Le Petit Parisien）34
谢尔，谢里尔（Schell, Sherill）99
谢弗，保罗（Scheffer, Paul）130, 271n20
谢里夫，R. C.（Sherriff, R. C.）111n
《新法兰西评论》（Nouvelle Revue Française）14, 22, 30
《新欧洲报》（L'Europe Nouvelle）34
《新秩序》（Ordine Nuovo）193, 194, 197
《行动》[表现主义周刊]（Die Aktion）45
《行动报》（Die Tat）62, 65, 66, 82
休谟，大卫（Hume, David）74
虚无主义（Nihilism）69, 127：法国青年（of French youth）9, 10, 16, 24, 26, 32；意大利士兵（of Italian soldiers）187—188
《询问》[德里厄·拉罗谢勒]（Interrogation [Drieu la Rochelle]）28

Y

雅耶，皮耶罗（Jahier, Piero）165, 281n40
亚里士多德（Aristotle）200
《耶稣生平》[勒南]（Vie de Jésus [Renan]）11
《一个失败的人》[帕皮尼]（A Finished Man/Un Vomo finito [Papini]）161
《一个中尉眼中的一战》[卡灵顿]（A Subaltern's War [Carrington]）109
《一名作家的良心审问》[塞拉]（Examination of Conscience by a Literary Man/Esame di coscienza di un letterato [Serra]）169
易卜生，亨利克（Ibsen, Henrik）86, 214
意大利（Italy）67；代际理论（generational theories in）4, 160—168, 178—181, 194—202；发展（progress of）143, 163；吞并利比亚（annexes Libya）163, 167；与中立政策（and neutrality）168—171, 282n57；与参战主义（and interventionism）168—175, 178, 180, 182, 186, 190, 191；在第一次世界大战期间（in Great War）168, 170—175, 182—184, 185—189, 278n21；与卡普雷托之败（and defeat at Caporetto）174, 182, 184, 187, 189；另见"乔利蒂，乔瓦尼，及其统治""墨索里尼，贝尼托"
《意大利人民报》（Il Popolo d'Italia）172
《意志报》（La Volonté）34
英国（England/Great Britain）："迷惘一代"的传说（"lost generation" legend in）4, 85—86, 110, 112—115, 120, 250n71；第一次世界大战时期（in Great War）17, 56, 85—109, 112—115, 120, 168, 183, 211, 252n10, 260n17, 261n18；代际冲突（generational conflict in）67, 85, 86, 94—95, 98, 100, 105, 109, 110, 111, 119；与帝国的未来（and future of Empire）85—86, 110, 113, 114, 121, 233；维多利亚时代（Victorian）86, 87, 101, 107, 110；战争中的伤亡人数（war losses of）91, 94, 97, 112—115, 120, 261n18；对公民自由权的限制（limitation of civil liberties in）99, 266n57；法西斯主义（Fascism in）110；与中东（and Middle East）118；战后（postwar）226；与绥靖政策（and appeasement）230, 234
《英雄之死》[奥尔丁顿]（Death of a Hero [Aldington]）107—108
《舆论报》（L'Opinion）5
《狱中札记》[葛兰西]（Prison Notebooks/Quademi del carcere [Crarnsci]）194—198,

200, 286n8

《约翰·克利斯朵夫》[罗兰]（Jean-Christophe [Rolland]）15

云格尔，恩斯特（Junger, Ernst）55—60, 63, 64, 69, 80, 82—83, 221, 228, 229, 230, 258n66, 272n31, 294n47

运动（Sports）8, 27, 28, 37, 96

Z

《在枪林弹雨中》[云格尔]（Storm of Steel/ In Stahlgewittern [Jünger]）57, 253—254n23, 254n26

《在野人眼前》[巴雷斯]（Sous l'oeil des Barbares [Barrès]）14

泽尔特，弗朗茨（Seldte, Franz）54, 55

詹姆斯，威廉（James, William）162, 212

战斗精神（Combattentismo）见"退伍军人运动"

战后一代（postwar Generation）29—35, 63—72, 80, 156, 279n32

战争（War）：吸引力和理想化（appeal and idealization of）16, 26—28, 55—56, 58—59, 89—97, 100, 104, 169, 186, 188, 189, 212, 216—221, 264n46；是一场道德考验（as moral test）50—51, 52, 59, 189, 213；与战地记者（and war correspondents）88, 260n17；对战争的痛恨（hatred of）

100—101, 102, 104—109, 187, 188, 217—219, 221；对父母的认同（identification with parents）104—105, 107—108, 256n37, 263n40, 267n64

《战争的底色》[布兰敦]（Undertones of War [Blunden]）106

《战争时刻》[奥莫代奥]（Momenti della vita di guerra [Omodeo]）181, 184—191, 198

《战争是一种内在体验》[云格尔]（War as Inner Experience/Der Kampf als inneres Erlebnis [Jünger]）58—59

战争一代（War generation）见"1914年一代"

知识分子（Intellectuals）79, 82, 157

《智慧七柱》[劳伦斯]（Seven Pillars of Wisdom [Lawrence]）119—120

自由党（Liberal party）：英国（England）113；西班牙（Spain）132, 144, 145, 147

自由军团运动（Freikorps movement）见"德国"

《自由人报》（L'Homme Libre）34

祖克特，库尔奇奥（Suckert, Curzio）见"马拉巴特"

左拉，埃米尔（Zola, Emile）10

《左拉是如何创作小说的》[马西斯]（Comment Zola composait ses romans [Massis]）10

佐纳，伊娃（Zona, Eva）182

理想国译丛
imaginist [MIRROR]

001 没有宽恕就没有未来
　　　[南非] 德斯蒙德·图图 著

002 漫漫自由路：曼德拉自传
　　　[南非] 纳尔逊·曼德拉 著

003 断臂上的花朵：人生与法律的奇幻炼金术
　　　[南非] 奥比·萨克斯 著

004 历史的终结与最后的人
　　　[美] 弗朗西斯·福山 著

005 政治秩序的起源：从前人类时代到法国大革命
　　　[美] 弗朗西斯·福山 著

006 事实即颠覆：无以名之的十年的政治写作
　　　[英] 蒂莫西·加顿艾什 著

007 苏联的最后一天：莫斯科，1991年12月25日
　　　[爱尔兰] 康纳·奥克莱利 著

008 耳语者：斯大林时代苏联的私人生活
　　　[英] 奥兰多·费吉斯 著

009 零年：1945：现代世界诞生的时刻
　　　[荷] 伊恩·布鲁玛 著

010 大断裂：人类本性与社会秩序的重建
　　　[美] 弗朗西斯·福山 著

011 政治秩序与政治衰败：从工业革命到民主全球化
　　　[美] 弗朗西斯·福山 著

012 罪孽的报应：德国和日本的战争记忆
　　　[荷] 伊恩·布鲁玛 著

013 档案：一部个人史
　　　[英] 蒂莫西·加顿艾什 著

014 布达佩斯往事：冷战时期一个东欧家庭的秘密档案
　　　[美] 卡蒂·马顿 著

015 古拉格之恋：一个爱情与求生的真实故事
　　　[英] 奥兰多·费吉斯 著

016 信任：社会美德与创造经济繁荣
　　　[美] 弗朗西斯·福山 著

017 奥斯维辛：一部历史
　　　[英] 劳伦斯·里斯 著

018 活着回来的男人：一个普通日本兵的二战及战后生命史
　　　[日] 小熊英二 著

019 我们的后人类未来：生物科技革命的后果
　　　[美] 弗朗西斯·福山 著

020	奥斯曼帝国的衰亡：一战中东，1914—1920	
	[美] 尤金·罗根 著	
021	国家构建：21世纪的国家治理与世界秩序	
	[美] 弗朗西斯·福山 著	
022	战争、枪炮与选票	
	[英] 保罗·科利尔 著	
023	金与铁：俾斯麦、布莱希罗德与德意志帝国的建立	
	[美] 弗里茨·斯特恩 著	
024	创造日本：1853—1964	
	[荷] 伊恩·布鲁玛 著	
025	娜塔莎之舞：俄罗斯文化史	
	[英] 奥兰多·费吉斯 著	
026	日本之镜：日本文化中的英雄与恶人	
	[荷] 伊恩·布鲁玛 著	
027	教宗与墨索里尼：庇护十一世与法西斯崛起秘史	
	[美] 大卫·I. 科泽 著	
028	明治天皇：1852—1912	
	[美] 唐纳德·基恩 著	
029	八月炮火	
	[美] 巴巴拉·W. 塔奇曼 著	
030	资本之都：21世纪德里的美好与野蛮	
	[英] 拉纳·达斯古普塔 著	
031	回访历史：新东欧之旅	
	[美] 伊娃·霍夫曼 著	
032	克里米亚战争：被遗忘的帝国博弈	
	[英] 奥兰多·费吉斯 著	
033	拉丁美洲被切开的血管	
	[乌拉圭] 爱德华多·加莱亚诺 著	
034	不敢懈怠：曼德拉的总统岁月	
	[南非] 纳尔逊·曼德拉、曼迪拉·蓝加 著	
035	圣经与利剑：英国和巴勒斯坦——从青铜时代到贝尔福宣言	
	[美] 巴巴拉·W. 塔奇曼 著	
036	战争时期日本精神史：1931—1945	
	[日] 鹤见俊辅 著	
037	印尼 Etc.：众神遗落的珍珠	
	[英] 伊丽莎白·皮萨尼 著	
038	第三帝国的到来	
	[英] 理查德·J. 埃文斯 著	

039　当权的第三帝国
　　　[英] 理查德·J. 埃文斯 著
040　战时的第三帝国
　　　[英] 理查德·J. 埃文斯 著
041　耶路撒冷之前的艾希曼：平庸面具下的大屠杀刽子手
　　　[德] 贝蒂娜·施汤内特 著
042　残酷剧场：艺术、电影与战争阴影
　　　[荷] 伊恩·布鲁玛 著
043　资本主义的未来
　　　[英] 保罗·科利尔 著
044　救赎者：拉丁美洲的面孔与思想
　　　[墨] 恩里克·克劳泽 著
045　滔天洪水：第一次世界大战与全球秩序的重建
　　　[英] 亚当·图兹 著
046　风雨横渡：英国、奴隶和美国革命
　　　[英] 西蒙·沙玛 著
047　崩盘：全球金融危机如何重塑世界
　　　[英] 亚当·图兹 著
048　西方政治传统：近代自由主义之发展
　　　[美] 弗雷德里克·沃特金斯 著
049　美国的反智传统
　　　[美] 理查德·霍夫施塔特 著
050　东京绮梦：日本最后的前卫年代
　　　[荷] 伊恩·布鲁玛 著
051　身份政治：对尊严与认同的渴求
　　　[美] 弗朗西斯·福山 著
052　漫长的战败：日本的文化创伤、记忆与认同
　　　[美] 桥本明子 著
053　与屠刀为邻：幸存者、刽子手与卢旺达大屠杀的记忆
　　　[法] 让·哈茨菲尔德 著
054　破碎的生活：普通德国人经历的20世纪
　　　[美] 康拉德·H. 雅劳施 著
055　刚果战争：失败的利维坦与被遗忘的非洲大战
　　　[美] 贾森·斯特恩斯 著
056　阿拉伯人的梦想宫殿：民族主义、世俗化与现代中东的困境
　　　[美] 福阿德·阿贾米 著
057　贪婪已死：个人主义之后的政治
　　　[英] 保罗·科利尔 约翰·凯 著

058 最底层的十亿人：贫穷国家为何失败？
[英] 保罗·科利尔 著

059 坂本龙马与明治维新
[美] 马里乌斯·詹森 著

060 创造欧洲人：现代性的诞生与欧洲文化的形塑
[英] 奥兰多·费吉斯 著

061 圣巴托罗缪大屠杀：16世纪一桩国家罪行的谜团
[法] 阿莱特·茹阿纳 著

062 无尽沧桑：一纸婚约与一个普通法国家族的浮沉，1700—1900
[英] 艾玛·罗斯柴尔德 著

063 何故为敌：1941年一个巴尔干小镇的族群冲突、身份认同与历史记忆
[美] 马克斯·伯格霍尔兹 著

064 狼性时代：第三帝国余波中的德国与德国人
[德] 哈拉尔德·耶纳 著

065 毁灭与重生：二战后欧洲文明的重建
[英] 保罗·贝茨 著

066 现代日本的缔造
[美] 马里乌斯·詹森 著

067 故国曾在：我的巴勒斯坦人生
[巴勒斯坦] 萨里·努赛贝 著

068 美国资本主义时代
[美] 乔纳森·利维 著

069 大清算：纳粹迫害的遗产与对正义的追寻
[英] 玛丽·弗尔布鲁克 著

070 1914年一代：第一次世界大战与"迷惘一代"的诞生
[美] 罗伯特·沃尔 著